HENANDAXUE
YU ZHONGGUO GAODENG JIAOYU FAZHAN

河南大学与中国高等教育发展

主　编　宋　伟
副主编　孟　艳　王　立　刘保兄

河南大学出版社
HENAN UNIVERSITY PRESS

·郑州·

图书在版编目（CIP）数据

河南大学与中国高等教育发展 / 宋伟主编.
-- 郑州：河南大学出版社，2022.7
ISBN 978-7-5649-5253-2

Ⅰ. ①河… Ⅱ. ①宋… Ⅲ. ①河南大学－校史②高等教育－发展－研究－中国 Ⅳ. ① G649.286.13
② G649.21

中国版本图书馆 CIP 数据核字（2022）第 138642 号

责任编辑　薛建立
责任校对　柴桂玲
封面设计　马　龙

出版发行　河南大学出版社
地　　址　郑州市郑东新区商务外环中华大厦 2401 号
邮　　编　450046
电　　话　0371－86059701（营销部）
网　　址　hupress.henu.edu.cn
排　　版　河南大学出版社设计排版部
印　　刷　郑州印之星印务有限公司
版　　次　2022 年 7 月第 1 版
印　　次　2022 年 7 月第 1 次印刷
开　　本　787 mm×1092 mm　1/16
印　　张　23
字　　数　411 千字
定　　价　88.00 元

版权所有·侵权必究
本书如有印装质量问题，请与河南大学出版社营销部联系调换

目 录

引 论 1

第一章 河南留学欧美预备学校与中国高等教育发展（1912－1923） 1

第一节 清末民初的中国高等教育 3
一、清末民初社会变革与中国高等教育发展 3
二、清末民初的河南高等教育 8
三、河南留学欧美预备学校的创办与发展 13
（一）预校的创建 13
（二）师资队伍 15
（三）教学管理 18
（四）学术活动 20

第二节 河南留学欧美预备学校对中国高等教育的影响 21
一、成为中国近代留学预备教育的重要组成部分 21
（一）"三大留学培训基地" 21
（二）夯实中原留学教育之基 24
二、储备中国高等教育人才 27
（一）预校毕业生总体情况 27
（二）服务于高等教育发展的预校毕业生 29
三、推动中国近现代大学学科之发展 34
（一）赵九章与中国近现代气象学及地球物理学的奠基 34

（二）张伯声与中国地质构造研究的开创 ... 37
　　（三）韩儒林与蒙元史研究之发展 ... 39
　　（四）高济宇与中国化学专业之发展 ... 40

第二章　中州大学与中国高等教育发展（1923－1927） ... 43

第一节　中州大学时期的中国高等教育 ... 45

一、"壬戌学制"影响下的中国高等教育 ... 46
　　（一）"壬戌学制"的颁布 ... 46
　　（二）"壬戌学制"颁布后中国高等教育的发展 ... 47
二、中州大学时期的河南高等教育 ... 50
三、中州大学的创办与发展 ... 51
　　（一）大学的正式创办 ... 52
　　（二）师资队伍 ... 52
　　（三）系科设置及教学管理 ... 54
　　（四）学术活动 ... 55

第二节　中州大学对中国高等教育的影响 ... 56

一、奠定中原高等教育之基 ... 56
　　（一）李敬斋与学分制改革 ... 57
　　（二）冯友兰与河南文科本科教育的开创 ... 57
　　（三）曹理卿与河南理科本科教育的奠基 ... 59
二、持续助力近现代学科之发展 ... 60
　　（一）董作宾与甲骨学、考古学的奠基 ... 60
　　（二）汪敬熙与近代心理学专业发展 ... 62
　　（三）冯景兰与中国近代地质学的奠基 ... 63
　　（四）郭绍虞与中国古典文学之发展 ... 64

第三章　河南中山大学与中国高等教育发展（1927－1930） ... 67

第一节　河南中山大学时期的中国高等教育 ... 69

一、南京"国民政府"的成立与中国高等教育的发展 ... 69
二、南京"国民政府"成立初期河南高等教育的发展 ... 71

三、河南中山大学的创办与发展 ... 73
　　（一）河南中山大学校名的确立 ... 73
　　（二）校长与学校发展 ... 75

第二节　河南中山大学对中国高等教育的影响 ... 77

一、成为"中山大学高等教育体系"的重要组成部分 ... 77
　　（一）"中山大学高等教育体系"的形成 ... 78
　　（二）河南中山大学是"中山大学高等教育体系"的重要组成部分 ... 81

二、初步形成中原高等文科发展的高地 ... 82
　　（一）延揽文科名师人才 ... 82
　　（二）重视高等文科研究 ... 83
　　（三）大力培养高等文科人才 ... 89

三、奠定中西部地区高等医疗卫生教育事业的基础 ... 92
　　（一）河南中山大学医科的建立 ... 92
　　（二）对中西部高等医学教育和医疗卫生事业发展产生深远影响 ... 93

第四章　全面抗战前的河南大学与中国高等教育发展（1930－1937） ... 97

第一节　全面抗战前的中国高等教育 ... 99

一、全面抗战前的中国高等教育形势 ... 99
　　（一）南京"国民政府"高等教育的方针与政策 ... 99
　　（二）各类高等学校蓬勃发展 ... 101

二、中原大战后的河南高等教育 ... 103
　　（一）河南教育发展的形势 ... 104
　　（二）河南高等教育的发展 ... 104

三、全面抗战前的河南大学的发展 ... 107

第二节　省立河南大学与中国高等教育发展 ... 110

一、河南大学近代校园建筑群熠熠生辉 ... 110
　　（一）河南大学近代校园建筑群的规划与营造过程 ... 110
　　（二）中西合璧的校园建筑文化 ... 112
　　（三）中原革命和高等教育精神的象征 ... 114

二、存续抗日流亡的东北大学文脉　　116
（一）亲如一家，东北大学农科师生南下开封　　116
（二）患难与共，兴学育人两校情　　117
三、筑基中国民族音乐高等专业教育　　121
（一）河南大学：马可梦想启航的地方　　121
（二）开拓中国民族音乐高等专业教育之路　　124

第五章　全面抗战时期的河南大学与中国高等教育发展（1937－1945）　　127

第一节　全面抗战时期的中国高等教育　　129
一、日军侵略与大学西迁　　129
（一）国民政府的教育应对　　130
（二）高校西迁　　131
二、日军入侵与豫校西迁　　134
三、抗日战争中的河南大学　　136
（一）迁移豫南　　136
（二）进居伏牛山　　137
（三）暂避荆紫关　　139
（四）落脚宝鸡　　140

第二节　全面抗战时期河南大学对中国高等教育的影响　　141
一、河南大学抗战精神汇聚成中华民族伟大的抗战精神　　141
（一）战火中孕育的河南大学抗战精神　　141
（二）河南大学抗战精神的历史地位　　143
（三）河南大学抗战精神的当代价值　　145
二、撑起中原高等教育一片天　　146
（一）河南大学升格国立的历史过程　　146
（二）"国立"河南大学的实力　　147
（三）国立河南大学对中国高等教育格局的影响　　149
三、点燃李约瑟科学思想的火花　　151
（一）战火中的传奇巧遇　　151
（二）河南大学与李约瑟的"道家情缘"　　153

（三）李约瑟与河南大学的国际影响 *155*

第六章　解放战争至新中国成立初期的河南大学与中国高等教育发展（1945－1953） *157*

第一节　历史巨变中的中国高等教育 *159*
一、历史巨变与中国高等教育的调整 *160*
（一）解放战争时期解放区的高等教育 *160*
（二）解放战争时期国统区的高等教育 *161*
（三）新中国成立初期的全国高等教育 *163*
二、历史巨变中的河南高等教育 *165*
三、历史巨变中河南大学的发展 *166*
（一）解放战争时期的持续发展 *166*
（二）搬迁苏州与恢复发展 *168*
（三）中原大学的创办 *169*
（四）响应国家号召进行院系调整 *171*

第二节　解放战争至新中国成立初期河南大学对中国高等教育的影响 *174*
一、投身革命助推新中国成立与建设 *174*
二、折枝成林服务新中国成立后的高等教育新布局 *175*

第七章　师范院校时期的河南大学与中国高等教育发展（1953－1979） *181*

第一节　师范学院时期的中国高等教育 *183*
一、师范学院时期中国高等教育的发展 *183*
二、师范学院时期河南高等教育的发展 *188*
三、师范学院时期河南大学的发展 *190*

第二节　师范学院时期河南大学对中国高等教育的影响 *195*
一、引领中原高等师范教育的发展 *195*
二、奠定新中国成立以来河南高等教育的基础 *199*

第八章 师范大学时期的河南大学与中国高等教育发展（1979－1984） 205

第一节 改革开放初期的中国高等教育 207
一、中国高等教育的拨乱反正 207
二、河南高等教育的调整优化 211
三、师范大学时期河南大学的新发展 214

第二节 师范大学时期的河南大学对中国高等教育的影响 218
一、储备服务现代化建设新人才 219
二、开拓传播中原文化新局面 221
三、奠定新时期河南省研究生教育的基础 223

第九章 恢复校名后的河南大学与中国高等教育发展（1984－2008） 227

第一节 世纪之交的中国高等教育 229
一、世纪之交中国高等教育的发展 229
（一）管理体制改革与院校调整 230
（二）实施"211"工程和"985"工程 231
（三）高等教育规模扩展 234
二、世纪之交河南高等教育的发展 234
（一）省内院校合并调整 235
（二）主管机构变化 236
（三）"211工程"、"985工程"与河南高等教育发展 238
三、世纪之交河南大学的发展 239
（一）恢复校名与办学性质的转变 239
（二）三校合并与办学规模的扩展 243
（三）获批博士学位授予权与办学层次的提升 246

第二节 恢复校名后的河南大学对中国高等教育的影响 248
一、培养高等教育管理与研究人才 248
二、形成具有中原特色的人文社会学科 249
（一）人文社会学科的发展壮大 249

（二）人文社会学科大家辈出　　　　　　　　　　　　　　　　　　　　　*250*
　　（三）人文社会科学研究影响深远　　　　　　　　　　　　　　　　　　*253*
三、提升河南省研究生教育的发展水平　　　　　　　　　　　　　　　　　　*254*
　　（一）河南省学位授予规模得以扩充　　　　　　　　　　　　　　　　　*255*
　　（二）河南省学位授予结构得以优化　　　　　　　　　　　　　　　　　*256*

第十章　省部共建时期的河南大学与中国高等教育发展（2008－2016）　*257*

第一节　省部共建时期中国高等教育的发展　　　　　　　　　　　　　　*259*

一、省部共建时期的中国高等教育　　　　　　　　　　　　　　　　　　　　*260*
二、省部共建时期的河南高等教育　　　　　　　　　　　　　　　　　　　　*263*
三、省部共建时期河南大学的发展　　　　　　　　　　　　　　　　　　　　*268*
　　（一）河南大学的地位更加凸显　　　　　　　　　　　　　　　　　　　*269*
　　（二）河南大学的发展动力更加强劲　　　　　　　　　　　　　　　　　*271*
　　（三）河南大学的影响力进一步扩大　　　　　　　　　　　　　　　　　*272*

第二节　河南大学进入省部共建对中国高等教育的影响　　　　　　　　*275*

一、走出一条中国高等教育区域发展的特色之路　　　　　　　　　　　　　　*275*
二、服务"一带一路"国家战略　　　　　　　　　　　　　　　　　　　　　*277*
三、立足河南，弘扬中国优秀传统文化　　　　　　　　　　　　　　　　　　*280*

第十一章　"双一流"建设中的河南大学与中国高等教育
　　　　　　发展（2016年至今）　　　　　　　　　　　　　　　　　　*283*

第一节　"双一流"建设中的中国高等教育　　　　　　　　　　　　　　*285*

一、"双一流"引领下的高等教育新发展　　　　　　　　　　　　　　　　　*286*
　　（一）"双一流"建设政策出台　　　　　　　　　　　　　　　　　　　*286*
　　（二）"双一流"建设高校及建设学科结构布局调整　　　　　　　　　　*287*
　　（三）高等教育内涵式发展　　　　　　　　　　　　　　　　　　　　　*288*
二、河南"双一流"建设战略规划　　　　　　　　　　　　　　　　　　　　*290*
　　（一）推进高等教育分类发展　　　　　　　　　　　　　　　　　　　　*290*
　　（二）打造河南高等教育的"双航母"　　　　　　　　　　　　　　　　*291*

　　　　（三）培育"双一流"的"后备军" 292
　　三、河南大学"双一流"建设举措 294
　　　　（一）聚焦拔尖创新人才培养 294
　　　　（二）实施"生物学+"学科带动发展 297
　　　　（三）拓展办学空间形成"三区两院"的办学格局 298
　　　　（四）打造一流师资队伍建设 300
　　　　（五）推进科研创新平台建设 301

　第二节　河南大学"双一流"建设对中国高等教育的影响 303
　　一、优化优质高等教育资源区域布局 303
　　二、引领中西部一流学科建设 307
　　三、开启河南对外合作办学新篇章 310

跋　如何看待河南大学对中国高等教育的影响 313
　　一、河南大学的历史源头在哪里 315
　　二、河南贡院与河南大学的关系 317
　　三、河南大学对河南高等教育的影响 318
　　四、河南大学在中国台湾的影响 320
　　五、郑州大学的创建及其受河南大学的影响 321
　　六、河南大学进入"211"的艰难探索 323
　　七、省部共建为河南大学重返国家重点建设行列奠定基础 328
　　八、河南大学与"部省合建"失之交臂 330
　　九、未雨绸缪谋划"双一流" 333
　　十、河南大学进入"双一流"建设行列的启示及影响 336

后记 341

引　　论

一座古城，一所大学。古城很古，大学很大。

这座古城，就是开封，自夏朝在此"启拓封疆"建都，战国时的魏国，五代时的后梁、后晋、后汉、后周，五代之后的宋朝和金朝，均建都于此，素有"八朝古都"之称，创造了上承汉唐、下启明清的"宋文化"。如果说"一部河南史，半部中国史"，那么一部开封史，就是半部河南史。

这所大学，就是河南大学，虽其未能与这座古城同生，但自其创立，便扎根这座古城，汲取开封大地文化营养，创造了河南乃至中国高等教育的许多奇迹。如果说一部河南高等教育史，就是半部中国高等教育史，那么也可以说一部河南大学史，就是半部河南高等教育史。

一、根植于城市高等教育之沃土

城市是社会文明与进步的重要标志，大学又总是诞生于城市、发展于城市，自然也是城市文明与进步的象征。大学与城市就是这样，血脉相连，共存共生。河南大学之所以诞生于古城开封，也是因为开封有着厚重的历史积淀和文教沃土。

从发掘出的新石器早期裴李岗文化遗址来看，早在五六千年前，开封就有人类活动。自夏朝第七代国君，即少康之子帝杼在开封一带建都，史称"老丘"，作为一座古城的开封初见雏形。春秋时的郑庄公在朱仙镇附近建造储粮仓城，取"启拓封疆"之意，故名"启封"。战国时期的魏国，魏惠王将国都由山西夏县迁至大梁，即开封，这是史书中有明确记载的第一次在开封建都。建都之后，开封很快成为魏国政治、经济、文化、教育中心，自然吸引不少其他诸侯国的学者们前来游学，亚圣孟子就曾两度来到开封，向梁惠王建言"谨庠序之教"①。按周朝学制，各诸侯国都会在都城设置一所诸侯国的最高学府"泮宫"，作为诸侯子弟受教育的场所，但史书中尚未有魏国在都城设学兴教的记载。不过，依据孟子与梁惠王的对话内容，曾谈起"谨庠序之教"，当时应该是有学校存在的。或者说，开封城的高等教育应该是从魏国时的"泮宫"开始启航的。

自汉初为避汉景帝刘启之名讳，改"启"为"开"，"开封"名称由此确立，且一直作为浚仪县、汴州治所在中州大地上赓续着文教薪火。如果说开封在战国时只是一个诸侯国的国都，那么到五代时期的后梁、后晋、后汉、后周，开封则晋升为五代四朝的国都，代表着当时最高学府的国子监在开封开建。在后梁开国的第三年即开平三年（909年）十二月，国子监祭酒又上奏梁太祖，要"创造文宣王庙，仍请率在朝及天下现任官僚俸钱，每贯每月克一十五文，充土木之植"②。就在是年，用官员的俸钱修起文宣王庙，也是帝王祭孔之地，与国子监一起形成"庙学"之制。后晋、后汉、后周三朝均继续办理国子监，甚至儒学大师田敏不仅是后晋的国子祭酒，也是后汉、后周两朝的国子祭酒。五代时期的国子监办学行为开启了北宋及开封城市高等教育发展的序幕。

北宋定都开封后，在"重文"治国方针的引领下，接连发动庆历兴学、熙宁兴学和崇宁兴学三次兴学运动，从中央到地方建构了一套完备的封建学制体系。就所办理的高等教育而言，突出表现为以下三个方面：

一是接续前朝高等教育薪火，积极办理国子监和太学。先是在后周国子监旧址（今河南大学明伦校区所在地）重建国家最高学府国子监，后又在锡庆院兴办仅次于国子监的另一所高等学府太学，以锡庆院后堂及廊庑为校舍，后因生员太多，校园容纳不下，太学又创办一所分校"辟雍"，以容纳3000多人的外舍生员，两所高校并驾齐驱，大师云集，盛况空前。例如，为加强对太学的管理，宋廷聘请著名学者、"苏湖教法"的创立者、"宋初三先生"之一的胡瑗任国子监直讲，晋升为天章阁待制后又"管勾太学"。欧阳修称其："自瑗管勾太学以来，诸生服其德行，遵守规矩，日闻讲诵，进德修业。昨来国学，开封府锁厅进士得解人中，三百余人是瑗所教。"③

---

① 孟子：《孟子》，万丽华、蓝旭译注，第5页，中华书局，2006年版。
② 薛居正等：《旧五代史》（第1册），第81页，中华书局，1976年版。
③ 欧阳修：《欧阳修全集》，李逸安点校，第1670页，中华书局，2001年版。

又说:"礼部贡举,岁所得士,先生弟子十常居四五。其高第者知名当时,或取甲科,居显仕,其余散在四方,随其人贤愚,皆循循雅饬,其言谈举止,遇之不问,可知为先生弟子。其学者相语称先生,不问可知为胡公也。"①除外,还有多为科考士子而举办的四门学、广文馆等高等教育机构。

二是创办中国历史上规模最大、学科门类最多的专科学校教育。例如,当时归集贤院管理的培养法律人才的律学,归书艺局管理的培养书法人才的书学,归太史局管理的培养天文历算人才的算学,由太常寺后归国子监、太医局管理的培养医学人才的医学,归图画局管理的培养绘画人才的画学,在武成王庙创办的培养军事人才的武学,以及培养道教人才的道学等专科学校,其中武学和画学始创于北宋。如此规模的高等专科教育,不仅汉唐和元明清所不逮,在当时世界上的任何一个国家或城市也都无可比拟。当时北宋的国子监已经能够刻印发行大部头多卷本的经书、史书乃至于医学书籍,形成当时最为权威的"监本"品牌和效应,每当皇帝赐给其他官学及地方民办书院书籍时,用的都是"监本"九经等,国子监俨然就是一家最权威的国家级出版社。而在与宋代同时代的中世纪欧洲,书籍的制作多是"通过人士誊写在羊皮纸上的,而制作和装订费时费力",且往往是几个人轮班抄写一本书②。如此低效率的书籍制作,使得"早期中世纪大学里教材相当匮乏,不能满足师生教学所需,直到15世纪末和16世纪初印刷书籍大量出现,大学图书馆的藏书才开始增长,中世纪大学的教材才逐渐丰富起来"③,事实上这也是北宋印刷术传入欧洲之后的结果,因而被恩格斯誉为"欧洲社会发展的第一技术推动力"④。也诚如日本学者井上进所言,当"欧洲印刷本尚处在摇篮期的时候,中国早已步入了成人期"⑤。

三是鼓励民间兴办高等教育。书院作为民办高等教育机构,在宋代也得以快速发展。仅就河南区域来讲,宋初"四大书院"中,河南就占据其二,即登封的嵩阳

---

① 欧阳修:《欧阳修全集》,李逸安点校,第389页,中华书局,2001年版。
② (英)菲利普·沃尔夫:《欧洲的觉醒》,郑宇建等译,第47页,商务印书馆,1990年版。
③ 刘河燕:《宋代书院与欧洲中世纪大学之比较研究》,第249页,人民出版社,2012年版。
④ 《马克思恩格斯全集》(第7卷),第514页,人民出版社,1995年版。
⑤ (日)井上进:《中国出版文化史·前言》,李俄宪译,第2页,华东师范大学出版社,2015年版。

书院和商丘的应天府书院，除外还有邵雍在辉县苏门山讲学的太极书院、程颢在扶沟讲学的大程书院和在宝丰讲学的春风书院、程颐在伊川创办的伊皋书院、范仲淹在邓州创办的花洲书院、二程大弟子谢良佐在上蔡办理的显道书院等。而在东京城内也有一所著名书院，即程颢、程颐在繁塔附近讲学之处的二程书院，后改名为明道书院，今存有书院碑刻一方。

可以说，北宋时期开封城内的官办加民办高等教育成就了开封城市高等教育发展史上最为辉煌的"黄金时代"。

金灭北宋后开封称为汴京，不久改汴京为"南京开封府"，作为其陪都继续发挥中心城市功能。贞祐二年（1214年）金宣宗迁都开封，作为国都度过最后的20个春秋。在金朝统治时期，开封城内的太学也一直发挥着培养高等人才的作用，未因战争或改朝换代而被淹没掉，且因扩大内城而搬迁到东南城下，金宣宗还设宣圣庙于"会朝门内"[①]，借以彰显金朝的儒化政策，也供朝廷及太学生员礼拜孔子之用。

自元朝之后，开封失去国都的政治地位，但作为地方上一级行政区的治所，一直延续到20世纪50年代河南省会搬迁到郑州。元灭金后，设"河南江北行中书省"于开封，又改南京路为汴梁路，即金朝太学旧址改为汴梁路学，是为地方最高学府，开始行使为地方培养人才和服务地方社会经济的使命与担当。

明初，河南承宣布政使司治所设于开封，又改汴梁路为开封府，就汴梁路学改为开封府儒学，后移建于丽景门即今之宋门内西北（铁娘娘庙胡同附近），建有大成殿、两庑、神库、戟门、泮池、棂星门、太和元气坊，东侧有庖舍牲房、乡贤祠、名宦祠、射圃，西侧有明伦堂、尊经阁、廪庾会馔堂等，系"左庙右学"布局。不仅如此，祥符县治也设于开封城内，并于明洪武五年（1372年）创办祥符文庙（今址小南门内的黉学街），亦即祥符县儒学，同府学一样为"左庙右学"结构。除外，开封城内还有三所具有高等教育性质的书院：一是明天顺五年（1461年）提学副使刘昌创建于城南薰门内的大梁书院，又名丽泽书院，后迁于丽景门外二程夫子祠处，主祀二程。明天启二年（1622年）巡抚冯嘉会、巡按邱兆麟费银1200余两重建书院，有讲堂、会文堂、二程木主堂、诸生读书号舍以及缭垣、坊表、门屏、石桥、八角亭等建筑，并置学田120亩作为常年办理费用。二是明万历三十一年（1603年）

---

① 脱脱等：《金史》（第3册），第817页，中华书局，1975年版。

河南巡抚方大美就城内西南隅宋代所建孟子祠址重修祠宇并建书院，要求"师儒教育务得英士"、"学术一尊孔孟"。三是明道书院，即宋代所建的二程书院，明成化二十年（1484年）重建，明末毁于水。

清朝统治时期，不仅在行政管理上沿袭明朝制度，将河南省治、开封府治设在开封，还继续办理开封府儒学、祥符县儒学和大梁书院、游梁书院、明道书院这五所高等学府。清顺治九年（1652年），知府朱之瑶将儒学文庙移至今址文庙街，依然是按照礼制呈现出"左庙右学"布局。祥符县儒学在清乾隆二年（1737年）、光绪九年（1883年）分别由知县张淑载、巡抚李鹤年重修，规模进一步扩大，非一般县学所能比。大梁书院则曾经两次搬迁。清康熙十二年（1673年）巡抚佟凤彩改建于城西北隅天波楼旧址，有大门、仪门、正堂、左右斋舍百余间，堂后有书楼。清康熙三十五年（1696年）巡抚李国亮移建于城西南隅州桥西、古汴水经行处，后得御书"两河文教"匾悬于讲堂。尤其是在雍正十一年（1733年），清廷诏令各省在省会设书院一所，并赐金1000两作为办理费用。时任河南总督的王士俊、布政使刁承祖借机重修大梁书院，使之晋升为省城书院，相当于省立大学，开始在全省范围选拔生徒、礼聘院长，定有学约院规，不仅有大量藏书，还刻印不少书籍。有清一代，先后有张沐、耿介、钱仪吉、李时灿等著名学者主讲大梁书院，对全省书院的发展起到一种引领作用。因黄河水患，游梁书院于清顺治十二年（1655年）由河南提学张天植改建于府学明伦堂之后，康熙二十五年（1686年）由提学蒋伊移建于提学署之南，不久又由巡抚阎兴邦建于文庙北之游梁祠处，聘请张沐主讲书院，他修订学规，撰有书院讲义《游梁书院讲语》，从学者数百人。明道书院是在清康熙二十六年（1687年）由守道张思明重建的，更名为二程书院。光绪十九年（1893年）河南学政邵松年在二程书院旧址建讲堂3座、斋房200间，改名为明道书院，聘请著名学者黄舒昺任院长，在他主持书院期间刊刻有《明儒学案》、《明道书院志》等书籍，撰有《明道书院约言》、《明道书院抄存》等论著。

同时，清代还创办四所知名书院：一是彝山书院，清道光八年（1828年）开封府知府栗毓美、知县刘荫堂于开封城彝山之麓（今开封市五中所在地）建有大门、奎星阁、讲堂、考棚、卷石山房、小琅琊精舍、正业堂及迎旭、延明、仁静、知乐、慎行、资深、广益、藏密诸斋，聘请学者史致昌为山长，制订章程，刊刻课艺，专课童生。清同治十一年（1872年）河南巡抚李鹤年捐银5000两为学生膏火费，又捐银 1000 两增修山长居宅。二是信陵书院，光绪十三年（1887 年）创办于新街口（中山路新街口老开封师专旧址），院生多达 200 余人。三是培文书院，清光绪二十七年（1901 年）天主教会创办于开封理事厅街。四是瓣香书院，光绪年间创办于开封府文庙西（今刷绒街东口），聘请学者刘曾騄任主讲。

尤其是，被誉为明清之际全国四大贡院之一的河南贡院就坐落在开封城内东北隅，也是实施 1300 多年的科举制度的终结地。贡院始建于宋朝，隶属于礼部的贡院就设在开封城内；元世祖至元十六年（1279 年），改为河南贡院。明末时河南贡院规模颇为壮观，崇祯十五年（1642 年）因黄河水患而毁于一旦。清顺治十六年（1659 年），在明代周王府旧址上重建河南贡院，号舍 5000 多间，明远楼高约 4 丈，在后山屏上还建文昌阁 1 座。因地下水位常年侵蚀，墙基多有毁坏，清雍正九年（1731 年）迁往开封城东北隅的上方寺内（今河南大学老校区所在地），号舍增至 11866 间。光绪二十八年（1902 年）的顺天乡试（补庚子乡试）以及光绪二十九年（1903 年）的癸卯会试（补辛丑会试）、顺天乡试、河南乡试和光绪三十年（1904 年）的甲辰会试均在河南贡院举行。特别是甲辰会试，为科举制度史上最后一次会试，科举制度在河南贡院画上句号而载入史册。

这样，在有清一代，开封城内就有两所儒学、七所书院，可谓开封城市高等教育发展史上的第二个黄金时代，加上河南贡院的辉煌历史，为之后河南大学的诞生酝酿了肥沃的高等教育土壤。

二、创于传统高等教育转型之际

1840 年鸦片战争之前中国是文化输出国，"东学西渐"的儒家文化对世界多个国家和地区产生深刻影响，以致有"儒家文化圈"、"孔子文化圈"之赞誉。1840 年之后世界格局发生巨大变化，"西学东渐"的西方文化给中国带来"三千年未有之大变局"，在西方列强军事入侵、强行签约，西方先进知识技术、政治及社会思潮大量涌入，已对中国传统文化带来强烈冲击的情况下，中国社会便开始步入艰难而又屈辱的近代化进程。在这场大变局中，教育始终是社会改革的主题。鸦片战争时期，以龚自珍、林则徐、魏源等为代表的地主阶级改革派呼吁向西方学习，学习西方的军事技术，以"师夷之长技以制夷"。洋务运动时期，以奕䜣、李鸿章、曾国藩、左宗棠、张之洞等为代表的洋务派,打着"自强"、"求富"的旗号,以"中学为体、西学为用"思想为指导,在办理军事与民用工业的同时,积极发展教育事业,创办了京师同文馆、上海广方言馆、北洋水师学堂、天津武备学堂、广东水陆师学堂、福州船政学堂、江南机器学堂等语言、军事及技术等一系列洋务学堂。维新运动期间,以康有为、梁启超、严复为代表的维新派,为实现"开民智"、"兴民权"社会理想,将教育作为变法的第一步来实施。诚如康有为所言:"欲任天下之事,开中国之新世界,莫亟于教育。"①梁启超也指出:"变法之本,在育人才;人才之兴,在开学校。"②因此,在光绪二十四年(1898年)的"百日维新"中,教育改革是"维新"的重点。诸如,创办了近代第一所国立大学即"京师大学堂",以中体西用、中西并用思想为指导,旨在"广育人才、讲求时务"。吏部尚书孙家鼐为管学大臣管理大学堂事务,许景澄任"中学"总教习,美国传教士丁韪良为"西学"总教习。委托梁启超拟定《京师大学堂章程》,《章程》计8章52条,对大学堂的性质、办学宗旨、课程、入学条件、学成出身、教习聘用、机构设置、经费筹措及使用都有详细规定。同古代的国子监一样,京师大学堂亦为全国最高教育行政机关,各省学堂统归大学堂管辖。与此同时,还筹办高等、中等、初等各级学堂和专门学堂;令各省府厅州县之大小书院一律改为兼习中学、西学的新式学堂,以省会之书院改为高等学堂,府郡之书院改为中学堂,州县之书院改为小学堂;要求民间祠庙不在祀典者一律改为学堂,并鼓励绅民捐资兴学,对独立创办学堂者给予重赏。这一系列举措对传统教育体制来说无疑是一场革命,虽然在百日之后多被废除,但在一定程度上推动了传统教育尤其是高等教育的转型。

传统高等教育转型的主要标志则是清末"新政"时期新教育制度的确立。清光绪二十七年(1901年),慈禧太后在逃亡的落脚地西安,以光绪帝的名义颁布上谕,指出:"世有万古不变之常经,无一成不变之治法。""法令不更,锢习不破。欲求振作,当议更张。"③"更张"即要改革,改革的内容包括"学校科举",由此拉开清末"新政"以及传统高等教育转型的序幕。

---

① 梁启超:《饮冰室文集》,吴松等点校,第1944页,云南教育出版社,2001年版。
② 梁启超:《饮冰室文集》,吴松等点校,第24页,云南教育出版社,2001年版。
③ 故宫博物院明清档案部:《义和团档案史料》(下册),第194-196页,中华书局,1978年版。

首先是传统书院改制。在新学制未确立之前，也就是在光绪二十七年（1901年），清廷下令除京师大学堂应切实整顿外，各省所有书院都要改制，省城书院改为大学堂，各府、厅、直隶州书院改为中学堂，各州、县书院改为小学堂。根据清廷要求，山东济南的泺源书院，于光绪二十七年（1901年）改为山东大学堂（即山东大学的前身）；浙江杭州的求是书院，于光绪二十七年（1901年）改为浙江求是大学堂，次年改为浙江高等学堂（即浙江大学的前身）；山西太原的令德堂，维新变法期间曾改为山西省会学堂，光绪二十八年（1902年）初改为山西大学堂（即山西大学的前身）；广东广州的广雅书院，于光绪二十八年（1902年）改为两广大学堂，次年改为两广高等学堂，等等。

伴随全国书院改制，河南各地书院逐渐转型为现代官办学堂。例如，著名的嵩阳书院，因其位置不在省城，于光绪三十一年（1905年）改为登封县立高等小学堂。而位于开封市的几所书院也纷纷改制，游梁书院于光绪三十年（1904年）改为知新中学堂；彝山书院于光绪三十一年（1905年）改为开封中学堂；信陵书院于光绪三十一年（1905年）改设为豫河客籍高等学堂，光绪三十四年（1908年）在其故址创建中州女学，宣统二年（1910年）改为河南女子师范学堂；明道书院于光绪三十三年（1907年）改为中州公学，1912年改为河南公立农业专门学校。尤其是河南省立的大梁书院，河南巡抚锡良和学政林开谟于光绪二十八年（1902年）三月七日向慈禧、光绪上奏，请求将大梁书院改为河南大学堂，三月二十五日慈禧、光绪批示"着即督饬，认真办理，仍随时考察，务收实效"。次年，河南大学堂改名为河南高等学堂，成为河南近代高等教育的开端。后因国家政策加以调整，河南高等学堂未能成为河南大学的前身，反而赓续为今之开封高中及河南农业大学（曾为河南大学农学院）。

其次是早先办理的新式学堂渐次演变为新型大学。例如，中国近代最早的一所公立普通大学"天津中西学堂"，或称之为"北洋西学堂"，为清光绪二十一年（1895年）津海关道盛宣怀呈请北洋大臣王文韶奏准开办，其设置的"头等学堂"即为大学本科，学制四年；光绪二十九年（1903年）在天津西沽武库重建校舍后，改为北洋大学堂；1912年更名为"北洋大学校"，次年又改为"国立北洋大学"，为天津大学的前身。南洋公学，盛宣怀得到光绪皇帝的准允，于光绪二十二年（1896年）十二月创办于上海徐家汇，内置四种新型的学校教育，"外院"为中国近代最早的公立普通小学,"中院"为中国最早的公立普通中学,"上院"为中国近代最早的公立普通大学之一(前有天津中西学堂),"师范院"为中国近代最早的公立高等师范学校;宣统二年(1910年)改为南洋大学,为上海交通大学和西安交通大学的前身。"百日维新"期间创办的"京师大学堂",光绪二十六年(1900年)复办后,将京师同文馆并入为译学馆,规模进一步扩大,至宣统二年(1910年)发展为一所设有经、法、文、格致、农、工、商七科的综合性大学,1912年更名为北京大学。

再就是确立并颁布新的高等教育制度。光绪二十八年(1902年),时任管学大臣的张百熙参照欧美及日本学制,拟定了一系列学制改革文件,总称为《钦定学堂章程》,因是年为旧历"壬寅"年,所以称之为"壬寅学制",这是中国近代清政府所颁布的第一个新学制。按章程所定,将普通教育分为三段七级:第一段为初等教育,分蒙学堂、寻常小学堂及高等小学堂三级;第二段为中等教育,只有中学堂一级;第三段为高等教育,分高等学堂或大学预科、大学堂及大学院三级。与普通教育并行的有师范教育和实业教育,师范教育分师范学堂、师范馆二级,实业教育分简易实业学堂、中等实业学堂、高等实业学堂三级。可以说,无论是普通教育还是师范教育、实业教育,都有高等教育机构的设置。此学制虽然颁布,但因其不完善而未在全国实际推行。

光绪二十九年(1903年),清政府又授命张百熙、荣庆、张之洞三人,以日本学制为蓝本,重新拟订学堂章程即《奏定学堂章程》,因是年为旧历"癸卯"年,故称之为"癸卯学制"。依照章程,学制依然将普通教育分为三段七级:第一阶段为初等教育段,由蒙养院、初等小学堂、高等小学堂来实施;第二阶段为中等教育段,由中学堂来实施;第三阶段为高等教育段,由高等学堂或大学预科、分科大学堂、通儒院来实施。与普通教育并行的依然还是师范教育和实业教育两个系统。除此之外,还置有译学馆、进士馆、仕学馆以及方言学堂等,均属于高等教育阶段的特殊教育机构。师范教育分为初级师范学堂、优级师范学堂两个层次。实业教育分为普通、补习和师范三类,其中普通实业学堂分初等、中等和高等三级,每等学堂设置农业、工业、商业和船业四科,以教授将来能从事此项事业知识为宗旨;补习实业学堂为业余教育,主要是针对失去学习机会的成年人进行职业技术方面的补习教育;实业师范学堂主要是培养各层次实业学堂教师的。"癸卯学制"自光绪三十年(1904年)初公布实施至清朝灭亡为止,实际推行八年时间,极大推进了各级各类教育的实施和高等教育的近代化进程。就河南的高等教育来说，除大梁书院改为河南大学堂、河南高等学堂外，在高等师范教育方面，所创办的两所优级师范学堂，即河南第一师范学堂、河南第二师范学堂均设在开封城内；所创办的实业高等教育机构基本上都集中在开封市区，如有医学堂、法政学堂、体育学堂、测绘学堂、工业学堂、农业学堂、商业学堂等中高等专科学校。

综上所述，伴随中国社会的转型，作为向社会输送高层次人才的高等教育机构在"癸卯学制"的框架下纷纷改制与转型，开封作为国际性大都市高校云集，所辖区域高等教育机构转型既是中国传统高等教育转型的一个缩影，又为河南大学等更多新型大学的诞生营造了浓厚的时代氛围。

三、赓续留学教育薪火之需

与其他省份的大学改制不一样，河南大学是从办理留学教育开始起步的。

留学教育在中国有着悠久的历史，隋唐时期就有日本、新罗等国的不少学生到中国的国子监来留学。日本的阿倍仲麻吕（698－770年）在国子监学成之后，还通过科举考试中进士，留在长安做官直到病逝，官至光禄大夫兼御史中丞。与阿倍仲麻吕同批到达中国的吉备真备（695－775年），学成归国后成为日本奈良时代的著名学者和政治家，对儒家文化、唐朝文化在日本的传播以及利用汉字的偏旁部首创造出日语中的"片假名"起到非常重要的作用，他还促成中国高僧鉴真和尚东渡日本成功。崔致远（857－？年）12岁时从新罗来到中国入国子监学习，18岁中进士后留在唐朝做官，28岁时回国任要职，且对朝鲜文学的发展贡献颇大，病逝后还被追谥文昌侯，入祀先圣庙庭，社会各界尊其为"百世之师"。

而中国学生到国外去留学，严格来说始于中国近代。鸦片战争的爆发给当时中国的知识界、教育界敲响了警钟，大清帝国已不再是世界文化的中心，知识技术也已不再领先于世界，而是已远远落后于欧美各国，只有向西方学习才能挽救国家于危亡；否则，只能是割地赔款，丧权辱国，任人宰割。而学习西方最重要的是发展教育事业，培养救国强国所需各类人才。其实现路径无非两条：一是"请进来"，仿照各国学校体例办新式学校，借鉴西方课程及教学管理模式，甚至是聘请传教士担当总教习、教习等来管理学校。二是"走出去"，张之洞曾言："出洋一年，胜于读西书五年。""入外国学堂一年,胜于中国学堂三年。"① 可见,将学生送出国门加以培养,能更有效地培养出翻译、外交、军事、技术等各类人才。因此,朝野上下留学教育的呼声此起彼伏,至19世纪末20世纪初掀起留学教育的热潮。

纵观近代派出留学生的走向,主要是到美国、日本和欧洲一些发达的资本主义国家去深造。

首先是,留学美国教育。中国近代的留学教育兴起于民间的自费到美国留学。清道光二十六年(1946年),马礼逊学堂校长布朗(Samuel Brown,1810-1880年)要回美国给夫人治病,走之前"极愿携三五旧徒,同赴新大陆,俾受完全之教育"②。于是,容闳、黄宽、黄胜等人在布朗的资助下,随同布朗夫妇一起前往美国留学。容闳先在马萨诸塞州的芒松学校学习,后入耶鲁大学,成为中国近代第一位留美并获得美国大学学士学位的大学生。黄宽从芒松学校毕业后,赴英国入爱丁堡大学攻读医科,成为中国近代第一位西医学博士,归国后从事临床诊治与教学,尤其擅长外科,成功进行中国首例胚胎截开术。黄胜到美国后水土不服,仅留学一年便返回香港,后来成为著名的报业家。

容闳从美国学成归国之后,希望有更多的中国儿童像自己那样到国外去留学,学成后归国以报效国家,且一直寻找机会来实现自己的留学计划。在他与太平天国领导人洪仁玕等沟通无果的情况下,很快得到亦有此意的朝廷重臣曾国藩、李鸿章的大力支持。容闳受托拟定了《挑选幼童前赴泰西肄业章程》,由曾国藩、李鸿章联合上奏,称:"选聪颖幼童,送赴泰西各国书院学习军政、船政、步算、制造诸学,约计十余年业成而归,使西人擅长之技,中国皆能谙悉,然后可以渐图自强。"③ 获准后,根据清同治七年(1868年)签订的《中美天津条约续增条款》之规定,率先向美国派遣留学生。按计划试派120人,分四批,每批30人,四年派完,留学期限是15年,学习科目主要是军政、船政、步操、制造之学。为确保留学计划的实施,清政府在上海设立幼童出洋肄业局,相当于留美幼童预备学校,具体负责留学生的选拔和出国之前的教育培训,可谓近代最早的出国留学生培训机构。同时,也在美国

---

① 陈山榜:《张之洞教育文存》,第213页,人民教育出版社,2008年版。
② 容闳:《西学东渐记》,第15页,岳麓书社,1985年版。
③ 陈学恂、田正平:《中国近代教育史资料汇编·留学教育》,第86页,上海教育出版社,1991年版。

设置留学事务所,由陈兰彬任正监督,容闳为副监督,具体负责留美学生的日常管理。同治十一年(1872年)八月,包括詹天佑在内的第一批30名幼童正式赴美,拉开了中国近代公费留学的序幕。之后接连派出三批,至光绪元年(1875年)全部派完。令人遗憾的是,由于留学事务所官员之间的矛盾及国内守旧派的极力阻挠,清政府于光绪七年(1881年)下令撤回留美幼童,关闭设在美国的留学事务所,此次留学计划中途夭折。不过,通过这批回国留学生的实际表现,也让统治者看到了留学教育的成效。李鸿章曾言,"屡次亲临考校,试以所习各艺,均能融会贯通,各有心得",认为这些学生确实"造诣深得,足供任使"。他们有的在铁路、电报等实业界任工程师、经理等职位,有的任外交官和翻译官,有的任海军及海关官员、学校教员、医生等,成为近代中国科技、实业和管理等领域的一支重要力量,为日后发展留学教育积累了宝贵的经验。

在政府公派的同时,一些新式学堂也加入到派遣学生赴美留学的队伍。例如上海的南洋公学,光绪二十六年(1900年)资送师范生章宗元等赴美留学,章宗元毕业于哥伦比亚大学商科,成为著名的法学家和经济学家。

尤其是在清宣统三年(1911年)利用"庚子赔款"所创办的清华留美预备学校,亦即"清华学堂",开启留美教育一个新的时代。"庚子赔款"乃《辛丑条约》中所定的4.5亿两白银赔款,加上利息是9.8亿两白银。"条约"的签订加剧了中国的半殖民地化,使得民族矛盾和阶级矛盾进一步加深和日益尖锐。以美国为代表的西方列强,为保住他们在华已获得的种种利益,率先炮制了一个"庚款兴学"计划。传教士斯密士曾面谒总统罗斯福,力陈以庚款培养中国留学生的好处,得到同意后,便于光绪三十四年(1908年)通知清政府,以庚款之半约1160万美元"还赠"中国。根据中美商定,庚款用作中国派遣赴美学生学习费用。自宣统元年(1909年)起,中国每年可以选派100名学生赴美学习,截止1940年。为此,清政府设置游美学务处,隶属于外交部和学部,由近代第一批赴美幼童、耶鲁大学法律系毕业生唐国安任游美学务处会办,同时筹设游美肄业馆,即专以培训留美学生的学校。宣统二年(1910年),唐国安改任外务部考工司主事,游美学务处提出改革游美肄业馆办法,其中要求将游美肄业馆改名为"清华学堂"。唐国安选定清华园为校址,兼管学部和外务部的军机大臣那桐手书"清华学堂"四个大字悬于大门之上,周自齐、唐国安先后担任学堂监督。宣统三年(1911年)清华学堂开学,次年更名为清华学校,唐国安被任命为第一任校长。这既是清华大学的前身，也标志着国家办理留学教育培训步入一个崭新的发展阶段。

其次是，留学欧洲教育。几乎就在留美计划实施的同时，洋务派代表人物左宗棠创办的福州船政学堂也在酝酿着留学计划。学堂初建时称之为"求是堂艺局"，附属于福州船政局。沈葆桢任船政大臣后，将求是堂艺局分为前学堂、后学堂两部实施教学。前学堂又称制造学堂或法国学堂，学习法语和蒸汽船制造，旨在培养船舶制造和设计人才。后学堂又称驾驶学堂或英国学堂，分驾驶和管轮两班，学习英语和船舶管理，旨在培养海上航行驾驶人员和海军船长。为使学生能更快地成长为制造和驾驶人才，开始有计划地向欧洲派遣留学生。同治十二年（1873年）秋，左宗棠在《上总理各国事务衙门》中建议："遣人赴泰西游历各处，借资学习，互相考证，精益求精"，可使"我之神智日开，以防外侮，以利民用"。还指出，游学国家不必限于英、法、美诸国，无论何国，只要轮船、枪炮、水雷制造最精，"尽可随时斟酌资遣"①。是年，福州船政学堂的外国技术人员和教师按合同即将期满回国，沈葆桢趁机奏请选派前学堂优秀学生"赴法国深究其造船之方，及其推陈出新之理"，选派后学堂优秀学生"赴英国深究其驶船之方，及其练兵制胜之理"。这一建议虽经总理各国事务衙门得到李鸿章、左宗棠等人的支持，但因种种困扰而被暂且搁置。光绪元年（1875年），学堂法籍技术顾问日意格回国，沈葆桢便委托他带领5名高才生前往英国、法国游历，实开中国近代公费留学欧洲的先例。光绪二年（1876年），李鸿章又派7名青年军官到德国留学。光绪三年（1877年），沈葆桢联合李鸿章奏请派海军学生到英国、法国留学，获得批准。此后，又于光绪七年（1881年）、光绪二十一年（1895年）、光绪二十三年（1897年）接连派出三批学生，分别到英国和法国学习驾驶技术、制造技术。相对于赴美留学的学生而言，被派往欧美的80余名学生都学有成就，没有半途而废的情况。例如，严复成为著名的思想家、翻译家和教育家，马建忠成为著名的学者、外交家，刘步蟾、林泰曾、萨镇冰成为著名的海军将领等。

到清光绪二十八年（1902年），清廷正式敕令往欧洲派遣留学生，称："泰西各国，或以道远费多，资送甚少，亟应广开风气。著各省督抚，选择明通端正之学

---

① 中国史学会等：《洋务运动》（第2册），第157页，上海人民出版社，1961年版。

生，筹给经费，派往西洋各国讲求专门学业，务期成就其才，以备任使。"[①]次年，管学大臣张百熙从京师大学堂选送16名学生留欧；两江总督张之洞从江南水师学堂选送8名学生到英国学习管轮及驾驶技术，从江南陆师学堂选送8名学生到德国学习陆战技术；湖广总督端方从湖北各学堂选送24名学生留学比利时、8名学生留学德国、4名学生留学俄国等。此后，留欧之风开始盛行，且由学习军政转向学习实业。光绪三十年（1904年），清廷外务部与学务部共同拟订《游学西洋简明章程》，对留欧学生的年龄、语言、品学、监督及考核等问题予以规范，使得留欧教育有章可循，从此留学生遍及欧洲各国，选送机构有中央学部、商部、邮传部、陆军部及京师译学馆等，地方上选送的省份有江苏、浙江、湖北、湖南、直隶、广东、四川、山西、新疆等。留学生的身份既有新式学堂毕业生，也有清末举人和官员。留学费用既有中国官方提供，也有外国政府和大学提供的各类奖学金等。[②]

在官方积极推送留欧学生的同时，受工读主义教育思潮的影响，民间也兴起一场留法勤工俭学运动，一批中国青年为寻求救国救民的知识和真理而纷纷到法国去留学。为此，1912年5月，李石曾、吴玉章、吴稚晖、张静江等人在北京发起组织"留法俭学会"，并成立留法预备学校，对有意留法勤工俭学的青年男女进行出国之前的教育培训，时任教育总长的蔡元培力赞此事。吴玉章等人也在四川成都组织成立留法俭学会及预备学校。他们提出"改良社会首重教育"，号召青年到民主、民智先进且留学费用低廉的法国去学习，得到诸多青年的响应，是年12月20日第一批学员80多人赴法俭学，至五四新文化运动时期达到高潮。

再就是，留学日本教育。从19世纪末到20世纪初，出现了大批中国青年涌向日本留学的热潮。近代早期的日本跟中国一样实施闭关锁国政策，清咸丰三年（1853年）美国海军舰队驶进东京湾要求通商。随后，执政的德川幕府同美、英、俄、荷、法等国签订一系列不平等条约。同治三年（1864年），多国舰队炮轰日本的下关即马关，摧毁一切军事设施，强行签约。同治七年（1868年）日本改元明治，15岁的天皇睦仁执掌国政，立志进取，实施一系列改革，史称"明治维新"。仅用不到30年的时间便一跃而为军事强国。在光绪二十年（1894年）的中日甲午海战中，

---

① 朱寿朋：《光绪朝东华录》（第1册），张静庐点校，第4720页，中华书局，1984年版。
② 王奇生：《中国留学生的历史轨迹：1872—1949》，第56页，湖北教育出版社，1992年版。

中国战败，被迫签订丧权辱国的《马关条约》。日本的强大使得大清朝野震惊，其改革成功的经验更被清政府有识之士所重视。张之洞是留日教育的积极提倡者，他列举古今中外留学生归国后的创举事实，说明留学教育事业关系到国家的兴衰成败，并主张中国的留学教育应当重点学习东邻日本，因为"路近省费"、"易考察"、"东文近于中文易通晓"，且"风俗相近，易仿行"，总之留学日本比留学西洋有许多便捷之处。于是，就在光绪二十二年（1896年），清政府开始派遣留学生赴日本留学。自第一批13名官派赴日本留学生后，清政府将各省选派学生赴日本留学作为一项固定的事务，并采取诸多措施。诸如，吸取留美教训不再派遣留学监督，而是由出使大臣来负责；把留学作为归国任用和提升的条件，即在日本留学归国后，根据学历和学习成绩而加以提拔重用。光绪二十九年（1903年）张之洞在《筹议约束鼓励游学生章程折》所附《奖励游学毕业生章程》中称"在普通中学堂毕业得有优等文凭者，给以拔贡出身，分别录用"、"在文部省直辖高等各学堂暨程度相等之各项实业学堂三年毕业得有优等文凭者，给以举人出身，分别录用"、"在大学堂专学某一科或数科，毕业后得有选科及变通选科毕业文凭者，给以进士出身，分别录用"、"在日本国家大学堂暨程度相当之官设学堂，三年毕业，得有学士文凭者，给以翰林出身"等[①]。政府有此鼓励留学政策，留日学生逐年增多，至光绪三十一年（1905年）达到8000余人，可谓盛极一时，就连美国的中国史专家费正清也认为，这是"到此时为止的世界史上最大规模的学生出洋运动。……在规模、深度和影响方面，中国学生留日远远超过了中国学生留学其他国家"[②]。

在留日学生中，有许多是抱有救国救民之志的学子，他们一面学习，一面积极翻译西学书籍，介绍西方先进文化和科学技术。例如，光绪二十六年（1900年），留日学生创办的《译书汇编》杂志刊载有卢梭的《民约论》、缪勒的《自由原理》和孟德斯鸠的《万法精理》等资产阶级启蒙著作。据光绪三十年（1904年）统计，当时中国翻译世界各国的书籍533种，其中留日学生所翻译的就占据321种。可以说，留日学生在西方文化的传播及思想启蒙方面有着特殊的贡献。

事实证明，在国门被强行打开之后，清廷意识到中西之间的差距，要想快速培

---

① 舒新城：《中国近代教育史资料》（上册），第183—184页，人民教育出版社，1981年版。
② 费正清：《剑桥中国晚清史》（下册），第404页，中国社会科学出版社，1985年版。

养出中西皆通的各类人才,选派优秀学子走出国门接受西式教育是最好的选择。在政策鼓励及民间的积极参与下,从最初的留美到遍及欧美各国,既为中国经济社会发展培养出一批批各行各业的高层次人才,也为河南留学欧美预备学校的创建及办理引领了方向。

总而言之,无论是中国抑或是西方,大学的出现无不是社会进步及城市文明的产物,同时又通过人才培养、文化创新与传播以及社会服务等,有力助推着社会及城市的发展。河南大学之所以在合适的时候、合适的地方、合适的机会而诞生于中州大地,也正是基于社会及城市发展所需:一是社会大变局中的河南需要一所新型大学;二是八朝古都开封有着得天独厚的孕育新型大学的历史积淀和适宜新型大学生长的肥沃土壤;三是契合教育救国强国而培养出国留学人才之需。这三方面的因素聚合在一起,也便在中州大地播下了中国高等教育的一粒种子,凭着天时地利人和而生根、开花、结果,创造了河南及开封高等教育史上的一个奇迹,成就了中国高等教育史上的一段辉煌。因此,对河南大学的历史进行梳理,对其所取得的成就及经验加以总结,尤其是探讨它在中国高等教育发展中的历史地位、作用和影响,既能丰富大学史和高等教育史研究,充实高等教育史学理论,更有助于这座百年学府在新时代站在一个新的起点上,继续秉承"明德新民,止于至善"校训砥砺前行,在第二个一百年创造更多的高等教育奇迹,成就更大的中国高等教育辉煌。

第一章

河南留学欧美预备学校与中国高等教育发展（1912—1923）

1911年，辛亥革命爆发，彻底推翻了延续两千多年的封建王朝。这对于地处中国腹地、深受中国传统封建思想浸润的河南人来说，无疑是当头棒喝。河南开明士绅面对从来未有之变局，幡然醒悟，奋起直追，积极推动新式学堂的设立。在此背景下，1912年一所全新的新式学堂——河南留学欧美预备学校应运而生，成为河南大学的前身。作为"民国"初年三大留学教育基地之一，河南留学欧美预备学校在办学的十余年间不仅为中国高等教育的发展储备了人才，也推动了近代留学教育以及学科专业的发展，更是为河南高等教育的发展奠定了坚实的基础。

第一节　清末民初的中国高等教育

清末新政的实施推动了中国近代高等教育体系的建立，中国本土大学、独立学院、各类高等专科学校得以纷纷设立。但是，受创建之初观念、经济、人才等方面制约，在清朝末年中国本土大学只有3所，各类独立学院和专科学校也数目有限。"民国"成立后，随即恢复教育秩序，颁布新的学制。在新的学制影响下，中国高等教育办学体制、规模等都发生了较大变化。但受频繁的政权争夺影响，这一时期高等教育的发展依然只能说是处在缓慢发展中。在此社会大背景下，河南高等教育发展规模同样有限。而河南大学的前身——河南留学欧美预备学校在国家、地方社会政治背景下成立，必然带上了时代的烙印。

一、清末民初社会变革与中国高等教育发展

中国国人自办高等教育的肇始缘于西方传教士在中国办学的冲击。传教士在中国创办的登州文会馆、汇文书院、潞河书院分别于1882年、1888年、1889年开始开办四年大学教育。传教士创办大学的目的昭然若揭，就是推动基督教在中国的传

播。登州文会馆的创办人狄考文称:"不论哪个社会,凡是受过高等教育的人都是有影响的人。他们会控制社会的情感和意见。对传教士来说,全面地教育一个人,使他能在一生中发挥一个受过高等教育的人的巨大影响,这样做,可以胜过培养半打以上受过一般教育但不能获得社会地位的人。"① 面对西方传教士在中国纷纷设立学校,拉拢中国的年轻一代,晚清开明之士不免焦灼。李鸿章于1893年奏请设立医学堂,盛宣怀于1895年奏请设立中西学堂。王云五在《现代中国高等教育之演进》一文中称:"天津中西学堂和医学堂之设立,实为高等教育之萌芽时期。"②

1900年八国联军入侵,北京陷落,慈禧太后被迫仓皇西逃。西方侵略者的炮火、仓皇出逃的狼狈迫使慈禧太后不得不主动变法,1901年1月29日,慈禧太后以光绪皇帝的名义在西安颁布"预约变法"上谕,指令"军机大臣、大学士、六部九卿、出使各国大臣、各省督抚,各就现在情形参酌中西政要,举凡朝章国故、吏治民生、学校科举、军政财政,当因当革,当省当并,或取诸人,或求诸己……各举所知,各抒所见,通限两个月内详细条议以闻"③,揭开清末新政的序幕。清末新政一个重要的内容便是教育改革。清政府任命管学大臣张百熙主持拟定新的学制文件,1902年8月15日,清政府正式颁布学制系列文件,统称《钦定学堂章程》,因该年为农历壬寅年,所以又称"壬寅学制"。壬寅学制颁布后,未及实施即有人提出不同意见,其中湖广总督张之洞还提出了较为系统的建议。这种情况下,官学大臣张百熙、荣庆于1903年奏请派张之洞会同商办学务。1904年1月13日,由张百熙、荣庆、张之洞主持重新拟定的一系列学制系统文件颁布,统称《奏定学堂章程》,因公布时间在农历癸卯年,又称"癸卯学制"。该学制颁布后,通令全国各地实施,成为中国近代由中央政府颁布并实施的第一个全国性法定学制。

癸卯学制主系划分为三段七级。第一阶段为初等教育,包括蒙养院4年、初等小学堂5年和高等小学堂4年。第二阶段为中等教育,设中学堂5年。第三阶段为高等教育,分为三级:高等学堂或大学预科3年,大学堂3—4年(分为经学、政法、文学、商、格致、工、农、医共8科,京师大学堂8科全备,设于各省至少备其中3

---

① 陈学恂等:《中国近代教育史教学参考资料》(下册),第15页,人民教育出版社,1987年版。
② 王云五:《现代中国高等教育之演进》,载《教育杂志》,1941年第31卷第1期。
③ 朱寿朋:《光绪朝东华录》(第四册),第4601—4602页,中华书局,1984年版。

科),通儒院5年,属于研究院性质。学制的制定,特别是癸卯学制的颁布,解决了各地兴学无章可依的矛盾,为新式学堂的发展奠定了基础。1905年袁世凯等人又奏"请立停科举,推广学校",称:"臣等默观大局,熟察时趋,觉现在危迫情形,更甚曩日,竭力振作,实同一刻千金,而科举一日不停,士人皆有侥幸得第之心,以分其砥砺实修之志。……故欲补救时艰,必自推广学校始;而欲推广学校,必自先停科举始。拟请宸衷独断,雷厉风行,布沛纶音,停罢科举。庶几广学育才,化民成俗,内定国势,外服强邻,转危为安,胥基于此。"①袁世凯等人的奏请随即被批准,政府决定从"丙午科为始,所有乡会试一律停止,各省岁科考试亦即停止"。

科举取士的彻底废除断除了士人残存的侥幸心理,不得不涌入各级各类学堂。在这一潮流的推动下,全国各级各类学堂的数量和在校生人数不断增加。到1909年,全国一共有3所大学,除京师大学堂外,还有北洋大学堂和山西大学堂;共设立高等学堂24所,分布在浙、苏、川、鲁、冀、陕、豫、皖、赣、鄂、湘、粤、桂、贵、闽、云、奉、甘等18个省和首都京师。②全国有高等农业学堂5所、高等工业学堂7所、高等商业学堂1所。全国优级师范学堂设完全科的有8所,学生1504人;设选修科的14所,学生3154人;设专修科的有8所,学生691人。全国有省级法政学堂46所,学生11688人。③尽管清末新政为各级各类学堂的创办扫清了道路,但受经济落后、人才不足等原因影响,清末高等教育发展速度总体而言非常缓慢。

1911年,辛亥革命成功,结束了中国长达两千年的封建专制统治,建立了带有共和性质的"中华民国"。政体的变化必然带来文化教育领域的变革。1912年1月3日,孙中山任命蔡元培为"中华民国"第一任教育总长;1月9日,"中华民国"教育部正式成立。辛亥革命骤然成功,资产阶级来不及对清末的教育制度进行整治和清理,当务之急是维持教育事业正常运行。1月19日,教育部颁布《普通教育暂行办法》和《普通教育暂行课程标准》,以便各地方普通教育开展统一推行,但同时

---

① 陈学恂等:《中国近代教育史教学参考资料》(中册),第576—577页,人民教育出版社,1987年版。
② 霍益萍:《近代中国的高等教育》,第80页,华东师范大学出版社,1999年版。
③ 霍益萍:《近代中国的高等教育》,第83—87页,华东师范大学出版社,1999年版。

也指出："至于完全新学制，当征集各地方教育家意见，折中厘定，正式宣布。"① 高等教育方面，3月5日，教育部电令各省所属高等专门学校"从速开学"。电令称："现在大局粗定，各处高等专门学校若不从速开学，则高等学生半途废学，中学毕业生亦无升学之所，殊非培养人才之道。"② 新学制的制定，其核心是教育宗旨的确定。1912年，蔡元培率先发表《对于教育方针之意见》一文，引发对于"中华民国"教育方针的探讨。经过一番热烈讨论，尤其是1912年7月的临时教育会议的审核，最终确定新的教育宗旨为："注重道德教育，以实利教育、军国民教育辅之，更以美感教育完成其道德。"③ 以新的教育宗旨为指导，1912年到1913年，教育部颁布了一系列法令和规程，确立新的学校系统，史称"壬子癸丑学制"。在高等教育方面，教育部先后颁布了《专门学校令》（1912年）、《公立私立专门学校规程》（1912年）、《大学规程》（1913年）、《私立大学规程》（1913年）、《高等师范学校规程》（1913年）、《高等师范学校课程标准》（1913年）等一系列规制，为高等教育的开展提供了政策的支持。

其中，颁布于1912年的《大学令》要点包括：

第一条　大学以教授高深学术、养成硕学闳材、应国家需要为宗旨。

第二条　大学分为文科、理科、法科、商科、医科、农科、工科。

第三条　大学以文、理二科为主；须合于下列条款之一，方得名为大学：一、文、理二科并设者；二、文科兼法、商二科者；三、理科兼医、农、工三科或二科或一科者。

第四条　大学设预科，其学生入学资格须在中学毕业，或经试验有同等学力者。

第五条　大学各科学生入学资格，须在预科毕业或经试验有同等学力者。

第六条　大学为研究学术之蕴奥，设大学院。

第七条　大学院生入院之资格，为各科毕业生或经试验有同等学力者。

第八条　大学各科之修业年限三年或四年，预科三年，大学院不设年限。

---

① 陈学恂等：《中国近代教育史教学参考资料》（中册），第166页，人民教育出版社，1987年版。

② 陈学恂等：《中国近代教育史教学参考资料》（中册），第176页，人民教育出版社，1987年版。

③ 陈学恂等：《中国近代教育史教学参考资料》（中册），第178页，人民教育出版社，1987年版。

......

第二十条 大学预科须附设于大学，不得独立。①

《大学令》对大学所设学科的硬性规定使得一些单科大学或不符合固定学科设置要求的大学不得不改名，或者停办。而其规定"大学预科须附设于大学，不得独立"，使得清末属于预科性质的高等学堂不得不考虑停办或转型。

教育部颁布的《专门学校令》要点包括：

第一条 专门学校以教授高等学术、养成专门人才为宗旨。

第二条 专门学校之种类为法政专门学校、医学专门学校、药学专门学校、农业专门学校、工业专门学校、商业专门学校、美术专门学校、音乐专门学校、商船专门学校、外国语专门学校。

第三条 国立专门学校统由教育部管辖。

第四条 各地方于应设学校外，确有余款，依本令之规定设立专门学校，为公立专门学校。

第五条 凡私人或私法人筹集经费，依本令之规定设立专门学校，为私立专门学校。

......②

对比《大学令》和《专门学校令》可以发现，"民国"初年的"壬子癸丑学制"明确把大学和专门学校区分开来，大学需要至少设立两科，方得称为大学，并且所设学科还有一定限制。不过允许地方和私人创办专门学校，还是给高等教育的发展留下了极大的空间，在一定程度上也推动了专门学校的发展。

无论如何，随着新学制的颁布，民国初期的高等教育在清末原有的基础上有了进一步的发展。据1916年的统计，全国有公私立大学10所，教职员420人，学生3609人；专科学校76所，教员1616人，学生15795人。③专科学校76所，其中高等师范专科学校7所，法政专科学校32所，医学专科学校9所，农业专科学校6所，

---

① 璩鑫圭、唐良炎：《中国近代教育史资料汇编·学制演变》，第673—674页，上海教育出版社，2007年版。

② 璩鑫圭、唐良炎：《中国近代教育史资料汇编·学制演变》，第672页，上海教育出版社，2007年版。

③ 陈学恂等：《中国近代教育史教学参考资料》（下册），第344—345页，人民教育出版社，1987年版。

工业专科学校11所，商业专科学校5所，外国语专科学校2所，其他专科学校4所。①

总体而言，清末民初可以称为中国高等教育的起步阶段。尽管受政治、经济的影响，高等教育的发展时有变动，但高等教育体制得以建立，高等教育机构陆续开办，不可不说是这一时期高等教育发展的重要成绩。郭秉文在《十年度之高等教育》一文中，总结1921年高等教育发展概况，称："此一年中，虽以教育经费之竭蹶，致国立北京八校，屡陷停顿之危境，然此外则高等教育机关之新创者，合并改组者，扩张者，颇呈璀璨之观，有足纪者。"并将"大学潮"增高的原因归为："新文化运动后，青年之智识欲骤增，无高深学术之中枢，不足以餍其热望，一也；中学毕业学生渐多，须升学之地，二也；高等教育已有之基础，渐臻稳固，向上之扩张，为自然发展之结果，三也；政略家视学校为扶植特殊势力之机关，储养人才，为政治活动之准备，四也。"②

二、清末民初的河南高等教育

作为中国文化的腹地、中华文明的重要发源之地，河南教育虽然在宋代之后逐渐没落，但直到清末，官学、书院等依然保持了一定的规模。道光二十年（1840年）至咸丰二年（1852年），河南省府州县学，大学生员的名额定为20人，中学定为15人左右，小学定为8—10人。一般在府城设大学，州城设中学，县域设小学，但也有人口众多、文风兴盛的州、县设置大学或中学。这一时期，河南省有大学性质的儒学21所：开封府学、祥符县学、杞县县学、归德府学、商丘县学、睢州州学、永城县学、鹿邑县学、河南府学、洛阳县学、彰德府学、安阳县学、卫辉府学、浚县县学、怀庆府学、河内县学、南阳府学、汝宁府学、陈州府学、太康县学、许州州学。③但遗憾的是，由于河南地处内陆，在教育近代化的浪潮中，并未能领风气之先，相反直到光绪二十四年（1898年）戊戌变法前的半个多世纪内，河南教育基本沿用

---

① 陈学恂等：《中国近代教育史教学参考资料》（下册），第345页，人民教育出版社，1987年版。
② 郭秉文：《十年度之高等教育》，载《新教育》，1922年第4卷第2期。
③ 王日新、蒋笃运等：《河南教育通史》（中卷），第2—3页，大象出版社，2004年版。

旧制。官学成为主要办理科举考试的机构。教授、学正、教谕、训导等不再为生员讲课而成为各级地方政府中管理科举考试的官员。全部生员只在儒学挂名，不在儒学听讲学习，儒学有名无实。书院教学无论是内容还是方式也是基本沿用旧制。尽管在鸦片战争初期，钱星湖曾主持大梁书院，改革教学内容和方式，但终因守旧派的阻挠，改革没有持续多长时间就被终止。

1901年《辛丑条约》的签订迫使清政府不得不实施"新政"。新政期间，时任河南巡抚的锡良出于巩固封建统治的需要，力图纠正空疏腐朽的学风，在清政府下达《兴学诏》后，立即通饬全省各府、厅、州、县遵照"壬寅学制"章程，开办各级各类新式学堂，新式学堂得以在河南陆续开办。单是1904年一年，河南新创办学堂88所[①]，"随后几年河南学堂均保持了较快的增长速度，1907—1909年间更是跃居全国前列"[②]。

河南大学堂正是在"壬寅学制"推动下建立。1902年3月7日，河南新任巡抚锡良奏请设立河南大学堂，在奏折中，锡良奏请在省城设立大学堂，作为全省兴办学堂的表率："惟查学堂之设，必先由小学、中学递升大学，乃克循序渐进之功。今河南各属应设之中学、小学及蒙养学堂，现饬筹议赶紧举办，拟将省城大学堂从速建立，以为之倡。"[③] 此外奏折中还拟定了大学堂校址、经费、生员名额、学堂章程、教习等。3月25日奏请即获得批准："着即督饬认真办理，仍随时考察，务收实效。"[④] 次年，清廷因京师设立了京师大学堂，规定各省设立高等学堂，不得立大学堂，河南巡抚锡良便将河南大学堂改为河南高等学堂，但办学与先前并无区别。1905年，因本地学生和客籍学生冲突时有发生，豫南客籍高等学堂由河南高等学堂分出，另选址单独设立，至此河南高等学堂一分为二。开办之初的河南高等学堂只设有预科，到1907年才开办高等正科；而河南客籍高等学堂是到1909年才开办高

---

① 雷俊玲：《清末河南学堂发展研究》，第21页，辽宁师范大学，硕士学位论文，2018年版。

② 雷俊玲：《清末河南学堂发展研究》，第23页，辽宁师范大学，硕士学位论文，2018年版。

③ 《河南大学校史》编纂研究室、河南大学档案馆：《河南大学史料长编》（第一卷），第27页，河南大学出版社，2014年版。

④ 《河南大学校史》编纂研究室、河南大学档案馆：《河南大学史料长编》（第一卷），第28页，河南大学出版社，2014年版。

等正科。宣统元年（1909年）各省专门学堂学生统计表数据显示，河南有高等学堂2所，学生298人①，即是指此两所学堂。

1909年，河南巡抚委派河南交涉局议员和英国福公司交涉，敦请其遵照最初的开矿协议，在焦作设立路矿学堂，最终双方签订《河南交涉局与福公司见煤后办事专条》，其中第八条规定，路矿学堂春季开办，除饭食由学生自备外，所有堂中宿息、舍宇、游戏场及教习、员司、夫役薪工、书籍、文具、仪器、标本等统归福公司筹给。1909年3月，焦作路矿学堂正式创办，办学宗旨是为采矿、冶金和铁路造就专门人才。焦作路矿学堂成为河南地方政府利用外资在中国开办较早的一所矿冶高等学校。

河南师范学堂创立于1905年，校址在省垣西北隅课史馆旧址，创设之初先招师范简易科，1907年改名为河南优级师范学堂，校址设在省城开封。据统计，1907年，河南优级师范学堂在校学生266人，教员16人，其中本国毕业者9人，在外国毕业者4人，未毕业未入学堂者3人。②

据宣统元年（1909年）各省专门学堂学生统计表数据，河南有高等学堂2所，学生298人；理科类学堂1所，学生52人；法科类学堂2所，学生766人；艺术类学堂1所，学生257人。③

"中华民国"成立后，新政体的成立、新学制的颁布，深刻影响了河南高等教育的发展。1912年2月，教育部颁布的《普通教育暂行办法》规定，"从前各项学堂均改为学校，监督、堂长应一律改称学校"④，河南高等学堂改名为河南高等学校。同年10月颁布的《大学令》规定，"大学预科须附设于大学，不得独立"。因河南高等学堂相当于大学预科，按照规定也在停办之列。时任校长时经训接到停办通令后，鉴于河南农业大省的经济特点，提议将河南高等学校原有经费一分为二，一部分用于

---

① 参考潘懋元、刘海峰：《中国近代教育史资料汇编·高等教育》，第97—99页，上海教育出版社，2007年版。
② 参考潘懋元、刘海峰：《中国近代教育史资料汇编·高等教育》，第215—216页，上海教育出版社，2007年版。
③ 陈学恂等：《中国近代教育史教学参考资料》（下册），第331页，人民教育出版社，1987年版。
④ 宋恩荣、章咸选：《"中华民国"教育法规选编（1912—1949）》，第199页，江苏教育出版社，2005年版。

筹办高等农业专门学校，一部分用于改办新式中学。经省议会和各界反复商议后，1912年11月3日呈请教育部，11月15日"应准立案"。1913年5月河南公立农业专门学校开始正式招生，先设农学、林学二科，毕业各以三年为限；本科之前一律设置预科，一年为期；校址暂时附设河南高等学校内。半年后，学校又招蚕科1班。农专创办后，共招收农科6班、林科4班、蚕科1班，总计毕业学生937人。①

1912年2月，河南法政学堂与河南巡警高等学堂合并改称河南法政专门学校。河南法政学堂是光绪三十三年（1907年），由河南巡抚林绍年奏请设立，校址在河南省会开封县城内三圣庙街。开办之初，分别科和讲习科。别科三年毕业，内分法律、经济二系；讲习科一年半毕业。据1917年《教育部视学视察河南公立法政专门学校报告书》记载，该学校有学生400余人，分为政治经济本科、法律本科和预科；1908年至1916年学校历年毕业人数分别为1908年309名、1909年286名、1910年491人、1911年173人、1913年315人、1914年432人、1915年414人、1916年360人。②

1913年12月，由于英国方面撕毁合作协议，焦作路矿学堂被迫停办。河南随即公推胡石青、王敬芳赴京与英商福中公司总董事堪锐克、副董事佛德善进行谈判。经过长期艰苦的努力，终于1914年11月达成恢复办学协议。1915年6月1日，福中矿务专门学校在开封大厅门街成立，是年11月招收预科班30名学生开课。1919年冬，预科学生毕业，一律转入本科就读，并续招预科2个班，共有在校生50人。该校本科开设采矿、冶金、地质、土木、机械等专业课程，规模虽小（居5所高等专门学校之末位），却开创了河南高等教育工科院校建立的端绪。

1913年，按照教育部要求，河南优级师范学堂改名为河南高等师范学校；附设一部及二部师范班，1915年又设师范讲习科。1917年，河南高等师范学校高等班停招，改名为河南省立第一师范学校。③"民国"初年，该校共设立普通科、教育科、艺术科、体育科4个专业。普通科培养国语、外语、数学、物理、化学、历史、地

---

① 《河南大学校史》编纂研究室、河南大学档案馆：《河南大学史料长编》（第一卷），第112页，河南大学出版社，2014年版。

② 《河南大学校史》编纂研究室、河南大学档案馆：《河南大学史料长编》（第一卷），第117—118页，河南大学出版社，2014年版。

③ 戴夏等：《视察河南省教育报告》（"民国"二十二年），第10—11页，教育部出版，1933年版。

理各课程中学教师，教育科培养教育行政管理人员，艺术科培养美术、音乐中学教师，体育科培养体育、体操中学教师。

1912年创办的河南留学欧美预备学校是一所专为留学教育而设、具有特殊性质的学校。说其特殊，因为：按学生年龄来看，预校招收学生为12～16岁，这个年龄段相当于当时的高等小学校和中等学校低年级。因为按照1912年教育部公布学校系统令，初等小学校四年毕业，高等小学校三年毕业，中学校四年毕业；中学校毕业后得入大学或专门学校或高等师范学校。①初等小学校7岁入学，按年龄推算，高等小学校学生年龄当为12～15岁，中学校学生年龄为16～20岁。从初入学后的课程来看："学生外国文从字母学起，算术从加减乘除学起，它的性质也只是相当于初级中学。""但是若按其规定修业的年限为五年及其主要课程为：国文、两种外国语、外文世界史地、三角、几何、大代数、微积分和专科学校用的外文原版物理、化学等等来说，它是包括初、高中、大学预科三个学习阶段的。也就算是等于专门学校或大学预科的。据说，在美国高等学校，读八九年才可以得到博士学位。而留美学校到美国去留学的郝象吾、孙祥正等都是读了五年就得到了博士学位，于此亦可以看出留美学校当时课程内容的大概了。"②

不过，在"民国"二十二年（1933年）的教育部《视察河南省教育总报告》中，还是把河南留学欧美预备学校归属为高等教育。关于河南高等教育的介绍，里面一段文字称：

自清廷光绪二十八年下谕，以省书院改大学堂，河南省会遂有大学堂之设，嗣以各省不得设立大学，乃于光绪三十一年改设高等学堂，旋设优级师范学堂，法政学堂，民国初年改优级师范学堂为高等师范学校，法政学堂为法政专门学校，又设立留学欧美预备学校及农业专门学校，虽其程度或为专门，或相当于大学预科，要皆河南高等教育之滥觞也。③

从这段文字不难看出，不仅留学欧美预备学校被视为河南高等教育的一部分，

---

① 璩鑫圭、唐良炎：《中国近代教育史资料汇编·学制演变》，第661页，上海教育出版社，2007年版。
② 王维新：《回忆留学欧美预备学校》，载《开封文史资料》，2004年总第20期。
③ 戴夏等：《视察河南省教育报告》（"民国"二十二年），第10页，教育部（出版），1933年版。

清末创办的河南优级师范学堂同样被视为河南高等教育的重要组成部分。这些学校的改制及设立，一扫清末封建传统教育的腐朽气息，以鲜明的资产阶级教育宗旨办学，是河南资产阶级革命派在辛亥革命时期取得的显著成果，在河南高等教育史上占据着重要的地位。

三、河南留学欧美预备学校的创办与发展

"民国"初年，河南教育界的进步人士有感于当时由新式学堂改建的专门学校还摆脱不了原有的教育模式，也不能适应河南引进西学的需要，于是纷纷建议省政府设立留学欧美预备学校。预校从创办到改为中州大学，经历十几载风雨，培育英才遍布中华。

（一）预校的创建

近代中国面临求强求富的大局，学习西方现代科学知识也就成为走向现代化的不二选择。清末新政中，1901年，清政府发布"广派游学谕"，强调："造就人才，实系当今急务。前据江南、湖北、四川等省选派学生出洋肄业，著各省督抚一律仿照办理。"[①]1905年，政府再次发布"多派学生分赴欧美游学谕"，提出："现在留学东洋者，已不乏人，著再多派学生，分赴欧美，俾宏造就。"[②]在政府的积极倡导下，在社会局势的影响下，很快形成留学热潮。单以留日为例，据统计，1901年留日学生总数为274人，1902年为573人，1903年增至1300余人，到1905年激增到8000余人，1906年更增至12000余人。[③]

1909年庚款留学的兴起再次激发了各地留学的热情。1908年，美国国会通过法案，授权罗斯福总统退还中国"庚子赔款"中超出美方实际损失的部分，用这笔钱帮助中国办学，并资助中国学生赴美留学。双方协议创办清华学堂，并自1909年

---

① 陈学恂、田正平等：《中国近代教育史资料汇编·留学教育》，第3页，上海教育出版社，1991年版。
② 陈学恂、田正平等：《中国近代教育史资料汇编·留学教育》，第4页，上海教育出版社，1991年版。
③ 李喜所：《清末留日学生人数小考》，载《文史哲》，1982年第3期。

起，中国每年向美国派遣100名留学生。1909年、1910年和1911年，在北京三次从全国招考庚款留学生，先后分别录取47人、70人、63人。①遗憾的是，先后考取庚款留学的180人中，河南仅有1人考取。

"中华民国"成立后，蔡元培执掌教育部，立即着手改革旧教育，颁布《普通教育暂行办法》，又于同年2月发表《对于教育方针的意见》，提出"军国民教育、实利教育、公民道德、世界观、美育"，"五育"并重，全面和谐发展的教育方针，受到河南教育总会会长、河南教育司长李时灿的积极响应。作为有留日背景、思想开明的教育人士，李时灿深知西学对于当时中国发展的重要性。1912年春，李时灿与河南提学使陈善同、省学务公所议员王敬芳、教育司科长林伯襄等人，上书当局，力陈办学之必要，倡议效法欧美，引进西学，谋求强国富民之道。4月27日，开封《大中民报》登载了《欧美留学预备科将办》的消息。4月29日，河南教育界知名人士联名发表了《筹备留学欧美预备学校公启》，《公启》称：河南"莫若图根本之救治法"，根本之救治法"是非多遣留学欧美，以造就真才不可"。②在开明士绅的积极推动下，河南都督张镇芳咨河南省临时议会议定，筹备一所培养留学生的预备学校，主要学习外语，为遣送欧美留学生创造条件。经陈善同推荐，委派林伯襄为校长，择定七朝古都开封市铁塔以南、原河南乡试场所"河南贡院"旧址为校址，并开始延聘教师、购置校具和图书资料等筹备工作。

1912年8月，林伯襄校长正式莅任。同年8月25日开封的《自由报》首次刊布了《河南提学司招考留学欧美预科学生广告》，广告明确了学校的办学宗旨、开班内容、招生对象与条件、收费标准和学生毕业后的出路。确定校名为：河南留学欧美预科学校。校址是：省议会东第一中学遗址（即河南贡院东半部）。班次：暂开英文班两班，每班以六十名为限。毕业年限：四年毕业，毕业后择优公费资遣欧美留学，次者给予毕业文凭，择其所长，派充各学校教员。投考资格：甲、身体健全；乙、年龄在十三岁以上十六岁以下；丙、国文通顺；丁、算学会习加减乘除命分者。③

1912年9月，学校被正式命名为河南留学欧美预备学校（以下简称预校）。9月

---

① 参考谢长法：《中国留学教育史》，第101－107页，山西教育出版社，2006年版。
② 《大中民报》，1912年4月29日第一版。
③ 《河南大学校史》编纂研究室、河南大学档案馆：《河南大学史料长编》（第一卷），第93页，河南大学出版社，2014年版。

25日,首届英文科新生140人正式入校上课。预校毕业生回忆称:"所招收第一届的学生是英文班。第一次共招收学生一百五十余人。初入学后,分为甲、乙、丙三班。后又经过甄别试验,因学生成绩差而令退学的与自动退学的约四十余人,校内尚有一百余人,合并为甲、乙两班。"预校第二届学生是德文班,1913年入学,共招收学生一百二十人,入学后,分为丙、丁两班,"身体较高的六十人为丙班,较低的六十人为丁班"。第一届英文班1917年毕业后,才又开始招收第二届英文班。德文班于1918年冬毕业后,又招收第三届英文班。此后每遇有毕业的班次,就再招收新生。① 也正因为如此,预校自1912年9月开办,到1923年3月改名中州大学重新招生,历时近12年,共招收学生7届,计662人,分为英文、德文、法文3个科,毕业5届,计286人。②

(二)师资队伍

林伯襄任职预校期间,十分重视教师在教学中的主导作用。强调:"办学就要办得有个名堂,没有好的教习,学生能学到什么?"为了建立一支优秀的教师队伍,他付出了巨大心血。首先,在选聘教师上制定了严格标准:政治上开明、进步、爱国;业务上是有真才实学的国内外名流。为聘到优秀教师,他往往亲自把关。凡新聘教员,必先到校试讲,他亲自听其一二周课,然后再决定是否录用。对于不合格者,决不聘用。为聘优秀教师,不惜重金。其次,对被聘用的教师在教学上有严格要求。他对学生有意见的教师,必亲自听课,促其改进。他对教师严格要求的同时,还十分尊重和关心他们,他不仅在全校学生中大力倡导尊师之风,而且自己率先做出榜样。家在校外的教师,上下班因路远或风雨,他总是以车接送。在他的辛勤工作和亲切关怀下,河南留学欧美预备学校应聘者名流云集、人才荟萃,形成了一支高质量的教师队伍。

受林伯襄个人魅力影响,预校招聘的教师中,有一大批在清末功成名就、学识渊博的名流。例如,魏联奎,荥阳人,1881年毕业于大梁书院。1886年进士及第,任刑部主事等职,官居四品;1912年任预校文学教席。顾璜,祖籍江苏昆山,祖父

---

① 王维新:《回忆留学欧美预备学校》,载《开封文史资料》,2004总第20期。
② 《河南大学校史》修订组:《河南大学校史》,第8页,河南大学出版社,2012年版。

时举家迁居开封；1867年进士及第，曾任通政史（三品）；1897年任大梁书院院长；1912年，被聘为河南督军署及省长公署顾问，兼任预校文学课教授。杨捷三，河南开封人，1889年毕业于大梁书院，1890年进士及第，历任翰林院庶吉士、翰林院编修、侍读学士、侍讲学士、国史馆总纂修、正二品御前大臣，1912年任预校文学教授。陈熙昭，河南获嘉人，进士及第，曾任预校文学教授。耿春宴，河南孟州人，清末举人，曾创办孟县（今孟州市）第一所官立高等小学堂、孟县官立师范传习所；1912年任预校高级讲席。王锡彤，河南卫辉人，1889年毕业于大梁书院，曾任汲县（今卫辉市）读书社主讲、经正书院副院长，"民国"初年在预校任职。

鉴于学校创办目的，在于为学生出国留学做准备，所以学校教师中还有一部分是来自国外的外籍教师。例如，哈亨利，美国人，早年曾先后获得美国雅利大学、伯林大学学士，雅利大学博士，历任伯林大学、伯劳尔大学教授；1912年起担任河南留学欧美预备学校教授，为学生讲授英美文学课，兼办毕业生留美事宜。倪福兰，女，德国人，大学毕业即来华讲学，历任河南高等学堂、河南留学欧美预备学校德文教授，除主讲德语语言文学外，还讲授世界历史、世界地理。席懋，美国人，博士，1920－1923年任河南留学欧美预备学校英国语言文学教授；1925－1927年再度来开封，任中州大学文科教授，对英语系的发展做出了很大贡献。

除聘请外籍教师外，学校也延聘了一批有留学背景的教师到校任教。例如：王庚先，河南邓州人，1905年考取公费留学，留学日本；1912年任河南省临时议会议员、预校高级讲席。吴忆鲁，河南固始人，1900年考取公费留学日本资格，相继在日本、德国留学，获柏林洪堡大学林学硕士学位；1918年起历任预校、中州大学教授。王北方，河南孟津人，1889年毕业于大梁书院，后中举人（河南乡试亚元）；1896年就读北京国子监，参加戊戌变法运动；1898年流亡日本，入宏文学院文学专业；1912年起担任河南留学欧美预备学校教授，主讲国文、史地。杜严，河南博爱人，1904年进士及第，1905年留学日本法政大学，1908年获硕士学位归国。先后任翰林院编修、河南省咨议局议长、预校教授。刘青霞，河南安阳人，1907年留学日本，加入同盟会；回国后创办女子学堂多所，曾任预校教授。丁德合，河南新乡人，早年求学于经正书院；1910年毕业于河南优级师范学堂，1915年毕业于日本早稻田大学文学院，获硕士学位；1916年任河南留学欧美预备学校校长、教授。张鸿烈，河南固始人，早年求学于豫南书院，1912年毕业于河南高等学堂，1913年当选省议会议员，1914年赴美留学获伊里诺大学教育学硕士学位；1919起历任预校、中州大学教授，河南中山大学校长。江梦霞，河南潢川人，1913年毕业于河南高等师范学校，赴印尼雅加达华侨学校教学；1915年回国，历任桐柏，固始县教师；1919年起相继担任预校、中州大学教授。徐旭生，1912年取得公费留法学生资格，1913年春赴法留学，就读于巴黎大学，专攻西洋哲学；1919年春回国，应聘河南省立开封第一师范和河南留学欧美预备学校，任西洋哲学史教授。

预校教师中，还有毕业于国内高校，后来成长为名家的一批人。例如，著名哲学家、教育家冯友兰，1918年北京大学毕业后，就回到开封，在预校和省立师范学校教授国文和修身；1919年参加教育部组织的出国留学资格考试顺利通过，1920年进入美国哥伦比亚大学研究院。

尽管学校尽力聘请优秀教师到校任教，但由于"民国"初期中国整体师资力量薄弱，所以教师素质良莠不齐的现象普遍存在。预校毕业生涂心园在《留学欧美预备学校忆往》中谈到魏松声（春源）先生，称其"国学深邃，见解新颖"，"我们对于魏老师的学识和思想，极为倾倒，所以在毕业同学录上，排位仅次于校长"。[①] 预校毕业生王维新的《回忆留学欧美预备学校》中记载的教师各类都有，有精于教学尽职尽责的。例如，数学教师郑树桐，"最会教书，亦且负责"；"高等数学教师是黄纪瞻（河南人），理化教师姓戴，广东人，据说，他俩的程度，教学方法都很好；亦颇认真负责"。也有善于教书，但责任心不高的，如外籍教师哈亨利，"他也很会教书。他是第一届英文班的英文教师。但是他很滑头，不负责任。尤其对于程度差的同学，他更是敷衍。他来中国的主要目的是传教，而不是教书"。还有虽有学问，但不会教书的，如谭玉峰，"程度很好，人颇聪明。他教我们大代数、物理、微积分、解析几何。但是他很不会教书。只有程度特别好的同学们能听懂他教的东西；差些的同学就听不懂。可是，当时谁也不敢抬教师。只有在他每次下课后，把地板跺得咚咚响，泄愤恨之气"。[②] 这样的现象在当时的高等院校也是普遍存在，反映了"民国"初年中国高等教育的实况，也从另一个侧面反映了培养人才的紧迫性和重要性。

---

① 《河南大学校史》编纂研究室、河南大学档案馆：《河南大学史料长编》（第一卷），第355—356页，河南大学出版社，2014年版。

② 王维新：《回忆留学欧美预备学校》，载《开封文史资料》，2004总第20期。

（三）教学管理

作为一所专门培养留学人员的学校，学校的课程设置自然是偏重外语的教学。预校先后招收有英文班、德文班和法文班，三种语言的学习自然最为重要，所占学分比重自然也比较大。例如，英文科的英语专业课有英文读本，每学期19周，每周6学时，5年共计1140学时；英文文法、修辞学和英文作文共计646学时。全部英文课程总计1786学时，约占总课时的29%；同时，每科还要开设第二外国语。① 根据预校毕业生的回忆，当时的预校课程设置大致如下（见表1-1、1-2）：

表1-1 预校一、二年级课程设置（1912－1918）

课程名称	学时（每周）	备 注
国文	6小时	
外文	12小时	读本、文法各半
数学	6小时	算术、小代数、平面几何、三角
地理	2小时	
历史	2小时	
体操	2小时	徒手兵式操
图画	2小时	铅笔画
总学时	32小时	

表1-2 预校三、四、五年级课程设置（1912－1918）

课程名称	学时（每周）	备 注
国文	5小时	内应用文1小时
外文	6小时	读本、文法各半
第二外国文	3小时	英文班学德文，德文班学英文
数学	5小时	大代数、微积分、解析几何等
外史	3小时	
中史（外文教学）	3小时	
外地（外文教学）	3小时	
物理（外文教学）	3小时	

---

① 《河南大学校史》修订组：《河南大学校史》，第11页，河南大学出版社，2012年版。

续表

课程名称	学时（每周）	备注
化学（外文教学）	3 小时	
体操（外文教学）	2 小时	哑铃、棍棒、球杆
图画	2 小时	几何画
总学时	38 小时	

参考王维新：《回忆留学欧美预备学校》，载开封市政协文史资料委员会编《开封文史资料》，第139—142页，2004年总第20期。作者附注：(1) 德文班三、四年级时，曾加添国术一小时，五年级时又取消了。(2) 英文班曾加添过音乐一小时，不久也取消了。(3) 此课表系凭记忆抄出，不一定十分正确，但大致不差。

从预校毕业生回忆的课程表中可以看出，在低年级时，外文的课时量占到总课时量的1/3；到高年级时外文、第二外国文课时量占比虽然有所下降，但除了国文、图画两门课，外国历史、中国历史、地理、物理、化学、体操等课程都改为了外语授课，外语教学已经融入各科教学中。

预校学时要求超出了一般学校的要求。例如，英文、德文两科所开设的课程每周均为32—33学时。每天除6节正课外，再加上3节自习，早操、课间操又必须参加集体活动，学生相当紧张。又由于大部分课程使用外文原版教材，更使学生应接不暇。当时，上海的《民国日报》、《晨报》曾对河南预校的情况进行过评论：这个学校功课成绩比个别学校稍好一点。但是，他们的课程太紧，学生的精神终天疲惫于课本讲义之中，无一点发展回旋的余地。这种评价颇为中肯。预校的毕业生大多知识根底扎实，后来成绩卓著者不乏其人，但这种课程安排使学生负担过重，不利于青少年生动活泼地健康发展也是事实。①

预校的教学管理严格，较早建立了一套相对完整的教学管理制度。王维新在回忆中称：

当时全校共有四班，计约二百人，分住在前后排与东西两个小院。每处一位监学；也不分学务与教务学监。1918年秋李敬斋任校长后才改为学务学监与教务学监。但究竟谁是学务学监，谁是教务学监，我们学生并不知道，只知有此一说。学

---

① 《河南大学校史》修订组：《河南大学校史》，第11—12页，河南大学出版社，2012年版。

监们的主要职务是白天查堂（授课教师向不点名），早晚点名查自习。每节课、每节自习都要到，很少缺旷过。早晚点名也很少断过——除非有很大的雨雪。……林先生常是于我们就寝之后，在各寝室排房外边走一遍又一遍；等到各寝室里（丝）毫没有一点声息之后，他才去就寝。他每看到我们态度、行动等有一点不好的时候，就当面指出，加以告诫。有一次同学王之乾（连三）把头发剪得既不是平头，也不是分发头，更不是光头。——正额脑顶上孤孤地留下一撮长头发。这被林先生看到了之后，就马上喊着："王之乾，王之乾，你这像什么样子？快，快，快去把它剪光。"王同学抱头而去，马上剪光了。我考入留美学校后，尚不到两个星期，有一天我走过林先生的院门，忘记了扣脖子的纽扣，他马上叫着我的名字，先指指他自己的脖子扣，又指指我的脖子扣，说："扣住，扣住！你这像什么样子？"我当时心里很奇怪。我刚刚入学，他也没有同我说过一句话，怎么可就知道了我的名字了？[①]

一段生动形象的文字，不仅反映了预校教学管理的完善，同时也反映了校长、学监们的尽职尽责。

从校长到教师，都非常重视主要课程的讲授和成绩考核。林伯襄长校时，经常深入课堂，亲临教学第一线，严格考察教学质量；以后的几任校长亦能身体力行，深入教学。在他们的带领和指导下，学校形成了严格执教、认真学习的良好风气。

（四）学术活动

有关预校时期学术活动的资料并不多，但也可以从1919年创刊的校刊《心声》中略窥一二。该刊1919年创办，创刊的目的在于："第一件就是很想多介绍一点科学的方法论；第二件就是很想把欧洲文学科学哲学的略史，多介绍一点，使我国人见一学者，就知道他在这个时代的价值。"[②] 从第二卷第一期的期刊目录可以看出，师生的学术研究范围广泛，研究也有相当的深度。既有关于中国教育、政治、哲学问题的研究，如《今后吾国女子道德问题》、《怎样去利导学潮》、《人！是什么？为什么？应当什么？》、《论理学白话讲演》、《王船山的人道主义》等，同时也有关于西方政治、经济、教育、哲学等学术论著的翻译和研究，如李长春译《科学之价值绪

[①] 王维新：《回忆留学欧美预备学校》，载《开封文史资料》，2004年总第20期。

[②] 《河南大学校史》编纂研究室、河南大学档案馆：《河南大学史料长编》（第一卷），第202页，河南大学出版社，2014年版。

论》、张价休译《历史的概说》、张子岱译《连带责任主义学派 Les Solidaristes》、如山译《斯宾塞尔综合哲学的批评》、杨笠农译《各种社会主义的主张 Gide 经济学分配论第一部分第二章》、鸣籍译《格拉弗的女子解放问题》、郭须静译《理想家的社会主义》。此外，还有一些文学作品，如《随感录》、冯友兰的《中秋别内子将往美洲》、《告别同社诸君》等。期刊虽然办刊的时间不长，但也对当时学术的发展起到了一定的推动作用。正如《改组宣言》所说："若说他对社会方面有多大效益，学术方面有多大贡献，同人绝不敢妄自夸大。然而若说他在一部分内，对于社会绝无一点影响，那同人等也不敢妄自菲薄。"①

第二节　河南留学欧美预备学校对中国高等教育的影响

河南留学欧美预备学校作为"民国"初年中国的三大留学教育基地之一，以其独特的课程设置、严格的教学管理、深厚的文化底蕴，为中国近代高等教育的发展培养了一大批师资力量。"从预校这块热土走出来的政界要人、一代元勋、科坛巨匠、学界名流、文坛泰斗比肩继踵，尽显风流。"②

一、成为中国近代留学预备教育的重要组成部分

（一）"三大留学培训基地"

"民国"时期，河南留学欧美预备学校被视为"与当时的清华学校和上海南洋公学成为三大留学培训基地"③。事实上，清末民初，创办之初专为留学预备教育而设的学校仅有两所，一是创办于1911年的清华学堂，1912年更名为清华学校，1928年更名为清华大学；再就是河南留学欧美预备学校。清华学堂的创建众所周知，是专

---

① 《河南大学校史》编纂研究室、河南大学档案馆：《河南大学史料长编》（第一卷），第202页，河南大学出版社，2014年版。
② 孙培新、关爱和：《百年河大》，载《河南大学学报》（社会科学版），2002第5期。
③ 徐一良：《学府遗珍》，第70页，生活·读书·新知三联书店，2018年版。

为庚款留美学校预备教育而设。在1908年中美双方拟定的"派遣美国留学生章程草案"中，提出创办"培训学校"之议。其提出：

> 外务部将创办一所留美培训学校（为方便其他省份来的学生，也将在天津、汉口、广州开办分校）。所有录取的候选人都将进入这所学校或其分校。第一年就要派出的学生将培训六个月，以后派出的学生则将培训一年。在此期间，将对学生的品性和能力进行仔细考察，只有表现令人满意的学生将被派往国外，如果发现不适合派出者将被除名（详细章程随后发布）。①

之所以有此之议，缘于清政府担心学生"洋化忘本"。1909年，外务部和学部会奏，在北京设"游美学务处"，附设"游美肄业馆"，即清华学堂的前身。游美肄业馆虽于1909年9月开办，但由于前面两年学生选录后和出国之间时间过短，游美肄业馆在成立后的一年之内，"仅做到甄选和派遣，并未曾依原定章程草案实施半年至一年的养成教育"②。两次甄试考选的学生分别为47人、70人，均不足每年百名定额，让游美学务处认识到长期养成教育的必要。1910年12月，游美学务处奏请将游美肄业馆更名为"清华学堂"，定学额为500名，分为中等及高等两科，各为四年毕业。中等科毕业后，须经过甄别考试才能晋升高等科。高等科毕业后，亦须通过严格的考试才能派遣留美。1911年3月30日，清华学堂正式开学，揭开了其留美预备教育的篇章。1911年9月6日，学堂当局以原定章程与"奏定学堂章程"不合，由游美学务处呈请外务部与学部做如下的修改：（1）改清华中等科四年毕业为五年，改高等科四年毕业为三年。（2）建议清华高等科毕业学生之不能通过游学甄试者，及中等科毕业不能升入高等科者，除发给毕业文凭外，请学部准其参加各大学堂及各高等学堂之入学及插班考试，以免埋没人才。③

庚款留美派遣，原定最初四年每年遣派学生约100名赴美游学，自第五年起，每年至少续派50名，名额则依照各省赔款数目摊分。但实际上，最后录取学生并没有按照预定的名额执行，而是严格按照考试和选择标准执行，即：（1）候选人须由

---

① 苏云峰：《从清华学堂到清华大学——1928－1937近代中国高等教育研究》，第12页，生活·读书·新知三联书店，2001年版。
② 苏云峰：《从清华学堂到清华大学——1928－1937近代中国高等教育研究》，第16页，生活·读书·新知三联书店，2001年版。
③ 苏云峰：《从清华学堂到清华大学——1928－1937近代中国高等教育研究》，第19页，生活·读书·新知三联书店，2001年版。

西医检查身体状况。(2)中文考试必须通过。(3)英文及一般课程的考试必须通过。到最后考试通过、被录取的三批学生中，仅第一批有河南籍学生1人，之后两批，河南竟无一人考取。在1909年的第一次考选中，河南选派了22人参加考试，最后仅有毕业于京师大学堂的秉志1人考取。① 反观沿海省份，前三批学生中，江苏省考取65人，占总数35.9%；浙江省考取36人，占总数19.9%；广东考取24人，占总数13.3%；福建考取12人，占总数6.6%。与河南相邻的河北、山东、安徽省均考取7人。②

河南与沿海省份的巨大差距让河南的士绅们深刻认识到："河南学战之战阙员，既不能与各国相角逐，复不能与各省相角逐。……举国自由，中州独后，河南之不若人甚矣。"③ 也正因为如此，河南开明士绅们痛定思痛，决定奋起直追，提出："如齿之，莫若图根本之救治法。根本之救治法若何？是非多遣派留学欧美，以造就真才不可。夫文明先进国之政治、学术、技艺足以师我而益我者夥矣。从而求之，则世界知识、专门知识，皆于此吸取焉。出而乞诸邻邦，归而馈诸祖国，其有裨于民智、民德、民力、民权、民生者必多，东南各省先我着办，成效亦最著，及今而仿行之，已落人后，然尚可为也。不然，留学无人，则真文明无其导线，真事业无其原质，后此共和国之河南各人、各社会，尤是前此专制国之河南各个人、各社会，以之入政治竞争、文化竞争、经济竞争、生存竞争之场，必永无河南人之立足地，河南特各省之一附属物、寄生物而已。"④ 考虑到留学生外国语言、文字及普通科学需具有一定的根底，否则化费多，收效难；而"河南各中学迟钝、腐靡，不足养成留学资格固矣，即名高等学校者，按其实际，亦难言之"⑤，而改良学校或遣学津、沪，外国语言文字偏重，必不适于一般学校。因此，士绅们认为，预备学校不能不专设。由此可见，河南留学欧美预备学校专为留学预备教育而设的性质是明确的。

---

① 李守郡：《第一批庚款留美学生的考选》，载《历史档案》，1989年第3期。
② 参考李喜所、刘集林：《近代中国的留美教育》，第93页，天津古籍出版社，2000年版。
③ 《河南大学校史》编纂研究室、河南大学档案馆：《河南大学史料长编》（第一卷），第92页，河南大学出版社，2014年版。
④ 《河南大学校史》编纂研究室、河南大学档案馆：《河南大学史料长编》（第一卷），第92页，河南大学出版社，2014年版。
⑤ 《河南大学校史》编纂研究室、河南大学档案馆：《河南大学史料长编》（第一卷），第92页，河南大学出版社，2014年版。

南洋公学创办之初，虽是为培养中国的从政人才、进而振兴中国的实业而设，但其对派遣留学也是高度重视。盛宣怀在奏请设立学堂折中提道："拟请略取其意，在京师及上海两处各设一达成馆，取成材之士，专学英法语言文字，专课法律、公法、政治、通商之学，期以三年，均有门径，已通大要，请命出使大臣奏调随员悉取于两馆。俟至外洋，俾就学于名师，就试于大学，历练三年，归国之后，内而总署章京，外而各口关道、使署、参赞皆非是不得与。"①1898年，南洋公学选拔了6名年少聪颖、中文功底较好又有英文基础的学生，派往日本。1899年1月6名学生正式起航奔赴日本学习。1900年又选拔了2名学生赴美留学。1901年6月，选派王宠惠、王宠佑等7人赴美留学。1901年8月再次选派4人留学欧洲。南洋公学从1899年至1905年，共派出留学生58名，成为中国高等学府中最早派遣留学生的学校之一。②1905年，南洋公学划归商部管辖，更名为商部上海高等实业学堂，上海交通大学作为"南洋公学"的发展时期止于该年。

从1912年"中华民国"成立到1922年，"清华"总共派出毕业生549人，南洋公学1899年至1905年派出58人，河南留学欧美预备学校毕业生出国留学的91人。尽管和前两者相比，河南留学欧美预备学校出国留学人数有限，但在"民国"初年也是不可忽视的重要留学教育培训基地。

（二）夯实中原留学教育之基

河南留学欧美预备学校一定程度上是受庚款留美刺激而设，因而在创办之初，其学制年限、教学管理、学生管理、课程设置等方面都有所参照清华学堂而设。但是，毕竟作为内陆省份的自设留学预备学堂，和中美合作创办的留美预备学堂有诸多的不同。

首先，在学校的办学目的上，清华学堂是专为庚款留美学生预备教育而设，经费是由庚款拨付，办学的目的在于："获得充实的学习效果。派出的留学生中有百分之八十将专修工业技术、农学、机械工程、采矿、物理及化学、铁路工程、建筑、

---

① 《交通大学校史》撰写组：《交通大学校史资料选编》（第一卷），第1—2页，西安交通大学出版社，1986年版。
② 盛懿、孙萍、欧七斤：《三个世纪的跨越——从南洋公学到上海交通大学》，第32页，上海交通大学出版社，2006年版。

银行、铁路管理,以及类似学科。另外百分之二十将专修法律及政治学。"① 其培养实用人才的目的显而易见。与之不同的是,河南留学欧美预备学堂的创立则是基于"河南之不若人甚矣",因而奋起直追,迫切希望从各个方面向西方学习,强调对于西方的政治、学术、技艺,都要"从而求之"。

其次,在课程的设置上,受办学目的的影响,清华学堂强调:"延用美国高等初级各科教习,所有办法均照美国学堂,以便学生熟悉课程,到美入学可无扞格。"② 河南留学欧美预备学校创办之初希望学生"外国语言、文字及普通科学具有根底",且作为内陆省份,河南在聘请外籍教师经费、便利上都不及清华学堂,预校前两任校长都不曾留学欧美,外籍教师在教师队伍中占比也比较小。因而,在课程设置上,主要开设外国语言文字类课程以及数学、地理、历史、体操、图画等普通课程。与清华学堂专为留美而设不同是,河南留学欧美预备学校是兼顾留学美国和留学欧洲的预备教育,所以在设英文科之后,又先后开设了德文科、法文科。在办学模式、教学内容方面,都没有现成的经验和规律可以参考,主要依靠外籍教师和留学生进行一些自发的探索和总结。

在这一过程中,河南留学欧美预备学校早期的开创者林伯襄做出了重要的贡献。

1912年,河南留学欧美预备学校正式建立,林伯襄被任命为校长。作为中国最早创办的以留学教育为主的学校之一,预校的教学内容和课程设置都无成规可循。林伯襄秉持提倡西学,以西方教育为楷模,以实用为目的原则,大胆创设课程,为学生规划了容中西于一体、以西学为主的课程体系和教学方式。课程设置方面,除了传统的国文课、中国历史、中国地理之外,还开设了英文、数学、物理、化学、体操、图画等这些新颖的课程,内容摆脱了当时尊孔读经的封建教育的窠臼,而且与近代其他学堂也不尽相同。学生管理上,他对学生严慈相济,学业上严格要求,生活上关心备至,深受学生的喜爱。他曾说:"应当走一步一个脚印,决不能马马虎虎。"对学生的管理也是如此。他从一开始就注意建立严格的管理制度,从各个环节对学生严格要求、严格管理。在招生过程中,择优录取,严格把关。凡考生,虽学历不限,但对学生质量的要求,却一视同仁,决不降低标准。对已被录取的学生,

---

① 苏云峰:《从清华学堂到清华大学——1928—1937近代中国高等教育研究》,第11—12页,生活·读书·新知三联书店,2001年版。

② 李喜所、刘集林:《近代中国的留美教育》,第82页,天津古籍出版社,2000年版。

三月后学校进行甄别考试，不及格者，令其退学。

为提高教学质量，要求教师除了在课堂上讲好课以外，还采取各种措施，督促学生上进，如课堂提问、随堂考试、期末考试等。学校将期末考试成绩列榜公布，激发同学们的学习积极性。对学生学习，不仅教师管，校长和学监都关心。学监坚持查堂、查自习，风雨无阻，始终如一，一旦发现问题，及时解决。林伯襄作为一校之长，亲临教学第一线，若有缺课情况，他便马上代授。他对学生亲切关怀、管理严格，曾制订严格的校规校纪、功过条例，对违反校规的学生，不论何人，在耐心劝诫的同时，均据情节轻重给予处分。为保证校纪落实，不仅让学监早晚检查，他本人也经常在夜晚打着灯笼"查斋"。他重言教，更重身教。凡要求别人做到的，自己首先做到。在林校长的教育和影响下，团结、朴实、求是、创新的校风在河南留学欧美预备学校逐步形成。

预校毕业生王维新在回忆录中写道：

林先生对事极其认真负责，对人的态度神情十分地诚恳和蔼。每聘请的新教师到校后，他总要听这位教师一二星期的课。如果他认为不称职时，就马上辞去，决不等待学生们的请求。如果有些功课（如德文）他不能听时，就常常把同学们叫去，询问讲授的情形。不过，当时以德文教师不易聘请。所以在某种的情势之下，有时亦不免有迁就处。林先生对学生们有过失之时，都是以很严肃、诚恳之神情加以劝诫。他向没有厉声厉色地吵骂过学生。他的生活也十分俭朴，经常穿的是蓝布大褂、黑粗布鞋。不认识他而到校内去的人，常常把他看作是校内的工友；其俭朴与平易近人的情形可想而知。他对于同学们的神情如父兄之对于子弟；同学们之对于他，亦如子弟们之对于父兄。当时同学们有不少的都是官宦与富人家的子弟，但生活都是相当的俭朴。这，可以说完全是受了林先生的影响。[①]

林伯襄在任留学欧美预备学校校长的4年时间里，招收有第一届英文班150余人，德文班140人。这些学生，毕业后有的出国留学，有的考取国内其他大学继续深造。他们刻苦勤奋，后来大都成栋梁之材。不少人成为国内外知名的教授、学者、作家、艺术家和无产阶级革命家，为中国革命和世界和平做出了突出贡献。1916年，林伯襄因反对袁世凯复辟而愤然辞去校长职务，改由丁德合继任。

---

① 王维新：《回忆留学欧美预备学校》，载《开封文史资料》，2004年总第20期。

二、储备中国高等教育人才

（一）预校毕业生总体情况

预校创办之目的在于"造就真人才"。创办之初，按照河南省议会原来的决议，学生毕业后，一律送到外国去留学。后来，因当时河南在国内各大学、专门学校毕业、肄业学生纷纷要求，提出送去留学应采取公开考试，不应单送预校毕业生，结果是，1917年第一届学生毕业时，改为河南省选40名学生公派留学，预校名额占半数，河南学生在外处求学的占半数，但考试的结果是，预校录取了20名，其他外校的学生因程度不及格只录取了10名。

除留学国外之外，也有不少学生考入国内其他高校，或直接就业。例如："第一届英文班除被送往美国留学的十八人（林英训、陈国选出国前死了）和考取北京各大学的十余人以外，大部分都担任各中等学校的数理化与英文教师，如外号牛顿的王登、田麟、王怀乾、孙国庆等。其考升大学的有朱纪章、李均邦、董振麟、杨绍棠、袁毓坤、高绍珠、高绍譬、陈镜如、陈璐宪、王连三、李士伟、霍树城、冯景星等。德文班之未被送往同济去的大部分直接升入了北京大学，如刘钧、薄之宇、王维新、李愁祖、张式夫、陈树杰、吕萝、秦国维、张述之、岳润宾等。此外，鲁祖寿考入了北京军医学校；张靖侯等数人以自费而到了日本。总之，是升学的多而工作的少。"①

预校自1912年9月开办，到1923年3月改名中州大学重新招生，历时近12年，共招662人，毕业286人。各届学生大部分就地升学或就业，留学国外的也不少，其中考取美、法、德、比、日、苏等国留学生者91人，在国内各大学就读者143人。留学国外获得学士学位者16人、硕士学位者9人、博士学位者24人。他们学习刻苦、成绩优异，毕业后大多回到祖国，在国内外各行业的工作中取得了令人瞩目的成就，仅在各高等院校执教晋升为教授者就有39人。②

预校毕业生中，在各行各业成绩卓著的大有人在。

1917届英文班毕业生刘敬宜，航空工程师，1922年毕业于美国密西根大学航空

---

① 王维新：《回忆留学欧美预备学校》，载《开封文史资料》，2004年总第20期。
② 《河南大学校史》修订组：《河南大学校史》，第8页，河南大学出版社，2012年版。

工程系。回国后，历任河南实业厅厅长、新疆飞机制造厂中方厂长、国际航空运输协会副会长、中国航空公司总经理，是中国参加撰订国际航空法规的第一人。1949年在香港率中国航空公司人员起义。后任全国政协委员。

同届毕业生毋本敏1923年留学美国，入读伊利诺大学电机科，1925年获学士学位并留美工作。1928年回国后，先是任职南京军政部兵工署，之后被任命为交通部河南电政管理局局长，之后又辗转任职陕西、云南、贵州、四川、湖南、山东等地。1943年任交通部全国公路总局专门委员兼无线电总台台长；1945年任上海善后救济总署专门委员、郑州农业机械厂筹备主任；1948年任上海龙华机场专员、中国航空公司保管委员会主任。中华人民共和国成立后，历任河南省财政经济委员会民革负责人、华中钢铁公司工程师、湖北省机械工业厅设计院副院长、政协湖北省委员会委员。

1918年德文科毕业生宋渌，同济大学土木系毕业，曾任全国水利委员会总务处处长和工务处处长、全国水利委员会黄河水利委员会委员、经济部水利司司长、河南省政府委员兼建设厅厅长、水利部次长、经济部顾问兼水利署署长等。

该校还有一批学生早期投身革命，为中国革命事业发展以及新中国成立后的国家建设做出了重要贡献。

1922年英文科毕业的赵毅敏，1924年赴法国勤工俭学，1925年因参加革命活动被驱逐，然后到德国，在德国加入中国共产党青年团。不久赴苏入莫斯科东方大学学习。1929年回国后，曾任中共中央宣传部编审科科长兼秘书、奉天市委书记、中共满洲省委组织部部长、东北人民革命军第三军政委、鲁迅艺术学院副院长、中央党报委员会秘书长、中央宣传部教育科长、秘书长兼延安大学副校长，冀热辽中央分局委员兼宣传部部长和冀热辽联合大学校长。中华人民共和国成立后，历任中共北京市委宣传部长，中共中央中南局常委兼宣传部部长、省委书记，中南行政委员会文教委员会主任、文化部长，中共中央国际活动指导委员会副书记、对外联络部副部长，国务院外事办公室副主任等。

1923年英文科毕业的侯镜如，1924年入黄埔军校第一期，毕业后任黄埔教导团排长，1925年加入中国共产党，参加东征和北伐战争。1927年参加第三次工人武装起义的组织工作，同年夏至贺龙部，任第二十军教导团团长，参加南昌起义。1931年，因失去组织关系而脱离中国共产党，后入国民党军，官至第九十二军军长，第十七兵团司令。1949 年脱离国民党军去香港。1952 年返回大陆，任国务院参事。1983 年，当选为全国政协常务委员、民革中央副主席、北京市人大常委会副主任、黄埔军校同学会副会长。

此外，预校毕业生周邦彩、王之宇、蔡芷生等在五四运动后就到广东参加民主革命，入黄埔军校学习；国务院外国专家局顾问杨放之以及马霖、孟炳昌等先后留苏。还有一些预校同学毅然返回家乡从事地方革命活动；第三届英文科毕业生陈育生、尚芳、黄志忠，第四届英文科毕业生陈风犟等为中国人民的革命事业献出了年轻而宝贵的生命。①

（二）服务于高等教育发展的预校毕业生

预校是较早创办、专门为留学预备而设的学校，毕业生中不少人留学国外，他们毕业回来的时间，正是 20 世纪二三十年代中国高等教育快速发展的时期，他们回来后或直接入职高等院校，或入职各类研究院，或就职其他行业，同时兼任高校教学工作，成为中国近现代高等教育发展中坚力量。他们当中的不少人，在工作单位担任了系主任、院长乃至校长，不仅为学科的发展经营擘画，更为近现代人才培养做出了卓越贡献。中华人民共和国成立后，他们大多年龄四五十岁，学术积淀深厚，更是成为中华人民共和国高等教育发展的重要推动力量，持续为中国高等教育的发展贡献光和热。

据《河南大学校史》所载，预校毕业生中仅在高等院校执教晋升为教授者就 39 人。②如果加上任职各类研究院、短暂任职高等院校的，人数可能会更多。单以 1917 年毕业的英文科学生为例，该届学生毕业后任职高等院校及研究机构的就有 26 人之多。他们大多留学海外，获得硕士、博士学位，回国后任职多所高校，成为学校学科发展的中坚力量。

王陵南，美国加利福尼亚大学学士、康奈尔大学硕士，曾任北京农业大学、河南大学、东北大学、西南民族学院（今西南民族大学）教授。

王力仁，美国康奈尔大学（土木工程师）硕士，曾任职中国矿业学院、焦作工

---

① 《河南大学校史》编辑室：《河南大学校史 1912-1984》，第 13 页，《河南大学校史》编辑室，1985 年版。
② 《河南大学校史》修订组：《河南大学校史》，第 8 页，河南大学出版社，2012 年版。

学院。

万昕，美国爱阿华农业机械学院学士、普渡大学生物学硕士，曾任国防医学院教授，安徽科技研究所副主任，安徽医学院生化教授、图书馆馆长。

郑龙光，毕业留校任教师，之后曾在中央航空公司工作。

赵慎枢，美国加利福尼亚大学学士、康奈尔大学理学硕士，曾任东北大学、河南大学教授。1948年旅居台湾，执教于台北多所大学。

孙祥正，美国加利福尼亚大学理学学士、芝加哥大学医学博士，曾任河南大学医学院教授、理学院院长。

郝象吾，美国加利福尼亚大学遗传学博士，曾任河南大学教授、理学院院长、教务长，复旦大学教授。

李士伟，协和医学院留美医学博士，曾任青岛大学医学院教授、院长。1949年去台湾，任台湾省立台北妇产科医院院长，并兼国防医学院教授、妇产科主任。

王伯修，留美工学硕士、医学博士，曾任河南大学理学院教授。

张鸣韶，获美国地学博士学位，曾任清华大学兼任教授、河南焦作工学院教授、地质调查所图书馆馆长。1956年起，在北京地质部地质研究所古生物研究室从事腕足类化石的研究。

赵新吾，美国伊利诺大学机械系学士，曾任河南大学理学院教授、院长、代校长。

翟绍武，北京大学毕业，曾任河南大学教授、河南省教育厅厅长。1950年去台湾，在国民党政工干部学校、台湾师范大学等校任教。

万康民，美国耶鲁大学林学系学士，曾任河南农业专门学校校长，河南大学农学院教授、院长。

郭楠，美国密歇根矿业大学学士、欧罗波模大学硕士，曾任北京钢铁学院教授。

郭楷悌，美国普渡大学电气工程学硕士，曾任北平发电厂厂长、工程师。1948年去台湾，任台湾大学教授、博士生导师。

张人鉴，美国加拉罗都大学矿物系学士，曾任河南大学教授、河南地质调查所所长。

杨延宝，美国宾夕法尼亚大学硕士，曾任南京大学、南京工学院、武汉大学教授，南京工学院副校长，中国科学院技术科学部委员。

陈汝珍，留学美国，曾任河南水利学校教师。

吴沆，美国芝加哥大学化学硕士，曾任河南中山大学教授。

霍自庭，日本应义塾大学英文系硕士，曾任河南大学英文系教授，西安西北大学外语系教授、英文系主任、训导长。

卢炳章，北京大学毕业，曾任河南大学教授。

李均邦，北京大学学士，曾相继担任河南大学训导长、教授。

董振麟，北京师范大学毕业，曾在河南医学院教务处工作。

陈璿宪，北京大学法学学士，曾任国立山东大学医学院教授、院长。1948年去台湾，任台湾大学医学院教授、妇产科主任医师。

李钟美，美国奥瑞根大学土木工程学士，曾任河南大学、焦作工学院教授。

李好善，沪江大学学士、美国伯罗大学文学硕士、备宝德大学哲学博士，1926年起担任河南大学法学教授。

预校毕业生中，学成后又回到河南效力高等教育的大有人在。他们中的不少人在20世纪20—40年代担任河南高等院校、教育厅重要领导职务，为河南高等教育发展招揽人才，擘化学科发展，一定程度上，对河南高等教育发展起到了重要推动作用。例如：著名医学家孙祥正先后在美国加利福尼亚大学、华盛顿大学、约翰霍伯金斯大学攻读，获医学博士、公共卫生博士学位，回国后先后担任河南大学理学院医师、教授、院长，兼任河南省会学校卫生事务所所长等。郝象吾美国芝加哥大学医学博士毕业，回国后，回到母校工作，先后担任河南中山大学农科主任、农艺系主任、农学院院长、教务长，为河南大学农科发展做出了重要贡献。赵新吾，美国密西根大学机械工程学硕士毕业，回国后，曾担任河南中山大学理科主任、教务长、训导长、理学院院长，担任院长期间，他大力延聘国内外名流到理学院执教，使理学院正副教授增至13名，在全校5个学院中师资力量仅次于文学院；与此同时，他还积极筹建理学院土木工程系，亲自为学生开设应用力学、材料力学、河工学、防洪工程学等课程，使新设的土木工程系教学、科研焕发勃勃生机。[①]李俊甫，美国康奈尔大学化学博士，回国后长期执教于河南大学，曾任河南大学化学系主任、新乡师范学院院长。此外，预校毕业生王陵南、万康民先后担任河南大学农学院院长；

[①] 刘卫东等：《河南大学百年人物志》，第87页，河南大学出版社，2012年版。

阎仲彝、鲁斐然、张静吾、郭鑫斋曾担任河南大学医学院院长；刘海蓬任河南大学教务长、校长。曲乃生，河南大学英文系毕业，曾担任延安大学英文系主任、豫西干部学校校长、豫西行署教育处长、河南省教育厅副厅长、开封师范学院副院长、党委副书记、院长。郑竹虚（又名郑若谷），美国华盛顿大学教育学硕士毕业，1929年任河南中山大学文学院院长，抗日战争爆发后曾任国民党中央委员会社会部参事、国民政府"立法委员"。解放战争时期先后担任复旦大学教授，国立河南大学教育系主任、教授。樊萃庭，河南大学教育系毕业，曾任河南省教育厅社会教育推广处主任。

预校毕业生中，服务于河南省外其他高等院校、科研机构，做出重要的贡献的，同样大有人在。

中国著名建筑学家、教育家杨廷宝，预校第一届英文科毕业。1915年杨廷宝以河南考生第一名的成绩进入北京清华学校，1921年赴美国宾夕法尼亚大学建筑系学习，1924年获硕士学位后在美国克雷建筑师事务所实习2年，然后又去欧洲各国考察1年，1927年回国。回国后曾长期担任天津基泰工程公司设计师，1940年起在重庆中央大学执教，开始了他长达40余年的教育生涯。中华人民共和国成立后，曾任南京工学院副院长、中国科学院技术科学部委员、第一至第五届全国人民代表大会代表、江苏省副省长、国际建筑师学会副主席等职，是我国近代建筑设计科学的重要创始人之一。[①] 他受聘参加了北京天安门广场规划与人民英雄纪念碑方案的设计工作，独立完成了北京和平宾馆的设计任务；在他的主持、指导与参与下完成的主要设计有徐州淮海战役纪念碑和纪念馆、北京车站、南京长江大桥桥头堡、南京新机场、南京五台山体育馆等，还参与了北京人民大会堂、毛主席纪念堂、北京图书馆等首都重点工程的设计、方案研究工作。他设计的建筑遍布于南京、北京、成都、天津、沈阳等地。

预校第一届德文科毕业生梁之彦，1923年毕业于上海同济大学医学院，留校任助教。1927年赴德国留学，在启耳大学医学院攻读"生理化学"，1929年获博士学位。回国后，先后担任同济大学医学院副教授、教授、生化学馆主任、医学院院长等职。1943年至1946年春，在美国耶鲁大学医学院生化系任客籍研究员兼研究室主

---

① 晓亮：《从清华走出的教育家》，第116－123页，中国三峡出版社，2011年版。

任，1946年至1951年，任同济大学医学院院长、生化学馆主任、教授和同济大学校务委员会委员、卫生部医学科学委员会委员兼生化学组主任委员。1952年院校调整时到武汉，任武汉医学院生化教研室主任、教授，《武汉医学院学报》常务编委，《中国生化（药物）杂志》编委，中国生理科学会和中国生化学会理事等职。被中国生化学会授予"终身荣誉理事"称号，1956年被评定为国家高教一级教授。他是中国生理科学会、中国生化学会创始人之一，同济大学医学院第一个中国教授和第一任生化学主任，中国医学生化学的开拓者和奠基人之一，在国内外医学教育界和生化学界都享有盛名。[①]

第二届英文科毕业生高济宇，美国伊利诺大学博士毕业，曾任中央大学教授，南京大学化学系教授、理学院院长、教务长、副校长，中国科学院学部委员。李荫桢，美国明尼苏达大学博士毕业，回国后，担任河南大学理学院副教授；抗日战争爆发后，离开河南大学，相继受聘担任四川大学、四川农学院教授；1956年被评为二级教授。曲桂龄，美国明尼苏达大学硕士毕业，曾担任云南大学生物系教授、系主任，微生物研究所所长，生态地植物研究室主任，国务院学位委员会委员。刘正统，德国大学哲学院国家系毕业，曾任北平大学农学院教授，西北农学院农经系教授、系主任，浙江大学农学院教授，河南农学院院长，河南农林厅副厅长，中国社会科学院经济研究所研究员。周致平，美国伊利诺大学硕士毕业，曾任职山东省建设厅技正、联合国驻东南亚水利工程师、西北农牧公司总工程师及河南大学教授。何锡瑞，河南中山大学毕业，曾仕山东大学水产系讲师，山西大学生物系教授、系主任。张纯明，美国耶鲁大学博士毕业，曾任国民党政府驻联合国副代表、行政院参事、"立法委员"，南开大学教授、政治系主任、文学院院长。武兆发，美国威斯康星大学博士，曾任东吴大学、河南大学、北京师范大学教授，山西大学理学院院长。

第一届法文科毕业生杨乃俊，法国巴黎公共工程大学毕业，曾任法国瓦爱运河工程局工程师，广西大学土木系主任、教授，水利部兼任技正、渠港司司长，新中国成立后任河北省水利厅副厅长。韩儒林，曾先后在比利时鲁汶大学、德国柏林大学学习，曾任南京大学历史系主任、教授、国务院学位委员、古籍整理规划小组成

---

① 《我刊主编梁之彦教授逝世》，载《国外医学》（分子生物学分册），1986年第5期。

员,中国史研究会、蒙古史学会理事长,联合国教科文组织中亚文明史编委会副主席。郭麟阁,法国巴黎大学文学博士,曾任北京大学西语系教授。丁作韶,法国巴黎大学博士毕业,回国后曾先后担任厦门大学、四川大学、河北省立法商学院、民国大学、中国大学、朝阳大学、广西大学等校教授,四川大学教授兼训导长,河南大学教授。1949年去台湾,任成功大学教授,后兼训导长、台湾中华训育学会理事长等。

三、推动中国近现代大学学科之发展

预校毕业生大多学成毕业的时间是在20世纪20—30年代,这一时期正是中国高等教育奠基时期,也是快速发展时期,他们的加入对推动中国近代高等教育的专业发展发挥了重要作用。他们中不少人成为专业发展的奠基人、领军人,如气象学家赵九章、地质学家张伯声、历史学家韩儒林、著名化学家高济宇等,都是预校毕业生中的佼佼者。

(一)赵九章与中国近现代气象学及地球物理学的奠基

赵九章是我国著名的气象学家和地球物理学家,中国科学院院士。他在大气科学、地球物理学与高空物理学方面取得了重要研究成果。他对信风理论和大气波动稳定性的研究早在三四十年代就受到中外气象学界的注意;建立和发展了我国的动力气象、大气环流、数值天气预报和云雾物理等学科;为创建我国空间科学和探测技术做出了重要贡献。他还积极组织与参加了我国核武器、导弹试验中大气科学与高空物理学的研究工作,进行过海浪方面的研究,为我国国防事业贡献了力量。

赵九章(1907—1968年),河南开封人,幼年在私塾读过四书五经,因家贫曾去商店当学徒。1922年,他以第一名的优异成绩考入预校。1925年,他又考入浙江工专电机系。1929年,他考入清华大学物理系,师从叶企孙、吴有训等。1933年毕业后,他留校担任助教,次年考取清华公费留美。1935年,他又转到德国柏林大学,在H. VonFicker教授和A. Defaat教授的指导下攻读动力气象学、高空气象学和动力海洋学等课程。1937年,他完成的论文《关于信风带的热力学的研究》引起国际气象学界的重视,并且被认为是新中国成立以前理论气象研究上最主要的收获。

1938年，赵九章获得博士学位并回国，先后担任清华大学、西南联合大学教授，为学生开出了理论气象学（即动力气象学）、大气物理学、高空气象学等课程，并编写出我国第一本《动力气象学》讲义。他的授课吸引了不少原来学习物理科学的学生转到学习气象科学方面来，引导和培养了大批气象科学人才，其中有的人已成为国内外知名的气象学家。

1941年，赵九章兼任四川重庆北碚"中央研究院"气象研究所研究员，1944年他被竺可桢推荐担任该所的代理所长。在这段时间里，他从理论上推导得到大气长波的临界波长，使大气长波的理论在C.G.Rossby理论的基础上更加前进一步。他的这一研究受到美国气象学界的重视，他在此基础上撰写的论文后来发表于美国 *Journal of Meteorology* 杂志上。

1946年，赵九章正式担任气象研究所所长职务。他将原来物理研究所的地磁研究室归入气象研究所，并邀请当时在美国工作的傅承义回国主持气象研究所的地震、地磁研究工作。研究所当时虽不到20人，但几乎已把当时国内大多数地球物理研究人员包括在内了。在赵九章的领导下，气象研究所定期举行学术讨论会，并邀请国内外学者来所作学术报告，以普遍提高所内青年研究人员的学术水平。他常常亲自帮助青年研究人员修改论文，并推荐发表。1947年他与顾震潮合作发表《蒸发方程及其新解》的论文，1947－1948年他指导陶诗言等完成《大气环流的统计研究》的论文。与此同时，他还指导陶诗言、高由禧、张丙良、刘匡南等完成关于东亚气团、锋面、天气系统、东亚大气环流等的研究。通过这些研究，一方面提高了我国气象科研人员的学术水平，同时也加深了对东亚天气及天气过程的了解。为了培养更多的气象人才，赵九章还兼任中央大学气象系的动力气象学的教学任务，他每周上课达6小时。

中华人民共和国成立后，赵九章担任中国科学院地球物理研究所所长，在他的指导下，研究所画出了我国自己分析的第一张北半球天气图。新中国成立之初，考虑到国家气象台站少，缺乏水银气压表，赵九章就带领青年同志，亲自动手，从洗水银开始，一直到做成水银气压表，然后把技术和设备完整地移交给中国人民解放军军事委员会气象局。他还主动关注军事气象的保证和服务工作，设想在国外气象资料被严密封锁的情况下，用近海海浪的性质和变化来预告台风的位置和强度，于是他又着手进行海洋学和海浪动力学的研究，并在青岛建立海浪观测站。他亲自讲授海浪动力学，并指导开展我国海区海浪及波谱的研究工作，以培养年青一代的海洋科技干部。

新中国成立之初，国内气象技术力量十分薄弱，赵九章胸怀全局，主动提出建议，由地球物理研究所与中央气象局合作，于1950年建立了联合天气分析预报中心和联合资料中心。赵九章把地球物理所的一部分优秀研究人员派到这两个联合机构中去参加工作，从而使我国天气分析预报和气象资料的服务工作得到迅速发展，并为抗美援朝和经济建设做出了贡献。1955年初，赵九章又及时组织地球物理所的力量，开展有关气象科学方面的重要研究，在短时期内，使我国的数值天气预报的研究工作迅速接近了国际水平。通过长期的科研实践，赵九章对地球物理科学的数学化、物理化、新技术化的指导思想日趋系统和具体。

20世纪50年代，为了更有效地开展人工降水等工作，赵九章与顾震潮一起，带领年轻人在边学边教中开展了云雾物理的研究，使我国的云雾物理研究工作从无到有地开展起来。

1957年，苏联发射了世界上第一颗人造地球卫星。鉴于人造地球卫星在改进通讯业务、普查资源、获得气象资料以及掌握地震、水流、农情和军事方面的作用，我国各方面的科学家包括赵九章在内，纷纷倡导发展我国自己的人造卫星技术和空间科学。1957年底，赵九章担任科学院卫星工作组副组长。从此，他的主要精力转入开拓空间科学和卫星技术方面的事业。在苏联科技资料对我国保密和封锁的情况下，赵九章毅然担当起开拓新学科、新技术的重任，带领研究人员探索前进，自力更生地开辟我国空间科学研究的道路。1958年，中国科学技术大学开办地球物理系，其中包括高层大气物理、遥感遥测等专业。赵九章兼任系主任，在他精心培育下，造就了我国第一批空间物理技术人才。赵九章凭借扎实的理论物理和实验物理的基础，主编出版了国内第一本《高空大气物理学》（上册）。此外，赵九章还领导在我国不同纬度设立了电离层观测站和宇宙线观测站，并且亲自抓空间科学的理论研究。

火箭起飞后，人造卫星受到发动机噪声和起动作用产生的强烈震动的影响，还受到力的冲击，这就需要建立力学环境模拟室。这些专用于对上天的人造卫星进行种种试验和检查的实验室大都是在赵九章领导下从无到有地建立起来的，其中有1963年开始研制的，涉及真空技术、低温技术、光学技术、测量技术等的真空罐，依靠我国自己的力量，终于在1965年调试完毕。这项设备当时在世界上也只有美、苏、法三国才有。

在对空间物理及人造卫星技术做了大量调查及科学研究,空间技术队伍初步形成,模拟实验室基本完成,人造卫星的总体结构、遥测、遥控条件初步具备以后,1964年底,赵九章在最高国务会议上作了一个关于发展我国人造卫星的发言。1965年他写信给周总理,建议我国正式开始研制人造卫星,周总理批准了钱学森、赵九章等科学家的建议,于是我国人造卫星的研制工作正式开始了。遗憾的是,正当赵九章雄心勃勃地要为祖国科学事业进一步施展自己的卓越才能之际,浩劫来临。赵九章遭到迫害,在1968年含冤死去。一年半以后,我国第一颗人造卫星送上了天空。①

(二) 张伯声与中国地质构造研究的开创

张伯声是我国著名地质学家和地质教育家,中国科学院院士。曾担任中国地质学会副理事长、中国地质学会构造地质专业委员会副主任。张伯声教授是中国五大地质构造学派之一——地壳波浪状镶嵌构造学说的创始人,该学说在国外亦享有盛誉,是张先生对地球科学理论的重大贡献。②

张伯声(1903—1994年),河南荥阳人,幼时就读于乡间私塾,1918年入读河南留学欧美预备学校。1922年预校毕业考入清华学校;毕业后被保送赴美留学,就读于威斯康星大学化学系,次年转入芝加哥大学化学系。1928年毕业于芝加哥大学化学系,获得学士学位;同年3月改学地质,受到著名岩石学家约翰森和构造地质学家坎伯伦等老师的精心培养。尔后他为追随著名构造地质学教授威里斯和古生物学教授博莱克卫尔德,于1929年秋转到斯坦福大学从事学习和研究。1930年回国后,先后任教于焦作工学院、河南大学、北洋工学院、西北联合大学、西北工学院、西北大学等校。1979年被推选为中国地质学会副理事长,1980年被选为中国科学院院士。1980年担任西安地质学院院长,1983年后任名誉院长。

张伯声教授对地球科学的贡献是多方面的,摘要而言,主要包括:一是,确定秦巴山区的"汉南花岗岩"为"前震旦纪花岗片麻岩基底",从而修正了前人定为

---

① 王樵裕:《中国当代科学家传》(第1辑),第178—190页,知识出版社,1983年版。
② 刘亚军:《著名地质学家张伯声教授评传》,载《世界科学》,1988年第9期。

"中生代"侵入体的错误观点。二是,在河南嵩山区首次发现了太古界与元古界地层之间的角度不整合接触面,创建了"嵩阳运动"。三是,对中条山区铜矿成因及其地质构造提出独到见解。四是,在矿产地质方面,为国家找到了平顶山煤矿和巩县小关铝土矿两个大型沉积矿床。五是,在构造地貌学和第四纪地质学研究方面提出开创性理论和观点:(1)在黄河水利资源调查中,对黄河河道的发育提出了独到的见解,并发现了"黄土线",为黄土"水成说"提供了有力的佐证。(2)在对陕西、秦岭水系和新构造运动的研究中,提出了地块的翘倾运动,为尔后地壳波浪镶嵌构造学说的创立奠定了基础。六是,在地震地质理论方面,运用地壳波浪运动的观点,建立了中国斜方地震构造网,提出了地震震中迁移的跳动性及其发震的平静和活动相间的周期性的独特见解,为地震研究和预测开辟了新的途径。七是,在大地构造学和地球动力学的理论研究方面,创立了地壳波浪状镶嵌构造学说。该学说在地质理论和实践上均具有重大意义,它已被地质界公认为中国五大地质构造学派之一,在国外亦享有盛誉,这是张伯声教授对地球科学理论的最主要贡献。①

为中国石油地质培育英才。张伯声留学归国后,在多所大学任教,为中国近代地质学发展培育人才。新中国成立后,石油部门紧缺地质人才,看哪些高校能在两三年内为国家培养出一批石油地质人才,但很多高校因为缺乏教师和教材而表示有困难,谁都不敢接。张伯声却不惧困难,在西北大学开起了石油地质专修班。教师不够,他就多带课,有的课没人能教他就去教,没有教材他就自己编写教材。为了编写讲义,他翻译了大量英德法的讲稿,并在四个月里掌握了俄文,翻译了一批有价值的文献资料,并编写了有价值的讲义。为了国家的需要,张伯声把辛勤培养的二、三、四年级学生拱手让给了北京地质学院。几年时间里,西北大学地质系为新中国石油地质战线输送了几百名人才,这一批学生是新中国第一代石油地质人才。20世纪80年代曾做过统计,全国15个石油勘探局中,有13个局的总地质师和8个局的局长都是西北大学这一时期毕业的学生。因此,西北大学地质系也被人称为"中国石油英才之母"。②

---

① 刘亚军:《著名地质学家张伯声教授评传》,载《世界科学》,1988年第9期。
② 《中国石油地质英才之父——张伯声》,载《西部资源》,2012年第6期。

(三)韩儒林与蒙元史研究之发展

韩儒林是我国历史学家,尤其是蒙古史、元史和中亚史领域的学术领导人之一,被选为中国史学会常务理事、蒙古史学会副理事长、元史研究会会长、中亚文化研究协会名誉理事、江苏省史学会会长,曾代表我国参加国际学术活动,被推为联合国教科文组织《中亚文明史》分编委会副主席。还担任了国务院学位委员会学科评议组成员、国务院古籍整理规划小组成员。

韩儒林(1903—1983年),字鸿庵,河南舞阳人,幼年就学于村塾,1916年入舞阳县立高等小学学习,1919年考入预校,1923年考入北京大学哲学系预科乙部。1927年,因公费断绝,被迫休学谋生,先后在商丘河南省立第二中学、中州大学、省立第一中学等校任教。1929年回北京大学复学,次年毕业后,受聘北京女子师范大学研究所助教。1933年,韩儒林入比利时鲁汶大学学习世界中古史、西方史学方法。次年秋转入巴黎大学法兰西学院,师从当时最负盛名的东方学家伯希和,攻读蒙古史、中亚史及其文字。1936年,韩儒林转至柏林大学东方语文研究所继续深造,在这期间,他还学习了波斯文和蒙、藏、突厥等文字。1936年学成归国,应聘任燕京大学历史系讲师,并积极参加了爱国学术团体"禹贡学会"的活动。北平沦陷后,转至辅仁大学任教。因不愿在日本侵略者铁蹄下生活,1938年携眷潜离北平,转道越南,来到后方昆明,任北平研究院副研究员。1940年,至成都华西大学任教授。1943年,由顾颉刚先生推荐,担任边疆语文编译委员会副主任。次年,受聘为中央大学历史系教授。抗战胜利后,随中央大学复员至南京,仍任历史系教授,并兼边政系主任。新中国成立后,中央大学改名南京大学,被任命为南京大学法学院院长,不久法学院撤销,遂任历史系主任,直到1982年以年老辞职,改任名誉系主任。

1929年,在任职北京女子师范大学研究所时期,韩儒林就完成巴黎大学历史教授色诺博斯之《西方文明史》第一册翻译工作,翌年由北京女子师范大学研究所出版。1936年在柏林大学学习期间,完成《突厥文阙特勒碑译注》,随后又译注"摩伽可汗碑"、"暾各碑",此为我国最早之汉文译释。三碑均为研究突厥早期历史之重要史料,韩儒林以译释三碑所积累的丰富资料,对突厥祖先传说及官号等展开研究,大大推进了我国突厥史研究之进展。任职燕京大学时期,韩儒林所著唐代突厥文诸碑译释及其他论文相继发表,受到学术界的赞赏。抗战期间,在极其艰苦的生活和工作条件下,他除任教外,悉心著述,数年中发表有关蒙元史、西藏史及西北史地等方面的论文20余篇，以精湛的考证和独到的见解引起国内外学者的重视，伯希和在东方学权威刊物《通报》上著文作了介绍。抗战胜利后，随中央大学复员至南京，仍任历史系教授，并兼边政系主任。在担任系行政领导工作繁忙的情况下，他还为学生讲授中国古代史、中国古代史料学、元史、西藏史、西北民族史和中西交通史等课程，并于1956年创办南京大学元史研究室，先后培养了十余名研究生，建立起一支较强的元史研究队伍。1965－1966年出任内蒙古大学副校长期间，为该校蒙古史研究中心的发展做出了贡献。他参加了根据毛泽东同志提议编绘《中国历史地图集》的组织工作，负责主持北方地区历代图幅的编绘，主编了高等学校文科教材《中国通史参考资料》（元史分册）及断代史专著《元朝史》，创办了专科杂志《元史及北方民族史研究集刊》。晚年又担任《中国大百科全书·历史卷》编委会副主任并主编元代史分册。韩儒林将毕生精力献给我国历史科学和教育事业，尤其在蒙元史和边疆史地研究领域有重大建树。他著述丰富，素以治学严谨、考证精深著称。除专著外，部分论文已收入《穹庐集》（1982年，上海人民出版社出版）。他诲人不倦，热心奖掖后进，桃李遍天下，深受后学敬仰。1983年4月7日，他因病逝世，享年80岁。

（四）高济宇与中国化学专业之发展

高济宇（1902－2000年），中国科学院院士，字恩波，河南舞阳人，父亲系前清秀才。高济宇幼年时在舞阳受小学教育，1916年就读于河南开封第一中学，1917年转入预校。1922年考入唐山交通大学土木工程系。1923年春考取河南省留美官费生，同年秋赴美，入西雅图华盛顿州立大学电机系学习。1927年大学毕业后考入伊利诺伊大学研究生院攻读有机化学；1931年2月获博士学位，被聘为伊利诺伊大学化学系研究助理。1931年8月，高济宇回国，受聘于南京中央大学，先后担任该校化学系主任、教务长。1949年中央大学改名为南京大学后，继任教务长，1962－1984年任南京大学副校长。

高济宇1934年担任中央大学化学系主任后，千方百计补充重要的期刊和参考书，添置仪器设备和化学试剂，建立新的实验室，使化学系得以在30年代开展研究工作。在抗日战争时期，他又建立了为教学实验提供某些试剂的实验室，使培养化学人才的工作得以继续进行。高济宇于1933年加入中国化学会，曾任《化学通讯》

经理编辑和总编辑（1941—1946年），学会总干事及副理事长（1941—1949年）。1950年以后，曾任南京市科普协会主席及江苏省科协副主席，第五届全国人大代表。1956年加入中国共产党。1980年当选为中国科学院院士。

20世纪20年代前后，碳环化合物的合成是有机化学中的一个重要研究领域，高济宇在博士论文工作中用2,5-二溴己二酸二乙酯与氰化钠反应，得到了成环产物，这是生成四元环的一个重要方法。以后，他系统研究了1,6-和1,7-二酮及其衍生物的合成和性质，并证明二酮类化合物环链互变异构的唯一例证。1958—1978年高济宇领导了为国防服务的科学研究工作，做了大量实际研究的工作，根据与合作单位达成的协议，成果未公开发表。高济宇长期致力于有机合成及反应的研究工作，先后发表论文20多篇。

高济宇执教50多年，桃李满天下，为我国的化学教育做出了卓越的贡献。高济宇虽然长期担任南京大学的领导工作，但始终坚持不脱离教学，50年代时他仍为学生讲课，60年代时继续指导研究生，1983年以后又开始培养博士生。他为南京大学有机化学教研室的成长倾注了毕生精力。他长期讲授有机化学课程，素以严格著称。他坚持认真备课，数十年如一日，精益求精，因此讲课常有新内容，并且语言精练，启发性和感染力强。他注意平时考核，重视实验教学，引导学生努力掌握有机化学的基础知识和实验技术。他的学生多年后重聚时，对高老师当年的教诲和严于律己、宽以待人的品德仍记忆犹新，同感终生受益。

第二章 中州大学与中国高等教育发展(1923—1927)

1912年"中华民国"成立后,仓促之间制定的学制难免有诸多弊端。自1915年便有改革学制之议,经过多次讨论、试行实践,新的学制最终在1922年得以颁布。受新学制影响,中国高等教育自1922年之后发生了诸多变化。河南省高等教育同样受其影响,发生了一些变化。最突出的变化就是1923年中州大学的成立。在此之前,河南没有一所完全意义的大学,1923年由河南留学欧美预备学校扩建而来的中州大学成为河南唯一的一所综合性大学,并在以后的发展中,辐射中原地区,成为中原地区高等教育的重要母体。从1923年到1927年中州大学改为中山大学止,四年中,河南大学虽受北伐战争影响,教育教学活动受到一定影响,但由于河南教育经费的调整,学校办学经费有一定保障,学校依然获得了快速发展,无论是教师队伍,还是学术研究,都取得了长足发展,进而为这一时期中国高等教育的发展添加了重彩。

第一节 中州大学时期的中国高等教育

1922年,"壬戌学制"放宽了对大学设置院系的硬性规定,准予私立学校的设立,师范院校设立标准也相比以往更为宽松。这在很大程度上推动了中国近代高等教育的快速发展。河南高等教育在此影响下,积极筹设大学本科院校,除原有的两所专科学校、一所师范学校外,首次建立了河南真正意义上的大学——中州大学。中州大学从创办之初,无论是师资队伍,还是课程设置,都有很大提升,奠定了此后中原高等教育发展之基。

一、"壬戌学制"影响下的中国高等教育

（一）"壬戌学制"的颁布

1914年第一次世界大战爆发后，各帝国主义国家忙于战争，无暇东顾，暂时放松了对中国的经济侵略。中国民族资本主义发展获得了一个短暂的黄金时代。资本主义在短短几年中获得迅速发展，它急切希望学校能够提供一定数量的技术工人、管理人员和商业财会人员。可是"民初"的学制仍是一个为升学服务的学制，每年都有大量的中小学毕业生，因无一技之长，毕业后即被抛入失业的行列。一方面是社会需才孔亟，一方面是无才可用。据统计，全国中学生毕业后可入大学者，尚不及十分之一，余皆失业。学校越发展，失业者队伍越庞大，终于酿成日益严重的社会问题。"民初"的学制在资本主义经济迅速增长面前开始暴露出其弊端和不适应性。

1915年，在全国省教育会联合会的第一届年会上，湖南省教育会首先提出"改革学校系统草案"，由此拉开了学制改革的序幕。经过自下而上几次三番的讨论、比较、试验，最后在1921年第七届全国教育联合会上代表们取得共识，一致认为"民初"的学制必须改革，并确定学制改革的标准：（1）根据共和国体，发挥平民教育精神。（2）适应社会进化之需要。（3）发展青年个性，使得选择自由。（4）注意国民经济力。（5）多留各地方伸缩余地。（6）使教育易于普及。① 最后，全国省教育会联合会在集思广议的基础上终于提出了新的学制草案。经教育部复议后，新的"学校系统改革案"于1922年11月1日以大总统徐世昌的名义向全国颁布施行。因该学制将中小学分成6年、3年、3年，又称"六三三制"；又因学制颁布这年旧历为壬戌年，又称"壬戌学制"。

壬戌学制依照儿童及青少年身心发展特点，将教育划分为三个阶段：初等教育阶段年龄6岁至12岁；中等教育阶段12岁至18岁，高等教育阶段为18岁至24岁。但学制也说明，划定年龄是："以示入学及升级标准；但实施时，仍以其智力与成绩或其他种关系，分别入学或升级。"② 从这一规定可以看出，壬戌学制既充分考虑了学

---

① 璩鑫圭、唐良炎：《中国近代教育史资料汇编·学制演变》，第875—876页，上海教育出版社，2007年版。

② 璩鑫圭、唐良炎：《中国近代教育史资料汇编·学制演变》，第877页，上海教育出版社，2007年版。

生身心发展的特点,同时也给各级教育留有了伸缩的余地。无论是从年龄阶段的划分,还是规定的弹性化,都相比壬子癸丑学制更合理。

"壬戌学制"关于高等教育规定,其要点主要有:

(1) 大学设数科或一科均可,其单设一科者,称某科大学校,如医科大学校、法科大学校之类。

(2) 大学修业年限四至六年(各科得按其性质之繁简,于此限度内,斟酌定之)。

医科大学及法科大学修业年限至少五年。师范大学修业年限四年。

(3) 依旧制,设立之高等师范学校,应于相当时期内提高程度。收受高级中学毕业生。修业年限四年,称为师范大学。

(4) 大学校用选科制。

(5) 依旧制设立之专门学校,应于相当时期内提高程度,收受高级中学毕业生。

(6) 大学及专门学校得附设专修科,修业年限不等。①

"壬戌学制"对高等教育的规定和以往法规的不同之处主要有四点:一是大学设数科或一科,均可以称为大学。二是大学实行选科制。三是允许高等师范学校升格改为大学,且独立设置。四是大学不再设立预科,使高等教育和中等教育得以直接衔接。

1924年2月23日,根据北京大学和东南大学的改革经验和具体做法,北洋政府教育部重新制定并颁布了《国立大学校条例》,同时宣布废除1912年、1913年颁布的《大学令》和《大学规程》。《国立大学校条例》对学校内部管理进行了更细致的规定,其中关于大学董事会、评议会、教授会、教务会议的规定尤为细致。因此,《国立大学校条例》也被看作是中国近代大学根本性质转换和从模仿日本到模仿美国这一过程完成的标志。②

(二)"壬戌学制"颁布后中国高等教育的发展

"民国"初期,虽然经历了封建主义教育的复辟活动,但高等教育仍有所发展,

---

① 朱有瓛等:《中国近代学制史料》(第3辑下),第807页,华东师范大学出版社,1992年版。

② 霍益萍:《近代中国的高等教育》,第169页,华东师范大学出版社,1999年版。

高等教育机构数量和质量都有所提高，高等教育制度基本形成。清末我国仅有三所大学堂，新文化运动后高等教育有了一定发展，高等院校的数量有了大幅增加。

"壬戌学制"颁布之后，因大学设科的限制放宽，设一科亦得称大学，所以新设和改设的大学数量骤增。就公立大学而言，1923年北京工业专门学校改为工业大学，法政专门学校改为法政大学，农业专门学校改称农业大学，医科专门学校改为医科大学。"北京高师"和"女子高师"也都改为师范大学。清华学校也于1921年改办大学，1925年正式成立大学部。据统计，到1923年，"民初"的6所高等师范学校，除"北师大"仍坚持办师范大学外，其余5所高等师范学校，都改为了大学；1920年，全国有各类专门学校26所，至1924年，其中大部分都升格变成了大学。① 至1925年全国已有大学47所，学生2万多人。②

值得关注的是，私立大学与女子高等教育也在这一时期得到了很大的发展。"壬子癸丑学制"确立了允许私人或私法人设立大学的基本原则。1913年1月教育部公布了《私立大学规程》，这是中国近代政府颁布的第一个关于私立大学的专门法规。1922年新学制颁布以后，允许设立单科大学。因此，从1912年到1926年出现了两次兴办私立大学的热潮，第一次出现在1912－1913年间，第二次兴起于1917年至1924年达到高潮，先后有民国大学、大同大学、北京中华大学、朝阳大学、武昌中华大学、明德大学、中国公学大学部、复旦大学、南开大学、中法大学、厦门大学、南通大学、大夏大学、光华大学等私立大学成立，其中不乏著名的私立大学。至1925年，全国共有私立大学27所，经教育部批准立案的有1所，经教育部同意试办的有14所，初步形成了国立大学、省立大学、私立大学三者并举的局面。同时，女子也逐渐进入大学接受高等教育。五四运动以前，只有教会开办的少数女子大学接收女子进入大学学习。1919年，北京女子高等教育师范学校成立，成为中国人自设的第一所女子高等教育机构。1920年，北京大学首先招收女生人文科旁听生，以后又招收正式生，同时南京高等师范学校也公开向社会招考女生。至此，女生获得与男生同学的权利，这也成为我国高等教育发展史上的创举。

---

① 霍益萍：《近代中国的高等教育》，第199页，华东师范大学出版社，1999年版。
② 高奇：《中国高等教育思想史》，第241页，人民教育出版社，1992年版。

随着20世纪20年代民族主义运动的不断高涨,从1923年起,收回教育权的呼声逐步形成声势浩大的社会运动。社会名流、民间社团、学生团体、报纸杂志纷纷发表宣言、通电、决议案;从南到北,全国10多个省市的50余所教会学校的师生相继罢课,至1925年形成全国性高潮。1925年11月26日,北洋政府教育部公布《外国人捐资设立学校请求认可办法》六条。上述法规关于接受注册的要求大致有:中国人任校长或副校长,中国董事须超过半数;学校不得以传布宗教为宗旨,宗教科目不得列入学校必修课;学校课程须照部定标准;平等对待中外教师等。这一切对教会学校构成了强大的压力,要么立案注册,按照中国政府的要求进行改革,要么停办学校,自行取消其文化侵略据点。1927年12月20日,中华民国大学院公布《私立大学及专门学校立案条例》九条。《条例》对呈请立案学校的经费、设备、教职员任职资格等做了具体规定,之后教会大学开始陆续向中国政府注册。教会大学向中国政府立案注册,从无视中国主权和法律到根据中国政府的要求进行改革,这是它根本的转变,也是20年代中国高等教育界的一件大事,是中国人民反帝斗争的一个胜利。自此,教会大学被纳入中国高等教育的体系,成为私立大学的一部分,在中国政府的管辖下开办发展。

从"民国"初至"民国"十六年南京"国民政府"成立,中国高等教育获得了前所未有的快速发展。《第一次中国教育年鉴》称:"民七至于民十六,公立大学增加十倍,私立大学之经政府认可者约增加二倍。据中华教育改进社之调查,北京一处在十三四年间,全城入学由十二增至二十九,为世界各城冠。推原其故,当出新学制对于大学设立之规定极宽。故前之专门学校,皆升为大学。且私人鉴于开办大学之易,均纷纷设立。"[①] 据民国十四年的统计,全国有公私立大学47所,有大学教职员3762人,大学生(包括研究生、本科、预科及专修科)21483人。[②] 有公立专科学校42所,私立专科学校16所,合计58所;有专科学校教职员2909人,专科学生11043人。总计大学和专科学校共105所,教职员6671人,学生32526人。[③]

---

① 吴相湘、刘绍唐:《第一次中国教育年鉴(丙编:教育概况上)》,第17页,传记文学出版社,1971年版。

② 同上,第16页。

③ 同上,第145—153页。

二、中州大学时期的河南高等教育

20世纪20年代初,河南高校仅有河南法政专门学校、河南农业专门学校两所公立专门学校。福中矿物大学(原焦作路矿学堂)或许因当时未完成向中国政府注册缘故,在1923年《教育杂志》发布的《河南教育现况》中,并未将其列入,在谈到专门教育时,称:"公立法政农业专门学校各一处。本年八月,就旧有留学欧美预备学校改建中州大学一处,先招文理两科预科二班。其原有留学欧美预备学生,均改为附设中学。"① 可以说,当时的河南没有一所真正意义上的大学。②

福中矿物大学系原来的焦作路矿学堂。"民国"元年,矿案发生交涉,学校因之停办三年。交涉最后的结果是,仍规定福公司应办矿物学校一处,其经费由福公司担任。1915年,中原公司成立,愿共同负担筹集经费之责,因而学校改名为福中矿物学校。1919年春,改名为福中矿物专门学校。1921年,改为福中矿物大学。1935年,学校再次改名为焦作工学院。③

20世纪20年代初,河南高等教育发展的最重要事件就是中州大学的创办。在此之前,河南没有一所真正的大学,虽然屡有人提议创办大学,但由于经费拮据,最终没有如愿。1921年省议会再次提出筹办大学的建议,大家已经认识到,再不创办,将落后于他省。在这些人的倡议下,"河南省立大学"的创办提上了议程。但是,由于连年军阀混战,河南财力被征作军费,没有资金投入教育。1922年,直系军阀首领曹锟竞选总统,为了邀买人心,提出各地财政预算宜以教育为先。他的心腹、此时坐镇河南洛阳的"秀才将军"吴佩孚,通电响应。当时的河南督军冯玉祥是直系大将,在他与滦州起义战友、河南籍同盟会会员凌钺及其弟弟、留美教育学博士凌冰,以及留学欧美预备学校校长张鸿烈等人的努力下,省长张凤台同意设立河南教育专款。1922年8月,政府批准通过,河南教育经费实现独立。

为了支持在河南创办大学,冯玉祥把前河南督军赵倜的财产充公,其中4万元开办工厂,剩下的几十万元划作教育经费,12万元为大学的筹办基金。省议会任命

---

① 《河南教育现况》,载《教育杂志》,1923年第10期。
② 《河南教育现况》,载《教育杂志》,1923年第10期。
③ 吴相湘、刘绍唐:《第一次中国教育年鉴(丙编:教育概况上)》,第136页,传记文学出版社,1971年版。

张鸿烈做筹办专员，张鸿烈、李敬斋、王敬芳、张嘉谋为常务董事，黄炎培、张伯苓、邹秉文、张藻为名誉董事。按原来的计划，拟合并河南留学欧美预备学校、河南法政专门学校、河南农业专门学校，共同组建为河南大学。由于留学欧美预备学校虽然办学成绩较好，充其量算大学预科，而法专、农专有护校之举，反对合并。于是，张鸿烈只得以河南留学欧美预备学校原有的师资、设备为基础，扩建为大学文科、理科。

关于这一时期河南法政专门学校、河南农业专门学校，并没有太多资料保留。但是，受第一次国内革命战争影响，河南涌现了青年读书会、研究会，成为河南新民主主义干部教育的开端。

国共第一次合作时期，国民军爱国将领胡景翼出任国民二军军长，并于1924年12月率部攻占河南，在开封就任河南省政府督办。为帮助国民党人培养军政干部人才，提高国民二军的人员素质，中国共产党根据李大钊的建议派中共中央秘书长王若飞来到河南工作。在王若飞的谋划下，1925年春天，"国民二军学生营"成立，校址设在开封火车站附近。胡景翼任命共产党员刘天章为营长（即校长），任命国民党员郭仰汾和杨加乃分别担任一连、二连的连长（即军事教官），王若飞亲自担任政治教官。学生来源一为国民二军中有初级文化水平和培养前途的军人，二为社会上的进步知识青年。学校设置军事、政治两门主课，进行严格的军事操练，并学习孙中山先生的三民主义和"联俄、联共、扶助农工"的三大革命政策，以造就国民二军的下级干部人才为宗旨，学制半年，共毕业2期，计1000名学员。这些学员毕业后多数担任国民二军的排长、班长，对提高国民二军的战斗力起到了重要作用。

三、中州大学的创办与发展

中州大学创办于1923年，1927年改为河南中山大学。中州大学期间，是河南大学正式意义上大学创办阶段，学校院系设置、课程设置突破了原来预校的局限，获得极大发展；教师队伍无论是规模还是素质都得到了进一步的提升；师生的学术研究相比以往更为丰富，学生的管理也更为严格。

（一）大学的正式创办

20世纪20年代初，河南教育界人士纷纷要求在河南创办大学，以培养高级专门人才。河南留美学生会也组织了一个"教育委员会"，发出宣言，呼吁"救国之道首在广植人才，尤在多设大学"、"本省自立大学实属要图"。鉴于此，河南省议会于1921年通过了筹办大学的决议，提出了建议案和简明计划书，拟归并留学欧美预备学校、公立法政专门学校、省立农业专门学校作为大学基础，改建成河南大学，交省政府执行。但是，由于当时风气未开，法、农两校均有护校之举，又因河南政局不稳、财政拮据，合校之事暂无结果。

1922年5月，爱国将领冯玉祥任河南督军，力主创办河南大学，加速发展河南的高等教育事业。他把前河南督军赵倜的全部财产查抄归公，从中拨出专款作为河南大学的筹备基金，又接受了社会上热心教育事业的人士如刘青霞等人的捐款，较快地解决了办学经费问题。于是报国家教育部核准。教育部认为，河南大学如接受这项基金，应于"大学"之上冠以"中州"二字方为合法。经过河南省议会研究，决定在河南留学欧美预备学校的基础上创办一所文、理两科兼有的综合大学，校名定为"中州大学"，委派河南留学欧美预备学校校长张鸿烈为筹办专员。张鸿烈领命后积极遴选合适人员，草拟组织大纲，开始进行筹备工作。是年11月，经国家教育部批准，河南省议会正式任命张鸿烈为中州大学校长，河南留学欧美预备学校由外语专科学校正式升格为本科综合大学——中州大学。

1923年3月3日，中州大学举行开学典礼。8月，招收的第一批120名学生入学，包括大学预科学生80人、附属中学学生40名。前留学欧美预备学校庚班改为大学预科二年级。1924年8月，学校第二次招生，计招大学本科学生50名、预科学生80名、高中学生30名、初中学生50名；前留学欧美预备学校第三届英文科升入中州大学本科一年级就读。

中州大学以预校为基础设立文、理两科，并邀请国内知名学者担任文、理两科主任。第一任文科主任为冯友兰，理科主任为曹理卿。此外，特聘李敬斋担任校务主任，主持学校日常工作。

（二）师资队伍

中州大学创办初期，学校原有师资力量明显薄弱，延聘教师成为学校的首要任务。在张鸿烈及文、理科主任的努力下，中州大学成立之后，很快汇聚了一支以留学归国青年才俊为主体的教师队伍。他们当中后来成长为知名教授的有李敬斋、李燕亭、冯友兰、曹理卿、冯景兰、杜秀生、郝象吾、汪敬熙、张震东、郭须静、万康民等。据1924年6月出版的《中州大学一览》所载，中州大学及附设中学（加上已经聘定尚未到校的5名教师）的教职员总数达51人。51人中专任教师38人，其中教授15人。专任教师中，除2名外籍教师外，有海外留学背景的有12人，占专任教师总数的31.6%。[①]

张鸿烈，河南高等学科理科毕业，美国宝维寅大学文科学士，美国伊利诺大学政治财政科学士、政治科教育科硕士，1922年10月被任命为中州大学校长。

李敬斋，河南高等学堂毕业，美国密西根大学建筑工程学硕士，1923年到校任教。

冯友兰，国立北京大学毕业，美国哥伦比亚大学哲学博士，1923年到校任教。

曹理卿，北京清华学校毕业，美国普渡大学毕业、康奈尔研究院肄业，1923年到校任教。

杜秀生，河南高等学堂毕业，美国文科学士、经济科硕士，1923年到校任教。

仇春生，九江同文书院毕业，美国亚哈亚宝灵大学硕士，1923年到校任教。

李公甫，留学日本，1923年到校任教。

黄琢章，河南高等学堂毕业，美国威斯康星大学硕士，1923年到校任教。

冯景兰，英国柯州矿校采矿工程师，美国哥伦比亚大学地质科硕士，1923年到校任教。

赵维汉，河南留学欧美预备学校毕业，美国伊利诺大学机械工程学士，密西根大学毕业，1923年到校任教。

李燕亭，国立北京大学毕业，美国加利福尼亚大学理学硕士，1924年到校任教。

郝象吾，河南留学欧美预备学校毕业，美国加利福尼亚大学农科毕业，遗传学部哲学博士，1924年到校任教。

已经聘定尚未到任、具有海外留学背景的教师还有：

汪敬熙，国立北京大学毕业，1920年被选派到美国霍普金斯大学医学院学习并

---

① 参考中州大学：《中州大学一览》，第5—12页，中州大学，1924年版。

获博士学位（1925年到校任教）。

江绍原，美国芝加哥大学学士，北京大学教授（聘定尚未到任）。

李君范，美国威士康逊大学学士（聘定尚未到任）。

除聘请有海外留学背景的青年才俊到校任教外，学校也积极延聘其他高校名师到校任教。例如，1924年，聘请时任福建协和大学国文系主任郭绍虞、北京大学哲学教授江绍原到校任教；1927年，聘请时任福建协和大学教授董作宾到校任教。这些知名教授、学者莅临学校任教，不仅提高了教学质量，也大大提高了学校的声誉。

（三）系科设置及教学管理

中州大学文科首设哲学系、国文学系，次年增设教育学系，1925年又增设历史学系。理科首设化学系、生物学系、地质学系、数理学系。

中州大学各系的课程设置大都内容新、选修多，各有自己的特点。以哲学系为例，必修课有国文、英文、高等心理学、中国哲学史、西洋哲学史、高等伦理学、美学等；选修课有周秦哲学、宋明哲学、现代哲学等。理科各系除规定必修的国文、英文、普通物理、普通化学、普通生物学、普通地质学之外，另开设有本专业的必修课程和选修课程。地质学系在国内是新建学科，各科参考书和课本多用国内新著、外文原版和外文中译本。除了文化课程以外，对体育课也非常重视，中州大学《学生通则》规定，学生体质太弱即令退学，体育课没有修完或考试不及格，不能毕业。学校经常举行运动会，提出了"强身健国，一雪东亚病夫之耻"的口号。一些运动项目的成绩不但在河南各校，而且在华北各校中也处于领先地位。例如，1924年在天津举行的华北运动会上，中州大学足球队荣膺冠军称号。

由于师资力量较强，课程设置有一定特色，学生的知识面比较宽，外语程度也较高，因而学校办得颇有生气。

中州大学本科学生成绩分六级，采取学分制、淘汰制。《学生通则》规定，本科学生学习成绩的计算方法是：每门课程成绩分为甲、乙、丙、丁、戊、己六级；甲、乙、丙、丁四等为及格，给予相应的学分；戊等允许假期补考，及格者升入丁等，给学分；不及格者列入戊等，不给学分；己等不予补考。此外还有一种并行的"加绩点"的记成绩办法：成绩在90分以上者，每学分可得3个绩点；80－89分每学分可得2个绩点；70－79分每学分可得1个绩点；70分以下无绩点。学分按门计算，每门课程在本学期每周讲授时数，一般就是这门课应得的学分数。学分有必修课程学分和选修课程学分两种，其比例由各系科自定。按照上述办法，大学本科学生修足 160 学分的课程，并累计得足 160 个绩点，且体育课及格者，可获得毕业证书，并根据有关规定授予相应学位。①

（四）学术活动

中州大学时期，师生的学术活动相比预校更为活跃，组织学术团体、编印学术刊物成为师生活动的重要方式和阵地。1924 年 6 月出版的《中州大学一览》记载："本校学生近日对于课外作业颇饶兴趣，现组织有文艺研究会、科学协进会、演说观摩会、英文研究会、学术讲演会、新剧团等团体，并发行各种出版品，现业经发刊者为《试刊》、《晓钟》、《春潮》、《春日》、《绿洲》等五种。"② 除此之外，学校还创办刊物：《中州大学晚报》，每日发行一次；《中州大学纪实》，每半月发行一次；《中州大学一览》，每学年发行一次，用于介绍学校现况、师生活动和各类消息。1924 年之后，学校又先后创办了专门的学术期刊《中州大学季刊》、《文艺》、《孤兴》等。

《中州大学季刊》既有师生的学术研究论文，也有文学短文，同时还有对学校发展情况的介绍。例如，《中州大学季刊》第一期上，刊登学术论文主要有《河南教育》、《读柏拉图理想国》、《货币之原起》、《读王先慎韩非子集解札记》、《中西交通的沿革》、《开封附近沙堆之成因分布与风力水力风向水向之关系》、《获鹿井陉阳泉太原地质旅行记》、《阿输迦王与佛教》、《代数学历史上进程之一瞥》等；文学作品有《九日登铁塔赋》、《金钟歌》等；关于学校发展的介绍则有《中州大学实施概况》一文。从师生的研究来看，不仅涉及多个学科，同时也注意和当地历史、地理、社会的结合，反映出师生对社会发展的高度关注。

《文艺》是中州大学学生所组织的文艺研究会刊物，创刊于 1925 年 4 月。文艺研究会"以研究国故及文学为宗旨"，编辑《文艺》的目的在于"诸会员得以使其理智力及想象力，皆有适当练习之机会"。③ 从第一卷第一期刊文来看，既有关于文史

---

① 《河南大学校史》修订组：《河南大学校史》，第 19—20 页，河南大学出版社，2012 年版。
② 中州大学：《中州大学一览》，第 20 页，中州大学，1924 年版。
③ 《河南大学校史》编纂研究室、河南大学档案馆：《河南大学史料长编》（第一卷），第 204—205 页，河南大学出版社，2014 年版。

方面的学术研究，也有师生的文学作品。例如，文史研究方面有郭绍虞的《晚周古籀考》、刘捼藜的《月氏与东西文化关系》、任广运的《汤得伊尹之研究》等，文学作品方面则有党蕴秀的《临池琐言》、许敬参的《九弟之死》（创作小说）、李五桥的《打消》（创作小说）、王志刚的《爱的牺牲》（戏剧）等。

《孤兴》创刊于 1925 年 11 月，同样是注重文史研究和师生文学作品的发表。从《孤兴》"发刊词"所强调"夫偏弦独张，清唱靡应，纵有高情，只成独赏，较以应求之义，亦云苦矣"来看，明确反映了创刊的目的在于与学界交流。但同时师生也心系社会，强调"同人研学，志在牖民"。在发表文章观点上，主张"本刊所采，兼及众学"；在文体上，强调"至凡百学术，旨在达意，意达斯已，体与何关？本刊所载，不止一术"。①

第二节　中州大学对中国高等教育的影响

中州大学从 1923 年创办到 1927 年更名为省立中山大学，仅仅存在四年时间，但由于其是河南历史上第一所，也是唯一的一所综合性本科院校，这注定其在河南高等教育发展过程中，逐渐成为中原高等教育发展之基。加上学校创办之初，注重延揽名师，这些著名的专家学者对推动中国近代大学学科发展同样做出了卓越的贡献。

一、奠定中原高等教育之基

中州大学时期，中国高等教育的发展尚处在起步时期，高等教育管理理论和实践都处在探索、调整时期，这一时期高等院校管理者积极探索，为丰富近代高等教育管理理论和实践的发展做出了重要贡献。中州大学管理者在这方面的探索同样是这份贡献的重要组成部分。

---

① 《河南大学校史》编纂研究室、河南大学档案馆：《河南大学史料长编》（第一卷），第 206 页，河南大学出版社，2014 年版。

（一）李敬斋与学分制改革

1923年，李敬斋受聘担任中州大学教务长，他亲自制定《中州大学学生通则》，发展并完善了预校时期已初步形成的学分制。新学分制规定本科学生学习成绩的计算方法是：每门课程成绩分为甲、乙、丙、丁、戊、己六级，前四级为及格，给予相应学分。"戊"等学生可在假期后补考，及格者升入丁等，给学分；不及格者降为"己"等，不给学分。"己"等学生不准参加补考。此外，还有一种并行的"加绩点"的记成绩办法：成绩在90分以上者，每学分可得3个绩点；学分按课程门类计算，每门课程在本学期每周讲课时数一般就是这门课应得的学分数。学分有必修课学分和选课学分两种。必修课、选修课所占比例由各系自定。按照上述办法，大学本科学生修足160学分的课程，累计得足160个绩点，体育课全修及格者，可得毕业证书，并根据有关规定授予相应学士学位。当时，中州大学有权授予毕业生文学、史学、哲学、教育学、理学五种学士学位。采取这样严格的学分制，学生一般都能努力学习，否则就有被淘汰的危险。

李敬斋教授开创的学分制最早将竞争机制、淘汰机制引入中州大学，反映了"五四"以来教育改革的一些基本要求，是新文化运动推动河南高等学校教育改革的一个综合成果，在河南考试制度改革史上占有比较重要的地位。直到新中国成立前的二十多年，学校基本上沿用这种先进的学分制，为提高河南大学教育质量发挥了积极的作用。[①]

（二）冯友兰与河南文科本科教育的开创

河南高等文科教育的发端从有大学本科算起是在1923年。当时，在美国哥伦比亚大学获哲学博士学位的冯友兰（时年27岁）受聘担任中州大学文科主任、教授。他成为河南高等文科本科教育的开创者，是中国20世纪20年代"教授治校"理论的主要提倡者之一。他对发展河南高等教育、构建当时的高校文科人才培养模式有许多独到的见解，并在河南高校多年的实践中取得了显著的办学成绩。

冯友兰就任中州大学文科主任后十分注重调查研究。他先和文史系、哲学系、英文系的主任、教授多方晤谈、广询意见，深入了解文科各系基本状况，发现当时

---

① 刘卫东：《河南大学百年人物志》，第31—32页，河南大学出版社，2012年版。

文科教育的主要问题有三：一是升格后各系的师资力量不足；二是各系行政管理人员较多，人浮于事；三是校规、学风需进一步整顿。这些问题的存在对高等教育文科的发展及提高人才培养质量极为不利。于是，他很快在校长的支持下参照哥伦比亚大学的经验采取果断措施一一加以妥善解决。

首先，他要求文科各系分别拟具最低需要的职员、教学辅助人员、工友等人员的编制数，合理裁减办事机构及多余人员，对职员、教工重新聘派。被精减的人员经校长同意后，分流聘派到附属中学与附属小学任职任教。他对系级机构的设置和建设坚决主张杜绝因人设庙、因人废庙的封建裙带现象。他认为系级机构迥然不同于社会的官僚机构，应当首先把握设置机构的职责范围和工作量，并以此确定相应的工作人员和编制数。在他看来，哥伦比亚大学成功的经验表明，只有真正需要的工作岗位，才能激起职员的工作热情；那些无事可做或无正当事情可做的人才会"无事生非"。充实而有效的工作内容和成就是充实人生生活的重要组成部分，只有充实的生活和成就感，受托尽责，才能保持教师员工旺盛的工作热情和干劲。大学的重要特性之一是尊重知识、尊重人才，就是要实实在在地不浪费人才，让每一个员工尽其责或有职可尽。[1]

其次，冯友兰按照"教授治校"的方略，积极延揽名师到各系执教。因此，中州大学文科教师阵容大增，教授、副教授由升格前的15人增加为49人，成为当时全国各省立综合大学中师资力量较强的一所高校。冯友兰认为发展高等文科教育，综合大学办好教育系至关重要，用他的话说是"造端之的"。因此，中州大学教育学系开办后较其他各系发展更快，1927年就开始办硕士研究生专业，招品学兼优的中州大学毕业生樊粹庭为研究生。

再次，冯友兰在对文科学生的培养方面，下大力气重新整顿校规、学风，并亲自指导学生组织各种社团，从事丰富多彩的文化学术活动，以形成全国有影响的大学学术中心，提高中州大学的知名度。基于此，他发起创办了"中州大学文艺研究会"，亲自担任该会名誉会长，还为研究会主办的《文艺》刊物撰写了《发刊词》，申明："研究会以研究国故和文学为宗旨，通过编辑此刊，使会员们的理智力和想

---

[1] 刘卫东：《青年冯友兰与河南大学》，载《河南大学学报》（社会科学版），1998年第3期。

象力，皆有适当练习之机会。"①20世纪20年代中期，在全国所有国立、省立、私立综合大学中，中州大学文艺研究会的活动及文学、史学、哲学、美学理论研究开展得有声有色，对文科教育的人才培养，对把综合大学办成教学中心与学术中心，无疑是一次真正有益的实践。此举被教育界、学术界公认为"超前的科学办学指导思想"。②

1925年，冯友兰在《现代评论》上撰文，结合中州大学实际阐述他对如何办好中国高等教育的看法，他主张中国要充分地输入新学术，并力求学术上的独立；不同意中国的高等教育全盘照搬西方的一套。他认为只有知识上的独立、学术上的自主，特别是发扬光大中国的传统文化，才是国家独立自主的百年大计。他正是本着这一科学办学的指导思想，努力在办好中州大学文科各系的教育实践中身体力行，在三四年的时间内就使中州大学的文科教育质量迅速得到提高，办学效果明显增强。

（三）曹理卿与河南理科本科教育的奠基

曹理卿1923年至1929年任中州大学、河南中山大学理科主任（即理学院长）兼化学系主任、教授，为河南大学乃至河南理科本科教育的奠基做出了卓越贡献。

曹理卿出身于富裕农民之家，自幼勤奋好学。1911年2月考入清华学堂，是清华留美学校第一期学生，1918年9月赴美国普渡大学攻读化学工程专业，1921年在美国康奈尔大学做硕士研究生。其间受美国华盛顿会议的影响，1922年1月在《留美学生季报》发表了《华盛顿会议与吾国之关系及吾人之急当反省》等文章，思想开始倾向于实业救国。获得康奈尔大学理学硕士学位后，他曾到华盛顿制纸公司任化学技师、副总工程师等。

1922年末，张鸿烈先生在开封筹办中州大学，力邀曹理卿回国效力，担任中州大学理科主任。他接受聘书的同时也答应了在美国协助办理实验仪器购置事宜等。1923年曹理卿赶回开封，就任理科主任兼化学系主任，主讲无机化学等课程。在他主持下，理学院下设化学系、生物系、地质学系，1925年又增设数理学系等，诚聘不少知名的理科教授，如冯景兰、张震东、余泽兰等。实验室也很有规模，如化学

---

① 《河南大学校史》编纂研究室、河南大学档案馆：《河南大学史料长编》（第一卷），第204页，河南大学出版社，2014年版。
② 刘卫东：《青年冯友兰与河南大学》，载《河南大学学报》（社会科学版），1998年第3期。

实验室含普通化学、有机化学、定性分析、定量分析四个室，还有物理实验室、生物实验室和地质实验室等，当时培养了不少优秀科技人才。之后，曹理卿担任中州大学注册部主任兼化学系教授。1927年因校长在外不能打理学校事务，短期代理中州大学校长职务。同年5月4日，因支持学生宣传北伐被捕入狱，后在社会各界的营救下获释。在担任中州大学教授期间，与冯友兰、张震东一起被称为"中州大学三杰"[①]。北伐胜利后，曾一度任国民军第二集团军教育处处长、河南中山大学化学系教授等。1930年初，曹理卿离开学校，任南京中央建设委员会技正。1941年与曾任过河南中山大学校长的凌冰在重庆筹办桐油研究所。1945年抗战胜利后，被国民党资源委员会派遣到东北接收造纸厂，先后任锦州造纸厂副厂长、营口造纸厂副厂长等。1948年2月随营口国民党军队起义。

新中国成立后，曹理卿先后任燃料工业部副部长秘书、北京地质勘探学校教员、北京石油工业出版社编辑、石油部石油科学研究院工程师等职务。1957年中国青年出版社出版其专著《怎样炼制石油》，1961年退休。

二、持续助力近现代学科之发展

中州大学教师队伍中不少佼佼者已经在自己的专业领域崭露头角，他们的潜心研究为中国近代高等教育的专业发展添加了亮丽色彩

（一）董作宾与甲骨学、考古学的奠基

董作宾，我国现代甲骨学与考古学的奠基人之一，在古文字学、考古学、历史学、古年代学、民俗学、文学艺术等诸多领域都有杰出建树，尤其对甲骨学与考古学的科学研究有着划时代的贡献。

1915年，董作宾考取县办师范学校，毕业后留校任教；1917年以后，他游学于位于开封的河南育才馆，获悉甲骨文出现。他1923年入北京大学研究所国学门，师从王国维，开始学习甲骨文；1925年毕业获史学硕士学位，任教于福州协和大学；1926年受聘于河南中州大学文学院；1927年赴广州中山大学任教，次年入傅斯年创

---

① 王日新、蒋笃运等：《河南教育通史》（中卷），第228页，大象出版社，2004年版。

办的"中央研究院"历史语言研究所工作；1949年后旅居台湾。

董作宾对河南大学考古学和历史学专业的发展均产生了深远的影响。他在河南中州大学文学院讲授语言学和史学两门课程。他不拘泥于书本，善于旁征博引，扩大学生的视野，使学生获取许多课本以外的新知识。1927年暑假，中州大学更名为河南省立中山大学，董作宾辞职离校。1928年12月，董作宾率先到河南大学作专题报告，介绍殷墟甲骨文发掘的重要成就。1929年秋，在殷墟遗址第三次发掘结束之后，"中央研究院"与河南省在殷墟发掘问题上产生了争议，双方在傅斯年、董作宾等的协调下，解决了纠纷，并达成了让河南大学师生参加殷墟发掘的协议。其间，傅斯年也在河南大学演讲，引起师生强烈反响。1931年11月开始，河南大学教授马非百、张邃青、朱芳圃及史学系学生刘燿（尹达）、石璋如、许敬参等赴安阳加入了殷墟发掘队伍。刘燿和石璋如等参加了此后11次殷墟发掘工作，他们后来均成为国内外知名的考古学家。

在考古学方面，董作宾首次主持殷墟发掘，开启了中国现代田野考古的新时代，对我国近现代考古学的诞生有着重大的贡献。1928年10月，前"中央研究院"历史语言研究所在广州成立，受傅斯年的委托，董作宾到安阳首次策划和实施了对殷墟的科学发掘，并得到蔡元培院长的重视，从此拉开了中国文物考古史上首次对殷墟科学发掘的序幕，董作宾也被誉为"殷墟发掘第一人"。1928年至1937年殷墟科学发掘15次，董作宾参加了前7次和第9次发掘，先后8次主持或者参加了安阳殷墟的考古发掘。对殷墟的科学发掘奠定了我国田野考古学的基础，也培养了一大批考古学专家。

董作宾是我国现代考古学的主要奠基者。1933年，他发表《甲骨文断代研究例》，创立了后来被长期使用的甲骨文断代体系的"十项标准"和"五期"说，被公认是中国甲骨学史上划时代的名著。他提倡历史学与考古学研究的结合，是殷商年代学研究的先驱。鉴于董作宾对甲骨学的贡献，学界把他与罗振玉（字雪堂）、王国维（字观堂）、郭沫若（字鼎堂）一起合称为"甲骨四堂"[①]，是甲骨学史上划时代的一代宗师。

[①] 董作宾、董敏：《甲骨文的故事》，第78—81页，海南出版社，2015年版。

（二）汪敬熙与近代心理学专业发展

汪敬熙是中国现代著名生理心理学家、中国神经生物学的奠基人之一。汪敬熙1919年毕业于北京大学，获学士学位。与傅斯年等同为新潮社主要成员，曾在《新潮》、《现代评论》发表多篇小说，揭示现实社会，鲁迅曾评价其"这样下去，创作很有希望"。但是，汪敬熙最终没有走文学创作的路。1920年穆藕初先生捐款给北京大学选派留美学生，汪敬熙因成绩优异被蔡元培、陶孟和、蒋梦麟诸先生推举到美国约翰•霍普金斯大学医学院学习，从此走上心理学、神经生物学研究之路。1923年获博士学位。1924年至1926年任中州大学教育学系心理学教授。

1924年归国后，汪敬熙应聘到河南中州大学，出任中州大学刚刚成立的教育学系心理学教授，并兼任系主任。教育学系成立初期，教师只有三人，全部心理学类课程由汪敬熙一人担任。汪敬熙不仅教学认真深受学生欢迎，在教学之外仍坚持科研。为了研究运动行为与心理，他曾亲自送一便条到总务处，要求提供大小狗十余只，雌雄各半。当时许多人对生理心理学不了解，看到便条莫不捧腹。但也自此之后，中州大学无论是教育学系还是生物系，只要需要此类动物均速办理，连后来生物系所需要的渔猎及捕蝶器具，总务处都一一照办。这一定程度上促成了河南大学教学与科研并重之风气。

离开中州大学后，汪敬熙再次到美国进行实验研究。1927年回国后出任广州中山大学心理学教授，在那里建立了国内最早的神经生理学实验室。1930年又出任北京大学心理学教授，并创建了心理学实验室。1934年汪敬熙被聘为心理学研究所所长，在上海和南京建立了新的实验室。1937年全面抗日战争爆发后，汪敬熙跟随心理研究所迁往内地，辗转各地，研究不辍。1946年汪敬熙出任"中央研究院"代理总干事。1947年赴北京兼任北京大学生物系主任。1948年出任联合国教科文组织科学部主任。1952年任满后，到美国担任霍普金斯大学教授、博士生导师。1957年到威斯康星大学工作，并担任博士生导师直到1968年逝世，享年75岁。

作为现代著名心理学家，汪敬熙毕生致力于生理心理学研究，造诣精深；是中国神经生物学的奠基人之一；研究皮肤电反射的先驱者之一；第一个将电子仪器引入中国用于脑功能研究；发现了瞳孔收缩和扩张的皮层代表区域；在研究雌白鼠活动中所采用的分析方法方面开创了哺乳动物行为研究的新方法等。主要论著有《皮肤电反射和情绪测量》（1930年）、《生理电学在心理学上之应用》（1932年）、《中国心理学的将来》（1933年）、《答潘菽先生〈关于心理学的预言〉》（1933年）、《科学方法漫谈》（1938年）、《行为之心理分析》（1944年）、《汗腺分泌的神经调节》（1964年）等。

（三）冯景兰与中国近代地质学的奠基

冯景兰，著名地质学家，矿床学奠基人之一，中国科学院学部委员、一级教授。1923年任教中州大学。

冯景兰出生于河南省唐河县祁仪镇一个书香门第，1916年开封河南省立二中毕业后，考入北京大学预科。1918年赴美留学。1921年毕业于美国科罗拉多矿业学院，同年考入哥伦比亚大学研究院，攻读矿床学、岩石学和地文学；1923年获硕士学位。回国后，冯景兰入职中州大学，任教授兼地质系主任，开始了他一生长达几十年的教学生涯。他十分注重传授知识的系统性和课外教学，引导学生从标本和实物中认识印证课堂上所学到的知识，从实际活动中理解巩固书本理论。每次课外考察，他总是走在最前边，中州大学地质实验室的标本矿石大部分是他带领学生走进大山采集制作的。他善于总结教学中的经验教训，把实际考察获得的第一手资料及时提炼上升为理论；注意吸取国外地质学新知识，编成教材，以补充、丰富教学内容。在编写教材过程中，他一丝不苟，亲自审校，逐字逐句斟酌、修改，连标点符号也不放过。教学之余，冯景兰多次到开封市北郊就沙丘的形成及现状进行调查，1926年写成了《开封附近沙堆之成因分布与风力水力风向之关系》，与治黄结下了不解之缘。

1927年他任两广地质调查所技正时，对粤北的地形、地层、构造和矿产进行调查研究，将区内第三纪红色沙砾层命名为丹霞层，将由此形成的奇峰林立的独特景观命名为丹霞地貌，这一命名至今仍为学者沿用。1952年起冯景兰任北京地质学院教授。除担任教学工作外，他还被任命为中国地质工作计划指导委员会委员，参与新中国地质工作的全面规划。1954年被聘为黄河规划委员会地质组组长，他提出"治河必先知河"，多次参加黄河河南段的勘测，写出《豫西黄河坝址地质勘测报告》等文章，为治理黄河提出了地质基础方面的依据。这一时期，冯景兰还调查了江西鄱（阳）乐（平）煤田，对豫西地质矿产进行了勘察。他担任中苏合作黑龙江流域综合考察队中方负责人，对该区的矿产资源、坝库址的基岩及地形情况、新构造运动和河床覆盖层的厚度等问题提出自己的看法。20世纪60年代他提出的封闭成矿和矿床定位课题在20世纪七八十年代才成为国际学术界的热门课题。

冯景兰一生学术成果颇丰，有论文百篇、教材5种。1929年在第四届泛太平洋科学会议上，他宣读了广东地质矿产调查的学术论文。他1933年出版的《探矿》一书为现在的《找矿勘探地质学》奠定了重要基础。地热地质20世纪70年代才在我国较为广泛地传播和应用，而他于1933年就发表了《放射性与地热学说》一文。他的许多调查报告为国家矿产资源开发提供了可靠依据。①

（四）郭绍虞与中国古典文学之发展

郭绍虞，中国科学院学部委员，著名的中国古典文学批评史专家、教授。1923年入职中州大学。

郭绍虞出生于一个贫寒的教师家庭，幼年在家乡上学就表现出对文学的浓厚兴趣。1913年7月，他到上海商务印书馆所属尚公小学教书，开始从事文化教育工作，其间得以借阅涵芬楼藏书，在自学中开始学术研究和创作；先后出版了《战国策评注》及《清诗评注读本》。不久进入进步书局（原上海文明书局）任编辑。书局停办后，到启秀女中任教，兼职东亚体育学校，此时撰写有《中国体育史》。1919年，到北京担任北京《晨报》副刊的特约撰稿人，发表著译颇多。其中，编《马克思年表》，翻译《近世美学》，撰写《艺术谈》以及"记录杜威演讲"等影响较大。同时，他在北京大学哲学系做旁听生，并加入新潮社。1921年元旦，他与茅盾、郑振铎、叶圣陶、王统照等人共同发起成立了文学研究会，在新文化运动中发挥了积极作用。

1921年至1927年，郭绍虞先后到济南第一师范学校、福州协和大学、开封中州大学、武昌中山大学任教。1927年后任北京燕京大学国文系教授。其间曾任系主任及"中央研究院"研究员，直到燕京大学停办为止。他因不愿加入日伪接管的"北大"，曾一度在私立中国大学任教。1942年返上海，在开明书店任编辑。此后在上海大夏大学、之江大学、光华大学、同济大学任中文系教授兼主任。新中国成立后任同济大学法学院院长。1950年，全国高等学校院系调整，同济大学文学院并入复旦大学后，到复旦大学任教，先后任中文系教授兼主任、图书馆馆长、文学研究室主

---

① 万合利：《世纪华章·纪念河南大学建校100周年书系：百年学人》，第55—56页，河南大学出版社，2012年版。

任等职。1956年加入中国共产党。先后任华东区军政委员会监察委员、上海文联副主席、中国作家协会上海分会副主席兼书记处书记、上海文学所所长和《辞海》副主编、《上海文学》编委等职。

郭绍虞1923年应聘中州大学时是燕京大学的休假教授，当时他已经蜚声学界。他在中州大学任教一年时间，主要开选修课。他第一次走进教室，身着长衫，温文尔雅，风度潇洒，眉宇开朗，普通话中略间吴音，不慌不忙，一字一板，听着别有风趣。同学们争选他所开课程。一年后他休假期满便重返燕京大学。离开中州大学后，郭绍虞与学校文学院的教授们仍有不少联系，关心河南大学古典文学研究。

郭绍虞一生主要致力于中国古典文学、中国文学批评史、中国语言学、音韵学、训诂学、书法理论等方面的研究，著作甚丰，主要代表作有《中国文学批评史》（上下卷）、《中国古典文学理论批评史》等，其他学术著作有《陶集考》、《国故概论》、《近代文编》、《文学示例》、《语文通论》、《汉语语法修辞新探》等。[①]

[①] 万合利：《世纪华章·纪念河南大学建校100周年书系：百年学人》，第49—50页，河南大学出版社，2012年版。

第三章

河南中山大学与中国高等教育发展（1927—1930）

第三章 河南中山大学与中国高等教育发展（1927—1930）

1927年7月，国立第五中山大学（国立开封中山大学）宣告成立，不久改为河南省立中山大学。1930年6月，河南中山大学改为省立河南大学。1927—1930年间的河南大学，校名冠以"河南中山大学"，我们把这一时期称为河南大学发展历史中的河南中山大学时期。河南中山大学时期虽然是比较短暂的三年，但在此期间，河南中山大学创办，合并两所专科专门学校，形成了较强的办学实力，建立了今后河南大学发展的基本框架和重要学科体系，奠定了高水平、综合性大学发展的基础，繁荣了大学学术，培养了一大批优秀人才，为中西部地区高等医疗卫生教育事业的发展打下了宽厚基础，在国内大学中具有重要影响，为河南及全国高等教育和社会的发展做出了重要贡献，在中国高等教育史上留下了灿烂一页。

第一节 河南中山大学时期的中国高等教育

1927—1930年间的河南中山大学发展时期正是南京"国民政府"建立初期。南京"国民政府"建立之时，国内各军阀实力还比较强，政局仍处于动荡之际。为促进国民经济恢复，南京"国民政府"实施一系列措施，包括建设重工业、建设交通、发展国有企业、发展民生、开展科学技术、重视教育等，国家政治、经济、文化、军事、外交、行政、司法、教育等趋向统一，达到近代较高水平。为推行"三民主义"教育，南京"国民政府"重视高等学历人才培养，使高等教育得到相应发展。

一、南京"国民政府"的成立与中国高等教育的发展

1927年4月，南京"国民政府"建立后，蔡元培出任大学院院长，推行大学区制，提高大学的职能；6月初，蔡元培以教育行政委员会名义拟订《大学区组织条例》。经三度修改，1928年12月由"国民政府"公布《修正大学区组织条例》，其中

规定，全国依各地之教育经济及交通状况，定为若干大学区，每个大学区设国立大学一所，该大学校长负责管理区内的一切学术与教育行政事项。1928年10月，"国民政府"改大学院为教育部。实施一年的大学院制与二年的大学区制，虽然短暂如昙花一现，却是"中国教育史上一次有益的尝试"[①]。1929年7月，"国民政府"公布《大学组织法》，同年8月教育部又公布《大学规程》。按照《大学组织法》和《大学规程》的规定，高等教育机关分为大学、独立学院、专科学校三种。大学分文、理、法、教育、农、工、商、医八种学院，"须具备三个学院以上者，方得称为大学"；且"三学院必须设有理学院或农、工、医学院之一"。[②] 可以说，各种教育法令的颁布，促使当时中国高等教育的方针、政策和制度日益完备。

1927年以来，中国有公立大学30多所，其中由国家举办的大学就有24所，分别是"北京大学、北京师范大学、北京女子师范大学、北京女子大学、北京政法大学、北京工业大学、北京农业大学、北京交通大学、北京医科大学、清华大学、北洋大学、交通部唐山大学、东南大学、河海工程大学、东南大学分设上海商科大学、暨南大学、南洋大学、政治大学、同济大学、武昌大学、武昌商科大学、成都大学、西北大学、广东大学"等。[③]

私立大学也是当时中国高等教育的重要力量。1927年之前"北洋政府"时期，私立大学发展较快，但经教育部核准立案的大学不多。1927年南京"国民政府"成立后，一方面重视私立学校发展，对私立大学加以鼓励和支持；另一方面通过有关法令、法规对私立大学加以规范与引导。1927年12月，"国民政府"公布《私立学校及专门学校立案条例》，1928年2月又公布《私立学校条例》和《私立学校董事会条例》。1927年后的几年间，先后有"厦门大学、金陵大学、沪江大学、光华大学、大夏大学、燕京大学、东吴大学、武昌中华大学、岭南大学、广东国民大学、辅仁大学、中法大学、齐鲁大学、武昌华中大学、广州大学、震旦大学、中国公学大学、大同大学、复旦大学"等19所大学被教育部立案批准。[④]

1927年以来，中国的许多大学根据颁布的高等教育法令与政策进行院系设置、

[①] 董宝良等：《中国近现代高等教育史》，第138页，华中科技大学出版社，2007年版。
[②] 董宝良等：《中国近现代高等教育史》，第140页，华中科技大学出版社，2007年版。
[③] 郝维谦、龙正中等：《高等教育史》，第11页，海南出版社，2000年版。
[④] 杨雪梅：《中国民办教育通史》（近代卷），第169页，社会科学文献出版社，2019年版。

系科建设，逐步奠定这些大学发展的基础。例如，清华大学前身是清华学堂，于1925年设立大学部，1926年设置17个系，奠定今后清华大学发展的基础。1928年8月，"国民政府"正式定名为国立清华大学。此后几年，清华大学院系设置基本定型，共设文、法、理、工四个学院、十六个系。此外，清华大学于1929年秋还开办了研究院。又如，南京大学前身是国立中央大学，于1928年7月进行院系调整，"共设文、理、法、教、农、工、商、医八个学院"，院系设置开始增多。再如，上海的交通大学在1928年到1936年时期发展较快，其主要原因是"由于交大已经形成了一支具有较高水平的教师队伍"[①]。

二、南京"国民政府"成立初期河南高等教育的发展

1927—1930年，冯玉祥任河南省政府主席期间，比较重视河南高等教育的发展，他对河南高等教育进行较多的兴革，"客观上促进河南高等教育发展前进了一大步"[②]。此时段，河南省内的高校主要有福中矿务大学、河南省立水利工程专科学校及河南中山大学。从数量上看，这一时期河南省内的大学机构仍相对较少，而且除河南中山大学之外，其他两所大学从办学层次与学科发展水平上看，相对于河南中山大学和国内其他诸多大学都是比较低的。

福中矿物大学是由焦作路矿学堂创办而来，1915年焦作路矿学堂更名为河南福中矿务学校，1922年福中矿务专门学校易名福中矿务大学并在这一时期得到一定发展。"1927年夏，本科二届学生十二人毕业"[③]。1927年7月，在冯玉祥的支持下，李余庆接任福中矿物大学校长，重新修订课程，改学制为预科3年毕业、本科4年毕业。1928年，第二届本科生16人毕业，续招预科1班。不过，该校在中原大战中仅维持3班学生50人。此期间，南京国民政府教育部正式批准该校立案为私立高等学

---

① 郝维谦、龙正中等：《高等教育史》，第15—17页，海南出版社，2000年版。
② 刘卫东、王兴业等：《河南高等教育史》，第132页，中国文联出版社，2004年版。
③ 张仲鲁：《焦作工学院始末回忆》，载开封市政协文史资料委员会编《开封文史资料》，第159页，2004年总第20期。

校，至 1931 年福中矿务大学发展成为"私立焦作工学院"①。

河南省建设厅水利工程学校在这一时期创办。该校的创办与发展，张钫功不可没。张钫（1886—1966），字伯英，河南新安县铁门镇人，是辛亥革命的元老之一、著名的爱国人士。他为河南大学的发展做出过重要贡献，同样他创办河南省建设厅水利工程学校，对该校的发展也做出了十分重要的贡献。1928 年 9 月，张钫任河南省建设厅厅长，他认识到黄河自古以来为患，主张欲治其本，必须要培养水利人才。鉴于当时水利工程人才的严重缺乏，1929 年 3 月，在张钫的主导下，河南省建设厅饬令在开封北道门街创办了河南省建设厅水利工程学校，委派建设厅任科长的陈泮岭为校长。1929 年，"征集河南省各县建设局的工程人员，编成江、淮、河、汉四个班，定学制为一年半，开始上课"，后经甄别，缩为一个班，再后因为学时短促、学科繁重，于同年 8 月改学制为三年，招初中毕业生三个班；同时，河南省建设厅水利工程学校改校名并升格为河南省立水利工程专门学校。1931 年 6 月，河南省立水利工程专门学校"按照当时教育部所颁布的办学规程，改学制为五年，前三年为附属高中，后二年为水利专科，仍招收初级中学毕业学生"。后经教育部备案，改校名并发展成为河南省立水利工程专科学校。②1942 年 5 月，升格为国立黄河流域水利工程专科学校。后几经发展变化，在新中国成立后发展为黄河水利专科学校，即今日黄河水利职业技术学院的前身。

由上看出，1927—1930 年间河南省内的高等学校数量很少，发展存在较大的不平衡性和不确定性。有研究者认为："河南高等教育在 1927—1930 年的发展演变，奠定了抗战前南京国民政府统治下的河南高等教育较快发展的基础。"③而这一时期，河南省高等教育发展的重要主体和主导力量无疑是河南中山大学。

---

① 王日新、蒋笃运等：《河南教育通史》（中卷），第 279 页，大象出版社，2004 年版。

② 张开先：《河南省立水利工程专科学校》，载河南省开封市政协文史资料委员会编《开封文史资料·教育专辑》（第十二辑），第 82 页，1992 年版。

③ 刘卫东、王兴业等：《河南高等教育史》，第 136 页，中国文联出版社，2004 年版。

三、河南中山大学的创办与发展

1927年6月,国民革命军冯玉祥部攻占开封,建立了以冯玉祥为主席的河南省"国民政府"。在冯玉祥的积极主导下,河南中山大学得以建立。自1927年至1930年间,虽然军阀混战中原、政局紊乱动荡、学校饱经战乱,使得校名几经更迭,但在冯玉祥的大力支持和全校师生的奋力共建下,学校仍在艰难的环境中有所建树,建立主要院系机构,构建重要学科门类,学术文化呈现繁荣景象,在当时中国高等教育体系中其办学水平位于前列。

(一)河南中山大学校名的确立

河南地处中原,战乱频仍,文化闭塞,相较华北、沿海等地区教育事业非常落后,"河南先是直军吴佩孚各派军阀统治,后来又是奉军和张治公的镇嵩军交替盘踞,又加上各股土匪及红枪会霸地为王,闹得乌烟瘴气,民不聊生,哪里还谈得上振兴教育"[①]。1927年6月,北伐军张发奎部与国民军冯玉祥部会师开封,在开封成立国民党中央政治委员会开封政治分会,管辖河南、陕西、甘肃三省国民党党务,冯玉祥任主席。在冯玉祥主政河南期间,军阀渐次肃清,地方秩序日渐恢复后,省政府才得以全力注意政治改进,发展教育。"综此一年(1927年)中观之,六月以前为河南教育界最纷乱之时期,六月以后,为最进步之时期,盖经此次改革后,而河南以前教育界因循之气象,为之焕然一新,实为河南教育改革之大纪元也。"[②]河南省教育事业由此得到关键发展。

早在20世纪20年代初,为培养高级专门人才,河南省议会便提出简明计划书,"拟归并留学欧美预备学校(中州大学前身)、公立法政专门学校、省立农业专门学校作为大学基础,改建成河南大学,交省政府执行",但由于当时风气未开,"法、农两校"均有护校之举,且河南政局不稳、财政拮据,合校之事只得暂时搁置。直到20世纪20年代末,饱经战乱的"法专"、"农专"师生四散,教学停止,不再像

[①] 中国人民政治协商会议天津市委员会文史资料研究委:《天津文史资料选辑》(第37辑),第97页,天津人民出版社,1984年版。

[②] 王绍宣:《十六年的河南教育之回顾》,载《河南教育周报》,1928年第16期。

之前那样反对并校，于是三校合并顺利进行。

当时，为纪念孙中山先生，以示培育三民主义建国人才之旨，全国各地大学纷纷改校名为中山大学。北伐军进占各地后，相继成立了第一中山大学、第二中山大学、第三中山大学、第四中山大学。因此，河南省教育厅积极响应，请示进驻河南的国民联军总司令部，决定筹设国立第五中山大学（又名国立开封中山大学）。

1927年6月14日，国民党中央政治委员会开封政治分会第一次会议召开，决议筹备国立开封中山大学，提出合并前中州大学及"农业"、"法政"两专门学校为国立开封中山大学。1927年6月20日，河南省政府主席冯玉祥提议在中州大学基础上合并河南省立农业专门学校、法政专门学校，成立河南大学。经国民党中央政治委员会批准，委任国立第一中山大学委员会委员徐谦、国立第一中山大学委员会副委员长顾孟余、河南省政府委员兼民政厅长薛笃弼、河南省教育厅厅长凌勉之、李静禅五人为筹备委员会委员。徐谦时任国民党中央常务委员，深谙高等教育发展之道。经过多次磋商，决定以中州大学为基础，将河南公立法政专门学校、河南省立农业专门学校合并于内。又因中州大学当时在学校规模、师资水平、图书设备、教育质量上综合排名全国第五，故国民党中央政治委员会决定在中州大学的基础上成立国立第五中山大学。经过一个月的筹备，中州大学、"农专"、"法专"实质性合并，1927年7月"国立开封中山大学"宣告成立，是为国立第五中山大学。

国立第五中山大学成立时，国民政府中央政治委员会开封政治分会任命的校长是徐谦，但当时徐谦被蒋介石、汪精卫排挤下野，未能就职。同时，国民党反动派背叛革命，内部为争建新政权而一片混乱，北伐停顿，无暇顾及筹建国立开封中山大学，而且国民党中央无款接济，建校经费无甚着落。"负责人员既未到校，且经费来源亦未规定"[①]，建校工作只得搁浅。

当时河南省方面不愿意看到合校的工作流产，于是省政府决定将"国立开封中山大学"改为"省立河南中山大学"，由河南教育款产管理处整顿税收、提取契税作为教育专款，共计三十二万二千九百余元以供周转。[②] 教育专款主要因为教育经费独立，包括校产和省款两部分。其一省款，则由省契税抽调。其二校产，一部分系没

---

① 《河南大学校史》编纂研究室、河南大学档案馆：《河南大学史料长编》（第一卷），第324页，河南大学出版社，2014年版。

② 张鸿烈：《河南教育经费独立之经过》，载《河南教育》，1930年第19—20期（合刊）。

收私人遗产，每年收入约 1 万元；另一部分为各地房产，开封房产 7 处、灵宝房产 20 处、汝南房产 9 处、信阳房产 1 处，共计房产近 900 间、田产 60 余顷。建校资金可谓充沛，于是，冯玉祥随委任留学欧美预备学校发起人之一、前中州大学校长张鸿烈为校长，以中州大学旧址为校址。经过几个月的筹备，"省立河南中山大学"于 11 月 28 日正式开课。

省立河南中山大学是以中州大学为基础，合并河南公立法政专门学校、河南省立农业专门学校而建。在冯玉祥大力支持以及诸多精通教育和财政的人才的积极工作下，省立河南中山大学"不仅在一定程度上增加了当时中国高等教育的力量，也使'民国'时期的河南首次拥有了一所真正意义上的综合性大学，为以后其成为全国学科门类比较齐全的大学奠定基础"[①]。

（二）校长与学校发展

河南中山大学时期，由于时局等诸多原因，学校在不断变局中发展，校长频繁换任，先后有七任校长掌任学校事务。1927 年 7 月，张鸿烈先生任省立河南中山大学第一任校长。学校开设文、理、法、农四科，招生 500 余人。[②]11 月 28 日，正式开始上课。但是不久，兼任河南省教育厅厅长的张鸿烈校长，因"原有职务繁烦，不及兼顾"辞去校长职务。[③]12 月 4 日，冯玉祥委任第二集团军教育处处长凌冰继任校长。凌冰校长任职期间，在行政管理、选贤任能等方面，学习欧洲先进大学精神，强调培养学生"爱国爱属之公德"和"服务社会之能力"[④]，秉持"选择最优人才、给予优厚待遇、赋予事权"[⑤]三原则，使"学校基础，渐臻巩固"[⑥]。1928 年 4 月，

---

① 杨涛：《冯玉祥与民国时期河南大学的发展》，载《河南大学学报》（社会科学版），2012 年第 6 期。

② 开封市教育志编委会：《开封市教育志》（1840—1985 年），第 209 页，中州古籍出版社，1991 年版。

③ 《河南大学校史》编纂研究室、河南大学档案馆：《河南大学史料长编》（第一卷），第 324 页，河南大学出版社，2014 年版。

④ 刘卫东：《河南大学百年人物志》，第 35 页，河南大学出版社，2012 年版。

⑤ 王日新、蒋笃运等：《河南教育通史》（中卷），第 327 页，大象出版社，2004 年版。

⑥ 《河南大学校史》编纂研究室、河南大学档案馆：《河南大学史料长编》（第一卷），第 324 页，河南大学出版社，2014 年版。

凌冰校长因公赴京，省政府委任河南省教育厅厅长查良钊为代理校长，查良钊虽职务繁忙，但仍悉心为学校谋进步谋发展。后凌冰因军务繁多呈请辞职，同时查良钊也因未空闲无法兼任代理校长，于是，省政府委任邓萃英继任校长。邓萃英在职期间，添设医预科一班，1928年9月新增医科医学系，附设校医院两处，至此，河南中山大学已设"5个学院"，含15个系科。1928年11月，邓萃英和教育厅厅长查良钊奉令对调，查良钊二度担任校长，校务主任黄际遇助力查良钊锐意革兴，学科组织建设日益完善，设备资源添置亦多增进。1929年5月，查良钊校长因公离校，由校务主任黄际遇代行校长职务，自其就职至1930年6月，添聘教授20人，扩充校址，为学校发展尽心筹划。这几年，"各系学生人数逐年增加：1927年11月学生总计500人，后来又发展到669人；1929年学生为850余人；1930年春，本科、预科学生共有900多人"。"1928年6月，中山大学首届毕业生为40人"，"1929年毕业生为61人，1930年毕业生为83人"。①

1930年6月，张仲鲁继任校长，上任后积极筹措经费添置设备，制定规划，力图发展。此时，一是鉴于"中山大学"在全国不止一处，不易辨识，常误邮寄信函，二是大学皆以"中山"为名，国际无此先例，甚难翻译，国际学术交往多有不便，三是保留广州的中山大学，足以纪念孙中山先生，没有必要各个大学均称"中山大学"，张仲鲁于8月主持校务会议，决议将"省立河南中山大学"改称"省立河南大学"，并改文、理、法、农、医五科为五所学院，递呈省政府、国家教育部核示获准，"援大学以地为名之例，呈准易名河南省立河南大学"②。9月7日，河南省第三届议会决议，批准将"省立河南中山大学"改名为"省立河南大学"。9月13日，河南省政府颁发河南大学印章及校长职章。自此，"省立河南大学"正式命名，这是河南大学发展历史上第一次使用"河南大学"的校名。

值得一提的是，查良钊、邓萃英、黄际遇等上述各校长都是"出过洋、见过世面、有一定名望的教育家"③。他们虽在任时间短，但由于见识颇广、视野开阔，殚精竭虑地进行工作，依然促进了学校的发展。

自1927年7月至1930年8月，从国立开封中山大学到省立河南中山大学再到

---

① 《河南大学校史》修订组：《河南大学校史》，第27页，河南大学出版社，2012年版。
② 吴定宇等：《中华学府随笔·走近中大》，第97页，四川人民出版社，2000年版。
③ 刘卫东、王兴业等：《河南高等教育史》，第122页，中国文联出版社，2004年版。

省立河南大学校名的几经更迭,见证了在社会动荡背景下河南大学师生传承教育火种的艰难曲折。在这一期间,学校学科门类逐渐构建齐全,师资队伍逐步壮大,课程设置日臻科学合理,人才培养质量较高,历任校长胥为饱学之士,教授皆为一时硕彦,学生亦多中州菁英。

河南中山大学的发展,不仅增强了中国高等教育的新生力量,也使得"民国"时期的河南首次拥有了一所真正意义上的综合性大学,为以后河南大学成为全国学科门类齐全的综合性大学奠定了基础。此后,一代又一代的"河大人",立足中原大地,以精神振奋人心,以人心共筑教育,传承着首任校长林伯襄"以教育致国家于富强,以科学开发明智"的思想,坚定着凌冰校长"爱国爱群之公德,服务社会之能力"的原则,践行着张仲鲁校长"研究高深学术、培养专门人才、推广高等教育"的理念,不断塑造着"蹈厉奋进,竭忠尽智"的"河大"精神,树立起"扶危邦,振贫民"的"河大人"形象,河南大学由此才能在时代波折中稳健前行,校誉日隆,跻身名庠之林,为河南教育提供前瞻视野,一度走在中国高等教育发展的前列。

第二节 河南中山大学对中国高等教育的影响

河南中山大学时期,虽然办学短暂仅有三年时间,但其创办恰逢高等教育历史发展的机遇期;虽然校长频繁更换,但诸位校长皆以丰富阅历、强劲实力及开阔眼界努力治校;虽然校址地处中原饱受战乱影响,但基于高起点和扎实基础而较快走上综合性大学发展之路,并取得优异的办学成绩。这一时期,河南中山大学以"中山大学"命名,显示出其较强的办学实力,其学科尤其是文科发展具有重要地位,在医学卫生等学科与高等教育领域具有开拓性和区域深远影响,对中国高等教育的发展起着重要的促进作用。

一、成为"中山大学高等教育体系"的重要组成部分

"中山大学高等教育体系"以"孙中山(高等)教育文化"为主要内涵。在当

时，依据各校规模、师资力量、教学效果、科研水平、毕业生质量等确定河南大学为"国立第五中山大学"，河南大学成为"中山大学高等教育体系"的重要组成部分，足以体现当时河南大学的办学实力与影响力。

（一）"中山大学高等教育体系"的形成

中国革命先驱者孙中山先生十分重视教育，重视人才培养，他强调教育为神圣事业，人才为立国大本。1925年3月12日，孙中山先生不幸病逝。为纪念孙中山先生，国民政府设立以"中山大学"为校名标识的诸多大学，其中包括影响较大的五所国立中山大学，即国立第一中山大学、国立第二中山大学、国立第三中山大学、国立第四中山大学、国立第五中山大学；此外，还有西安中山大学、兰州中山大学、江西中山大学、上海中山大学等。众多中山大学的成立或组建形成了当时中国高等教育发展中的"中山大学现象"，他们的发展及实力构成了一个以"孙中山（高等）教育文化"为主要内涵的"中山大学高等教育体系"。

当时中国有五所国立中山大学。国立第一中山大学是由孙中山先生亲自创办的大学。1924年11月11日，孙中山将广东公立法科大学、国立广东高等师范学校、广东公立农业专门学校进行整合，亲自创立国立广东大学。孙中山逝世后，为了纪念孙中山先生，廖仲恺先生提议将广东大学更名为国立中山大学。1926年7月17日，国立广东大学更名为"国立中山大学"。1927年7月，国立中山大学更名为"国立第一中山大学"。1928年2月，又改回国立中山大学。

国立第二中山大学原名为国立武昌中山大学。1926年12月28日，武汉"国民政府"决定将原国立武昌大学、国立武昌商科大学、湖北省立医科大学、湖北省立法科大学、湖北省立文科大学、私立文华大学等合并建立国立武昌中山大学。1927年2月，国立武昌中山大学举行开学典礼。不久，"国民政府"将国立武昌中山大学改称为国立第二中山大学。1928年7月后，"国民政府"在国立第二中山大学基础上组建国立武汉大学。

国立第三中山大学是1927年6月以筹建中的杭州大学浙江高等学校（1897年成立的求是书院，1901年更名为浙江大学堂）为基础建立的。1927年7月，国立第三中山大学宣告成立；1928年2月，改名为国立浙江大学。

国立第四中山大学是今日南京大学的前身。1927年6月，以国立东南大学为基础，并入原由该校衍生出的河海工科大学、上海商科大学，同时还并入了江苏法政大学、江苏医科大学以及江苏境内的南京工业专门学校、南京农业学校、苏州工业专门学校、上海商业专门学校等四所公立专门学校，改组成立国立第四中山大学。

国立第五中山大学即今日河南大学的前身。上文已述，国立第五中山大学建立的基础是中州大学。1927年6月，南京国民政府将省立大学收归国立时，按各校规模、师资力量、教学效果、科研水平、毕业生质量等进行了综合考虑，决定成立"国立第五中山大学"。由此可见，组立"国立第五中山大学"体现了当时河南大学的办学实力。此后不久，根据当时情况，又改名为"省立中山大学"，即河南中山大学。

五所国立中山大学在当时有一个共同现象即校名更名较为频繁，这里有一定社会背景，有人专门对此进行研究。当时，中国的国立大学办学经费主要来源于国库，必须由教育部（或大学院）立案且批准才能设立，由于国立大学身处复杂的政治环境，国家很难保障其办学经费，这就使得一些国立大学办学经费又同时还要来源于省财政的支持。国立五所中山大学出现其间，"国民政府"颁布的《大学区组织条例》第一条又规定，依据现有的省份及特别区，全国定为若干大学区，以所在的省或特别区之名命名，而不再以数字序列冠名。为此，蔡元培向"国民政府"提出，各地中山大学应依照省名改名，主要理由是，"（1）中山大学全国不止一处，如果只是以第一、第二、第三等来命名为别，不易辨识，往往容易将甲校的信函误投至乙校，若全国的中山大学以此递增至二十几所，这一问题更为严重；（2）大学都以'中山'为名，而冠以国立及第几字样，国际上也无先例，对外也甚难翻译，对于国际学术交往多有不便；（3）保留广州的中山大学，就足以纪念孙中山先生，没有必要各个大学均称中山大学……；（4）大学院全称为'中华民国大学院'，统筹全国各省现有的大学，各省大学以省命名，统辖全省的中小学，至于各地的中学即以所在的城镇命名，这样一来，自上而下就有一贯的系统了"，从而开始了各地中山大学的改名风潮。①1927年11月，根据南京"国民政府"教育部令，在"国民政府"所在地南京设立中央大学，在广州设中山大学，各高校取消中山大学排序，按照所在地命名。1927年8月，国立第五中山大学更名为"河南省立中山大学"，称为河南中山大学。1927年12月，"国立第二中山大学"解散。1928年2月，国立第四中山大学更名为

---

① 肖卫兵：《中国近代国立大学校长结构及其角色研究》，第30页，苏州大学博士论文，2011年。

"国立江苏大学",1928年5月又更名为"国立中央大学"。1928年3月,国立第一中山大学复名为"国立中山大学"。1928年4月1日,国立第三中山大学更名为"浙江大学",同年又更名为"国立浙江大学"。

除五所国立中山大学之外,还有一些"中山大学"值得关注。兰州中山大学原为创建于1909年的甘肃法政学堂,是中国西北地区第一个具有现代意义的高等学校,1928年扩建为兰州中山大学,1946年更名为国立兰州大学。西安中山大学最初是1927年以西北大学为基础建立的西安中山学院。1928年,为了向中山先生表示敬意,冯玉祥部下石敬亭将中山学院改为西安中山大学。之后西安中山大学的主体转移,校园成为陕西省立高级中学,现在是陕西省立西安高等中学。1927年,武汉"国民政府"确定将原江西省立法科、工科、医科、农科四所专门学校合并成立江西中山大学。1927年2月,江西中山大学成立,分设农业专门部、工业专门部、医学专门部、法学专门部。同年8月,八一南昌起义后,中山大学被停办撤销,四校均恢复原名。江西中山大学的医学部又改名为江西省立医学专门学校,后发展为江西医学院,最终并入南昌大学。

这种以"中山大学"作为校名标识的大学发展,我们可以称之为"中山大学现象",这一现象值得高等教育史学界关注。有研究者专门提出研究"孙中山文化",认为"孙中山文化"是指从文化的角度来看待与孙中山有关的事物,通过这些文化表象可以更加深入地解读孙中山文化存在的意义。"孙中山文化"主要有中山仪式、中山纪念地(中山纪念堂、纪念馆、纪念塔以及各地行政区域名称或自然地理名称)、中山服饰、中山道路、中山公园、中山图书馆、中山学校、中山名言等。[①]"中山大学现象"无疑是孙中山文化的重要内容,而且是孙中山高等教育文化的根本内容。

由上看出,各"中山大学"本身皆具有一定实力和影响,尤其是五所国立中山大学,更是代表着当时中国高等教育发展的水平,构成了当时中国高等教育体系中的重要力量。可以说,各个"中山大学"的存在与发展形成了"中山大学高等教育体系"。

---

① 孙平:《孙中山文化的表象研究》,载《广东开放大学学报》,2016年第6期。

（二）河南中山大学是"中山大学高等教育体系"的重要组成部分

20 世纪 20 年代，为使国家崛起、应国家需要，创办国立大学，培养高级专门人才。1924 年公布的《国立大学校条例》提出："国立大学校以教授高深学术，养成硕学闳材，应国家需要为宗旨。"1929 年国民政府颁布的《大学组织法》第一条规定："大学应遵照十八年四月二十六日国民政府公布之中华民国教育宗旨及其实施方针，以研究高深学术，养成专门人材。"① 由此可见，国立大学的设立在国家发展中主要发挥着两个方面作用，一是为国家培养专门人才，二是研究高深学术。

1927 年 7 月，以中州大学为主体，合并河南法政专科学校、河南农业专科学校，成立的河南中山大学，组建设置了文、理、法、农四科，集河南全省优质高校资源于一体，是当时教育界普遍关注的重点大学之一，在当时教育界乃至整个社会上享有一定盛誉。在这一时期，学校的院系与课程进一步调整，发展得比较有特色的系科是农科、医科以及教育系，形成了较为完备的学科与课程体系，成为拥有五大学院、四十多个专业的一所名副其实的综合大学，逐渐探索出具有特色的学科发展与管理模式，成为教育界关注的焦点。这一时期，河南中山大学的图书馆馆藏不断丰富，规模进一步壮大，实验室和实验基地逐步形成较大规模，设备也在更新之中，成为当时大学图书馆的代表。河南中山大学存在的三年间，延揽了很多具有留学背景的专家学者前来执教，国际化水平较高。这些条件使得河南中山大学的教学质量和办学实力更上一层楼，为国家培养了更多的优秀人才，也为日后河南大学、河南师范大学以及河南农业大学等院校的发展奠定了坚实的基础，是当时教育界普遍关注的重点大学之一。②

从当时中国的大学建立和发展情况看，这一时期的河南中山大学最初能作为国立大学，最初命名为"国立第五中山大学"，足见当时学校发展基础和办学实力受到政府认可，是国内较有影响的国立大学之一。尽管不久后由国立大学更名为省立大学，但从该时期学校发展看，也显示出河南中山大学较强的实力与影响。作为"民国"时期河南省的最高学府，河南中山大学开始所形成的多学科局面，在当时的中

---

① 中国第二历史档案馆等：《"中华民国史"档案资料汇编·第五辑第一编·教育》（一），第 171 页，江苏古籍出版社，1994 年版。

② 苏全友：《1927—1930 年河南中山大学述略》，载《焦作大学学报》，2013 年第 1 期。

国高等教育体系中,已经发展成为学科门类比较齐全的高等院校,走在了很多高校的前列,提升了"民国"时期河南大学在全国高等教育体系中的核心竞争力。因此,这一时期的河南中山大学是国内高等教育发展的重要组成部分,是较有影响的国家大学之一。作为"中山大学"大家族的成员之一,河南中山大学应该说是"中山大学高等教育体系"的重要组成部分。

二、初步形成中原高等文科发展的高地

自中州大学建立以来,河南大学就开始具有发展高等文科领域的基础和优势。河南中山大学时期,河南大学成为多学科综合性大学,其中发展较为突出的就是高等文科领域,逐步打造成我国现代高等文科领域发展的高地,在我国高等教育界产生更大的影响。

(一)延揽文科名师人才

省立河南中山大学非常注重文科发展,延揽一大批文史、教育等方面人才,以充实教学和研究队伍。当时,文学院设立哲学系、国文系、英语系、历史系、教育系。省立河南中山大学之前,著名哲学家冯友兰先生掌管文科时,他就把先进的文科教育思想付诸办学实践。河南中山大学建立后,为培养高质量人才,学校继续重视为文史、教育方面配备高水平师资。其中,文史系著名的教授有刘锡五、胡山源、江绍原、张邃青等。刘锡五是近代中国著名语言学家,著有《中国声韵学概论》、《中国文学史大纲》、《魏晋以上古音学》等书,发表论文40余篇。[①] 胡山源为现代作家、翻译家,从事小说、新诗、散文、戏剧创作,译著有《莎士比亚评传》、《欧亨利短篇小说集》、《万世师表》等,一生著译1000万字。[②] 江绍原是著名的民俗学家和比较宗教学家,20世纪中国民俗学界领袖人物之一。[③④] 张邃青是著名史学家、教育学

---

① 刘卫东等:《河南大学百年人物志》,第313页,河南大学出版社,2012年版。
② 宋林飞等:《江苏历代名人词典》,第367页,江苏人民出版社,2019年版。
③ 陆庆祥、章辉:《民国休闲原理文萃》,第173页,云南大学出版社,2018年版。
④ 李孝迁、任虎:《近代中国史家学记》(上),第119页,上海古籍出版社,2018年版。

家，长于宋史、河南地方史等。①英文系当时著名的教授是霍六丁，新中国成立后便定为高教四级，1978 年任英语语言文学专业硕士生导师。②教育学系教授主要有张鸿烈、凌冰、查良钊、邓萃英、王拱璧、李廉方、汪敬熙等。其中，张鸿烈、凌冰、查良钊、邓萃英皆曾为学校校长，兼任河南省教育厅厅长。王拱璧是我国"乡村教育"的最早探索者和先行者，现代著名的爱国民主人士、乡村教育家，扎根农村，并立下"宁到农村走绝路，不进都会求显通"③的誓言。李廉方为著名的教育改革家、实践家，一生矢志教育，创立了"廉方教学法"，在教学方法、课程理论改革和教学研究实践方面都做出了杰出的贡献。汪敬熙曾任河南中山大学教育系教授、硕士生导师，"汪敬熙先生是我国第一代著名的生理心理学家，也是第一个将电子仪器引入中国，并应用于脑功能研究的学者。他一生致力于生理心理学以及行为的神经生理学的相关实验与研究，并成为我国神经生物学的奠基人之一"④。陶冷月 1927 年任艺术系主任，"对推动河大学生艺术素质的提高起了重要的导引作用"⑤。文学院可谓是名家辈出，人才济济，其师资力量在河南省甚至在全国都是非常出众的。

（二）重视高等文科研究

河南中山大学在延揽文科名师的同时，还十分重视高等人文社科研究及高层次办学与高质量人才的培养。随着河南中山大学在师资、课程、人才培养等方面的不断提升，学校成为全国知名高等学府之一。师生治学踏实、不务虚名，校风学风严谨朴实，团结奋进，矢志振兴学术文化，笃行贡献家国社会。

一是文科办学思想先进，学术资源丰厚。早在 1923 年至 1925 年，冯友兰任中州大学（河南大学前身）文科主任（即文学院院长）的三年里，他提出"三合一"的办学构想，认为像样的大学应该有像样的本科、研究部和编辑部。1924 年，中州大学增设教育系，学科设置日益合理，冯友兰认为综合大学办好教育系非常重要，

---

① 万合利：《世纪华章·纪念河南大学建校 100 周年书系：百年学人》，第 62 页，河南大学出版社，2012 年版。

② 刘卫东等：《河南大学百年人物志》，第 324 页，河南大学出版社，2012 年版。

③ 窦克武等：《王拱璧文集》，第 355 页，河南大学出版社，1991 年版。

④ 许莹：《我国生理心理学的奠基人——汪敬熙》，载《兰台世界》，2014 年第 13 期。

⑤ 刘卫东、王兴业等：《河南高等教育史》，第 155 页，中国文联出版社，2004 年版。

是"造端之的",因此河大教育系开办后较其他各系发展更快。

这一时期,深受冯友兰文科发展思想影响,河南中山大学大力扩充图书资源,尤其是文科学术资源日益丰厚。省立河南中山大学的图书馆由前中州大学图书馆改组而成,馆址在六号楼,设藏书室两所、阅览室两所。自1927年以来经费骤加、学生日多,故图书资料竭力扩充、陆续增加。1927年6月,图书馆有中文藏书38019册,外文藏书3209册;报刊数百种,其中中文杂志96种,外文杂志32种。1929年春,各类图书陆续加购,又开辟藏书室、阅览室各一所,馆藏书籍又加扩充,图书馆总藏书量达45708册,其中中文书籍32000多册,外文书籍3600余册,另有中外报刊数百种。1929年9月,图书馆现藏中文图书41659册,外文图书4049册,中文杂志238种,外文杂志96种,日报40余种。随着馆务的逐渐发展、阅览人次的逐渐增加,图书馆馆舍面积也不断扩充。1930年,六号楼除演讲厅外,大都划归图书馆使用,馆舍面积达2000余平方米,设文、理、农、医四个分馆,藏书达6万余册,尤以文科图书资源备受关注。① 当时,图书馆主任由理学院李燕亭教授兼任。李燕亭教授在图书馆学领域成就较高,1929年1月参与中华图书馆协会第一次年会,并被选举成为6位监察委员之一。李燕婷教授曾独著《图书馆学》一书,详细陈述了一名图书馆人的思想,论述了建设近代图书馆的经营组织原理、图书馆的分类编目及典藏管理等问题,著述内容丰富,为河南中山大学图书管理、建设工作提供了科学的理论基础,并联系河南中山大学实际状况,落实于实践中。"图书馆编目采用《杜威十进图书分类法》,所编目录(以著者姓名做成索引)、书名目录(以书名笔画做成索引)、分类目录、书架目录。"② 此外,各学院也很重视图书资料建设,积极购置图书杂志服务教学。因此,省立河南中山大学图书馆藏书、馆舍建筑及业务工作均较其他类型图书馆有成绩。③ 经过李燕亭先生等图书馆人的不懈努力,河南中山大学图书馆馆藏不断丰富,设备坚持更新,成为当时大学图书馆的代表。从图书馆资源建设可以充分看出,河南中山大学的人文社科建设成绩很大。省立河南中山大学的人文社科图书资源不论在全省甚至在全国都是首屈一指的。正是由于师生的需求,

---

① 李景文等:《河南大学图书馆史》,第311页,河南大学出版社,2008年版。
② 李景文等:《河南大学图书馆史》,第5—7页,河南大学出版社,2008年版。
③ 郭明蓉:《中国高等教育发展进程中的高校图书馆研究》,第216页,四川人民出版社,2009年版。

学校的学术资源才会具有发展动力;同样,学术资源建设推动着师生的学术研究,使得河南大学文科类学科林立,各学院学术发展蓬勃兴盛。

二是文科学术平台宽广,学术活动兴盛。在高等文科领域人才培养方面,基于优异的师资、课程、图书等软件资源,省立河南中山大学的学风浓厚,师生交流密切。不仅在校内组织各类研究思潮、时政热点的辩论活动,而且经常邀请学科领军人物到校作学术报告,以交汇思想促进兼容并包、开阔视野,实现创新创造。以法学院及文学院为例,集中体现了河南中山大学时期文科学术的繁荣。

法学院每周举行多次演讲辩论活动,内容不局限于法律推理,还涉及青年思想、政治潮流、社会生活状况等问题。针对辩题内容,院内各系教授会挑选适合的学生担任辩手,组成辩论队,并指导辩论方向。为了增强辩论活动的开放性和公平性,评判委员由校内外专家共同担任,其中河南高等法院院长吴贞缵是受邀次数最多的委员,查良钊校长亦常任辩论会评判委员。在精彩的辩论结束后,每次的辩论结论或公诸报端,或者送至有关机构进行参考,其中的辩论内容对法、政治、经济研究界很具冲击作用,同时实现了辩论活动的现实意义。

文学院经常聘请校外学者到校作演讲或专题报告,这样不仅有利于学生了解最前沿的学术热点,而且还能帮助学生寻找从业兴趣。1928年11月,著名甲骨文研究专家董作宾先生受邀于七号楼201教室,作了题为《安阳小屯发掘之经过》的学术报告,在报告中他讲述了考古活动中如何开坑、发掘、整理、绘图等,并说明其正从事逐片摹写784片甲骨。在报告中,他强调甲骨作为3000年前的"文书"被保存至今,是多么的珍贵。并一边写甲骨文,一边译成楷书,将之两相对照。虽然只是短短的一下午,文学院的同学却好像"被引入了一个新的天地,其中有无尽无限的光明前途"。1930年12月间,傅斯年先生受黄际遇校长邀请于六号楼讲演厅,作了《现代考古学的重要性》相关报告。傅先生说明甲骨早于汲冢竹书千年,若是用科学方法处理,其将来成就不可限量。继而谈到河南地下埋藏,强调考察必须借助现代科学考古,其间古代文化方能发扬光大。傅先生学问渊博、口才流利,只谈学理、不论人事,只谈古、不论今,在治学精神上尤令学生敬佩,其治学门径也被当时学生奉为圭臬。①

---

① 郭灿金:《世纪华章·纪念河南大学建校100周年书系:百年流韵》,第123页,河南大学出版社,2012年版。

丰富多彩的学术活动不仅有助于学生深入掌握专业知识、了解学术热点，而且涉及内容广泛，使学生能更多接触到社会生活、历史发展中的问题，开阔视野，培养家国情怀，帮助学生寻找从业的兴趣，进而促进社会的发展。

河南中山大学时期，文科领域的学会研究刊物、综合性院刊创办方兴未艾。各类学生社团、研究会纷纷成立，以研究学术、推广知识。针对师生文艺风向、学术研究成果，各学院出版学术刊物，以传播思想、交流互通。

据统计，从1927年秋到1929年冬，共成立各种学术团体21个（见表3-1），其中人文社科类团体超过一半，有不少学术团体影响较大。1928年4月，河南中山大学师生组织成立学术团体励学社，并出版大型国学研究刊物《励学》，第一卷第一期主要有魏世珍的《发刊词》、黄际遇的《音理余论》以及张珩玉的《匈奴华化考》。[①]1929年3月，教育研究会出版《教育季刊》。1929年10月，文学研究会出版《文学季刊》，刘盼遂的《高邮王氏父子论述考》、董克中的《建安文学》都曾发表在该季刊上，史学界甲骨文研究专家、考古学家董作宾亦常在该季刊上发表研究心得和论文，受到考古学界和史学界的重视。法学研究会编辑出版《河南中山大学法学季刊》，其第二卷第一期改名为《河南大学法学院季刊》，该刊执笔者多为法学院教授，内容限于法律、政治、经济，印刷费用由院长杜元载先生筹支，为支持该刊，杜先生每期都有论文发表。[②]1929年12月，《河南中山大学周刊》创刊，后改名为《河南大学校刊》，内设"讲演、校闻、学术、杂俎、文苑、规程"等栏目，张元济曾收到《周刊》第9、10、12期，时称赞其"合政事、文学之科，导社会民生之轨，取材宏富，校印精良"[③]。

---

① 姚远、王睿、姚树峰：《中国近代科技期刊源流》（1792—1949年）（上册），第178—181页，山东教育出版社，2008年版。

② 张放涛等：《群星灿烂——河南大学名人传》（一），第118、139—141页，河南大学出版社，1992年版。

③ 张元济：《张元济全集·第2卷（书信）》，商务印书馆，第632页，2007年版。

表 3-1　河南中山大学各种学术团体及其刊物调查（1929 年）

学术团体名称	成立时间	刊物名称
数理研究会	1927 年秋	
化学研究会	1927 年秋	
学生商店	1927 年冬	
勤学会	1928 年春	《励学》
史地研究会	1928 年春	
霜剑社	1928 年秋	《霜剑》
新剧社	1928 年秋	
旧剧社	1928 年秋	
晨星社	1928 年秋	《晨星》
音乐会	1928 年秋	
艺术会	1928 年秋	
教育研究会	1928 年秋	《河南中山大学教育季刊》
无线电俱乐部	1928 年冬	
学生会	1929 年春	
医学研究会	1929 年春	
巴歈剧社	1929 年春	
生物学研究会	1929 年秋	
外国文学研究会	1929 年秋	
文学研究会	1929 年秋	《文学季刊》

注：本表根据《河南大学史料长编》（第一卷）（河南大学出版社，2014 年版）第 261 页列表稍作变动整理。

总之，组织学术团体、创办学术刊物，是河南中山大学进行文科学术研究和人才培养的重要方式。1927 年至 1930 年短短的三年间，学术游艺之各项组织或创办学术社团，或者发行各种刊物，或者进行各类庶务工作等，师生学术研究欣欣向荣，科研态度严谨敦实，师生共同根植研究型、学术型的治学精神。

三是注重社会服务，产生广泛社会影响。大学的三大基本功能是人才培养、科学研究和服务社会。省立河南中山大学办学期间，以雄厚师资、特色课程促进人才培养；以创办刊物、设立学会实现科学研究，基于人才培养、科学研究更好地服务社会。学校师生走出校园，将学术研究成果应用于实践。最为突出的是甲骨文研究，奠定了我国甲骨学发展的基础，在我国文科领域产生深远的影响。

殷墟甲骨文的发现是"中国近代学术史上一件惊人的盛事"，郭沫若先生曾指出"殷墟的发现，是新史学的开端"。1927年，殷墟的科学发掘在傅斯年先生的领导下逐步展开。而省立河南中山大学坐落于中国文化发源地，距离殷墟不远，加之学校设有甲骨学、中州文化史课程，开启了学生对考古专业的兴趣。直到1928年、1929年殷墟发掘主持者考古学家董作宾、傅斯年等先后来校作学术报告，向学生们介绍殷墟发掘情况，更激发了学生们对考古事业的热情，于是省立河南中山大学与考古事业间的关系越来越深，部分师生要求参与考古发掘工作。后经校方及董作宾、郭宝钧等先生的多方奔走磋商，应师生要求，成立以河南中山大学师生为主体的"河南古迹研究会"。随后，1929年12月28日签订出台《解决安阳殷墟发掘办法》，在第四项针对中山大学制定如下规定："一、中山大学史学及其他与考古有关各科教授，如愿来彰（安阳）工作，极为欢迎。二、其史学、国文两系学生愿来练习者，请由校长函送，当妥为训练，代检成绩，以替上课。三、中山大学可设考古研究所，吾等当时常来汴讲演，并备顾问。其研究完成后古物存放之地，以首都及本地（安阳）为归，然重复品多，可分置一部分于中山大学研究所中。其中一切布置设备及费用，'中央研究院'愿负担之。四、以后如更有可赞助之事，力所能及，无不竭力。"[①] 该办法的实施直接推动了学校教育与考古实践相结合，中山大学史学教授马非百、1932届史学系学生尹达、石璋如、冯进贤、许同国等都参加了殷墟发掘。中山大学师生参加考古发掘尽管是初出茅庐，但表现突出。马非百教授知识渊博，将理论和实际相结合，往往提出许多独到见解。1931－1935年，中山大学师生往返开封与安阳之间，参加殷墟发掘达六项之多。实习生尹达、石璋如等服从分配，勤学好问，善于发现和思考问题，深受董作宾、李济等前辈的赞许。李济先生曾说："有了这些新的认识和新的队员，使我欢欣鼓舞，遂拟扩大安阳第四次田野发掘。"[②] 1932年，尹达、石璋如自学校毕业后，即进入研究院史语所成为研究生，两年获得毕业后，留所任助理研究员，继续参加殷墟的发掘，在田野考古第一线的实践锻炼中，逐渐成为优秀的考古学家。夏鼐先生评价尹达为"结合考古实物资料运用马克思主

---

① 《河南大学校史》修订组：《河南大学校史》，第32页，河南大学出版社，2012年版。
② 郭灿金：《世纪华章·纪念河南大学建校100周年书系：百年流韵》，第132页，河南大学出版社，2012年版。

义来研究中国古代史的第一人"①。正是由于河南中山大学时期考古学术的影响与实践，1961年，经国务院公布，殷墟为全国文物重点保护单位，被誉为中国近代考古学的发祥地。②可以说，河南中山大学时期的甲骨文研究，不仅奠定了河南大学甲骨学的历史地位，而且为我国文化发展起重要的推动作用和深远的影响。

（三）大力培养高等文科人才

以上优厚的师资条件和丰富的文科资源使河南中山大学的文科教学质量和人才培养得到进一步提升，为国家培养很多文科领域的优秀学生，成为我国高等文科领域发展的高地。例如，著名史学家尹达、文学家姚雪垠、著名教育学家李秉德等，他们为之后诸多领域的发展，尤其是文科领域，乃至新中国成立后的文科教育做出突出贡献。

尹达作为河南大学的杰出校友，是中国科学院学部委员、常务委员，著名的史学家、考古学家，为中国史学的发展做出了突出贡献。1925年尹达考入中州大学预科，开始了在河南大学长达7年的学习。1928年9月升入河南中山大学本科，先读哲学，后转学文史，尹达在知名教授指导下学习，为之后的科学研究打下坚实基础。1931年3月，尹达因成绩优异被学校文史系选中，在史学教授马非百的带领之下，作为第一批实习生中的一员，直接参与安阳殷墟的发掘工作。1932年尹达从河南大学毕业，获学士学位，后成为"中央研究院"历史语言研究所考古组的研究生；1934年，尹达研究生学业完成，留在史语所做助理员；1937年任助理研究员。在不断的考古实践和学习中，尹达发现了瑞典人安特生在中国新石器时代分期问题方面的错误，发表《龙山文化与仰韶文化之分析》一文，否定了先前安特生的分析理论。尹达早年的论著《中国原始社会》被认为是继郭沫若后第二部用马列主义研究中国古代史的专著。著述还有《新石器时代》、《中国学术发展史》等。参与主持了许多重大的社会科学研究项目，如《中国通史》、《中国史稿》、《中国历史地图集》、《甲骨文合集》等都有尹达的心血。1983年尹达在京病逝，他献身革命和学术事业的精神，永远激励每一位"河大"学子。尹达努力在自己的专业领域有所成就，专心从

---

① 夏鼐：《夏鼐文集》（上），第252页，社会科学文献出版社，2000年版。
② 郭灿金：《世纪华章·纪念河南大学建校100周年书系：百年流韵》，第132页，河南大学出版社，2012年版。

事历史方面的科学研究,实现自己人生价值的同时也为中国史学发展做出杰出贡献。

河南大学学子姚雪垠是著名作家。1929年,他考入河南大学法学院的预科学习。一踏进河南大学这所古朴而庄严的学府,姚雪垠的视野一下子打开了,很快他便开始用手中的笔来表达他的思想。1929年9月《河南民报》副刊第29、30期上,发表署名雪痕的短篇小说《两个孤坟》,这是姚雪垠的处女作。之后,在《河南民报》副刊上他又发表短篇小说《强儿》、通讯《致灵涛信》(首次用雪垠为笔名)、短诗《秋季的郊原》等。在这些作品里,姚雪垠把他的同情投给弱者,愤怒地控诉黑暗的社会。虽然姚雪垠在河南大学只学习了两年,但这却是他一生中的关键时期。离开河南大学以后,姚雪垠往返于开封、北平两地,与河南大学仍保持着时断时续的联系。1937年"七七事变"后,姚雪垠从北平回到开封,与嵇文甫、王阑西、范文澜、吴强等创办抗日救亡刊物《风雨》周刊并任主编之一。[①]之后,他以嵇文甫领导的、以河大学生为主体的抗战训练团作为素材,创作了长篇小说《春暖花开的时候》。1938年姚雪垠从开封前往武汉,参加由中国共产党领导的文艺界统一战线组织"中华全国文艺界抗敌协会"。1943年初到重庆,被选为"抗协"理事,并担任研究部副部长,从此为中国人民的文学事业不懈追求、奋斗,笔耕不辍,捧出一部又一部力作。特别是长篇巨著《李自成》,可以说是新中国建立以后第一部以历史上的农民战争为题材的长篇小说,绘出了一幅中国封建社会绚丽多姿的画卷,"称得上是一部明末清初社会风貌的百科全书,17世纪中国封建社会的一面镜子"[②]。姚雪垠从1929年发表第一篇小说起,到1999年去世,他的文学生命之火燃烧了70年。作为著作等身的一代文学巨子,他是河南大学的一面旗帜,鼓舞"河大"人不断拼搏进取、开创未来,为河南大学莘莘学子树立了光辉的榜样。作为著名作家,姚雪垠为中国文学事业的发展不断努力,执笔书写一部部佳作,为中国文科教育事业奠基。

李秉德是我国著名的教育学家。1928年考入河南中山大学预科攻读文学,1930年升入河南大学本科。1931年夏,李秉德毕业于河南大学教育系,获学士学位。受著名教育学家李廉方邀请,李秉德做其助手,在开封大花园实验学校,协助李廉方出色完成"廉方教学法"教育改革实验,"使参加实验的数百名学生在两年半的时间

---

① 姚雪垠:《我的道路》,载本书编写组编《当代南阳作家评论》,第26页,河南大学出版社,1996年版。
② 茅盾:《关于长篇历史小说"李自成"》,载《文学评论》,1978年第2期。

内均完成了初级小学四学年教育部规定国语、算术、常识、体音美等课程的教学任务"①。开封教育实验区工作的初步成功，激发了李秉德对小学语文教学经久不衰的热情，他的整个学术生涯也就从这里起步。在试验区工作期间，李秉德于1936年考取由罗氏基金会资助的燕京大学的"乡村教育"研究生专业三年级。他在燕京大学研究生毕业后，即在《大公报》发表题为《介绍二年半制》的文章，这篇论文是中国较早提出缩短小学学制、实行教学改革的较有影响的学术文章，当时燕京大学研究生导师朱有光教授对这篇论文推崇备至，并专程来开封参观大花园实验学校。1941年冬，李秉德受聘重返母校河南大学，任教育系副教授，还写出自己的第一部专著《民众识字教育》一书，此书在推广社会教育方面有广泛的指导意义。1945年夏，河南大学辗转经陕西赵川、龙驹寨、西安，迁到宝鸡市。在宝鸡，河南大学经费遇到更大的困难，学校图书运到西安火车站，校方想派人去看守，竟然拿不出食宿费、路费。为了保护学校图书不受损失，李秉德主动提出由他自己掏钱雇人去看守，足见他对母校的热爱之心。同年秋，他在继续担任教育系副主任的同时，被聘兼任校图书馆馆长，并受命率先回到开封重建河南大学图书馆，为抗日战争胜利后河南大学在开封的恢复做出宝贵的贡献。1947年夏，李秉德公费留学，先后在瑞士洛桑大学、日内瓦大学卢桑学院、法国巴黎大学等校攻读教育学。1949年8月，当获得党领导的解放战争已取得决定性胜利的喜讯后，李秉德毅然从法国乘船踏上回国的旅途，成为新中国诞生前夕回归祖国的首批留学生之一。1979年，他被批准加入中国共产党。1980—1983年，他担任西北师范学院院长。1983年，71岁的李秉德退下院长岗位，专任研究生导师。1985年，他在全国率先招收教学论博士研究生，精心指导博士生的学习。至1992年他直接培养出博士生、硕士生20余名，为中国教学论专业和教育科学研究方法专业造就一批高级人才。李秉德教授晚年担任西北师范学院名誉院长。10余年来，他先后在国家级刊物发表科研论文60余篇。他出版的专著有《小学语文教学方法》（甘肃人民出版社出版）、《教学论》（人民教育出版社出版）、《教育科学研究方法》（人民教育出版社出版）等。其中《教育科学研究方法》一书，荣获1989年全国优秀论著奖，成为全国高校教育学博士、硕士研究生的必备教科书。李秉德教授为中国教育事业的发展做出显著贡献，激励一代代河南大学后

---

① 《开封教育实验》，第2卷第2期，第129页，河南大学1935年印制。

生不断前进。

河南中山大学时期培养的人才为以后中国高等教育事业的发展、突破等都产生极大的推动作用,他们像旗帜一样指引着河南大学的众多学子积极进取。

从上述看出,在师资队伍、教育教学、科学研究、人才培养、社会服务等诸多方面,无一不显示出河南中山大学时期文科领域的学术实力、学术活力和取得的较大学术成绩,具有较大的历史贡献。

三、奠定中西部地区高等医疗卫生教育事业的基础

河南中山大学时期设立的医科不仅是中原地区首所高等医学教育专科,而且这一时期河南大学的医科经过此后的不断发展,逐渐成为中西部地区具有重要影响的医学院,为之后中西部地区高等医疗卫生教育事业的发展奠定了基础,促进了中国高等医科教育的发展。

(一)河南中山大学医科的建立

1928年9月,河南中山大学成立医科,这是中原地区首所医学教育专科,下设有附属产科学校,第一位医科主任为陈雨亭。医科于当月招生,第一班招收6年制学生40名。1930年,医科改称医学院,医学院初期不分系。1931年开始建立附属医院,作为学生实习的基地,设内、外、眼耳鼻喉、皮肤等科;同年附设助产学校。

医学院初任院长阎仲彝教授和继任院长张静吾教授是当时中国著名的医科专家。两位院长在任期间,学校的校舍和仪器设备逐年扩充,师资队伍不断壮大。阎仲彝是医学院首任院长,出版《外科学》,为新中国成立初期最早的一部外科巨著。[①] 张静吾是著名的医学教育家,为河南医科大学、河南西医医学教育和中国医疗卫生事业的发展做出杰出贡献。阎仲彝和张静吾两位院长都获得了德国哥根廷大学医学博士学位,医科聘用的其他教师也多为留学德国、瑞士、日本的医学博士,或是上海同济医科大学医学院的毕业生,他们一般都精通中外医学,而且兼任医院职务,注重培养学生的实践能力,促进了医学院的长远发展。学校先后还有郭鑫斋、上官悟

---

① 郭作范等:《郑州市卫生志》,第383页,河南人民出版社,1990年版。

尘等国内知名学者和德籍教师狄伦次任教。1929年秋，河南中山大学建立了医学研究会，以普及医学常识、活跃学术空气为宗旨，研究会下设有编辑部、研究部、事务部等机构，凡医科学生均可入会，并编辑有《医学研究季刊》。

在医学生人才培养方面，医学院强调能力的修养，不但注重医事能力高，而且强调文学也要好，以便能够将研究所得发表出来流传于后。教学上注重知识的修养，除了学习本学院的生理、解剖学等，还要学习生物学、化学、物理学等基本科学知识，因为科学知识是最有价值的，能够传之万古而不磨，放之四海而皆准。医科教育中还比较关注学生身体修养，认为只有体格好、身体健康，才能更好从事医疗服务工作。抗战之前，医学院除大学本科外，还设有助产学校以及护士学校，有独立编制和经费，助产学校原来是民政厅所创办，后来由医学院接办。护士学校由附属医院护士训练班改组而成。产校全由女生组成，护校男女兼收，但以女生为主。还附设有产科医院和附属医院作为两校学生的实习场所。

河南中山大学的医科作为河南省第一所高等医学教育的专科，成立之初便受到学校高度重视，课程设置丰富而有特色，同时学校聘请具有教学经验、留学背景的专家学者执教，探索出具有特色的高等医学教育管理模式，创新医学人才培养方案，课程教学和实验实践活动密切结合，促进了医科的发展壮大。

（二）对中西部高等医学教育和医疗卫生事业发展产生深远影响

河南中山大学时期设立的医科作为中原地区的首所高等医学专科，经过此后的多次拆分与合并，不断发展与壮大，成为此后中西部高等医科教育与医疗卫生教育事业发展的重要基础。影响最大的当属中国人民解放军第三军医大学和郑州大学医学院。

中国人民解放军第三军医大学即现在的陆军军医大学，坐落于美丽的山城重庆，是一所具有悠久办学历史和光荣革命传统的全国重点大学和军队重点建设院校。学校形成了以战创伤为重点的军事医学特色和独特的办学风格，已发展成为我国的战创伤医学中心、我军军事医学盾牌的主要力量和军事医学教育训练的重要基地。第三军医大学的创建与河南中山大学时期的医学院发展有着紧密的联系。1948年，河南大学第一次拆分，分为河南大学与中原大学，其中的国立河南大学医学院也分为两部分，一部分是中原大学医学院，另一部分仍称为河南大学医学院。第三军医大学的历史渊源比较广泛，一部分是卫生学校，一部分是原国立医学院。国立医学院是由原第六军医大学、第七军医大学和其他一些医学中专合并而成，而第七军医大学的前身正是中原大学医学院以及合并的一些解放军医学中专。可以说，河南中山大学时期医学院的建立与发展壮大使得今后的河南大学医学院逐渐成为中西部高等医学教育和医疗卫生事业的重要力量，为后来的第三军医大学组建与发展提供了历史渊源和建立基础。

郑州大学医学院的前身是创建于1928年的河南中山大学医学院。1952年院系调整时，河南大学的医学院独立建院，称为河南医学院，1958年办学地址由开封迁至郑州。"在河南省的高等教育历史上，'河南医学院'以名医名师执教、严谨教学、进取求实而享誉全国，是极具知名度和影响力的高等学府。"[①]河南医学院在长期的办学过程中形成了响当当的"河医"品牌。1984年，河南医学院升格定名为河南医科大学，"河医"品牌继续发扬光大。2000年，河南医科大学与郑州大学和郑州工业大学合并，组建成新的郑州大学。2018年10月成立郑州大学医学院。"在2000年全国高校合并办学后，医学院的历史名称是否沿用，成为摆在各个高校面前的重要问题。为了使合并后的新大学把医科的文化作为学校文化的内涵之一加以传承，也为了医科校友对新大学的广泛认同，一流名校基本上都使用了医学院的历史名称，如中南大学湘雅医学院、华中科技大学同济医学院、复旦大学上海医学院等。这些高校的做法，充分发挥了医学院历史名称的文化效应，同时也体现了这些高校的包容精神。"[②]河南医科大学并入郑州大学之后，许多人追寻、固守"河医"品牌形象。2022年3月14日，河南省《郑州大学医学教育体制改革方案》出炉，其中最大的亮点就是郑州大学医学院更名郑州大学河南医学院，实行郑州大学医学科学院、郑州大学河南医学院（简称医学科学院、河南医学院）合署，两块牌子、一个班子、一套内设机构。医学科学院定位是学科研究院，一是要成为医学学科，特别是临床医学学科主要载体；二是要承接实体科研机构职能，并推进学科建设、科学研究、研究生培养一体化。郑州大学12家附属医院将纳入医学科学院、河南医学院管理体系，这次更名有助于传承"河医"历史、弘扬"河医"文化、重塑"河医"品牌。从上述

---

① 张水军：《传承好关爱生命的人文精神》，载《河南日报》，2022年4月30日第7版。
② 张水军：《传承好关爱生命的人文精神》，载《河南日报》，2022年4月30日第7版。

十分清晰的历史脉络中可以看出，郑州大学的医科教育正是源于1928年的河南中山大学时期的医科，而河南中山大学时期的医科教育发展正是奠定了今后"河医"发展的基础和"河医"品牌形成的基础。1951年河南省土地改革基本完成，在大规模的经济建设即将开始、河南省急需各种专业建设人才发展经济的背景之下，1952年河南大学医学院从河南大学独立出来，单独设置为河南医学院，后来发展为河南医科大学，并于2000年并入郑州大学。与此同时，河南医科大学附属医院成为郑州大学第一附属医院，它作为河南省最大的集医疗、教学、科研、预防、保健、康复为一体，具有较强救治能力、较高科研水平和国际交流能力的三级甲等医院，它与医科一样，源于河南中山大学医科。"郑州大学第一附属医院始建于1928年9月，其前身为原河南中山大学医科。"[1]河南中山大学时期创立的医科和医院，后来不仅为抗日战争时期伤员救助做出突出贡献，而且经过发展，实力逐渐强大，成为中西部地区具有重要影响的医学院，附设各种医院，为中西部地区医疗卫生事业的发展奠定了宽厚的基础。此后，虽然河南中山大学的医学院历经多个历史阶段的发展而独立建校，而今又并入郑州大学，但至今我们仍能看出，中西部高等医科教育与医疗卫生事业是由河南中山大学时期奠定了宽厚的基础。当前再度擦亮"河医"品牌，足以说明其深远的历史渊源。如今，"河医"品牌更加熠熠生辉。

---

[1] 《郑州大学第一附属医院简介》，https：//www.zdyfy.com/yygk/yyjj，访问日期：2022年5月31日。

第四章 全面抗战前的河南大学与中国高等教育发展(1930—1937)

第一节　全面抗战前的中国高等教育

1927年后,南京"国民政府"确立三民主义的教育方针,推出系列高等教育法规,一定程度上指明了高等教育发展方向,规范了高等教育办学行为,推动了高等教育发展。这一时期,各类高等教育机构广泛设立,加之"国民政府"推行"专才教育",使高等教育中的实科教育迅速发展。中原大战后,刘峙主豫,任命李敬斋为河南省教育厅厅长。李敬斋上任后,一方面,经费和政策上,对于教育给予重要保障,另一方面,也开始整顿解决河南教育历年来帮派林立、学派纷争、学生干政、师生冲突等积弊问题,使得这一时期的河南高等教育得到了突飞猛进的发展。

一、全面抗战前的中国高等教育形势

为了加强对高等教育的控制,20世纪30年代,南京"国民政府"通过颁布一系列教育方针和法令法规的方式,规范了高等教育办学行为,在一定程度上推动了高等教育的发展。各类高等学校广泛设立,特别是在"专才教育"的引导下,实科学校及实科院系的数量大大增加,促使高等教育的类型及内部系科结构大幅度调整。

(一)南京"国民政府"高等教育的方针与政策

1927年宁汉合流后,蒋介石独揽大权,推行"一党专政",高等教育也深受影响。为了加强对高等教育的控制,"国民政府"先后颁布了一系列教育方针和法令法规,加强对高等教育的控制。

1. 三民主义教育方针的确立

1929年,国民党召开第三次全国代表大会,国民党中央宣传部提出了"教育方针及实施原则案",经大会讨论,最终确定"中华民国"的教育宗旨:"中华民国之教育,根据三民主义,以充实人民生活、扶植社会生存,发展国民生计,延续民族生命为目的;务期民族独立,民权普遍,民生发展,以促进世界大同。"①1929年4月26日,"国民政府"正式颁布了教育宗旨,并附实施方针11条。其中,第1条以三民主义贯穿始终,对各级各类教育做了总的规定:"各级学校之三民主义之教育,应与全体课程及课外作业相贯连。以史地教科阐明民主之真谛;以集团生活训练民权主义之运用;以各种生产劳动的实习,培养实行民生主义之基础;务使智识道德,融汇贯穿于三民主义之下,以收笃信力行之效。"第4条对大学教育做了如下规定:"大学及专门学校,必须注重使用科学,充实学科内容,养成专业知识技能,并切实陶融为国家社会服务之健全品格。"②

1931年,国民党中央执行委员会召开第157次党务会议,通过了《三民主义教育实施原则》。该实施原则分初等教育、中等教育、高等教育、师范教育、社会教育、蒙藏教育、华侨教育、派遣留学生等8章。每章分目标和实施纲要两节。"实施纲要"内又分课程、训育、设备等项,使三民主义教育实施方针更加具体化。其中高等教育的总体要求是:(1)学生应切实理解三民主义的真谛,裨有实现三民主义之使命;(2)学校应发挥学术机关之机能,俾成为文化的中心;(3)课程应视国家建设之需要为依据,以收为国储材之用;(4)训育应以三民主义为中心,养成德、智、体、群、美兼备之人格;(5)设备应力求充实,并与课程训育相关联等。③

这样,国民政府就逐步确立了"三民主义"的教育方针,并在高校中逐步落实,逐步实现了"党化教育"到"三民主义"的转变,一定程度上为以后的高等教育发展指明了方向,促进了高等教育实践的发展。

2. 高等教育法令法规的颁布

这一时期,"国民政府"先后颁布了一系列高等教育法令法规,规范了高等教育办学行为,在一定程度上推动了高等教育的发展。

1929年7月,"国民政府"颁布《大学组织法》、《专科学校组织法》,随后教育

---

① "中华民国"教育部:《第一次中国教育年鉴(甲编)》,第8页,开明书店,1931年版。
② 宋恩荣、章成:《中华民国教育法规选编》(1912—1949),第45—46页,江苏教育出版社,1990年版。
③ 宋恩荣、章成:《中华民国教育法规选编》(1912—1949),第52页,江苏教育出版社,1990年版。

部又先后发布《大学规程》、《专科学校规程》。按照《大学组织法》和《大学规程》的规定：高等教育机关分大学、独立学院、专科学校三种。大学分文、理、法、教育、农、工、商、医八种学院，须具备三学院以上者，方得称为大学；且三学院必须设有理学院或农、工、医学院之一。不满三学院者称独立学院。修业年限除医学院为五年外，其余均为四年。修业期满，考试合格，并经教育部复核无异者，由大学或独立学院授予学士学位。大学或独立学院可设研究院、所。研究院须具备三个研究所，每所设置若干学部，研究期限为二年。凡具有学士学位，在研究院、所继续从事研究工作二年以上，经该院、所考核成绩合格者，可由该院、所提出为硕士学位候选人。此项候选人考试及论文审查合格，并经教育部复核无异者，由大学或独立学院授予硕士学位。国立大学由教育部审查全国各地情形后设立；由省或市政府设立者为省立或市立大学；由私人或私法人设立者，为私立大学。其设立、变更及停办，均须经教育部核准。大学各学院分若干系，各学院、系的名称按《大学规程》中的规定命名。大学各学院可附设专修科，如师范学院设体育、音乐、图画、劳作、家政、社会教育等专修科。按照《专科学校组织法》及《专科学校规程》的规定：专科学校分工、农、商、医、艺术、音乐、体育等类，修业年限育为二年或三年。国立专科学校由教育部审查全国各地情形设立；由省或市政府设立者，为省立或市立专科学校；由私人或私法人设立者，为私立专科学校。省立市立或私立专科学校的设立或变更停之效办，均须交由教育部核准。①

除此之外，这些高等教育法令法规还明确规定了高等学校的课程设置、大学教师的聘任与资格审查、学生的入学资格等，加强了"国民政府"对高等教育的控制，提高了高等教育的规范性。它们的颁布与实施标志着中国高等教育管理开始一步步走向规范与成熟，极大地推动了高等教育的办学实践。

（二）各类高等学校蓬勃发展

20世纪30年代初，各类高等学校广泛设立，相比"民国"初年，无论在高校数量上，还是在结构上，都有了巨大变化。1912年，全国仅有专科以上学校115所，其中除4所大学外，绝大多数为专科学校或大专院校附设的专修科。到了1931年，

---

① 董宝良等：《中国近现代高等教育史》，第140—141页，华中科技大学出版社，2007年版。

在《大学组织法》、《专科学校组织法》等政策法规的调控下,大学专科以上学校有103所,其中大学40所,独立学院33所,专科学校30所,各类高校之间的比例逐渐趋于合理。同样,公私高校的比重也发生了明显变化,"民国"初年以来,我国大学一直是私立大学(包括教会大学)占据着主导地位,例如在1920年,全国有大学20所,其中国立5所、省立2所、私立13所,私立大学数量大约是公立大学的2倍。但是,至1931年,全国103所专科以上的学校中,公立学校数开始超过私立学校,其中公立学校56所,私立学校47所。①

表4-1 1931年全国大学名单(40所)

国立大学(13所)	省立大学(9所)	私立大学(18所)
中央大学(南京)	东北大学(沈阳)	燕京大学(北平)
北平大学(北平)	广西大学(梧州)	岭南大学(广州)
中山大学(广州)	东陆大学(昆明)	中法大学(北平)
武汉大学(武昌)	河南大学(开封)	金陵大学(南京)
清华大学(北平)	安徽大学(安庆)	辅仁大学(北平)
北平师范大学(北平)	山西大学(太原)	武昌中华大学(武昌)
浙江大学(杭州)	湖南大学(长沙)	齐鲁大学(济南)
北京大学(北平)	东北交通大学(锦州)	震旦大学(上海)
暨南大学(上海)	吉林大学(吉林)	南开大学(天津)
同济大学(上海)		沪江大学(上海)
交通大学(上海、北平)		光华大学(上海)
四川大学(成都)		广东国民大学(广州)
山东大学(青岛、济南)		厦门大学(厦门)
		东吴大学(上海、苏州)
		复旦大学(上海)
		武昌华中大学(武昌)
		大夏大学(上海)
		大同大学(上海)

资料来源:董宝良等:《中国近现代高等教育史》,第142页,华中科技大学出版社,2007年版。

---

① 董宝良等:《中国近现代高等教育史》,第142页,华中科技大学出版社,2007年版。

由于这一时期"国民政府"一直主张实施"专才教育",重视实用科学,轻视文科、理科,以至于实科学校及实科院系的数量都大大增加。例如,仅1931年至1933年三年间增设的实科专科以上学校,共计18所之多,其中大学3所、独立学院9所、专科学校6所。三年内新设的专科以上学校和院系,国立者几乎全为实科,省立的实科也占多数。1935年,全国大专院校实科系组共417个,文科系组共547个。另一方面,限制设立文法科学校。1932年教育部规定:"除边远省区为养成法官及教师准设文法科外,其他各省市一律暂不设置文法科学校。"[①] 同时,教育部还规定大学文、实两类招生的比例。1931年,全国专科以上学校学生共计4416人,文科学生占了74.5%,实科学生占25.5%。自1934年起,教育部对大学及独立学院招生规定了严格的比率,限制文法类专业招生,其后实科学生人数不断增加,而文法类学生日渐减少。截至1935年,文科学生占48.8%,实科学生占51.2%。[②]

概括而言,由于时局相对稳定,"国民政府"加强了对教育的管控,并通过教育部发布了一系列措施,促使高等教育的类型及内部系科结构的调整,比例趋于合理。这在一定程度促进了这一时期高等教育的发展。但是,其片面发展实科、抑制文理科的教育政策具有浓厚的功利主义色彩,不利于人才的培养。

二、中原大战后的河南高等教育

1930年5月至11月,蒋介石代表的国民中央政府,同阎锡山、冯玉祥、李宗仁等地方军阀,在河南、山东、安徽等省爆发了一场争夺中国实际领导权的大混战。大混战以河南为主战场,史称"中原大战"。蒋介石和冯玉祥在河南投入大量兵力进行决战,最终以冯玉祥的失败告终。冯玉祥被迫下野,他所代表的西北军势力在河南土崩瓦解。中原大战后,河南政局的变化也深刻的影响到了河南教育,特别是河南高等教育的发展。

---

① 杜元载等:《革命文献第56辑:抗战前高等教育》,第167页,中国台湾文物供应社,1971年版。

② 董宝良等:《中国近现代高等教育史》,第142页,华中科技大学出版社,2007年版。

（一）河南教育发展的形势

中原大战结束后，蒋介石派来了心腹、"少壮派"刘峙来河南镇守，任河南省政府主席兼驻豫晋绥主任。刘峙主豫后，便公布了"救济灾民、消灭共产党和土匪、建设廉洁政府、振兴教育"的四条施政方针。刘峙任命效力河南教育事业多年、曾经留学美国、做过河南大学预校时期校长的李敬斋再次担任河南省教育厅厅长（1929年7月15日至1930年2月10日李敬斋首次出任河南省教育厅厅长）。李敬斋一方面继续延续之前重视教育行政的传统，在经费和政策上对教育给予重要保障，另一方面也开始整顿、解决河南教育历年来帮派林立、学派纷争、学生干政、师生冲突等积弊问题，通过严格学生管理、教职员工聘任、会计独立、经济监察等措施来整顿河南各级各类的教育。虽然其措施在一定程度上加强了对进步师生的监控，但也在很大程度上打击了教育腐败，在政策和行政层面保证和促进了这一时期河南教育的发展。此后，齐真如接任河南教育厅厅长（1932年2月至1936年），期间很大程度上延续了前任支持教育的做法，整饬学风，扩充学校，嘉惠学子。与此同时，河南教育界一些热心乡邦教育事业的仁人志士（如张鸿烈、邓萃英、查良钊、黄际遇等）和国民政府中的一些民主进步左派分子也充分利用河南这一时期的稳定局势，大力发展河南教育事业，促进中原教育事业振兴，河南教育在规模及教育质量诸方面出现了历史上少有的进步时期。

教育事业的进步和发展离不开经费支持，30年代的河南省依然延续了经过河南教育界仁人志士多年努力建立的教育经费独立制度。独立的教育经费保障，一方面能够对因多年战争而受到严重破坏的校舍和教育设施加以修复，保障教育发展的外在条件，另一方面能够保障河南教师的工资待遇，稳定本省教师安心教学工作，同时还吸引了一大批靠教书谋生的外省知识分子来豫教学。而在，这一时期，河南省政府还鼓励捐资兴学，并根据创办情况给予适当奖励或补贴，认为单凭政府的财力办理教育，很难推进教育的普及，借助民间力量办学，可以在很大程度上丰富河南的教育资源。

（二）河南高等教育的发展

在这样一种相对稳定的局势下，在省政府政策和资金的支持下，这一时期河南省的各级各类教育，特别是高等教育都有了突飞猛进的发展。这一时期，河南省的高校主要有省立河南大学、私立焦作工学院和省立水利工程专科学校三所学校。

1931年4月,河南省政府依据国民政府《专科学校组织法》将福中矿务大学更名为"私立焦作工学院",每年补助2.4万元经费支持焦作工学院的发展。除此之外,焦作工学院的办学经费大多来自中原公司及其股东的捐款。中原公司每月按时支付学校经费,且每年不断增加。公司股东胡汝麟、王敬芳2人还捐献10万元的公司股票作为基金。在教育厅长齐真如的推动下,私立焦作工学院于1933年8月被教育部批准正式备案,取得合法地位,成为当时全国唯一的一所私立工学院。因合法的地位、充足的办学经费,至全面抗日战争前,焦作工学院发展进入鼎盛时期。这一时期,焦作工学院提出了"教授工程学术养成建设人才而应社会之需要"的办学宗旨,明确了"教育英才,备物质建设之先锋;从事研究,求吾国学术之独立"的办学使命,在办学设施改善、制度完善、人才引进、教学改进等方面都进行了大刀阔斧的改革。在办学设施改善方面,焦作工学院投入10多万经费,购置了物理、化学、地质矿务、采矿、冶金、水利、土木等仪器器械,还购买大量图书资料。在制度完善方面,学校从1933年起,陆续出台了校董会章程、学院组织大纲、学则、学程及设备说明和院务、教务、总务、图书、斋舍、考试、作业、实习、奖学金、校工等数十项规章制度,健全了规章制度,使管理工作走上了正轨。在人才引进方面,焦作工学院通过优渥的薪酬待遇、贴心的后勤服务,吸引了一大批矿业专家放弃国内外大都市优越的工作环境而来焦作工作。据统计,1936年全院共有教师职工30人,其中教授就有12人,且这12名教授中大多是留学欧美并有工程实践经验的专家,张清涟、任殿元、丁观海等教授都是留美回国、并热心私立教育的著名学者。[①]在教学改进方面,学院以美国的高校、特别是科罗拉多矿务大学、密苏里大学、哥伦比亚大学为蓝本,结合中国、河南的实际情况,将学科课程从采矿冶金和土木工程2科改为采矿系、冶金系、路工系和水利系4系,并制定了切实可行的教学计划,实行学分制,本科学制4年,学生修满146-152学分,并参加一定数量的校内外实习活动,方能毕业。此外,这一时期学校还积极开展科研学术活动,创办《焦作工学院院刊》《焦作工学院学生》《焦作工学院周刊》等刊物,设立"张仲鲁先生工程论文奖金"等奖项,鼓励全院师生开展学术研究,发表高水平文章。这些改革措施对

---

① 王日新、蒋笃运等:《河南教育通史》(中卷),第280页,大象出版社,2007年版。

学院发展和人才培养等方面起到了积极的作用,使焦作工学院的办学水平和教育质量得到社会认可。1936年,焦作工学院参加了在天津举办的全国矿业地质联合展览会,参展的矿业地质模型和展品引人注目,受到了广泛好评。学院在冶矿、土木工程等领域为河南乃至全国都培养了一批高水平的人才。例如,国内著名的矿井建设专家沈季良、采煤机械化和煤矿基本建设专家吴京等均是这一时期焦作工学院毕业的学生。焦作工学院是我国较早的矿业高等学校之一,学院的办学水平较高,特别是为河南高等私立学校办学提供了丰富的办学经验,在教育界具有一定地位,为工科教育发展做出了开创性贡献。

省立水利工程专科学校始建于1929年3月,当时校名为河南省建设厅水利工程学校,创办人为时任河南省建设厅厅长的著名人士张钫,首任校长为毕业于国立北洋大学土木工程系的陈泮岭。学制一年半。同年8月,更名为河南省立水利工程专门学校,学制三年。1931年6月,在河南省政府的支持下,河南省立水利工程专门学校升格为河南省立水利工程专科学校,并在国民政府教育部正式备案,开始高等专门水利人才培养,学制五年,其中高中三年,专科两年。

河南省建设厅每月拨付省立水利工程专科学校办学经费,全年经费累计4万余元,办学资金还是比较宽余的。学校利用这些资金大量购置图书、仪器,大力引进优秀师资。据统计,1934年,学校有中外图书5700余册、理化仪器900余件、化学药品400余种、水力试验仪器100余件、摩电机及汽油引擎各1座、测量仪器91件、测候所器械仪器11件、材料试验机械材料50余件、无线电收音机1座,以及大量制图板架、普通校具、乐器、国术运动等器具,共1000余件。全校有专任教师5人、兼职教师7人。这12名教师的学历水平均在本科以上,有日本大学毕业回国者2人、黄埔军校毕业者1人、国立大学毕业生9人。当年在校专科生25人、高中生52人。学生年龄最大的26岁,最小者只有16岁。教师授课,最多者达每周16学时,最少者也有2学时,工资为20元至200元不等。省立水利工程专科学校办学规模较小,每年招收的学生有限。但由于办学经费相对比较充足,加之教师队伍水平较高,管理水平也比较高,所以为社会培养了一批高水平的水利工程建设人才,在省内及国内具有一定影响。[①]

---

① 王日新、蒋笃运等:《河南教育通史》(中卷),第283页,大象出版社,2007年版。

三、全面抗战前的河南大学的发展

河南由于地处中原腹地,在 1930—1937 年之间政局相对稳定,为省内教育的发展提供了有利的环境。1930 年 8 月,在省立河南中山大学校务中决定将其更名为省立河南大学,并呈交"民国"河南政府审核。随后,9 月 7 日,河南省第三届会议通过一项决议,同意了这一提案。因而,在同日获得消息的省立河南大学就颁布了《省立河南大学组织大纲》。大纲中的第一条即是:将河南中山大学改名为河南大学,学校以"研究高深学术、养成建设人才、实现三民主义"为宗旨。9 月 13 日,省政府颁发了省立河南大学的印章,聘请张仲鲁担任大学校长一职,并授予校长职章。

1930 年秋河南大学开学,张仲鲁校长在露天广场对教职员工及学生讲话,宣布预先拟定的河南大学五年发展规划,决心使学校再上一个新的台阶。[①] 但是,中原大战之后,张仲鲁不被当局信任,遂被免去校长一职。1930 年 10 月,赵新吾代行校长一职,仅代行校长职务两月。1931 年 1 月,由李敬斋兼任校长 5 个月时间。1931 年 5 月,由许心武继任。虽然,这一时期校长更换频繁,但河南大学在相对稳定的时局下,加上财政充足,仍旧进入了稳定发展时期。

更名后的省立河南大学开始面向未来大手笔规划校园,大力营造校园建筑。1931 年 11 月 20 日大礼堂破土动工,1934 年 12 月 28 日落成。1936 年 10 月,一座四柱三开间的牌楼式的南大门落成于学校南北中轴线的最南端。

校园建设在紧锣密鼓中构建,南校门和大礼堂建成于这一时期。历经五年,河南大学最终形成以大礼堂和校大门为中轴线、各个建筑群位于中轴线两侧的建筑格局。校园建筑的完善为河南大学师生进行教学活动提供了物质保障。同时,良好的校园环境潜移默化影响"河大"学子,有利于其养成良好的品行。

在改善学校校园建筑的同时,学校也注重学术发展。同时,充足的教育经费也为学校发展图书设施以及实验设施提供了可能性,因而这一时期河南大学的图书馆以及实验设施也得到了极大地扩充。中州大学时期,各类藏书已达到 34028 册,在中山大学时期,各种图书总量已达 45708 册,截止到 1934 年,各种图书总量已达 58874 册。河南大学图书数目有长足进步。针对理科学院,学校还积极地采购实验

---

① 李文山:《百年镜像》,第 40 页,河南大学出版社,2012 年版。

设备以辅助教学,以理学院、医学院和农学院为主要单位,其中,"理学院的物理系有实验室三座,普通实验仪器及高等实验仪器 1631 件,可供普通物理实验及高等物理实验使用。化学系有各类实验室六座,各种实验仪器 12617 件,药品 2850 种,基本可满足学生实验需要。生物系有实验室五座,各种生物仪器 2302 件,药片 327 种,标本 4098 件"①。其次,"医学院有解剖学馆、生理学馆、病理学馆、细菌学馆,各馆设备齐全,仪器先进。此外尚有高倍显微镜等各类精密仪器 737 件;各类标本模型 3200 件,其中包括尸体标本 250 件,人的整体骨骼 5 架;化学药品 400 余种,各种玻璃器皿 5000 余件;可供 150 人轮流实习使用"②。再者,"农学院有实验室 5 个,高档仪器 14 件,普通化学实验仪器百余种,4000 余件,各类标本 500 余种。此外农场尚有耕地 700 余亩,可做粮食、果木、苗圃、花卉等作物实验,其中仅树木就有 30000 余株,标本树 63 种。还养有鸡、鸭、羊、猪、蜂等"③。

1930 年以来,学校不仅对校园物质环境进行了完善,而且对学校组织结构和教学制度进行改善。学校组织结构调整和制度调整,不仅使学校的院系设置更加翔实、合理,且使管理工作有章可循、有制可遵,为实现学校管理的科学化提供了制度保障。

更名后的省立河南大学在组织架构以及规章制度上进行改革。将过去的文、理、农、法、医 5 科改为 5 个学院。每个学院也划分为不同的系。其中,文学院下有国文学系、英文学系、史学系、教育学系、社会学系;理学院设算学系、物理学系、化学系、生物学系;农学院设农艺系、园艺系、林学系、畜牧学系,并设农事试验场及农业推广部;法学院设政治系、法律系、经济系;医学院暂不分系。稳定的时局也为省立河南大学带来了稳定的生源:"学校有学生 820 人,其中本科生 370 人,预科生 450 人(女生 40 余人)。"④省立河南大学还对学校的教学管理体制以及教学规章制度进行完善,为河南大学教育教学的正常进行提供了制度保障,也使河南大学的发展更加规范化。

---

① 《河南大学校史》编辑室:《河南大学校史 1912—1984》,第 29 页,《河南大学校史》编辑室,1985 年版。
② 同上书,第 30 页。
③ 同上。
④ 李文山:《百年镜像》,第 38 页,河南大学出版社,2012 年版。

在教学管理方面，1930年，学校设校务会议和经济监察委员会议对学校进行管理。到1935年，学校对各级的会议制度进行调整，由原来的二个会议制度增加为四个。这四个部门专门负责审议学校重大事务及教学事务，分别是校务会议、院务会议、系教务会议、事务会议。为了更加方便对教学工作的管理，"1935年10月25日，河南大学第四次校务会议决定成立七个教学方面的专门委员会，并通过了专门委员会的简章"。这七个部门是出版委员会、图书委员会、体育委员会、招生办委员会、奖学金委员会、职业介绍委员会，它们分别负责全校的出版事宜、全校图书馆改进事宜、规划全校体育活动事宜、招生方面的一切事宜、全校奖学金事宜、学生日常生活指导事宜、毕业生的工作联系事宜。同时，在此架构基础上，还制定了教务处办公细则和各课程的职责。1935年，为了实现办学宗旨，学校制定严格的教学规章制度。为了保障学校教学工作的提升，学校出台了学生成绩考核、学籍管理、奖励制度、学生管理等各方面规定。

梅贻琦先生曾说："所谓大学者，非有大楼之谓也，乃有大师之谓也。""九一八事变"以来，北方和东南沿海地区局势动荡，但开封地处内陆，局势相对稳定。河南教育经费独立，河南大学办学经费充足，选聘教师待遇高。河南大学的校长历来重视师资队伍的建设，针对开封地理位置较为偏僻、交通不便的情况，学校积极创建一流的教学和科研环境，同时积极克服各种困难，吸引知名学者来此工作。"当时，河南大学的知名教员包括罗廷光、萧一山、沈子善、李廉方、范文澜、郭绍虞、高亨、缪钺、毛礼锐、姜亮夫、刘盼遂、邵爽秋、萧承慎、朱芳圃、张邃青、黄敦慈、林一民、李燕亭、陈作钧、郝象吾、王毅斋、罗章龙、熊伯履、邹次硕、王希和、万康民、涂治、彭谦、李先闻、黄以仁、王直青、阎仲彝、张静吾、郭鑫斋、李瑜如、上官悟尘、饶孟侃等。"[①]

名师荟萃，百家争鸣。众多名师在河南大学的讲堂中采用自己独特的讲授方式进行知识的传递，促进学术的发展，产生了一大批学术成果。河南大学师生参与殷墟遗址的发掘工作，在实践中促进了考古等学科的发展；文学院院长李廉方在开封试验区中实行"廉方教学法"，成效显著；1934年，河南省政府做出决定，将河南省通志馆设在河南大学内；河南大学创办报刊传播学术知识以及先进革命思想；为支

---

① 张召鹏、史周宾、陈旭：《百年历程》，第38页，河南大学出版社，2013年版。

持爱国救亡运动，河南大学学生积极组建学生团体，宣传救国思想，开展救国运动。在浓厚的学术氛围中，这一时期河南大学培养了一大批学者。

1930－1937年稳定的政治局势，优越的地理位置，加上独立的资金条件，为这一时期河南大学的快速发展提供了时机与条件。但是，随着时局的转变，全面抗日战争爆发，河南大学随着战局变化而辗转迁移，进入了一个曲折发展的历史时期。

第二节 省立河南大学与中国高等教育发展

在省立时期，河南大学地处中原腹地，外部环境相对稳定，同时得益于经费充足，在硬件设施等方面在全国都属于先进地位。在这一时期，河南大学院系建设卓有成效，教学和科研工作成绩斐然。作为中原地区的最高学府，河南大学在有声有色地进行自身建设的同时，也对中国的高等教育产生了诸多方面的影响。

一、河南大学近代校园建筑群熠熠生辉

河南大学近代校园建筑群北临宋代铁塔，东依开封古城墙，是近现代重要史迹及代表性建筑群，被国务院公布为第六批全国重点文物保护单位。它营造规划于20年代，主体完成于30年代，是河南乃至中国近代高等教育事业历史进程的有力见证，具有极高的历史、科学、文化及艺术价值。

（一）河南大学近代校园建筑群的规划与营造过程

河南大学近代校园建筑的营造最早始于留学欧美预备学校时期。1912年，河南留学欧美预备学校在原河南贡院旧房的基础上开始招收学生。当时时局不稳，办学资金紧张，无力整体规划和集中营造。预校的一百多亩土地，按教育功能划分了六个区，建成房屋二三百间。

1918年，第三任校长李敬斋到任河南大学，他留学欧美，学习建筑工程及教育行政管理，回国后初任美国何氏建筑公司助理工程师，参与过北京协和医院的建造，

河南大学的校区整体规划也是在他的主持下完成的，以后校园的建设也主要依据他的规划蓝图进行。

1919年，六号楼建成并投入使用。1921年至1926年，六栋东斋房和二栋西斋房相继建成。1924年，七号楼开始动工兴建，1925年建成。它位于中轴线西侧中部，高三层，涵盖教室、实验室和研究室，自建成后，取代六号楼成为中州大学新的教学研究中心。

1931年4月，许心武先生应河南省教育厅长兼河南大学校长李敬斋的邀请，就任河南大学校长。许先生到校后，与李敬斋先生一起，对河南大学校园的整体规划做了调整和补充。①

最开始从大礼堂着手进行改造。当时，学校内原来仅有一大席棚作为集会活动场地，且使用易受天气因素影响。校长许心武提出了修建大礼堂的提议，并得到了李敬斋先生的支持。"为了精心建好大礼堂，学校聘请李敬斋、杜岫僧、瞿荑章等十一人组成大礼堂建筑委员会，李、杜为常委，全权负责。自1931年11月20日破土动工，至1934年12月28日落成，历时三载，用资20万元。这座大礼堂是宫殿式建筑，青砖绿瓦、画栋飞檐、金碧辉煌、光彩夺目、巍峨壮观，不仅在河南，而且在全国高等学校的大礼堂中，也是名列前茅的。"②

两位先生不仅仅将大礼堂从想法变成现实，同时也勾画了河南大学校园的建筑蓝图，他们提出："河南大学校本部将以大门与大礼堂成中轴线，主要建筑沿中轴线分布于前后左右。路东前面是平房、图书馆楼，路西也将再盖一座楼与图书馆楼相对；沿中轴线东侧再盖一座大屋顶式的教学楼，与七号楼相对。大礼堂左右两翼将盖有办公楼，楼上楼下均可与大礼堂贯通，东斋房东侧为运动场。西部原贡院旧房为医学院校址，准备将其全部加以翻新。"③这一蓝图也一直指导着河南大学随后的建筑建设。

1936年，刘季洪担任河南大学校长。在其任职期间，他按照李敬斋和许心武两

---

① 《河南大学校史》编辑室：《河南大学校史1912—1984》，第30页，《河南大学校史》编辑室，1985年版。
② 《河南大学校史》编辑室：《河南大学校史1912—1984》，第30页，《河南大学校史》编辑室，1985年版。
③ 《河南大学校史》编辑室：《河南大学校史1912—1984》，第31页，《河南大学校史》编辑室，1985年版。

位先生当年的设想兴建了河南大学雄伟壮丽的南大门。1936年南大门落成，一座四柱三开间的牌楼式建筑，在古城开封宁静的街道上，吸引着无数人关注的目光。学校的精气神弥散其中，形与神高度统一，此门成为河南大学的标志。"新大门的建筑全为砖木结构，上为彩牌，下设三门，通高10.39米，东西宽13.4米，进深7.8米，占地面积114.5平方米。中门高3.7米，宽4.84米，大型卡车畅通无碍。两侧门可供行人通过，中门上额横书'河南大学'四字。门楼下两侧附设长6.1米、宽4.6米、占地面积28平方米东西耳室各一座。门楼上双重飞檐，雕梁画栋；各种珍禽奇兽高踞其上，使人望门而生肃穆庄严之情。"①

20世纪30年代末，校园已具相当的规模，采取以大礼堂、南大门为中轴线，六号楼、七号楼、东斋房、西斋房位于两侧的空间格局，构成了一组既具有鲜明中国传统建筑特色，又吸取了部分西式建筑手法的中西合璧式优秀近代建筑群。

（二）中西合璧的校园建筑文化

河南大学近代建筑群建筑风格中西合璧，庄严肃穆，典雅大气。其主体建筑居中，前门后堂，左右斋房，是对中国传统建筑，特别是书院建筑布局的继承。在继承书院基本格局的同时，在中西建筑手法的巧妙结合上有独到之处，如吸取中国古代的大屋顶、斗拱等传统建筑要素的精华，采用西方古典建筑柱式以及多种装饰手法等。它是中与西、古与今、新与旧等多种建筑手法的综合产物，集建筑学、教育学、历史学、数学、力学、美学、生态学于一体。这种继承、借鉴和融合反映出河南大学近代建筑群的设计建造者们对大学是知识创新发源地的深刻认识，反映出他们在探索具有中国风格的近代建筑时的创新追求。

大礼堂位于校园的正中心，是宫殿式建筑，"既采用中国传统宫殿样式，又采用西方建筑的设计手法和建筑形式"②，青砖绿瓦，飞檐挑角，雕梁画栋，金碧辉煌，光彩夺目，高大雄伟，中西合璧，风格独特。大礼堂占地面积为3932平方米，南北长73.75米，东西宽53.32米，高24.45米，总建筑面积4687平方米。礼堂东西南北四

---

① 《河南大学校史》编辑室：《河南大学校史1912－1984》，第31页，《河南大学校史》编辑室，1985年版。

② 倪晓冉：《河南大学近代建筑群的历史与现状——兼议大学建筑蕴含的大学精神之内涵》，载《科教导刊（下旬）》，2016年15期。

面都有门,南面正门有左中右3个大门,进入礼堂中门,四周玻璃明亮,光线充足。礼堂分上下两层,设楼梯6座,全部钢筋水泥结构,水泥地面。楼上楼下座位3004个,全装设钢架座椅,空气流畅,音响效果好。讲台宽17.9米,深12.67米,可供讲演及影剧、乐队演出使用。楼上楼下辟室11个,作为休息室、办公室、音乐室、储藏室之用,亦可作为教室,各室能容纳60多人。正门楼上还有办公室三间。礼堂是中西建筑集合的典范,集纳了传统中国建筑的秀丽与规整,吸收了西洋建筑的高大与坚固。它在建设中采用了许多西方新技术、新材料,同时辅以中式大屋顶、斗拱飞檐等传统精华,在建筑手法上将其巧妙糅合,集建筑学、力学、美学等于一体。

大礼堂整个建筑设计之精美壮观、工程进度之快、质量之好为当时国内所罕见。"据说,在建成之初就入选'亚洲十大建筑'。"①

与大礼堂同一中轴线上,南北相呼应的是河南大学雄伟壮丽的南大门。中门正面上额横书"河南大学"系魏体,据称是从魏碑拓印而成。门楼两侧附设东西耳室各1间,耳室长6.1米,宽4.6米,占地面积28平方米。门楼上斗拱飞檐,雕梁画栋,肃穆庄严。校大门北面正中上额用柳体金字横书"止于至善"四字,左书"明德",右书"新民"。"明德、新民,止于至善"语出《礼记·大学》,提醒学生光大优良的品德,启民心智,不断求取进步,以臻完美。这一校训成为历届河南大学学生的无言之教。

河南大学近代建筑群完美体现了科学与艺术、东方与西方的结合。在总体构图、轴线组织、体量权衡、比例尺度、柱式组合、中西建筑风格的融合等方面都达到很高的艺术水平。尤其是造型的优美、制作工艺的精巧和色彩的运用。在总体布局方面,主体建筑居中,前门后堂、左右斋房的规划思想,明显地是对传统建筑(特别是书院建筑)布局的继承,具有较高的艺术价值。国画、彩绘、浮雕、木雕、砖雕有机地排列在建筑之上。特别是木雕,图案精美,刀工精细,百花争艳,栩栩如生。木雕艺术水平最高的是大礼堂门厅,数量最多的是七号楼。可以讲整个建筑群是一座文化艺术宝库。大礼堂平面布局以观众厅为中心,将门厅、观众厅、舞台三部分沿南北轴线按功能要求依次展开,两侧设休息廊,其音响、采光、通风、人流组织与疏散等设计合理,达到了很高的科学水平。斋房按学生居住要求,采用内走廊,

---

① 王明钦:《河大之美》,载《河南日报》,2020年6月16日第15版。

走廊北墙中部设有取暖壁炉和烟道、火墙,三楼每个房间均装有钢制逃生钩和逃生索。七号楼坡屋顶按需要设置通气孔,并在各层设防火装置。河南大学近代建筑群从整体到局部,均是近代优秀建筑的代表作品,是建筑科学和技术的典范。

(三) 中原革命和高等教育精神的象征

河南大学近代建筑群不仅具有极高的科学艺术价值,而且具有极高的历史文化价值和政治教育价值。它们见证了中国特别是河南省文化、教育发生和发展的历史进程,开启了河南现代高等教育的先河。

河南大学近代建筑群自建成以来,就蕴含着丰富的精神意义,其中大礼堂被视为河南大学神圣、庄严的地标建筑,被奉为河南大学精神的象征。大礼堂工程于1931年11月20日破土动工,1934年12月28日落成。工程因为经费问题,其间几次停顿,最终完成是全校上下努力的结果,也得到了当时河南省政府主席刘峙等人的支持。1934年12月28日,河南大学举行大礼堂落成典礼,刘峙与会并发表讲话,他回顾了大礼堂的奠基、建设等经过:"至于本校大礼堂费了二十余万巨款,始庆落成,在财政穷困的河南省,总算是一笔巨大开支,在富裕的他省,或许是一件很平常的事,曾记大礼堂行奠基典礼时,李敬斋先生说过,造这个大礼堂,算不得一件稀有的事,在美国建筑几十层的洋楼,视为常事,固然在财力充实的国家,费几百万几千万金建筑高大房屋,是平常的事,在我们这样穷的河南,那就算为稀有了;此堂建筑,计历三年之久,时间未免太长,其实都因经费支绌,以致工作稽延,现在用了二十一万余元,工程以及简单设备虽告完成,然实际,前后只领到十八万五千余元,尚不敷二万四千余元,可见河南财政之困难,但是我们在这左支右绌的困难环境当中,以人家半年可成之工程,我们延至三年之久,中间经过几任校长,卒底于成,此种持久不懈的坚毅精神,就是孔子所说的人一能之己百之,人十能之己千之,其成功一也。"并告诫在座学子:"在求学方面,正可效法此种精神。""要以精神的力量,去战胜物质。""我们大学经费不裕,设备不周,固无容讳言,但是我们具有坚韧不拔的精神,则堪自豪;希望各位同学,毋忘在大礼堂落成典礼,所得到的教训,就是物质虽差,苟有坚毅强固的精神以赴之,终能达到成功;各位同学若能以此种精神治学,则所造就当不在各国立大学或外国大学之下,发扬光大，甚或过之。"①一代代"河大"人的精神早已在大礼堂的建设过程中得到了诠释：不畏困境、团结一心、坚韧不拔，而终成大器。

河南大学近代建筑群也是中国共产党在河南开展革命活动的纪念地之一，是进行民族精神和爱国主义教育的基地，具有重要的政治教育价值。河南省五四运动的烽火在河南大学点燃。1925年李大钊先生在六号楼作了题为《大英帝国主义者侵略中国史》的演讲。在六号楼李大钊先生还听取了中国共产党的早期领导人王若飞关于豫陕省委开展革命斗争形势的汇报。早在1925年初河南大学就建立了中共党支部，直接领导河南大学的"五卅运动"，先后成立了"青年学社"、"青年协社"、"反帝同盟会"、"青年评论社"和"互济会"等进步组织，并成为全国学生反帝团体的骨干。1936年6月东北军司令张学良亲临河南大学并到斋房看望学生。1937年全面抗日战争爆发后，人民音乐家冼星海率领上海救亡演剧二队来到河南大学，与"怒吼歌咏队"联袂登台，在大礼堂唱响抗日救亡的激昂悲歌。1938年开封沦陷，河南大学小礼堂成为侵华日军的司令部，近代建筑群惨遭洗劫。1948年开封解放，河南各界人民代表大会在大礼堂举行。著名学者范文澜、冯友兰、董作宾、冯景兰、徐旭生、哈亨利等著名学者执教于此。

河南大学近代建筑群见证了中国，特别是河南省文化、教育发生和发展的历史进程。它还是河南省高校中第一处省级文物保护单位，在全国高校中也是为数不多的优秀近代建筑群。河南大学近代建筑群因其诸多方面的重要价值已于2000年9月被河南省政府确定为第三批重点文物保护单位，并在继北大未名湖燕园建筑、清华大学早期建筑、东北大学旧址、武汉大学早期建筑等第五批国家重点文物保护单位之后，于2006年同金陵大学旧址和国立西南联大旧址等近代校园建筑同期被纳入第六批国家重点文物保护单位。作为全国高校中为数不多的优秀近代建筑群，河南大学近代建筑群不仅体现了外在的建筑艺术之美，更在近九十年的时间里不断被赋予更深层的价值和意义，自建成以来一直以来作为教学活动的场所，见证了河南大学的发展，哺育了一代代"河大"学子，影响了几代人，并将继续发挥着重要作用。

---

① 刘峙：《国难中之大学教育的职责：二十三年十一月二十八日在河南大学成立七周年纪念暨大礼堂落成典礼时讲演》，载《河南政治》，1934年第11期。

二、存续抗日流亡的东北大学文脉

1931年"九一八事变"爆发,中国东北首先遭受日本侵略,东北大学师生自此开始南下流亡办学。期间河南大学由于地处中原,办学较为稳定,河南大学师生热情接待东北大学师生,两校学生同学同吃、亲密无间。河南大学积极帮助延续东北三省教育火种,直至1937年,河南大学受战争影响也被迫开启辗转办学的艰辛道路。河南大学与东北大学的情谊延续至今,两校不仅是同行,更是亲如一家的兄弟。

(一)亲如一家,东北大学农科师生南下开封

"九一八事变"之后,日本侵略者开始对我国发起侵略战争,东北三省相继沦陷,东北大学踏上了迁徙之路,成为当时首个因日本侵华而被迫内迁的高校。

东北大学于1923年正式成立,是当时东北的最高学府。在其创办八年之时,规模恢宏,舍宇壮丽,设备充实,经费宽裕,年支经费130万元,在全国58所大学中占第四位。以高薪延聘从欧、美、日学成归国的各种博士和学者任教,可称良师荟萃。教师队伍十分整齐,教职员200余人,学生2000余名。在教学上东北大学重视理论与实习相结合,办学条件和教学质量在当时都属国内一流。[①] 正当东北大学走上正轨、逐步发展提高之时,日本发动的"九一八事变"使得东北大学开始了流亡内迁的生涯。1931年9月26日东北大学从沈阳迁至北京。1934年7月,由于教师离任和学生流失,东北大学农学院停办。如何安置在京未完成学业的农学院20名学生,成了东北大学及政府的新问题。

当时的河南大学尚未受到战争影响。河南大学农学院万康民院长提出了"以学术发展事业,以事业发展学术"的口号,寓教学、试验、研究为一体,添置实验仪器、药品,建立实验室、种子室;扩大农场试验范围,开办苗圃,培育优良树种花木,进行农作物的遗传、育种、栽培、改良土壤、科学施肥及病虫害防治等试验;创办院刊。这一系列举措使河南大学农学在以后相当长的时间里处于国内领先位置。于是,东北大学农学院院长柳东雅便与东北大学教授许振英、林世泽等率农学院14

---

① 齐红深:《中华自强的一大摇篮——东北大学从成立到流亡》,载《党史纵横》,1991年第4期。

名学生南下开封。临别前,东北大学代校长宁恩承为每个学生发了10元钱的火车费,伤感地叮嘱学生:"到河南后,务须努力用功,学成专业,将来报效国家。对人要谨慎,看人家颜色,不可多说一句话,不可多走一步路。"①

离开家乡、离开母校的东北大学师生来到开封后被安置在河南大学农学院。河南大学给予了东北同胞无微不至的关怀,除了该校四年级的学生以借读名义读到毕业外,其余三年级以下的学生都办理了转学手续,成为河南大学的正式学生。按两校原来商定,东北大学学生的伙食、服装等费用由原学校每年补助每生800元,但由于东北沦陷,东北大学经济无着,也未能照此办理。尽管当时河南大学的经济也较为窘困,但仍负担了东北大学学生的住宿、实习以及各项杂费。时任河南大学校长许心武一方面积极向教育部申请补助;另一方面,在全校大会上强调"全国无论国立、省立、私立各大学,都有互助的义务",号召大家尽己所能给予东北大学师生以帮助。

当时的河南大学地处中原,未受战火侵扰,且在1930年改组为省立河南大学之后,在物质条件、师资力量和组织管理方面取得了较大的发展。因此,在局部抗战爆发后,有着爱国主义传统的河南大学师生群情激愤,积极投入到了抗日救亡的浪潮之中,成为收容流亡师生、保存东北地区高等教育实力的一股重要力量。

(二)患难与共,兴学育人两校情

自"九一八事变"东北大学农科师生迁至河南大学后,至1936年,东北大学多数院系在北平无法维系,准备继续举校南迁,教育部提议河南大学安置接待。此前,两所学校早已交往频繁,河南大学教授中有许多人如李先闻、胡石青、蒙文通、高亨等都曾在东北大学任教过,又有两校农学院合作的成功先例。基于以上原因,更由于血浓于水的同胞亲情,在获悉教育部指令、河南大学请示河南省政府同意后,立即复电表示热烈欢迎东北大学到河南大学来。

1.推进课业,延续文脉

自得知东北大学要整体迁到开封后,河南大学多次商议安置东北大学师生有关

---

① 宁恩承:《东北大学话沧桑》,载辽宁省政协学习宣传和文史委员会编《经济·文化·教育》,第729页,辽宁人民出版社,1999年版。

事宜并加紧筹备，师生在校大门左侧廊柱上及时挂起"东北大学办事处"的牌子（如图4-1）；学校决定将河南大学大礼堂（当时被河南大学师生和开封居民称为宫殿的场所）作为东北大学办事处及其住宿与上课的地点。

图4-1 河南大学校门左侧柱子上有"东北大学办事处"的牌子

2002年9月出版的《河南大学校史》在"学校沿革"一节中较为详细地写道：1936年夏季，东北大学校长臧启芳率领该校师生五百余人来到开封。河南大学大礼堂内设办事处，接收由北京来开封的东北大学学生及教职员工。河南大学校长刘季洪及全体师生热烈欢迎并多方协助，积极筹备。东北大学师生在校长臧启芳教授带领下于1937年2月到河南大学报到，4月20日开课。部分教授未能前来，由河南大学教授代为上课，或者与河南大学学生合班上课。东北大学的学生晚上睡在大礼堂，白天和河南大学学生一起学习，亲密无间，水乳交融。河南大学校长刘季洪不仅让东北大学师生吃住舒适，还安排好的老师帮助东北大学同学学习。图4-2为东北大学师生在河南大学校门前的留影。在自身教育资源不足的情况下，河南大学总务处提供河南大学礼堂的教室给东北大学当办公地和宿舍。同时教务处承诺在东北大学如果因为师资不足时由河南大学老师代课或者与河南大学同学同班上课，允许东北大学师生使用河南大学的所有教学仪器设备。就这样，在艰苦卓绝的烽火岁月中，河南大学帮助东北大学推进课业，保持进度，延续文脉，弦歌不辍。

图 4-2 时任东北大学校长臧启芳与学生在河南大学校门前留影

2. 举办联合春运会，强体魄、增情意

为锻炼学生体能，增进两校情谊，刘季洪与臧启芳商议后决定，联合举办运动会，让东北大学学生忘却流离之苦。于是，1937年的春天，这届特殊的运动会在河南大学隆重开幕。参加运动会的同学不仅有河南大学的学生，还有东北大学的学生。

开幕式上，河南大学校长刘季洪和东北大学校长臧启芳先后致辞。刘季洪勉励两校学生加强锻炼，争取好的成绩。臧启芳则幽默地说："两校联合运动会成果一定很丰硕，东北大学的同学至少可以得到第二名。"全场气氛怡然，亲如一家。① 在两所大学同学的积极参与下，这届运动会在时局紧张的情况下开得很成功。更重要的是，东北大学的同学暂时忘记了颠沛流离之苦。这正是刘季洪和臧启芳两位校长良苦用心之所在。

张书文先生曾回忆："刘季洪先生注意到东北大学同学的体能锻炼，和加强两校同学们的情感，特举办两校联合运动会，由衷感谢刘校长。"由于河南大学的精心照顾和两校师生的共同努力，使得东北大学学生忘记了流亡之苦，学业积极推进，毫无停滞。图4-3为东北大学师生在河南大学大礼堂前的合照。

---

① 张建修：《一张照片见证两校友谊》，载《兰台世界》，2009年第19期。

图 4-3 东北大学师生在河南大学大礼堂前的合照

1937年6月30日,政府又决定将东北大学师生由开封迁往西安,与过去迁到那里的该校工学院学生集中一起恢复上课。部分学生不愿随校西迁,河南大学都收为转学生,使他们顺利地学成毕业。1937年12月,日本侵略军践踏黄河流域,豫东、豫北沦陷,开封危在旦夕。自这时起,河南大学与东北大学一样踏上了辗转搬迁办学的艰辛道路,一直到1946年的春天才回到开封。

河南大学台湾校友会编辑的《国立河南大学校志》收录有刘季洪校长回忆文章《抗战初期的河南大学》,引用了当时的东北大学学生张书文的回忆文字:"东北大学当时的学生……担任大学教授及政府等重要职务,对河南大学都有很好的情感。"抗战初期河南大学与东北大学之间的这段佳话已过去近90年了,但两校当时的情谊延续至今。省立河南大学在特殊时期对于东北大学的收容和不遗余力的帮助不仅为东北大学师生提供了容身之所,使得东北大学得以在流亡中继续办学、教书育人,延续东三省高等教育的火种,更为全面抗战时期高校的互助与合作提供了良好的榜样,是中国近代高等教育史上的一段佳话。

时过境迁。正如河南大学王明钦教授所说:"爱国始终是两校百年来力学笃行的初心本色,于战火之中携手并肩、保障战时人才培养不辍。"今天,历史的硝烟已经不再弥漫于中华大地,河南大学与东北大学依然情同手足,往来密切。嵩岳黄河,白山黑水；巍巍学府，历史悠远。河南大学与东北大学以抗战之名结缘，于峥嵘岁月教育救国，多年来互融共通，与国家同呼吸，与民族共命运。①

三、筑基中国民族音乐高等专业教育

在中国新音乐史上有这样一个"奇人"：一位学化学的大学生，从未接受过正规的音乐教育，却在音乐创作和音乐理论研究双璧生辉，创作了《南泥湾》《夫妻识字》《白毛女》《我们是民主青年》《咱们工人有力量》《陕北组曲》《小二黑结婚》等脍炙人口、久传不衰的音乐作品，撰写了《中国民间音乐讲话》《时代歌声漫议》等音乐专著及《新歌剧及旧传统》《正确对待戏曲音乐的推陈出新》等一百余篇论文。他就是我国当代才华横溢、饱享盛名的著名作曲家、音乐理论家、音乐教育家、河南大学的优秀学子——马可。

（一）河南大学：马可梦想启航的地方

"少年时，听说欧洲有个化学家诺贝尔发明硝酸甘油，是一种炸药，使他的国家富强起来。我想，我学化学，将来也发明一种什么东西让中国富强起来，老百姓生活好一些，洋鬼子不敢欺负我们。"②1935年，怀揣"科学救国"梦想的马可以优异的成绩考入河南大学化学系。入学后，他拼命读书，整天"把自己关在实验室里，梦想做一个发明家"，以实现科学救国的理想。但是，时局动乱，日军不断策划推动华北自治，全面加紧对中国华北的政治、经济、文化侵略。偌大的中国，已经容不下一张安静的书桌。在这样的形势下，1935年12月9日，北平爆发了声势浩大的学生运动——"一二·九"运动。河南大学师生积极回应，于12月18日通电全国，强烈呼吁援助北平学生爱国运动，并临时成立了全市学生联合会，领导和组织了开封学子的请愿学生运动。12月27日，在省政府请愿未果的形势下，义愤填膺的学生涌向火车站，拟赴南京面陈。没有火车拉他们去，他们占领了车站，数九寒天里，万余人横七竖八地躺在铁轨上，坚持斗争了四天四夜，迫使贯穿全国东西的陇海线

---

① 赵雪：《河南大学与东北大学：兴学育人两校情》，载《河南日报》，2022年5月27日。
② 晏甬：《我所认识的马可》，载《人民音乐》，1998年第11期。

中断。入校仅三个月的马可也投身于这场学生运动中，感触颇深。马可后来回忆说："我们许多同学到车站去参加卧轨请愿的运动。我们唱着歌，忍住了寒冷和饥饿鼓起了革命热情。""对我来说，革命歌曲给我上了革命的第一课，它把我这个不问政治的好学生从实验室中拖出来，唱着'工农兵学商一起来救亡'参加'一二·九'运动。"①

在钻研化学的同时，马可开始对作曲发生了浓烈的兴趣。参与了这次"卧轨请愿"尝试后，马可又回到了科学的实验室，但心已经被深深地刺痛，决心要以青年学生之优长，以歌唱、演剧等为"武器"，号召民众投入抗战。他到图书馆借回几大本《音乐入门》、《作曲法》之类的音乐书籍，一方面钻研作曲理论，一方面尝试着开始音乐创作，并为谱写的习作取名《牙牙集》，比喻自己在作曲方面正牙牙学语之意。白天他在教室专心听课、在实验室里专心做实验，晚上作曲。马可开始走上了业余音乐创作之路。

1937年"七七事变"后，卢沟桥的枪声牵动着全国人民的心，在家度暑假的马可闻讯后，立即赶回开封，投入到河南大学抗日救亡爱国运动的洪流中，带领一些志同道合的同学，建立起了一支名为"怒吼"的抗战救亡歌咏队（如图4-4所示）。他们东奔西走，以音乐为武器，成为当时中原地区"抗日救亡运动"的一面旗帜。

图4-4 河南大学怒吼歌咏队的全体成员合影（前排左五为马可）

---

① 佚名：《马可——从实验室走出的音乐家》，载《光明日报》，2003年8月7日。

第四章 全面抗战前的河南大学与中国高等教育发展（1930—1937）

在"怒吼歌咏队"活跃于开封大街小巷之时，著名音乐家冼星海率领的"救亡演剧二队"来到开封巡演，开展抗日救亡歌咏的普及工作，暂住河南大学。冼星海等人在开封紧张活动十来天，马可带领"怒吼歌咏队"一直跟着冼星海参加了各种救亡歌咏集会，成了冼星海开展歌咏活动的得力助手。在河南大学与冼星海的相识对马可走上音乐道路影响深远。当时，马可将自己业余的习作《牙牙集》面呈冼星海，向其求教作曲的技巧。冼星海选了其中一首二部合唱《保卫我们的平津》做了技术上的修改。这使马可十分激动，他在修改稿的眉头上工工整整地写道："1937年9月10日，承冼星海先生指正并改作。"①这在马可的音乐生活中是一件永远值得纪念的珍品。此外，冼星海还对马可等人语重心长地说："你们每个人都能作曲，你们在这个伟大的时代，感觉到情绪上难以压抑，你们就用音乐表现出来吧！不要相信一定要学作曲才有资格作曲那一套话，我在巴黎学了六年，但是我在没到巴黎去以前就作曲了。如果你打算学上五年和声学、五年对位法，再学上五年作曲法再去作曲，那么十五年已经过去，抗战岂不结束了吗？"②冼星海的教诲给了青年马可以深刻的启示与鼓励，他继续以极大的热情写作救亡歌曲，渐渐地也开始小有名气了，他创作的《游击战歌》、《江水红》等歌曲开始被人传唱。

可以这样说，马可音乐创作的真正起点是在"七七事变"发生以后。在挽救民族危亡斗争的感召下，在冼星海等革命音乐家的言传身教影响下，19岁的马可毅然抛弃了"科学救国"的梦想，彻底告别了试管和烧杯，走出了实验室，走出了河南大学的高墙深院，投身到了抗日救亡的洪流中，踏上了以音乐为职业的革命道路。马可当时在日记中写道：

卢沟桥的炮声响起来了。这炮声震醒了每一个中国人的梦，好多事情都在战时的非常状态之下发展着。而我，也在一个偶然的机遇下，一跃成为"青年作曲家"，随着一群好朋友组织的救亡团体到乡下做流动宣传的工作。有好多朋友替我惋惜，说不该抛掉用功的好学生不做，居然唱了两年戏。我十分明白这个，而且我也承认，这两年之间我不仅没有一点学业上的进步，反而忘掉了许多。我和从前的同学比，

---

① 冯光钰：《走向音乐家的道路：马可生平与创作》，第14页，中国文联出版公司，1989年版。

② 马海星：《马可在河南大学的前前后后》，载《河南大学学报》（社会科学版），1984年第5期。

是落伍了、退步了。可是我更明白，这两年，我毕竟不是白跑了的，我有一个重要的收获，这收获足以补偿这两年的损失而有余。那就是：我认识了那些真正的国家主人翁，但同时却是被压榨着的劳苦大众。一种新的青春的前进的力量在膨胀着。我希望抗战的火线扩大到全国每一个角落，使我们在这大斗争中彻底洗刷，从头创造！①

年轻的河南大学给青年马可提供了施展才华的平台，帮助马可从充满青春理想的小我成长为胸怀国家、人民的进步青年，并且找准了自己一生为之奋斗的方向。从"科学救国"到"怒吼歌咏队"，变的是救国的武器，不变的是爱国的赤子之心。

（二）开拓中国民族音乐高等专业教育之路

从开封到武汉，再到延安，从河南大学到鲁迅艺术学院，一首首富有时代特色的革命歌曲从马可笔底流出，传唱在大江南北、长城内外；马可还担负了中华人民共和国民族音乐专业院校的创建等工作，为中国的民族音乐高等专业教育贡献了毕生精力，做出了杰出贡献。

作为一位作曲家，马可主要在歌曲创作和戏剧音乐创作方面做出了突出的贡献。从30年代开始"音乐救国"至70年代病逝，在他近四十年的音乐人生中，他始终笔耕不辍，创作了包括歌曲、合唱、大联唱、组歌、秧歌剧、新歌剧、管弦乐组曲等多种体裁的声乐作品，总数达700余首（部）。作为一位"主要靠自学"而成长起来的音乐家，这类作品不仅数量惊人，而且所获成就、影响更令人敬佩。其中，声乐作品的创作贯穿了他人生的各个时期，尤其是歌曲创作，马可认为它是彰显特定时代精神、焕发社会激情最为有力的音乐体裁，因此保持了数十年的创作兴趣和热情。仅于1937－1942年创作的四册《牙牙集》就有438首，在其后的20余年间，又谱写了200余首，歌曲集《老百姓战歌》、歌曲《保卫我们的平津》和《纪念碑》的激昂之声揭示了中国人在国难当头之际的不屈个性，《南泥湾》、《咱们工人有力量》反映了当时中国人民斗争生活和建设热情，一经发表，就传唱至今。与此同时，马可与"鲁艺"的战友们一起，参与创作大型秧歌剧《减租会》、《下南路》和歌剧《周子山》、《夫妻识字》，由此成为20世纪中国新音乐运动中重大创作活动的骨干成员

---

① 中国延安干部学院：《人民音乐家——马可》，载《延安日报》，2019年4月25日第8版。

之一。特别是《夫妻识字》是由马可自己编剧、写词、编曲的新秧歌剧,是延安当时新秧歌剧中获得较大社会反响的一部代表作,被认为是秧歌剧的一部经典,传唱至今。作为一名作曲家,马可最为人知的贡献是在民歌和戏曲的基础上创造了具有中国民族特色的新歌剧,对后来中国的歌剧发展具有重要的奠基意义。歌剧《白毛女》是我国歌剧创作发展中第一个里程碑式的重要作品,由贺敬之、丁毅写词编剧,马可、张鲁、焕之、瞿维等编曲,于1944年开始创作,1945年春完成。从音乐创作讲,马可与张鲁是其主要的执笔者。① 《小二黑结婚》是马可继《白毛女》之后歌剧创作上的又一个新高峰。以马可为主的创作班子,广泛借鉴山西梆子、河南梆子、河北梆子、评剧等地方戏曲音乐的表现方式,使人物形象更加戏剧化,对推进我国歌剧音乐的戏剧化做出了令人瞩目的成就。

除了音乐创作活动外,马可曾在音乐批评、特别是有关中国戏曲音乐和中国民间音乐的理论研究方面做了大量的工作,推动了中国民族音乐走向专业化。代表性的论著有《中国民间音乐讲话》《生活里少得了音乐吗》《时代歌声漫议》和《冼星海传》等;代表性的论文有《戏曲唱腔改革中的几个问题》《谈谈评剧音乐改革中的几个问题》《新歌剧和旧传统》《戏曲音乐表现现代生活的一些问题》《对戏曲音乐的传统程式和群众性的看法》《从戏曲艺术的特点看戏曲音乐创作》等。从他的经典作品到他所撰写的百余篇音乐评论与理论文章、著作来看,反映出马可时刻在以唯物辩证法作为其实践与研究的根基,形成他自身的美学思想,使他自觉地以"民族的、大众的"为其根本,继承和发展民族音乐,推动音乐理论研究,成为发展戏曲音乐理论研究和改革的开拓者。②

作为我党培养的人民音乐家,怀揣"音乐救国"梦想的马可还亲身投入到民族音乐高等教育建设之中,成为中国民族音乐高等专业教育的奠基人之一。1939年,马可受冼星海感召,携夫人投奔革命圣地延安,以第一名成绩考入"鲁艺"音乐系,由于表现突出,被聘为教师。1945年抗战胜利后,马可与"鲁艺"师生奔赴东北解放区,成为东北大学(东北师范大学前身)鲁迅音乐系的创建者和最早的任课教师。

---

① 汪毓和:《为人民的事业贡献终身——纪念马可逝世二十周年》,载《人民音乐》,1996年第4期。
② 尚永娜:《中国民族音乐的丰碑——〈马可选集〉首发式暨马可艺术成就研讨会综述》,载《人民音乐》,2015年第2期。

1949年，中央戏剧学院成立，马可担任音乐室主任、歌剧系主任。1964年，在周恩来总理的亲自提议和关怀下，中国音乐学院成立。这所学院是以国学为根基，独具中国音乐教育和研究特色，培养从事中国音乐理论研究、创作、表演和教育的高级专门人才的高等音乐学府。马可任副院长（首任院长洪波于1965年去世，马可继任院长），是中国音乐学院的奠基人。此外，马可还参与筹建了中国歌剧舞剧院（1964年建立，担任首任院长）；创刊了《戏曲音乐》（后更名为《人民音乐》），并担任主编。

综观马可的一生，既是中国民族音乐高等专业发展的见证人，更是奠基人，为中国民族音乐高等专业发展做出了不可替代的杰出贡献。而助推其走上音乐人生的是河南大学。没有河南大学，也就没有音乐家马可。马可对于中国民族音乐高等专业发展的贡献，也是河南大学对于中国高等教育做出的重要贡献。

第五章 全面抗战时期的河南大学与中国高等教育发展（1937—1945）

第一节　全面抗战时期的中国高等教育

"七七事变"揭开了全面抗日战争的序幕。日军侵犯我中华大地,掠我土地,迫害我精神。面对日军的肆虐横行,为了存续我国文化教育命脉,国民政府制订"战时要当平时看"的教育方针;东、中部高校西迁,坚持在抗日流亡中延续中国文化。面对日甚一日的战争局势,河南大学担负起维护中原文化的责任,在八年的流亡辗转中,坚持传播文明薪火,为传承中华文化做出巨大贡献。

一、日军侵略与大学西迁

1937年,"七七事变"的爆发,拉开了日军全面侵华的序幕。一方面,日军主力从东北入关,突进河北、山东、山西;另一方面,日军从海上登陆,从东南沿海一路向西进军。由于敌我武器装备上的巨大差异和战争的心理准备的巨大悬殊,全面抗战初期,"国民政府"军节节败退,至1938年10月,日军铁蹄踏遍了平汉、津浦、平绥铁路沿线和长江下游沿岸及珠江三角洲地区,控制了华北、华中、华东广大富庶地区。为了彻底摧毁中国,日本帝国主义一方面烧杀抢掠、掠夺战略物资和物质财富,另一方面摧残中国文化和教育,推行文化殖民和奴化教育。日寇的险恶用心就是让中国人"都要变成没有民族文化和国家思想的奴隶臣属和顺民,永远沦落到哀莫大于心死的精神状态,远不能从文化的种子当中培养出复兴民族的事业"[1]。高等教育机构作为中国教育的金字塔顶、中国学术和文化的殿堂,受到了日军有组织、有预谋、长时期、大规模摧残和破坏。为了从这场浩劫中抢救和保存我国文化

---

[1] 杜元载等:《革命文献第60辑:抗战时期之高等教育》,第3页,中国台湾文物供应社,1972年版。

教育的命脉，坚持抗战，东、中部地区的高校西迁，高校师生逃离沦陷区，成为必然选择。

（一）国民政府的教育应对

学校不是军事机关，按照常理不应该成为战争中敌人轰炸的主要目标。全面抗战初期，面对日军"有意识地以大学等文化教育设施为破坏目标"，北京、天津、上海等地的高校均猝不及防，校舍、图书和设备大都毁于炮火，损失惨重。为紧急应变起见，国民政府教育部先于1937年8月12日颁布了《各级学校处理校务临时办法》19条，对战争期间有关学校的开学、停课、关闭，学生的转学、借读、资助等问题做了临时规定。8月27日，又颁布了《总动员督导教育工作办法纲领》，指出："战争发生时，全国各地各级学校暨其他文化机关，务力持镇静，以就地维持课务为原则。"[①]由此可见，战争初期，"国民政府"虽然一定程度上意识到了战争对文化教育事业的危害，但并未从心理上真正做好应对的准备。随着战事的发展，日军摧残中国文化教育事业的企图日益彰显时，国民政府才逐渐有了较为清醒的认识，开始积极致力于各级各类教育事业的全面应变、调整和发展。

1938年3月，新任教育部长陈立夫发表《告全国学生书》，提出："教育为立国之本，整个国力之构成，有赖于教育，在平时然，在战时亦然……非战时教育之必有异于平时也。"[②]1938年4月，国民党召开临时全国代表大会，制定了《战时各级教育实施方案纲要》，提出了战时教育的"九大方针"和教育实施的"十七要点"。1939年3月4日，蒋介石在第三次全国教育会议上发表《今日教育的基本方针》的讲话，正式明确了"战时要当平时看"的教育总方针。

在"战时要当平时看"的教育总方针指导下，"国民政府"一方面不断颁布战时教育应对策略，尽力保证中国文化教育事业的正常发展进程不因战乱而中断，另一方面，利用战争时期，对全国进行一定的整顿和调整。据不完全统计，全面抗战时期，除上述法令法规外，国民政府还先后颁布了《国立各院校统一招生办法大纲》（1938年6月）、《师范学院规程》（1938年7月）、《公立各院校统一招生委员会章程》

---

① 中央教育科学研究所：《中国现代教育大事记（1919—1949）》，第374页，教育科学出版社，1988年版。

② 陈立夫：《告全国学生书》，载《教育通讯》（创刊号），1938年3月26日。

（1939年）、《大学及独立学院各学系名称》（1939年）、《大学行政组织补充要点》（1939年5月）、《大学行政组织补充要点与独立学院及专科学校行政组织补充要点》（1939年5月）、《专科以上学校学生学业成绩的考核办法》（1940年5月）、《大学及独立学院教员聘任待遇暂行规程》（1940年10月）、《国立中等以上学生贷金暂行规则》（1941年）、《修订师范学院规程》（1942年8月）、《非常时期国立中等以上学校及省私立专科以上学校规定公费生办法》（1943）等数十个教育法令法规。

虽然，政策的制定并不意味着就一定能够全面落实，并且在当时的战乱中确实也有不少措施流于形式。但从中，我们却可以窥见当时的国民政府集中财力、物力和人力办教育的决心，既着眼于战时抗敌之需要，又放眼于战后建设之必要，加强教育管理，提高教育质量，培养人才的良苦用心。这些条文或政策不仅汇集了教育工作者和专家学者们的经验，更重要的是能够从战争时期的实际出发，有利于促进全国教育有计划、有秩序地发展，对中国教育的现代化进程发挥了重要的积极作用，成为全面抗战时期教育工作的指南。①

（二）高校西迁

1931年，"九一八事变"后，饱受敌寇摧残的东北大学被迫迁入关内，先在北平复课，后暂设开封，再迁西安，拉开了抗日战争期间高校内迁的序幕。1937年，"七七事变"后，平津沦陷，南开大学直接被日军的炮火炸为废墟，北京大学、清华大学也遭到日军的严重破坏，许多珍贵的图书和仪器都被烧毁。北京大学、清华大学、南开大学被迫南下，迁至长沙，组成长沙临时大学，后因战局发展，三校再西迁昆明，组成西南联合大学。三校的西迁拉开了全面抗战以来高校大规模内迁的序幕。伴随着抗战局势的发展，除少数在后方和租界的学校坚持在原地办学外，几乎所有的高校都加入了内迁的大行动，且与整个抗日战争相始终。②

从时间上看，高校内迁主要有三次高潮：第一次大迁移，自1937年全面抗战爆发至1938年武汉、广州失陷，约为一年半左右。全面抗战爆发后，日本对我国的教育文化机构和设施进行了大规模、长时期、有计划的猛烈轰炸和破坏。加上我国高

---

① 余子侠：《民族危机下的教育应对》，第170页，华中师范大学出版社，2001年版。
② 刘海峰、史静寰：《高等教育史》，第139页，高等教育出版社，2010年版。

等教育的中心北平、天津、上海、南京、武汉、长沙、广州等均是当时的战场，故高校所受破坏尤为惨重。由于战火的迅速蔓延，日军进攻迅猛，形势危迫，"国民政府"事实上无力组织战区高校的大规模迁移安置工作，主要就国立重点大学的迁置做了具体指示和安排。"国民政府"安排包括北京大学、清华大学、南开大学等在内一部分北方高校，南下长沙，作为中转，安排北洋工学院、北平师范大学、北平大学等另一部分高校西迁西安，以上两地安置了北方重要的国立高校。而位于华东地区的中央大学、浙江大学、交通大学等重点高校由于战乱来不及妥善安置，"国民政府"只得指令其西迁自寻出路。对于省立高校，"国民政府"则无暇顾及，省立高校一般跟随省政府省内迁移。这次迁移浪潮实则由四次小高潮组成：一是平津沦陷前后，平、津、冀东一带高校相继南下；二是沪、宁、苏、杭失陷前后，当地高校大批西迁或南下；三是武汉、长沙沦陷前后，当地高校和早先迁到该地区的华北、华东地区高校继续西迁或南进；四是广州、福州等被占后，广东和福建沿海城市的高校向本省内地山区的迁移。由于上述地区是我国的高等教育中心，集中了全国绝大部分的高校，加之国民党在军事上节节败退，战局急剧恶化，所以这次高校内迁也是规模最大的一次内迁。据统计，这一时期，内迁的高校大多是国立及省立高校，可查考的约 75 所，约占 1938 年底我国高校总数（97 所）的 77%；约占全面抗战时期高校内迁总数 124 所的 60%。①

第二次大迁移，自 1941 年冬太平洋战争爆发至 1942 年上半年，约半年多时间。太平洋战争爆发后，美英对日宣战，使原来避居于美英在华租界（主要是天津和上海租界）和香港的高校以及英美在华所办高校，或被迫停办，或迁往内地。这些高校基本是私立学校和教会学校。迁往地区主要是西南诸省以及广西、广东及福建等省的内陆地区。同时，日军为配合太平洋战场，在中国战场采取了相应的军事行动，使滞集在浙、赣、闽、粤、湘等地的一些高校被迫再迁移。例如，1942 年 4 月，日军发动的浙赣作战，使在浙赣两省的一些高校仓皇他迁。总计这一时期迁移高校近 20 所。②

第三次大迁移，是 1944 年 4 月至 1945 年初的正面战场豫湘桂大溃败时期。"国

---

① 徐国利：《关于"抗战时期高校内迁"的几个问题》，载《抗日战争研究》，1998 年第 2 期。

② 同上。

民政府"军队的溃败使日军迅速占领了豫湘桂三省的大部和粤闽鄂三省的部分地区。日军前锋还进逼贵阳,重庆哗然,西南震动。结果引发了广西、贵州的一些高校和早先云集在广西、贵州、湘西、粤北的大批高校涌向四川、黔北。同时,日军为巩固大陆交通线的侧翼,1944年底对赣中南发动进攻,导致1945年1月江西省战时省会泰和的大撤退,聚集在泰和的8所高校四下逃散。总计这一时期迁移高校约26所。这次迁移基本是再迁移性的。除上述3次内迁高潮外,由于战局不断变化和其他原因,高校的迁移从未间断。这些高校加上因迁移时间无明确记载而难以推考的高校近50所。①

战争给我国高等教育事业造成了不可估量的损失。高等学校数目从1936年的108所减至1937年的91所;教员从7560人减至5657人;学生从41922人减至31188人。②高校财产损失包括校舍、图书、仪器设备等,"损失之重,实难数计"。仅"七七事变"后三个月内,高校所受损失总计达法币21036842元。③截至1938年8月底,据不完全统计,已达法币33048790元。④"此项教育机关,关系我国文化之发展。此项损失,实为中华文化之浩劫"。⑤

全面抗战初期,虽然我国高等教育事业损失惨重,但高校内迁,摧毁了日本帝国主义毁灭中国教育的梦想,也使其企图利用中国的文化教育阵地、教育设施来奴化中国人民的妄想无法实现;保存了我国教育的精华,使中华民族的传统文化不致因抗战而中辍;同时,也培养了一批有知识、爱国家、爱民族、为抗日救亡和祖国建设而献身的人才;最后,高校内迁是全面抗战时期中国政治、经济、文化重心西渐运动的重要组成部分,它打破了西南、西北等边疆和内陆地区长期封闭、发展停滞的状态,从而加快了这些地区现代化的进程。所以,从整体而言,高校内迁,是中国知识分子主动应战的表现,是中国抗日战争的一部分,中国人民在这场民族危机中表现出来的激昂的爱国热忱和艰苦奋斗的报国精神以及不屈不挠

---

① 徐国利:《关于"抗战时期高校内迁"的几个问题》,载《抗日战争研究》,1998年第2期。
② 杜元载等:《革命文献第60辑:抗战时期之高等教育》,第86页,中国台湾文物供应社,1972年版。
③ 《大公报》,1937年10月21日。
④ 顾铳秀:《抗战以来我国文化教育之损失》,载《时事日报》,1938年10月15日。
⑤ 徐国利:《抗战时期高校内迁概述》,载《天津师范大学学报》,1996年第1期。

的全民团结奋进的品质，是抗日战争取得胜利的重要保证，也是中国高等教育得以维持和发展的基础。[1]

二、日军入侵与豫校西迁

1937年，抗日战争爆发后，刘峙任国民党第一战区副司令长官兼第二集团军司令。在平汉路战役被日军打的一溃千里，从保定溃退到新乡，由新乡败退到开封。华北沦陷，中原危机。河南人民面临着深重的灾难，河南教育亦遭受空前的浩劫。

危亡的时局使河南省教育厅不得不做出中等以上学校"凡已受袭击或易受袭击区域之学校，一律向安全地带转迁"的紧急处理。只是当时的中原大地虽然面临险境，但学校还未落于日寇的铁蹄之下。河南省教育厅尚能较为从容地将迁移的办法、迁移的地点、迁移的经费开支及其具体部署上报河南省政府，请求决议施行。其决议要点为：（1）各学校所在地接近战区时，应即准备候令迁移。（2）迁移地点由厅令指定，青年求学便利、食粮供应充足之后方较为安全地带。（3）迁移时，各学校应实行军事编制，严格军事管理。由校长、军事教官及全体教职员率领，依行军办法向目的地开拔，并拟具行军课程，随时讲授训练。（4）迁移时学生行李每人以20斤为限，自带20斤（女生除外），余由学校雇车运送，学生每人每日由学校补助伙食费1角5分，由校方统筹办理。（5）学校重要图书仪器由校运至交通便利地点（每次迁移均以命令指明地点），再由本厅设法运至适当地点保存。（6）各校迁移之临时校舍均以利用原有公共房舍为原则，十分不敷用时，得呈准略为修建设备则力求简单，应用设备费以全体学生人数计，每人2元5角之总额为最高额。（7）省立、私立中等学校迁移地带及日期由本厅规定。县立学校由县教育局规定，省立学校校舍由厅预筹，私立学校由校预筹，县立学校由县教育局预筹。[2]

迁移的各项措施决定后，教育厅便通令各级学校遵照执行，随时等待着迁移。1938年5月，开封又将失于敌手，河南教育厅也随同省政府迁至南阳。从此，河南国统区的教育不得不背负着战争的厄运，在自己疮痍斑斑的国土上开始了长达八年

---

[1] 刘海峰、史静寰：《高等教育史》，第141页，高等教育出版社，2010年版。
[2] 王日新、蒋笃运等：《河南教育通史》（中卷），第333页，大象出版社，2007年版。

的流亡生活。

资料表明，全面抗战八年之中，河南省中等以上的学校除县立中学因环境困难停办14所，私立中学因经济拮据停办44所外，其余各校从1937年到1945年迭经辗转，相率而迁。在这期间，各校教师虽竭尽全力，办学不辍，但囿于时局的动乱、图书仪器的匮乏，学校的教学质量、师生的身心健康以及设备资料的保存等方面还是受到了很大损失，对河南省的教育不能不说是一场大的劫难，尤其是抗战末期的陕西迁移，河南教育濒于萎缩，几乎奄奄待毙。[①]

流亡期间，河南仅有的三所高校（省立河南大学、私立焦作工学院和省立水利工程专科学校）也未逃脱战争的厄运，在领土片片沦丧的危难之中，颠沛流离，数易他乡。

位于豫北的私立焦作工学院首当其冲。日军于1937年10月14日攻占豫北重镇安阳，焦作工学院的安全受到严重威胁。为此，中福公司总经理、焦作工学院校董会董事长孙越崎"以董事长的地位身份也要求焦作工学院将全部设备、仪器、图书、标本和实习工厂的机床等教学用具，连同教职员工和学生一并迁往西安"。11月抵达西安后，选定临时校舍于西安端履门，并借用陕西省立高中部分教室及西安机械厂部分房屋恢复上课。1938年，日本兵临西安。于是，焦作工学院决定再迁甘肃天水。同年，"国民政府"教育部长陈立夫宣布国立西北联合大学工学院与国立东北大学工学院及私立河南焦作工学院合并改组为国立西北工学院。

1938年1月，豫北大部分地区已改为游击区，济南、徐州吃紧，开封、郑州危在旦夕。河南教育厅命商丘、开封、郑州各校于寒假期间举行迁移。省立水利工程专科学校随迁入南阳镇平。1939年5月，新唐（新野、唐河）战事吃紧，教育厅又命镇平各校分别向后方迁移，省立水利专科学校迁至内乡七里坪。同年6月，各种战事有所好转，河南教育厅感觉众多学校集中一处，未免有远道负笈之苦，便将省立各校校址重新调整或者回原地。省立水利工程专科学校又被迁回镇平石佛寺。后又辗转内乡县、陕西省宝鸡市，直至1945年12月迁回开封旧址。

[①] 王日新、蒋笃运等：《河南教育通史》（中卷），第333页，大象出版社，2007年版。

三、抗日战争中的河南大学

"七七事变"后,抗日战争局势愈发恶化,为存中华文化之脉、育国家之栋梁,河南大学身负重任,八年来辗转流亡至鸡公山、镇平、嵩县、潭头、荆紫关、宝鸡等地。行之所至,播撒文明,弦歌长存。抗战期间,烽火育才,河南大学从不松懈;纵使条件艰苦,河南大学依旧执着坚韧,乃至后来升格国立。河南大学为维护中原文化血脉、传承中华文化做出了巨大的贡献。

(一)迁移豫南

河南处于抗战前线,省城开封中又有多所高校,为了保护人才,为长期作战做准备,省政府下令开封中等以上学校的学生皆集中进行战时特种训练,等待省政府确定迁移地址后搬迁。关于河南大学迁移的地址,各界颇有争论,此时本省人士希望河南大学在省内迁移的想法尚不是主流,刘季洪校长主张效仿平津京沪等高校向四川迁移,所以他决定河南大学暂避豫南,一旦时局恶化,或从鸡公山南下武汉,沿长江入川;或者从镇平、淅川进入陕西,经汉中到四川。这一想法得到了河南省教育厅的同意。①

1937年12月中旬,时任河南大学校长的刘季洪带领大家自开封迁徙,暂借鸡公山为校本部所在,将农、医两院迁至南阳镇平。在河南大学进入鸡公山之前,东北中学已在此办学两年,在教育部和东北中学的帮助下,河南大学得以快速地包租下当地空闲房舍作为宿舍及教学楼,校本部也设在当地的公安饭店。1938年春节过后,学生纷纷赶赴鸡公山和镇平新校址报道,到鸡公山报道的学生很少,每个系也仅有二三个至七八个人不等,许多教师及家眷也未能随学校前来,学校所开的课程也仅是因人而设。尽管如此,老师们也仍旧一丝不苟地教学。由于新校址距教会区较近,英文系教授何乔森常鼓励学生三五成群去接近外国人,以此提高英文水平。全面抗战开始后,武汉成为抗战后方的重要基地,且一度成为全国抗战的政治、军事和文化宣传中心。中共中央长江局成员董必武在鸡公山成立了豫南民运专员办事处,3月李宗仁带领由所招收的流亡学生组成的青年抗敌剧社到达鸡公山,并在新店接受

---

① 陈宁宁:《河南大学抗日流亡办学纪实》,第18页,河南大学出版社,2012年版。

专业训练。在鸡公山,学生们见证了不少历史上的重要时刻。但是,随着战局推进,国势维艰,经费困难,教学工作的维持和教职工日常生活的问题常常使刘季洪觉得独木难支,最终萌发退意。4月初,刘季洪向省政府递交辞呈。6月6日开封沦陷的消息传来,虽然省政府未对辞呈做出批示,刘季洪依然积极对学校下一次搬迁进行筹划。在去向不定之时,6月下旬鸡公山管理局转湖北省政府电:"奉委座手令",限河南大学"于本月底全迁移,不得延误"。① 刘季洪只好决定将校本部及文、理、法学院于27日迁移至汉口。之后便在武汉等待河南省政府再次转迁的命令。师生们在饥饿、疾病、焦虑中苦苦等待,还正值武汉外围战事告急,赴川困难重重。一筹莫展之际,河南省政府决定将河南大学留于省内办学,并令滞留汉口的刘季洪将图书仪器运往镇平,学生迁往镇平,学校合二为一。并且鉴于刘季洪去意已决,在张钫的极力举荐下,河南省政府决定让王广庆代领河南大学校长。8月,新任校长王广庆与农、医两院迎校本部及文、理两院于镇平会合。报道后,学校将院系进行重组,此时河南大学设有文、理、医、农四个学院。

(二)进居伏牛山

1939年春,以河南唐河、新野为主战场的随枣战役爆发,局势紧张,镇平离新野、唐河仅有一百多里,省政府未雨绸缪,命豫西南各机关、学校做好搬迁准备。王广庆派人前往多地考察,最终将目光放在了四面环山、交通不便且有多个故交好友居住的嵩县。战事吃紧,河南省政府同意河南大学迁往嵩县的电报意向,师生拜别镇平,迁往嵩县。经王广义一行人考察,他们认为"世外桃源"潭头是个读书做学问的好地方。1939年5月,校本部与文、理、农三院进驻潭头。而医学院则留在了嵩县县城,这样不仅可以缓解潭头校舍困难的问题,还可以为嵩县百姓提供服务,再则河南大学在医学院办公处旁设立驻嵩办事处,也便于内外联系。

40年代初,河南连续发生了旱灾和蝗灾。1943年2月1日,大公报标题为《豫灾实录》的报道对河南1942年的旱灾作了报道:"兹以河流来别:临黄河与伏牛山地带为最重。"河南大学此时所处的伏牛山一带旱灾尤为严重。除此之外,"黄河汛区一带,滋生了蝗虫;栖集厚积数寸,青苗被扫一空,飞翔时蔽天掩日,响声如雷,

---

① 陈宁宁:《河南大学抗日流亡办学纪实》,第36页,河南大学出版社,2012年版。

翼下如雨"①，蝗灾肆虐。因此，1942年全省几乎绝收，出现了一场空前的大饥荒。如此一来，物价大幅上涨，为维持师生正常生活与教学，经费自然捉襟见肘。而且，1937年5月，东北大学由省立改为国立。后来厦门大学、湖南大学、云南大学、广西大学皆相继升为国立。此时升格国立俨然成为一股风潮。且抗战之前，河南大学在中原一带办学办得有声有色。出于长远考虑，王广庆萌发"争取改为国立大学"的想法，以此保障经费。有了念头，便开始付诸行动。要创立国立大学，首先各学院要有一流国立大学的水平。理学院院长李俊甫曾对王广庆提出理学院教学调整的方案：调整各系课程，精简陈旧繁琐课程，增加当今世界新发展的课程，以面向世界，跟上时代潮流；根据抗战局势，在理学院开展国文和以战时教育为主要内容的社会学，以适应世界科学发展过程中文、理渗透的趋势，也增强学生的爱国情感。为了早日改升国立，学校还加紧壮大教师队伍，在这一时期聘任了一大批教师，如任访秋、徐玉诺等。1940年，由国民参政员组成的华北慰劳视察团正式组建，视察团被河南大学在此艰苦条件下仍坚持办学的精神打动，专程视察并将河南大学的情况单列一项进行汇报。河南大学在这段时期的办学得到了肯定，这样一来，更坚定了河南大学申请国立的信心。1941年3月，河南大学向省政府提交申请国立大学的报告。1941年夏天，时任教育部社教司司长的刘季洪代表教育部来到了河南大学，检查是否有申报国立的资格。刘季洪对河南大学器材图书保护之完好而欣慰，对河南大学在如此艰苦条件下，在教学上创出一流的教学水平且结合山区特点搞科研表示了由衷的赞赏。他表示回部后，一定尽力推荐，多方呼吁，早日促成母校改为国立。除此以外各地校友会和众多校友也在为河南大学申请国立努力，1939年设于重庆的旅川校友会和1941年设于西安的旅陕校友会联络甘肃、重庆分会，校友们纷纷出谋划策，奔走呼吁。终于，1942年3月10日"国民政府"行政院会议研究批准河南大学改为国立河南大学，时任"中央检察院"院长的于右任先生为河南大学题字。河南大学一众师生在上神庙操场举行挂牌仪式，鞭炮声起，锣鼓喧天中，河南大学迸发出新的活力，使之后的各项事业都登上了新台阶。改为国立当年，河南大学参加了西北区六所国立大学的联合招生。在洛阳、武昌、西安、武功、兰州、天水等地开设新招考点，招生范围扩大。同时，学校派出郝象吾、张邃青等参加联合招生

---

① 鸿唳：《本行通讯》，1943年第70期。

工作，为河南大学把好招生关，严格执行招生条件，丝毫不顾世故人情所托，为河南大学选出大量合格新生。到1943年，学校规模扩大，在校师生数量均有增多，有了经费保障，河南大学各项事业得以蓬勃开展。教师待遇有所提高，教学用具的种类数量有所增加，教学用房和宿舍有所改善。加上成为国立后河南大学严把"进口关"、"教学关"、"出口关"，教学质量保持较高水平，呈现出一幅欣欣向荣的局面。

（三）暂避荆紫关

1944年局势骤转，5月11日早上，日军已占领嵩县县城。局势紧迫，经校务委员会商议后决定，河南大学撤离潭头。5月12日，部分师生撤离潭头。5月14日又有一部分教职工撤离。据统计，日寇制造潭头惨案，河南大学罹难9人，失踪25人，在日寇肆虐潭头时，当地百姓给河南大学师生提供了极大的帮助，甚至不惜牺牲性命。潭头陷落当天，剩下的部分河南大学师生在校长带领下，前往荆紫关。

1944年7月，国立河南大学历尽艰辛，越摩天岭，抵荆紫关。

此时校址仍未敲定。许多人士呼吁河南大学留在河南，或为战争即将胜利故，或为河南子孙计故。8月，教育部下令河南大学在河南选择合适的校址。经多方考虑，河南大学决定到荆紫关办学。鉴于医学院许多师生已在西安，学院器具损失严重，已不具备在荆紫关办学的条件，因此便使医学院暂迁西安。在各地的河南大学师生也通过不同途径得知河南大学暂落荆紫关的消息，纷纷从各地前来。经历了潭头巨变，思前想后，王广庆向教育部汇报了迁往荆紫关后河南大学的现状并递交了辞呈。王校长在河南大学六年，认真办学，培养了一大批抗战建国人才，更是带领河南大学升格国立，贡献卓著。见王广庆去意已决，1944年10月通过决议由张广舆（字仲鲁）继任河南大学校长。

此时河南大学百废待兴，上任前，新任校长张广舆在重庆一边筹集办学经费，一边思考将从三个方面开展工作：一是吸取潭头办学经验，提前选好新校址，应未雨绸缪；二是尽快补充搬迁时损失，尽快开课；三是安置赤贫的师生，尤其是滞留西安的医学院师生。经决议，滞留西安的医学院师生将借助西北联大医学院重新办学，不日迁往陕西汉中复课。张广舆校长来校，带来了400万元资金，随后教育部又汇来400万元办学、设备购置费用。至此，河南大学的教学科研工作渐渐全面恢复。1945年1月至2月期间，张广舆先后召开三次会议：第一次围绕经费使用汇报问题,杜绝浪费;第二次围绕制定并执行严格的考试制度并创办学术评议会的问题,提高教学质量;第三次围绕论文比赛与教师工作的奖励问题,激发科研动力。这三次会议使学校各项工作渐渐进入正轨。

(四)落脚宝鸡

好景不长,1945年3月下旬,日军进攻陕西,师生拜别荆紫关,但由于校址未定,先将图书等暂存于西安火车站。张广舆校长也立即赶往西安与张钫会面,请求其帮忙解决河南大学新校址问题。自1938年张钫自鸡公山移居西安后,就在此兴办煤矿,创办西北中学,致力于兴办教育和实业开发,此时张钫任军事参议院副议长,也是河南同乡会会长。他凭借身份利用他与陕西政界友人的关系,多方协商后,将宝鸡以东的底店一带暂划为河南大学新校址。

新校址敲定后,张广舆与郝象吾分工,郝象吾留在河南大学暂代教务长稳定人心,张广舆前往重庆向教育部汇报此次河南大学应变经过,并且再次提出将医学院迁往宝鸡,教育部批准。5月22日,医学院重归河南大学本部。紧张筹备后,6月1日河南大学在宝鸡复课。此时,由于身体问题,张广舆校长向教育部提出辞呈,6月12日,教育部发布训令同意张广舆辞呈并任命田培林继任河南大学校长。田培林校长到校后提高教职工待遇,提高学生公费,以应对通货膨胀的社会经济状况,河南大学全体师生克服困难,展开教学工作。由于河南大学与其他高校距离较近,因此常协作办学。例如,国立西北农学院其前身为国立西北联合大学农学院和河南大学农学院畜牧系,1938年奉教育部令合并。河南大学组织学生到国立西北农学院参观学习,还多次借用西北农学院教师和实习场地,学习氛围浓厚。8月份的夜晚,宝鸡鞭炮声不断,第二日一早所有报纸发布日本投降的号外。特大喜讯传来,河南大学师生喜极而泣。不久,战争胜利的欢愉下浓浓的思乡情涌现,多数同学迫切希望返汴,顺从民意,田培林校长一边安排赶课,提前放寒假,一边筹备开封河南大学校园的整理修缮工作。考试结束后,河南大学在铁路部门的帮助下立即东迁。1946年元月河南大学重返开封,河南大学的八年流亡办学经历至此结束。

第二节　全面抗战时期河南大学对中国高等教育的影响

一个时代有一个时代的精神底色。1937—1945 年面对日军侵袭，全国上下进行了一场惊心动魄的抗日大战，经受了一场艰苦卓绝的历史大考，经过全体中华儿女的浴血奋战，取得抗日战争的胜利果实。同日军做斗争，不仅是物质的角逐，更是精神的对垒。在这场同日军的殊死较量中，河南大学师生以英勇无畏的气概，铸就其忧国忧民、弦歌不辍、播撒文明、自强不息的河南大学抗战精神。

一、河南大学抗战精神汇聚成中华民族伟大的抗战精神

1937 年到 1945 年是意义重大的八年。八年国难中全体中华儿女浴血奋战，终于取得抗日战争的伟大胜利，一雪近代以来的民族耻辱，实现了中华民族由衰败到重新振兴的根本转折。抗战八年对河南大学而言也是极为不平凡的八年，值此民族危亡之际，河南大学师生迎难而上，高擎科学、民主和爱国主义的旗帜，冲破重重阻力，为传承中华民族之魂魄、延续河南教育之文脉、维护国家和民族利益而英勇斗争。虽历经迁移苦难、战火洗礼，河南大学反而展现更加顽强的生命力，河南大学师生用行动、鲜血乃至生命铸就河南大学抗战精神丰碑，与其他高校共同构筑了抗战时期的大学精神，为丰富高等教育精神、促进高等教育的发展、凝结人民群众齐心抗战做出了突出贡献。

（一）战火中孕育的河南大学抗战精神

抗战八年，河南大学搬迁五次，从鸡公山到镇平、嵩县、潭头、荆紫关、陕西宝鸡，多则数年，少则数月。不仅办学条件十分艰苦，而且河南大学师生还遭受到日寇的疯狂迫害和残杀，这在当时全国高等学校中都是罕见的。但是，他们在频繁搬迁、辗转流徙之际，每次都稍事休整，立即复课，表现了顽强的办学毅力和坚韧的学习精神，践行了传承中华民族之魂魄、延续河南教育之文脉的誓言，铸就了河南大学抗战精神之丰碑。

河南大学抗战精神是一种忧国忧民的爱国情怀。1940 年诞生的《河南大学校歌》

便是"河大"人爱国情怀的集中体现。嵇文甫教授的词与陈梓北教授的曲相得益彰，在稍缓进行的速度中，激昂与雄壮、悲壮与庄严的旋律相互交织，响彻潭头，强烈表达了师生的爱国情怀，极大地增强和鼓舞了"河大"人坚守抗战建国、培养人才的阵地以及将抗战进行到底的勇气和信心。①

河南大学抗战精神是一种弦歌不辍的教育理想。在屡次迁徙中，无论生活条件何等艰苦，稍作休整，马上开始正常教学。1939年，迁潭头后，因战乱搬迁和法学院合并等因素，所设院系和课程受到影响，如理学院与战前相比，门数约减少1/3。此时潭头之外的战场炮声隆隆，而教授们、学生们却从容淡定，积极面对教与学，唯心中长存报国之志。他们期冀和平到来之际，能为国家、为民族、为社会贡献平生所学。

河南大学抗战精神是一种播撒文明的传道操守。河南大学在潭头兴办学校，积极开展活动演出，为当地文化教育发展夯基筑台。河南大学在潭头先后创办伟志小学、潭头幼儿园和夜校，教育系还办有简易师范和体育训练班，改善了当地教育极为落后的情况，更播撒了文明与科学、抗日和救国的种子。

河南大学抗战精神是一种身处危难却自强不息的精神。在潭头偏远山区办学，常遇诸多困难。1940年，"民国"教育部派人来校视察，结束后，范锜在报告中说："战区学生每月膳食贷金十元，实不足以果腹，何有营养？每天每餐仅有二个馒头，炒少许青菜而已。一般设施，均极简陋，学生租住民房，狭隘不堪，光线空气均未见佳，教室均泥地，无法清洁。"即便如此艰难，师生们仍然不忘教育责任，乐观面对困难，自立自强，坚定前行。②

河南大学抗战精神是一种不畏强暴英勇抗争的精神。面对敌人的疯狂袭击，河南大学学生魏凡在其文章中写道："读过此书过后，益信寇机之轰炸，只能毁灭我地面的物资，决不能毁伤我们的精神，战斗的精神、文化，反在飞机威胁之下而更发扬充实起来了！"③1944年5月日寇扫荡潭头，制造了震惊中外的"潭头惨案"，河南大学师生用自己的鲜血和生命捍卫了保家卫国的誓言。

河南大学抗战精神是一种守护文化的神圣使命。"学校辛勤劳苦地转移，教授们、

---

① 陈宁宁等：《河南大学抗日办学流亡纪实》，第117页，河南大学出版社，2012年版。
② 陈宁宁：《河南大学抗日史料年编》，第183、223页，河南大学出版社，2015年版。
③ 魏凡：《抗战中的河南大学》，载《民意周刊》，1940年第40期。

同学们颠沛流离地跟着走,忍着物资与精神的不便和不愉,受着从来没有受过的苦难。这一切,为了什么呢?为了在战争与炮火中保存、培养并发扬祖国的文化!"①河南大学在艰难困苦中,不遗余力地传播文化,用文明之光驱散愚昧。师生们对文化的崇敬与呵护,对知识的渴望与执着,也深深感动着、影响着走过的每一个地方。

(二)河南大学抗战精神的历史地位

河南大学抗战精神是河南大学师生在抗战时期培育形成的,是河南大学师生传承中华民族之魂魄、延续河南教育之文脉、维护国家和民族利益而英勇斗争的生动体现,也是中华民族不畏强暴、英勇抗争精神的继承和弘扬。河南大学抗战精神作为全面抗战时期大学精神的重要组成部分,丰富了大学精神内涵,为指引全国高校师生学为抗战做出了突出贡献。

"七七事变"后日寇大举进攻,国势危如累卵。战争不仅是国家间经济军事的较量,更是不同文化间的碰撞博弈,"欲灭其国,必先灭其史;欲灭其族,必先灭其文化",日寇对此深以为然。自北向南,从天津到南京,从南开大学到中央大学,日寇飞机有目的地轰炸致使校园化为一片火海,中国高等教育面临灭顶之灾。面对强敌,中国军民在拼死抵抗的同时,不得不以空间换时间,苦等国际形势之变化。1937年前,中国高等教育机构大多集中在平津和沿海地区,因此大撤退成了1937年夏多数高校的主题。在仅有的时间里,在日寇的轰炸追击下,沿海地区高校为保存学术实力、延续文化命脉、培养急需人才,有计划、成建制、大规模地向内地转移撤退。据统计在1937—1938年,因战事迁移后方的专科以上学校就有52所,迁入上海租界或香港的有28所,占战前中国高校总数的75.4%。②中国高校师生们心怀抗战必胜的坚定信念,不畏路途遥远、艰难险阻,实现了战时高校大撤退的奇迹。

在诸多撤退转移的高校中,也有河南大学师生的身影,他们同样心怀必胜之信念,心系国家之安危,视救亡图存为己任,在战火纷飞的华夏大地上艰难前行。但与诸高校不同,河南大学师生没有选择撤往川、陕、滇等大后方,而是选择留在河南,坚守在抗战最前线,坚守在这片他们赤诚热爱并愿为之付出一切的中原大地上。

---

① 魏凡:《抗战中的河南大学》,载《民意周刊》,1940年第40期。
② 田培林、陈东原、王万钟等:《第二次中国教育年鉴》,商务印书馆,1948年版。

放眼全面抗战中的中国大学,坚守前线办学的大学屈指可数,这也是河南大学与国内大多数高校抗战经历的本质不同。抗战八年,河南大学搬迁五次,从鸡公山到镇平、嵩县、潭头、荆紫关、陕西宝鸡,多则数年,少则数月。在及其艰苦的条件下,师生们始终不忘责任担当,他们视学术为生命,努力学习科学文化知识,力争学有所成,早日报效国家。"即使在最平常的日子,图书馆也是坐满了人。实验室中的活动是没有停止过的。夜里,过了十二点,宿舍里还常常透露出灯光,早晨天刚黎明,你可以看到山坡上,河滩里,都有读书的同学。有时雨过天晴的清晨,你可以听到各处外国语的读音在和蛙鸣争噪。"① 河南大学在战火纷飞的前线依旧弦歌不辍,这本身就是力量与勇气的体现,用实际行动证明日寇企图瓦解中国人民抗争意识、奴化中国人民精神世界的想法纯属无稽之谈,河南大学不会屈服,一息尚存就会殊死抗战,直到胜利之日到来,正是这钢铁般的信念铸就了河南大学抗战精神。河南大学的经历及其所体现的河南大学抗战精神,极大地鼓舞了河南人民乃至全国人民的抗日热情,为全国高校树立了优秀典范,鼓舞全国高校弦歌不辍、为国育才、服务建国与抗战,延续中华民族之魂魄。

全面抗战初期,高等教育遭受着极大的危机,首先是大学关门论的意见,大逞威风,战时教育专家讥笑着高大森严的黉宫,认为毕业即失业,学生即学死的现象,已经宣告大学教育的破产,大学在炮火的炽炼中,变为抗战的累赘,而需要加以廓清。② 河南大学师生用行动给予了这种观点最好的回击。作为一所高校,八年里河南大学虽在前线饱受磨难,但广大师生始终不忘守护河南文明火种,延续中华民族魂魄的历史使命和学为抗战、报效祖国的责任担当。河南大学坚持前线办学,在潭头有师生扎根农田,投身科研,培育出"河南大学 H-1、H-2、H-3"三种小麦;有师生走进群众,科普科学卫生知识,驱散迷信,带来科学;还有师生上演《献金救国》、《救亡六部曲》等抗日剧目,激起广大人民群众的抗日热情。河南大学坚持前线办学发挥了战时高校鼓舞军队士气、凝结人民力量、反对奴化教育等特殊作用。作为中国高校中的一员,河南大学用行动提升了高等教育在战时中国的地位,协力避免了高等教育在中国的自我瓦解,共同促进了高等教育在战时的曲折发展。

---

① 魏凡:《抗战中的河南大学》,载《民意周刊》,1940 年第 40 期。
② 欧元怀:《抗战十年来中国的大学教育》,载《中华教育界》,1947 年第 1 期。

纵观全面抗战八年时光，有七年河南大学都留在河南省内，在战火最前沿坚持办学，这绝非偶然，而是河南大学延续河南教育文脉的使命担当和对故土深切情感的最生动体现。河南大学师生深知离开河南的河南大学便成了无本之木、无源之水，失去了河南大学的河南便失去了精神文化的高地、守护文明的卫士，民心士气必然大大受挫。河南大学坚守河南本省，为保卫中原文化、延续中华民族魂魄做出了巨大贡献，坚定了全国人民抗击日寇、保家卫国的决心，更播撒了文明与科学、抗日与救国的火种。作为当时全华北唯一最高学府，河南大学的流亡办学事迹使全国为之动容。其集中体现的河南大学抗战精神更备受世人尊敬，鼓舞着全国高校弦歌不辍地进行教育事业。

（三）河南大学抗战精神的当代价值

河南大学抗战精神是以爱国主义为核心，学为抗战为指引，艰苦奋斗、自强不息、不畏强暴、守护文化、播撒文明的精神。河南大学抗战精神不仅在全面抗战时期发挥了巨大作用，也深深影响着当代每一位"河大"人。

《河南大学校歌》是河南大学抗战精神最生动的体现。这首诞生于1940年的校歌由嵇文甫先生作词，陈梓北先生谱曲。时至今日，每当唱起《河南大学校歌》仿佛将我们带回了那段峥嵘岁月。"嵩岳苍苍，河水泱泱，中原文化悠且长；济济多士，风雨一堂，继往开来扬辉光。"当时，正值中华大地遭受日寇侵略者的铁蹄践踏，河南大学师生不得不离开开封校址，辗转搬迁，居无定所，但在如此艰难困苦的情况下，河南大学师生依旧选择坚守前线办学，为保护和传承中原文化而齐聚一堂。"四郊多垒，国仇难忘，民主是式，科学允张，猗欤吾校永无疆！"面对日寇的疯狂扫荡、迫害，河南大学师生心怀必胜之信念，以科学民主为信条，办学不辍，育人不止，而且教学工作持之以恒，科学研究力求创新，为全面抗战和建设国家培养大批有用之才。校歌的创作，凝聚师生意志，鼓舞抗战决心，弘扬学术传统，广大学子传承河南大学精神，"离校不停学"，奋发图强，刻苦攻读，承担起挽救民族危亡的大任，创造出河南大学辉煌历史，铸就河南大学抗战精神，为民族解放做出了贡献。

80多年过去了，《河南大学校歌》依旧响彻河南大学校园，而河南大学抗战精神也同校歌一道为所有"河大"人所铭记。河南大学抗战精神已成为河南大学精神的重要组成部分，更是河南教育精神的重要组成部分，正如河南省教育厅厅长郑邦山所说:"8 年抗战的办学历程,河大师生牺牲 9 人、失踪 25 人,在烽火连天和战争硝烟中坚持敌前办学,秉持教育报国,表现出百折不挠、自强不息的奋斗精神,应该说这就是我们河南教育的精神。"① 河南大学抗战精神激励着一代又一代河南教育者,百折不挠、自强不息、艰苦奋斗,为国树人。

习近平总书记说:"伟大的抗战精神,是中国人民弥足珍贵的精神财富,永远是激励中国人民克服一切艰难险阻、为实现中华民族伟大复兴而奋斗的强大精神动力。"② 河南大学抗战精神作为全面抗战时期大学精神的重要组成部分,发挥着无可替代的重要作用。时至今日,河南大学以发展成为地跨郑汴,拥有三个校区的国内知名大学,河南大学抗战精神仍激励着一代又一代河南大学师生,克服困难,冲破阻力,为建设"双一流"高校,培养祖国所需的建设人才而积极进取、拼搏奋斗。

二、撑起中原高等教育一片天

自抗日战争全面爆发,中原陷入一片火海。河南大学作为华北高等教育仅存之果实,辗转奔波于豫南鸡公山,豫西镇平、嵩县、潭头多地,饱经迁移之苦、辗转之痛。战乱并未使河南大学师生消沉不振,反而淬炼了河南大学师生的精神意志和爱国情怀,使之更加深沉坚定,指引河南大学师生在迁移中"愈行愈强",同时也积累了大量的办学、教学经验,在战乱之中河南大学整体办学质量不降反升。1942 年 3 月 10 日,"国民政府"行政院通过了将省立河南大学改为国立河南大学的决议。河南大学由省立改为国立,终成中原大器,在中国高等教育发展史上书写下可歌可泣又浓墨重彩的一页。

(一)河南大学升格国立的历史过程

抗战前的河南大学广揽名师,健全教学规章制度,历经十余年的发展,办学质量不断提高,学校领导、师生及社会人士多有动议,提出将河南大学办为国立的设

---

① 郑邦山:《在"河南省新型冠状病毒感染的肺炎防控工作"第九场新闻发布会上的发言》,2020 年 2 月 14 日。
② 习近平:《在纪念中国人民抗日战争暨世界反法西斯战争胜利 75 周年座谈会上的讲话》,2020 年 9 月 3 日。

想，并围绕创建国内一流大学进行了多方面的调整，师资力量、教学质量、科研水平等都已进入国内先进行列；但由于诸多缘故，改为国立的设想一直未能实现。

1937年"七七事变"爆发，日寇全面侵华。同年12月，河南大学开始了流亡办学之旅，升格国立的想法只得暂时搁置。时至1941年，河南大学举步维艰，经费问题更是首当其冲，全年按半减发的经费和按七成折发的补助费加在一起也才有243000多元。一些教师听说其他国立大学教师的薪水足额发放或增发生活补助费，不免暗生他就之意。①时任校长王广庆向省政府提交报告，极力申诉学校面临的巨大困难，但省政府此时自顾不暇，虽两次增拨14万元经费，但杯水车薪，学校状况难以根本好转。

迫于形势，1941年3月，河南大学向省政府提交申请国立大学的报告，但未得到回应。1941年夏，时任教育部社会教育司司长的前河南大学校长刘季洪先生到豫陕视察教育工作，他不顾路途险阻专程来到潭头看望河南大学师生。河南大学抓住此难得的机遇，再次上报材料，申请改为国立，经多方努力，1942年3月10日"国民政府"行政院通过了将省立河南大学改为国立河南大学的决议，自此河南大学由省立改为国立。②

河南大学实现了由省立到国立的华丽转身，中原高等教育历经磨难终重现曙光，标志着中原高等教育进入了新的阶段。河南大学改为国立并非巧合，也并非一蹴而就，而是在数十年沉淀、辛勤耕耘后结出的果实，更是全国人民对全体河南大学师生在抗战期间弦歌不辍、勇担延续中华民族魂魄、传承河南教育文脉所做贡献的认可。从省立河南大学改为国立河南大学，一字之差见证了中原高等教育的凤凰涅槃，见证了中原高等教育之柱在危难之中的屹立不倒，更见证了无数"河大"人为抗日救亡、守护文明、传播文化所做出的巨大贡献。

（二）"国立"河南大学的实力

升格国立后的河南大学迸发出新的活力，各项事业又上了一个新的台阶。河南大学抓住改为国立的历史机遇积极延揽名师，想方设法留住现有人才，克服种种困

---

① 《河南大学校史》修订组：《河南大学校史》，第120页，河南大学出版社，2012年版。
② 同上书，第80页。

难，在总结原有经验的基础上，做出一系列学校管理制度调整，以保障教学工作持之以恒，科学研究力求创新。

第一，在教学工作上，学校采取措施保证教学工作的进行。

（1）延揽教师，留住人才。面对频发迁移，学校始终把留住教师作为搞好教学的首要任务，采取许多积极措施，如保证教师工资足额按时发放、适当提高教师工资等。

（2）灵活组织教学。流亡时期受教学硬件条件限制，部分课程难以开设。面对此情况学校及时调整教学计划，在保证必修课按计划开出的同时，鼓励实验课因地制宜、因人制宜，理论联系实际，尽量开设。国立河南大学灵活组织教学、科学调整设置课程的方法为战时诸高校所借鉴，促进了战时高等教育的有序开展。

（3）严格教学管理。河南大学改为国立后声名鹊起，1943年国立河南大学计划招生120人，而报考人数却高达3000余人，虽报名人数众多且常年战乱，但学校也坚持制定种种措施，严密组织，严格要求，把好入学关和毕业关，以保证教学质量，1943年整体录取率仅为4%。这些措施使得国立河南大学在教学水平、教师队伍、学生数量和质量上都有了很大提高。

第二，在科学研究上，学校采取措施保证科研工作的开展。

（1）与政府机关和科研单位进行合作实验与研究，结合当地实际开展学术研究。这项措施响应了国民政府对战时高等教育的号召，即："须切重中国学术上的需要，以造成各种学术上专门人才；须切重中国物资上的需要，以造成各种社会专业的建设人才。"[①]政府的参与和因地制宜的方法确保了学术研究的强实用性和适用性，使得这一时期国立河南大学在学术研究上取得了丰硕的成果。例如，1942－1943年，国立河南大学与河南省农改所在洛阳、南阳进行小麦黄锈病防治研究，小麦产量明显增加；王直青教授在潭头重视棉花的培育和推广，带领学生主持农场的棉作试验，繁殖成功"大使"棉和"岱子"棉，在山区推广后取得了客观的经济收益，为全国大学树立了典范。

（2）因陋就简进行理科实验研究。时任化学系主任的李俊甫教授提出"完备、正确的理论，必须建立在大量实验的基础上，没有充分实验根据的臆断是不可取的"

---

① 田培林、陈东原、王万钟等：《第二次中国教育年鉴》，第10页，商务印书馆，1948年版。

的指导思想，不仅对河南大学的科学研究起了重要的引路作用，而且对其他高校的科学研究也有一定的启发。这一时期，李俊甫教授在理论化学、中国古代化学史的学术研究方面发表了许多有价值的论文，为之后与李约瑟博士的友谊奠定了基础。

（3）举办学术研讨会，鼓励著书立说、出版学术刊物。国立河南大学时期是河南大学学术科研百花齐放的繁荣期："该校出版组编有学术期刊，各教授之专门研究，则有嵇文甫教授之潜心王船山哲学，张邃青教授之从事中州考古，朱芳圃教授之甲骨文，郝象吾教授之遗传学，王鸣岐教授小麦黄锈病之实验……"[①]广大师生联系实际，积极进行学术探讨，撰写调查报告、学术论文。张邃青教授写出了《读宋校本王氏宋史记》和《北宋太学考略》等论文；关梦觉副教授写成《洛河下游的手工纺织业》和《战地工业》等报告；王广庆校长著《河洛方言》等。1943年4月，出版了《国立河南大学学术丛刊》，时任教育部长的陈立夫题写刊名，校长王广庆亲撰发刊词，成了当时具备一定影响力的高校学术丛刊。

以上措施及时适应了河南大学改为国立后的新情况、新需要，也适应了战时局面，从学校政策层面有力保障了国立河南大学在弦歌不辍的同时，谋取更大发展，取得更大进步，为国家培养更多经世之才。期间教育考绩，国立河南大学位列第二，上课总时数更是位列全国第一。1944年经国民政府教育部综合评估，国立河南大学更是被评为全国国立大学第六名，在中国全面抗战时期高等教育史上书写下了值得自豪的一页。[②]1945年10月，李约瑟访问国立河南大学，并作了《科学与民主》的演讲。[③]这些都充分体现了这一时期国立河南大学学术氛围之浓厚、学风之优良。国立河南大学所取得的成就引起了全国高校的广泛关注，其办学理念、管理方法、课程设置为全国高等教育机构提供了宝贵经验，起到了示范引领作用，为全国高等教育的发展做出了巨大贡献。

（三）国立河南大学对中国高等教育格局的影响

1937年"七七事变"爆发，中国高等教育面临前所未有之危局。一方面，日寇

---

① 田培林、陈东原、王万钟等：《第二次中国教育年鉴》，第629—630页，商务印书馆，1948年版。
② 《河南大学校史》修订组：《河南大学校史》，第80页，河南大学出版社，2012年版。
③ 李经洲、许绍康等：《河南大学百年纪事》，第59页，河南大学出版社，2012年版。

侵略直接导致沿海高校被迫向西转移，造成了大量人员伤亡、物资损毁，给中国高等教育带来了极大破坏；另一方面，转移的高校急需经费重建学校，补充人员、设备，恢复教学，但对于一众省立、私立大学而言，战争直接导致受侵略省份的经费难以筹集，即使筹集到也是杯水车薪，难以支撑长久。在此背景下，升格国立大学运动应运而生。

1937年全面抗战开始之初，全国共有高校35所，其中国立高校12所，占比34.3%；省立高校5所，占比14.3%；私立高校18所，占比51.4%。时至1942年河南大学升格国立时，全国共有高校41所，其中国立高校20所，占比48.8%；省立高校3所，占比7.3%；私立高校18所，占比43.9%。[①] 由上述数据可知，全面抗战时期国立大学数量不降反增，而省立大学受经费等问题困扰数量有所下降。

在这一时期，先后有东北大学、厦门大学、云南大学、广西大学、河南大学、贵州大学等省立或私立大学先后升格为国立大学。升格国立大学运动有效解决了战时省立、私立高校经费不足的通病。将具有实力的高校升格国立，有利于战时政府对教育事业的统一协调管理；经费由中央划拨的政策更为战时中国高等教育注入了强心剂，为其发展奠定了良好的基础。

升格国立河南大学之前，河南大学师生在极为艰难的物质条件下惨淡经营，河南大学规模之大和办学经费之少在全国同类大学中实属罕见，引用时任校长王广庆的话：“以院系多寡，与经费比例，较其他各大学实属望尘莫及。”"省府财力有限，即此一再增费已属勉强支撑，仍然不能解除物价高涨所引起的一系列困难，徘徊四顾，似觉非援照湖南、四川、云南、广西各大学之例，呼请改为国立不足以谋发展也。"在王广庆校长和广大河南大学师生的坚持下河南大学升格国立，河南大学终于摆脱经费困扰，迈向了发展快车道。自1942年始，国立河南大学学术研究稳步开展，科研工作硕果累累，学术风气愈发浓厚。1944年经国民政府教育部综合评估，国立河南大学被评为全国国立大学第六名，为战时中国高等教育的发展做出了突出贡献。

河南大学虽是较晚升格国立的大学之一，但其重要意义却非同寻常，对中国高等教育格局产生了巨大的影响。放眼1942年的中华大地，河南大学作为秦岭淮河以

---

① 田培林、陈东原、王万钟等：《第二次中国教育年鉴》，第1400页，商务印书馆，1948年版。

北、潼关以东，广大华北地区高校仅存之硕果，其重要性不言而喻。1942年河南大学升格为国立河南大学之后，不仅填补了国立高校在华北敌前办学的空白，缓解了战时高等教育南北、东西分配不均的问题，使中原大地上拥有了更为强壮的守护和传承中华民族魂魄、延续文脉的文明卫士，极大地鼓舞了中原前线浴血奋战的军民。更在中原大地埋下了希望的种子，为战后中原地区的恢复和建设打下了坚实的人才基础。同时作为较晚升格国立的大学，河南大学升格国立也标志着抗战时期高校由恢复调整迈向巩固发展阶段，全国高等教育也迎来了抗战中的高速发展期。据统计，1945年共有专科以上学校141所，教员11183人，职员7257人，学生83498人，不仅超过了抗战初期的数量，而且超过了抗战前的数量。① 国立河南大学与众多高校一道，实现了战时高校曲折发展的壮举，为中国高等教育的发展做出了不可磨灭的贡献。

三、点燃李约瑟科学思想的火花

李约瑟，著名科学史家，因其著作《中国科学技术史》及其所提出的"李约瑟难题"而闻名于世。卷帙浩繁的巨著《中国科学技术史》有一个极为重要的特点，就是极为推崇道家和道家思想，认为道家思想是整个科学的基础，并从道家把天地宇宙当作一个有机整体出发，提出了有机论哲学。知识界把李约瑟对中国道家和道家思想的赞许，称为李约瑟的"道教情结"。李约瑟的"道教情结"是如何形成的，这不仅与他遍访中国抗战后方的道观、搜集道家的著述有关，更与他到访河南大学、初识《道藏》有缘。

（一）战火中的传奇巧遇

1942年，李约瑟出任英国驻华使馆科学参赞以及英国驻华科学考察团团长。李约瑟的使命是为当时受日本封锁的中国科教界提供物资与沟通信息。这个身份给予了他极大的便利，使他能够更为直观且多方位地了解中国文化，探寻中国文明对世

---

① 田培林、陈东林、王万钟等：《第二次中国教育年鉴》，第1400页，商务印书馆，1948年版。

界科学技术发展所起的伟大作用。1945年8月,在结束对云、贵、川等地的考察后,李约瑟夫妇由曹天钦博士伴同西上秦、陇考察。在这次西行中,李约瑟巧遇河南大学,从而与道教经典《道藏》结下了不解之缘,更对他产生了深远的影响。

1945年是国立河南大学极为艰难的时期,虽抗战已经胜利,但师生们仍身处异乡,又历经迁移之苦、潭头之痛,书籍仪器等更是损失惨重。迫不得已之下,师生们在宝鸡以石羊庙、武城寺等地为址,在极端艰苦的条件下开展教学活动。西行考察的李约瑟与为避战火西迁的国立河南大学相遇,李约瑟借此机会访问了河南大学。关于这次访问,目前还没有查到官方与校方相互通函的资料,也没有查到具体的访问时间,所以把它称为"相遇访问"。对这次相遇访问,李约瑟是这样记载的:"有一些巧遇简直是传奇式的。在陕西宝鸡时,有一天我乘坐铁路工人的手摇车沿着陇海铁路去五证寺,这是当时河南大学最后的疏散校址。河南大学利用一所很精美的旧道观作为它的一个校舍,这个道观坐落在一个黄土岗上,大致在水从北面流入渭河的地方,隔着渭河向南可以看到秦岭山脉。"① 曹天钦院士是这样回忆的:"我也不能忘记在宝鸡东郊的卧龙寺和石羊庙的一段经历。那时日本侵略军侵扰河南,河南大学的部分师生在极端艰苦的情况下,迁到宝鸡,借宿破庙,坚持上课。"②

此时的国立河南大学与国内、国际的学术交流都极为困难,因此校方十分重视这次来访,认为是一次难得的与国际学术界学习交流的机会,希望借此向国外展示自己的学术水平和办学精神,并沟通和国际学术界的联系。为欢迎李约瑟的到来,经校长会议研究,决定举行一次隆重的欢迎仪式。河南大学的全体师生集中在一块空地上,席地而坐举行了隆重的欢迎大会。学校领导致欢迎词后,李约瑟博士作了《科学与民主》的演讲报告。在这个报告中,他阐述了科学与民主的关系:"科学的发展是与民主而俱来的,而且科学的前途,还有赖于民主的发扬。"并论述了近代科学的兴起和苏联科学的发展以及李约瑟个人对中国及世界科学前途的展望。演讲结束后台下爆发出雷鸣般的掌声,李约瑟博士的报告不仅鼓舞了在战乱中坚持教学、科研的河南大学师生,而且为河南大学师生们带来了诸多崭新的信息与观念,其对中国与世界未来科学的思考使河南大学师生收获颇丰,针对不同意识形态对科学的

---

① 李约瑟:《中国科学技术史》,第一卷,第一分册,第3页,科学出版社,1975年版。
② 李国豪、张孟闻、曹天钦等:《中国科技史探索》,第77页,上海古籍出版社,1982年版。

影响的分析也使师生听到了新的声音,大大拓宽了师生的视野。

在河南大学访问期间,校方还特意组织了由教授参加的座谈会,同李约瑟博士交流双方都感兴趣的问题。由于学校久经战乱兵灾,条件非常艰苦,座谈会只能在破庙中进行。没有沙发桌椅,没有酒水小食,仅有一群同好围坐在一起促膝长谈。当时在场的曹天钦院士回忆说:"我津津有味地听着李约瑟同化学系的教授们促膝长谈。他们讨论的是魏伯阳的《周易参同契》。"[1] 时任国立河南大学化学系主任李俊甫带李约瑟博士参观了战乱中不断转移的河南大学图书馆,当他看到道家经典《道藏》时大加赞赏,惊叹不已。河南大学图书馆收藏的《道藏》是"民国"十二至十五年由上海商务印书馆据明代的《正统道藏》和《万历续道藏》的版本影印的。目前存1096册、127函。李俊甫教授向他介绍了《道藏》中的古代炼金术以及中国化学史的研究内容、方法和取得的成果,给李约瑟留下了极其深刻的印象,也影响了李约瑟《中国科学技术史》的撰写。

(二) 河南大学与李约瑟的"道家情缘"

在国立河南大学的传奇巧遇给李约瑟留下了深刻印象,尤其是初识《道藏》并与李俊甫教授交流的经历,使李约瑟终生难忘。这个印象在他所著的《中国科学技术史》一书中给予了追述:"我花一个下午和李相杰(李俊甫)教授一起看了图书馆。这个图书馆原来有很多藏书,可是连续几次疏散使图书馆受到很大的损失。图书目录已经找不到了,书籍堆在那里,许多还成捆地放在古老的神像脚下,就像刚由汗流浃背的搬运工从扁担上卸下来似的。就在这样的环境中,李相杰向我这个剑桥大学的生化学家介绍说,在《道藏》(历代道家的经典)中包含有大量从公元四世纪以来的炼金术著作,我们饶有兴味,而且是其他国家的化学史家所完全不知道的。李相杰对我所作的这番介绍,是我终身不能忘记的。"[2]

李约瑟作为一名生物化学家,对中国科技史的研究最先注意的是化学史,而中国化学史上最具影响力的便是道教与炼丹,所以,他一定会注重搜集道家的经典,并注意道家的思想,这就是"道家情结"的缘由。在访问河南大学前,李约瑟在西

---

[1] 李国豪、张孟闻、曹天钦等:《中国科技史探索》,第77页,上海古籍出版社,1982年版。

[2] 李约瑟:《中国科学技术史》(第一卷,第一分册),第3页,科学出版社,1975年版。

部诸省的游历中就对道家和道家思想产生了极大的兴趣。在重庆时，他以"丹耀"为号，体现出李约瑟对道家思想的向往，但对于《道藏》仍知之甚少。此次访问，对李约瑟而言更是意义非凡的。与《道藏》的初识点燃了李约瑟思想的火花，使李约瑟对道家和道家思想有了更为深刻、系统的认识，其"道家情缘"也愈深愈浓，为《中国科学技术史》的写作做了必要的准备。

在河南大学初识《道藏》后，李约瑟对道家经典《道藏》的研究没有停留在化学史和科技史的考察方面，而是通过对道家思想的深入考察，确认在《道藏》中存在着有机论思想，根据这种思想，李约瑟明确预言了科学整体化时代的到来。① 1951年，李约瑟在法国里昂大学就作了《具有有机哲学思想的中国哲学》的演讲，表达了他的看法。1956年，他又在《中国科学技术史》第二卷《科学思想史》中对这一思想作了更进一步的阐述："道家对自然界的推究和洞察完全可与亚里士多德以前的希腊思想相媲美，而且成为整个科学的基础。"② 并指出，道家思想把天地宇宙当作一个有机整体，成为中国普遍流行的思想潮流，道家思想是现代科学的先驱。到60年代，李约瑟又把这一思想上升到新的高度，明确指出："所有存在物的和谐协调并非出于它们之外的某一更高权威的命令，而是出于这样的事实：它们都是等级分明的整体的组成部分，这种整体等级构成一幅广大无垠，有机联系的图景，它们服从自身的内在自配。"③ 这就是中国思想家所遵循的思想路线。李约瑟通过对中国的考察，通过对《道藏》的研究，不仅使他成为著名的科技史家，而且成为20世纪著名的有机论哲学家，这就是李约瑟"道教情结"的缘由所在，也是他从中国、从河南大学所带走的。④

《道藏》见证了河南大学师生艰苦卓绝的抗战迁移经历，见证了河南大学师生在危难中自强不息、弦歌不辍的办学精神和视守护文化为己任的责任担当，更见证了李约瑟博士与李俊甫教授、与河南大学的深情厚谊。"道教情结"缘于此，这就是李

---

① 张纯成：《"道家情缘"缘于此——李约瑟与河南大学》，载《自然辩证法通讯》，2005年第3期。
② 江晓原：《被中国人误读的李约瑟》，载《自然辩证法通讯》，2001年第1期。
③ 李约瑟：《中国科学传统的贫困与成就》，载《科学与哲学》，1982年第1期。
④ 张纯成：《"道家情缘"缘于此——李约瑟与河南大学》，载《自然辩证法通讯》，2005年第3期。

约瑟与河南大学长期保持联系并念念不忘的原因。

（三）李约瑟与河南大学的国际影响

李约瑟对河南大学的访问对河南大学的科学研究、学术交流和对国外的宣传发挥了重要且巨大的作用。李约瑟博士到访时国立河南大学虽处境极为困难，但其前十年高速发展的基础和三十多年的建校史所存留的底蕴依然可见。国立河南大学时期，校内著名专家学者云集，在学术上取得了大量的引人注目的成果，已然成为国内知名大学。李约瑟也向国外介绍了河南大学的办学经历和学术水平，使河南大学在国际上的影响得到扩大。李约瑟还在重庆中英科学馆工作时，联合国在巴黎成立了联合国教育与文化组织。1946年3月，李约瑟应尤里安·赫克斯利之邀，前往巴黎就任联合国教科文组织下面的科学处长之职。在联合国工作期间，李约瑟还同河南大学保持联系，"经常给河大寄书刊资料，热情支持河大的科研工作"[1]，使河南大学成为中国为数不多的在联合国"备案"的大学之一。

李约瑟同河南大学的联系一直持续到他逝世之前。1987年，当年作为学生曾在宝鸡聆听了李约瑟演讲的河南大学的李丙寅教授，因到英国参加国际学术会议，拜访了李约瑟。"当我电话预约时，他立即说工作忙而拒绝，但当我告诉他，我在四十多年前作为河大学生曾在宝鸡听过他演讲时，他就兴奋地说记得那次河大之行，并安排了20分钟的会见"。这次会见在友好、亲切的气氛中进行，并用茶水和饼干招待李丙寅。二人进行了简短的交流，当问及何时再到河南大学访问时，李约瑟表示等完成《中国科学技术史》后，即访问中国，再访问河南大学。李丙寅向李约瑟赠送了带有熊猫图案的手帕和河南大学校园明信片，接受纪念品后，李约瑟立即提笔，写下了"最热烈地向中国人民致敬"的题词赠给李丙寅。1990年，经李约瑟评审，李丙寅的论文《中国古代环境保护》入选在剑桥召开的"中国科技史国际会议"，并邀请李丙寅参加。李丙寅因故没有成行，这次交流未能如愿。后来，二人经常书信联系，一直到李约瑟逝世。[2]

李约瑟与河南大学的相遇，碰撞出了最为炫目的知识火花，同时建立了彼此跨

---

[1] 李丙寅：《一位外籍院士的河大情》，载陈宁宁主编的《河南大学忆往》，第335—336页，河南大学出版社，2002年版。

[2] 同上。

越半个世纪的深厚情谊。与河南大学的相遇，使得李约瑟对《道藏》、道家经典，乃至中国古代科技的研究有了更为深入的认识和理解，使其受益良多，终成一代大家。与河南大学自此结缘，他念念不忘。河南大学在邂逅李约瑟博士后，国内影响力显著提升，其学术科研、教学管理、课程设置、交流工作、办学理念为全国多所高校所学习，进一步促进了全国高等教育的发展；由于李约瑟博士的身份，国立河南大学得以通过更大更广阔的平台展示、充实自己。河南大学的经历为更多人所知晓，其砥志研思的研究态度、丰富高质的研究成果获得了国内外的一致认可；其弦歌不辍、学为抗战、自强不息的精神更为世人所尊重、称赞。在开辟与国外的交流渠道后河南大学敢为人先，积极探索、谋求更丰富更高质的国际学术交流路径，为中国高等教育的对外交流发展和提高中国高校国际影响力做出了重要贡献。

第六章

解放战争至新中国成立初期的河南大学与中国高等教育发展（1945—1953）

第六章 解放战争至新中国成立初期的河南大学与中国高等教育发展（1945—1953）

解放战争时期到1953年是河南大学大动荡、大变革时期。开封第一次解放时，国立河南大学被迫南迁，一方面是因为时局动荡，无法正常开展教育教学活动，另一方面也由于当时的办学经费主要依靠"国拨"难以维持生计，不得不听命于国民政府。河南大学和开封其他一些学校的广大师生为躲避战火、完成学业而"奉命"南迁，实属无奈。在此期间，河南大学一批进步师生积极参与创办中原大学，为中原解放区的革命和建设，为解放战争的全面胜利做出了重要贡献。在苏州的一年时间里，国立河南大学师生继承抗日流亡时期的办学传统，在极端苦难的情况下坚持教学、学术研究以及招生、毕业工作，积极参加反帝反蒋爱国运动。苏州解放后，河南大学大批学生参军参干，为中华人民共和国的建立做出了重要贡献。在新中国成立初期，河南大学借助政务院教育部和河南省委省政府的强力支持，迅速发展成为一所在全国具有一定影响力的综合性高校。在随后的院系调整中，河南大学积极响应国家号召，及时转型，在困难时坚守，在调整中提高。河南大学也作为河南乃至中南六省区高等教育发展的母体，以自身院系为基础，孕育出不少新的院校和系科，为新中国高等教育的发展做出了独特贡献。

第一节 历史巨变中的中国高等教育

抗日战争结束后，国民党再次将中国拖入内战的深渊，受战争影响，无论是解放区还是国统区，教育都发生了重要变化。1949年中华人民共和国的成立使中国进入发展的新时代，教育政策的调整，尤其是1952年院系调整政策的出台，使中国高等教育格局发生了全新的变化，河南大学在院系调整中由综合性大学调整为师范性院校。

一、历史巨变与中国高等教育的调整

（一）解放战争时期解放区的高等教育

解放战争时期，解放区的高等教育是新民主主义教育的深入发展和整顿提高时期。1946年，陕甘宁边区政府根据党中央的指示公布了《战时教育方案》，随着中国人民解放军转入反攻，新解放区迅速扩大。党中央及时发出关于解放区工作的各项指示，提出了"保护现状，逐步改造旧学校；团结和教育知识分子；对原有高等学校进行整顿"等具体政策。1949年8月，中共东北局和东北行政委员会发布了《关于整顿高等教育决定》，整顿高等教育的方针就是使高等学校走向"精干"与"正规"。具体措施和步骤是：新建和调整高等学校，建立正规教育制度，改进教学，充实教师阵容，改进经费、开支制度和加强组织领导等。华北解放区在解放北平、天津等大城市后，接管了许多高等学校。因此，华北在1949年文化建设计划中提出了整顿高等教育的任务。与此同时，解放区遵照"干部教育第一"的方针，根据形势迅速发展的需求，各解放区又成立了一些新的学校，如东北军政大学、辽东人民军政学校、西北军区人民军政大学以及华北和其他地区成立的人民革命大学。这些学校以政治思想教育为主，学习期限不长，学生在短期培训之后，就分配到各个部门去工作。

这一时期，解放区还进一步发展了正规化的高等教育。陕甘宁边区保留了延安大学，晋察冀边区整顿了华北联合大学，山东解放区成立了山东大学，晋冀鲁豫边区成立了新华大学（后改称为北方大学），苏皖边区成立了华中建设大学。东北解放区到1949年新中国成立前夕，已有东北大学、东北行政学院、东北鲁迅文艺学院、哈尔滨外国语专门学校、沈阳工学院、沈阳农学院、沈阳医科大学、大连大学、延边大学等院校。这些高等学校继承和发扬了抗日战争时期抗日民主根据地办学的优良传统，继续贯彻新民主主义的教育方针，坚持教育为革命斗争服务、教育与生产劳动相结合、理论联系实际的原则，培养了许多优秀的干部和各种专门人才。他们不仅对当时的革命和建设做出了重大的贡献，而且成为新中国建立后社会主义建设的骨干力量。

总体来看，新民主主义高等教育充分发挥了教育为革命战争和根据地建设服务的效能，确立了干部教育重于群众教育、成人教育的基本原则，并根据各根据地的实际，灵活地确定发展教育的政策、途径和方法，使高等教育体现出高度的灵活性与适应性。它突破了正规化教育的束缚，从农村实际出发，创造了丰富多彩的教育形式，使政治教育、军事教育和文化教育融为一体，以鲜明的时代意识和战斗精神，充分发挥了教育在民族解放和民主革命中的工具作用。

（二）解放战争时期国统区的高等教育

全面抗战结束以后，曾作为中国战时盟国的美国，从自己的"全球主义"战略目标和对苏联冷战的需要出发，确定了在华扶蒋反共的基本政策。这一时期，美国除了积极支持国民党打内战，加紧从政治、经济、军事等方面控制中国的同时，还加强了文化、教育的侵略活动。1946年底，在签订《中美友好通商航海条约》的同时，美国提出了一个"中国社会教育计划"，该计划将出售美国作战剩余物资所得款项的一部分，用于推广中国的成人教育和扫盲工作。1947年，美国又于国民政府正式签订《中美文化协定》，成立美国在华教育基金委员会，基金来源是美国出售战时财产所得款项，基金主要用于资助国民政府高等教育的研究、教学活动。1948年，美国通过的《援华法案》中规定将总拨款的十分之一用于"中国农村复兴计划"，农村复兴的重要工作之一就是在中国农村地区推广教育。同时，以美国为首的西方国家为加强对华文化侵略，对在华教会大学的办学方针、政策等重大问题进行了一系列调整，以加强教会学校对中国社会的影响。与20世纪初美国提出庚款兴学相比，解放战争时期美国对华援助的政治目标更为明确，即支持中国的反共势力，制止苏联式社会主义革命在中国发生。这一目标在其文化、教育领域的活动中也得到了全面贯彻。

在上述背景下，为维持自己的反动统治，国民党政府一方面加紧投靠美帝国主义，以换取更多的援助，增加打内战的实力；另一方面加强对统治区人民的控制，镇压共产党人和爱国人士，全面实行白色恐怖。这一时期国民政府的教育政策也直接反映了这些特点。

首先是机构上的不稳定。国民党政府出于其政治需要，先后在东北、华北等地区，强迫或诱骗教师、学生离开解放区，到蒋管区去。仅1948年，国民党政府就在平津、江南等地建立起临时中学、大学40余所，收容东北、华北地区的青年学生10万余名。这些所谓的临时学校条件极差，许多都不能维持最基本的教学活动。1948

年以后，被国民党军队裹胁迁移的教育机构随败兵溃退，数月内行程几千里，更无暇顾及教育活动的开展。

其次是经费上的无保证。根据1947年1月国民党政府公布的宪法规定，教育科学文化经费应不少于中央预算的15%。但是，在国民党将大部分经费用于打内战的情况下，这种规定不过是一纸空文。在国民党统治区，经济全面崩溃，通货膨胀达到天文数字。在这种情况下，学校一个学期的经费仅够几周使用，开学时收的学费到学期结束时已完全贬值。因此，迫使学校收取实物以代替学费。学校师生的生活急剧恶化。这一时期国立专科以上学校的很大一部分学生虽然可以享受公费待遇或获得奖学金、米贴等补助，但由于政府腐败，用于学生的资金常常被私吞或挪用，再加上生产凋敝、物资匮乏、物价飞涨，学生们同样无法维持生活。

最后，政治上的迫害愈演愈烈。这一时期，为反抗国民党的黑暗统治，各地学校不断地发生学潮，国民党政府为加强对学校以及蒋管区人民的镇压与控制，颁布了一系列法令。例如，1947年底，教育部颁布了《修订学生自治会规则》，其中规定学生自治会不得参加校外各种团体活动。1948年2月，教育部又颁布《整饬学风令》，提出必要时"不惜将不堪整顿之学校予以解散或停办"。1948年初，同济大学学生为抗议政府解散同济学生会、逮捕自治会干事，准备去南京请愿，"国民政府"出动军警八千多人包围同济大学、同济大学受伤、被逮捕学生有百余人。

这时，国民党政府的统治已面临崩溃。为挽救败局，国民党先是召开"国大"，选举总统，以实施假民主笼络人心，后又以李宗仁代蒋介石，改组政府，以许诺改革来欺骗百姓。而在这一切的后面是加紧布置兵力，准备做垂死的挣扎。针对国民党的这些伎俩，各校学生在中共地下党和进步青年团体的领导与组织之下，开展多种形式的斗争，予以揭露。例如，1948年5月20日，就在蒋介石宣布就任伪总统的第二天晚上，南京上百名大中学校学生在中央大学操场举行"5·20"周年纪念晚会，金陵大学话报团演出话报剧《典型犹在》，用袁世凯称帝来影射蒋介石独裁卖国的罪行。1949年4月初，在国民党和谈代表往北平时，南京大中学校学生又一次举行声势浩大的示威游行，揭露国民党政府玩弄假和谈、真备战的阴谋。

毛泽东在1949年写的《蒋介石政府已处在全民的包围中》一文对解放战争时期蒋管区的学生运动作了很高的评价。他说："中国境内已有了两条战线。蒋介石进犯军和人民解放军的战争，这是第一条战线。现在又出现了第二条战线，这就是伟大的正义的学生运动和蒋介石反动政府之间的尖锐斗争。学生运动是整个人民运动的一部分。学生运动的高涨,不可避免地要促进整个人民运动的高涨。"①总之,从1945年到1949年,国民党统治区的学生运动是中国人民反对帝国主义、反对国民党反动派斗争的重要组成部分,是中国社会发生变革的重要推动力量。学生运动广泛地影响和动员了民众,使他们行动起来,参加爱国民主运动。学生运动有力地配合了中国人民解放战争,加速了蒋家王朝的灭亡。学生运动也培养和锻炼了一大批青年骨干。河南大学师生也是全国学生民主运动的积极参与者,表现得可歌可泣,他们和全国其他高校学生不仅在当时,而且在以后建立新政权、建设新国家的伟大事业中,发挥了重要作用。

(三)新中国成立初期的全国高等教育

中华人民共和国成立后,高等教育始终是我国教育发展的重点。1950年6月1日至6月9日,第一次全国高等教育会议在北京召开。会议讨论了改造高等教育的方针和新中国高等教育建设的方向。指出高等学校的目的是以理论联系实际的教育方法,培养具有高度文化等水平、掌握现代科学技术成就、全心全意为人民服务的高等建设人才。会议强调高等教育必须密切配合国家经济、政治、文化、国防建设的需要,首先要为经济建设服务。高等教育应随着国家建设逐渐走上轨道,逐步走向计划化,包括实现统一和集中的领导、进行院系调整、课程改革、编辑教材等,并指出高等学校从现在起就应该准备和开始为工农开门,以便及时地为国家培养大批工农出身的知识分子。会议通过了《高等学校暂行规程》、《专科学校暂行规程》、《关于实施高等学校课程改革的决定》、《关于高等学校领导关系的决定》和《私立高等学校管理暂行办法》等五项草案。高等学校的任务包括进行政治思想教育、教学工作、科学研究和普及传播科学文化知识四个方面(专科学校不要求科学研究方面的任务)。旧中国高等学校建设没有通盘规划,地区分布极不合理。中华人民共和国成立后,中国全面学习苏联,从政策上需要优先培养重工业方面的专业人才,为把高等教育纳入国家经济计划,进行高等学校的院系调整势在必行。1950年6月召开的第一次全国高等教育会议上,教育部长马叙伦提出"要在统一的方针下,按照必

---

① 毛泽东:《毛泽东选集》,第四卷,第1224—1225页,人民出版社,1991年版。

要和可能，初步地调整全国公私立高等学校或其某些院系，以便更好地配合国家建设的需要"[1]，正式确定了院系调整的任务。院系调整均是跨校进行，以院系的迁移为主要形式，原有高校经调整后有以下几种结果：一是保持原有校名，但学校性质和结构发生变化，这类学校多为综合大学；二是原有学校建制撤销，这类学校多为原私立大学（包括所有的教会大学），至1952年底计有44所私立高校的院系全都分别并入其他学校；三是另行建立新校，这类学校主要是专门学院。

1952年11月高等教育部成立，作为管理高等教育（包括中等专业教育）的国家行政机构。1952年开始改变原高校只设院、系，不设专业的结构，开始按专业培养人才。经过从新中国成立伊始到1953年的院系调整，奠定了新中国高等学校的基本格局，即分为综合大学和专门学院、专门学校两大类。综合大学与多科性高等工业学校由高等教育部直接管理，单科性高等院校委托中央有关业务部门负责管理，有些高等学校则委托所在地的大区行政委员会或省、市、自治区人民政府负责管理。由于专业设置相对集中，各校的师资、设备、校舍等也都得到了较为合理的充分利用。特别是工科院校基本建成了机械、电机、土木、化工等主要专业比较齐全的学科体系，改变了旧中国不能培养比较配套的工程技术人员的落后状况。

但是，院系调整中也产生了一些问题，由于调整范围广、幅度大、动作急，有些不该调整或不必立即调整的也调整了，损伤了一些老校的元气，新建学校也一时难以步入正轨。从系科设置看，文、法、财经类压缩过多，导致这些学科发展出现萎缩甚至停滞。工科内部比例也不尽妥当，重工业偏多，轻工业及能源、建筑系科仍然薄弱。由于在院系调整中批评了通才教育，强调学习苏联的专才教育，综合大学调整幅度过大，理科和工科分家也不利于学科的综合发展和科学技术的进步，并使有些系科涵盖面过分狭窄。1953年起由于苏联没有专科教育，因此逐步停办大学专科。这些问题造成高等教育发展中的一些不利趋向，对河南大学的发展也产生了较为消极的影响。

从1952年暑期开始，全国高等学校除个别学校经教育部批准之外，一律参加统一招生。中央成立全国高等学校招生委员会，招生日期、考试科目全国统一规定，考生在规定期间内，在各考区报考，已录取的新生不得要求转学。高等学校毕业生

---

[1] 何东昌等：《中华人民共和国重要教育文献（1949－1975）》，第25页，海南出版社，1998版。

统一分配工作先后由人事部、高等教育部、国家计委和国务院人事局办理。

在研究生培养方面，从 1950 年起，中国人民大学和哈尔滨工业大学在苏联专家帮助下，开始培养 1—3 年制的研究生。1951 年教育部所属各高等学校和中国科学院所属各研究机构开始招收研究生和研究实习员，采用申请、推荐、审查的办法，在全国共招收研究生 400 名、研究实习员 100 名。1953 年 11 月，高等教育部发布《高等学校培养研究生暂行办法（草案）》，规定研究生的培养目标为高等学校师资和科学研究人才，学习年限 2—3 年。并对研究生的条件、专业、考试、培养方式、待遇、毕业分配等做了具体规定。

二、历史巨变中的河南高等教育

在抗日战争爆发前期，河南有专科以上学校三所，包括省立河南大学（1942 年改为国立）、省立水利工程专科学校、私立焦作工程学院。全面抗日战争爆发后，三所学校被迫搬迁，其中焦作工程学院迁往西安，1938 年与东北大学工学院、北平大学工学院北洋大学工学院在陕西城固合组为国立西北工学院。抗战胜利后，各学校逐渐恢复重建。

河南大学师生于 1945 年 12 月底从宝鸡返回开封，八年的流亡生活宣告结束，面对满目疮痍，学校在南京"国民政府"教育部、河南省政府的经费支持下，克服困难完成学校修复工作。1946 年 3 月，在开封复校后的河南大学正式开学。同时，焦作工学院也在洛阳复校，1946 年 7 月，经国民政府教育部和河南省政府批准与拨款，私立焦作工学院在河南洛阳关林复校，张清涟复任院长，并分期收回借给西北工学院的部分图书、仪器。复校时，有教职员 27 人。1948 年 8 月，人民解放军强渡黄河，逼近洛阳。9 月，焦作工学院根据教育部"积极组织师生尽快南迁"的训令，再迁江苏省苏州市。1949 年 9 月，焦作工学院师生从苏州乘车北上，迁回焦作工学院原址恢复上课，私立焦作工学院也改为公立焦作工学院。1949 年 12 月 23 日，中央人民政府政务院发出政秘字 141 号令，决定将焦作工学院拨归燃料工业部领导。至此，燃料工业部正式接管焦作工学院。1948 年 7 月 9 日，以河南大学学生为主的 287 名开封进步青年步行到达宝丰，中原局随即做出决定，以河南大学这批进步师生为基础，筹建中原解放区人民革命大学——中原大学；7 月 10 日，经中共中央批准，开始筹建中原大学,陈毅担任筹备委员会主任委员,中原军区副政委刘子久、河南大学教授嵇文甫、王毅斋任副主任委员,设校址于宝丰县大白庄;8月2日,全校师生500余人参加了庆祝中国人民解放军建军21周年纪念大会,刘伯承司令员在会上隆重宣布中原大学正式成立,校长由原河南大学教授范文澜担任。

在三年的解放战争中,河南大学和焦作工学院在困难中坚守,并随着国民党军队的节节溃败,被迫相继迁往苏州。中原大学在解放区成立并开展了卓有成效的工作,为党和国家培养了大批革命和建设人才。河南高等学校在战火中淬炼成钢,终于迎来了中华人民共和国的诞生。

三、历史巨变中河南大学的发展

(一)解放战争时期的持续发展

1945年6月,张仲鲁辞去河南大学校长职务,由田培林担任校长。两个月后,日寇投降。12月底,河南大学师生从宝鸡返回开封,八年的流亡生活宣告结束。经过3个月的整修准备,1946年3月,河南大学在和煦的春风中准时开学。此时,河南大学除原有的文、理、农、医四个学院外,又恢复了法学院,新建了工学院。文学院设文史学系(1947年分为文学和史学两系)、教育学系、外语学系,院长仍然为张邃青,三个学系主任分别为嵇文甫、陈仲凡、罗素瑛(外籍)。学校图书馆也独立于教务处,任命李秉德兼任图书馆主任,学校还对各专门委员会进行了调整。不久,黄河水利工程专科学校并入工学院。到1947年年底,学校共有文、理、农、法、医、工6个学院16个系(医学院不分系),教职工500余人,在校生2000多人,成为华中地区院系最多、校园规模最大的学校。

返回开封后,河南大学通过一系列的有效举措,使管理、教学、科研、社会服务等各项工作得以顺利开展。

首先,在田培林校长的主持下,学校再次对教学工作展开了全面整顿。第一,对教务、训导、总务处进行调整,重新划分三个处的业务范围,增添工作人员,明确职责,提高效率。第二,严格规定教师授课时间,规定系主任每周授课至少6小时,教员每周授课至少9小时。第三,调整各系教学计划,各系根据部颁教学计划,结合本系实际,广泛征求教师、学生及校外人士的意见,对教学计划进行修订,删减中学已经开设的课程和本专业没有直接联系的基础课程,增设社会急需的课程,调整课程的学时学分。第四,聘请名师任教,邀请知名学者和专家来校讲学,加强与国内外学术界的沟通交流。第五,加强学生学籍管理,严格考试制度。通过以上整顿,学校教学工作逐步走上正轨。

其次,积极倡导学术研究。潭头时期,学校积极倡导学术研究,教师间的学术交流变得比较频繁。郝象吾、嵇文甫、张邃青、孙祥正、王直青等发起了"学术讨论会",学术讨论会每周一次,每次都有专题研究,由最有心得者提出报告,然后展开讨论。学校搬迁荆紫关之后,"学术讨论会"的活动还持续开展。《国立河南大学校刊》第三期《学术讨论会仍将继续举行》一文称:

在潭头已主讲者,嵇文甫、郝象吾、张邃青、熊伯履、王鸣岐、徐墨耕、段凌辰、陈梓北、赵新吾、朱芳圃、孙祥正、霍榘庭、王直青、樊映川、贾惠宜诸先生,各以专门心得发抒讲解,到场听者受益匪浅。[①]

回到开封后,学校依然经常举行讨论会和辩论会,同时也注重和地方需求相结合,进行科普广播讲座。例如,1947年3月到4月开封市广播电台集中两个月时间,分两次邀请河南大学教授作科普广播讲座,张邃青、马辑吾、王毅斋、霍榘庭、郭翠轩、郝象吾、张祥卿、杨清堂、陈梓北、马星五等教授都在受邀之列。陈梓北结合社会需求,为大众作了"神、人与物"的专题讲座;马星五以"学校办理社会教育之理论与实施"为题,着重介绍了自己研究的心得。1948年5月河南省广播电台再次函请河南大学教授作学术广播,经由河南大学社教推行委员会推荐,杨清堂、张国瑞、郭翠轩、武梦佐、杜润先、王鸣岐、陈振铎、张长弓、于安澜、许梦瀛等教授参加学术广播,许梦瀛以"求学与做人"为题,为听众分享了自己的治学以及做人做事的心得。

学校搬迁苏州之后尽管师资匮乏,学校也利用一切机会邀请专家学者到校与师生进行学术交流。其中就包括邀请冯友兰为师生进行专题讲演。冯友兰分"美国之现状与世界大势"、"各种科学的性质与哲学的关系"、"诗经与古代社会"三个专题,给师生们作了三次讲演。"每次均以学者态度,用亲切平易的口吻,缕缕述来,津津

[①] 《河南大学校史》编纂研究室、河南大学档案馆:《河南大学史料长编》(第四卷),第336页,河南大学出版社,2015年版。

有味。"①

再次，创办学术期刊。受河南省政府教育厅及河南教育函授学院的委托，河南大学师友社于 1946 年 5 月 1 日创办《师友》，任访秋任主编，陈梓北、杨震华等 4 人担任编委会委员，开始每周三出版一期，每期 8 版，从 11 月 1 日起，改为半月刊。《师友》发刊词详细表述了办刊宗旨：

如何提高教师素质？如何提高全民的文化水准？如何使教师充实自己，使教育效力加大？这是社会人士、政府当局与教师们自己都急需解决的重大问题。

只有使教师们始终不离开进修的机会，日新月异的（地）向前！向前！才是一种永久有效的切实办法。

我们认为：只有由我们自己来为我们自己觅取一个经常而确切的谈心机会，互通消息、互相研讨、观摩与砥砺，才会收到我们所期求的实效，贾莱尔说："教育问题始终是自我教育的问题。"所以，一个由我们教师自己来办的实际的综合性的刊物，就是当前所最必需的。本刊——师友，就是在这一观点下来与同道见面的。她的意思是：师即友，友即师，教师之友，亦师和友。

《师友》以实用、独创、丰富为办刊原则，主要开设有教育理论与实践、文学理论与创作、时事新闻等栏目。每期均在头版位置刊登针对当时重大或教师普遍关心的教育热点问题进行的"社评"，如《要趁势打定教育的万年基础》、《保障教师专业》、《怎样纪念教师节》、《一分教育经费，一分和平动力》、《发展教育应从安定教师生活着手》等，研讨振兴教育之道，针砭教育时弊，为增加教育经费、提高教师社会地位、改善教师生活、反对内战、维护国家和平而摇旗呐喊。《师友》还开有"国民教育答客问"栏目，转载有关教育政策，解答教师在这方面的种种疑惑。在办刊数期之后，针对读者要求，《师友》除介绍文学创作的基本理论外，还增加了刊登文学创作的篇幅，小说、诗歌、散文、传记等也屡屡见诸该刊。

（二）搬迁苏州与恢复发展

1948 年 6 月，开封第一次解放前夕，"南京政府"教育部命令河南大学迁往苏州。10 月 10 日，学校在苏州大致安置就绪，各学院陆续复课。12 月，姚从吾辞职，校

---

① 《河南大学校史》编纂研究室、河南大学档案馆：《河南大学史料长编》（第四卷），第 378 页，河南大学出版社，2015 年版。

务暂由郝象吾、马非百、张静吾组成的三人小组负责；1949年3月，三人小组辞职，又成立了一个由方镇中、郭暄、杨震华等为常务委员的七人小组暂理校务。

1949年5月，中共中央任命河南省人民政府主席吴芝圃为河南大学校长，河南省教育厅厅长张柏园为副校长兼河南大学党委书记。1950年10月，国家政务院又任命河南省人民政府副主席嵇文甫接任河南大学校长。党中央和政务院的一系列任命表明了对河南大学重点建设的决心。从1949年5月到1952年9月，河南大学在师资队伍建设、学生层次等方面都取得了显著成绩。

在教师队伍建设方面，首先，多方聘请，广纳贤才来校任教；其次，选派青年教师到其他高校进修。从1950年到1952年，共选派青年教师58人到北京大学、清华大学、中国人民大学等高校进修，这批教师学成归来后，对河南大学课程和教学改革起到了积极的推动作用；再次，加强对校内教师的挖潜；最后，重视教师职称评审。通过上述措施，截止到1951年底，河南大学专任教师达到346人，其中教授70人，副教授31人，讲师67人；比1948年国立河南大学专任教师241人提高了43.6%，在当时全国综合性大学中排名前十。

在学生层次方面，新中国成立初期，河南大学以本科生为主体，还有三年制专科、一年半制专修科学生等，缺乏更高层次的研究生教育。1951年，中国科学院、教育部联合发出《1951年暑期招收研究实习员、研究生办法》后，河南大学确定嵇文甫、任访秋、周守正、陈梓北等24位教授为研究生导师，共招收不同专业研究生95人，学制2年，于1953年毕业，为国家培养了一批高层次人才。

1952年9月起，为响应政务院教育部号召，河南省以河南大学为母体进行院系调整，大力发展师范、农业、医药等专门学院，河南大学迎来了长期的调整时期。

（三）中原大学的创办

中国人民解放军首次攻克河南省会开封后，大部分河南大学师生陆续南迁苏州，留在开封的河南大学师生纷纷要求投奔解放区参军、参战。1948年6月24日，解放军华野文工团团长康茅召到开封《中国时报》社接洽文印事宜，与河南大学共产党的组织有紧密联系的《中国时报》社社长郭海长向他正式提出河南大学进步师生要求到解放区工作的问题。康茅召当即请示了刘伯承、邓小平、陈毅等领导同志，首长们立即表示同意。陈毅高兴地说："欢迎！河南大学都搬去我们也欢迎。"并命康茅召尽快安排。于是，河南大学著名教授嵇文甫、李俊甫、罗绳武、王毅斋、赵丽生、苏金伞以及《中国时报》社总编辑刘国明等79位同志，分乘解放军的两辆汽车，于6月29日抵达中共中央中原局所在地——宝丰解放区，新华社随即向全国播发了题为"人心所向——开封文化教育界名流一行到达解放区"的通讯报道。7月9日，以河南大学学生为主的287名开封进步青年也步行到达宝丰。刘伯承司令员对师生们表示热烈欢迎，中原局随即做出决定，以河南大学为主的这批进步师生为基础，筹建中原解放区人民革命大学——中原大学。

1948年7月10日，经中共中央批准，开始筹建中原大学。陈毅担任筹备委员会主任委员，中原军区副政委刘子久、河南大学教授嵇文甫和王毅斋任副主任委员，设校址于宝丰县大白庄。8月2日，全校师生500余人参加了庆祝中国人民解放军建军21周年纪念大会，刘伯承司令员在会上隆重宣布中原大学正式成立，校长由原河南大学教授范文澜担任。同年12月，范文澜调任北方大学校长，潘梓年接任中原大学校长。随着学生数量的迅速增加，学校不得不搬入宝丰县城，但校舍仍不敷用。中原局决定另辟新的校址，遂派嵇文甫、张柏园、刘介愚等30余位同志赴汴考察，最后做出决定：中原大学整体搬迁至开封河南大学原址办学。12月10日，2000余名师生员工全部搬迁完毕。

1949年4月，百万大军挥师江南，全国即将解放。为配合这一战略行动，在苏州的河南大学250名热血男儿组成南下工作团开赴江南解放区，为全国解放事业输送了一支干部队伍。1949年4月27日，苏州解放。苏州军管会主任韦国清给河南大学发放维持费，安定师生情绪，帮助学校恢复秩序。河南大学师生掀起了参加革命的热潮，仅加入解放军第10兵团的同学就达300多人。6月，河南省人民政府主席吴芝圃派人迎接河南大学师生返回开封。7月，河南大学1200余名师生从苏州回到开封。经中共中央中原局和中原临时人民政府同意，新成立的中共河南省委与河南省人民政府正式决定，中原大学医学院、教育系师训班共500余人和河南行政学院400余人加入河南大学，由省人民政府主席吴芝圃任校长，张柏园、嵇文甫任副校长。1949年8月12日，中原大学行政、财经、文艺、新闻4个系的800余名干部、学员奉命离开河南大学南迁武汉办学。

中原大学除发扬创办初期的革命传统外，还紧密配合各个时期的中心任务，一面学习一面参加革命实践，大大提高了学员的素质。例如，1949年2月，校长潘梓年向全体师生作了"响应渡江号召"的动员报告,学员们纷纷响应,踊跃报名参加南下工作团。又如南京解放的特大喜讯传来后,全校师生欢欣鼓舞,纷纷走上街头扭秧歌、演节目,欢庆胜利。这种紧密配合战争形式的发展对学员进行教育的方法,既调动了学员学习革命理论的积极性,又使学员在支前工作中经历了艰苦的磨炼,符合解放区人民革命大学新民主主义教育的规律,能满足中原解放区急需大批有较高文化理论水平的知识分子干部的要求,具有鲜明的时代性、革命性。中原大学在河南大学校址办学时间共计9个月,共结业学员4932名。

(四)响应国家号召进行院系调整

河南大学的院系调整起始于1952年。1952年7月,政务院教育部提出了"以培养工业建设人才和师资为重点,发展专门学院,整顿和加强综合性大学"的方针,并首先以华北、华东、东北为重点全面推开。根据这一方针,河南大学农学院独立设置为"河南农学院"(今河南农业大学),医学院独立设置为"河南医学院"(1984年改称河南医科大学,2000年与郑州大学合并)。1953年,教育部再次以河南大学为重点,对中南区的院系和专业进行调整。河南大学水利系调往武汉大学水利系,财经系调往武汉中原财经学院,畜牧兽医系调往江西农学院,植物病虫害系调入武汉华中农学院,行政学院独立为"河南行政学院"。这样,只剩下一个文教学院,文教学院设有中文、历史、地理、数理、化学、教育六系,俄语专修科改为师范性质,并更名为河南师范学院。

1953年8月6日,政务院文教委员会和中央人民政府教育部决定,河南大学留下的系科全部改为师范性质,学校名称改为"河南师范学院",下设中文、历史、地理、数学、物理、化学及教育七个系和一个俄语专修科;平原省撤销,"平原师范学院"并入河南师范学院,称为"河南师范学院二院",学校师范性质的改制工作完成。嵇文甫继续担任院长,赵纪彬担任副院长,郭晓棠任党委书记兼副院长。中国科学院院长郭沫若先生亲自为河南师范学院题写了校名。至此,河南大学由综合性大学调整为一所仅有中文、历史、地理、数学、物理、化学、教育七个系和一个俄语专修科的高等师范学校,有4000余名学生、600余名教职工,面向全国招生,学校实行院、系(科)两级管理,直属中共中央中南局管辖。

在院系调整过程中,河南大学本部大量院系被调整,学校性质也改为师范,广大师生对此很不理解，甚至一度有抵触情绪。为了解决师生的思想认识问题，学校做了大量的思想教育工作。校党委、行政组织全校师生员工学习中南区高等师范教育讨论会的传达报告，提出以"学习苏联，面向中学，集体教学"作为教学改革工作的具体方针，并在改革实践中强调解决六个问题：一是集体教学与个人负责问题，明确集体教学必须建立在个人负责与集体互助相结合的基础上；二是学习苏联与结合中国实际问题，明确学习苏联经验必须从中国的实际出发，不能生搬硬套；三是理论联系实际与面向中学问题，明确面向中学是高等师范院校联系实际的重要内容；四是知识教育与思想教育的结合问题，要求寓思想教育于知识教育之中，使二者融为一体；五是教师领导责任与教学民主问题，要求教师在教学过程中起主导作用，全面负责，但必须发扬教学民主，做到教学相长，以便正确地、充分地发挥教师的作用；六是加强青年教师的培养与发挥潜在的教学力量问题，要求在努力培养青年教师的同时，注意充分发挥所有教师的教学潜能，以更好地进行教学改革，提高教学质量。同时学校党委还积极引导师生员工，要认识到河南大学作为河南乃至中南六省区高等教育发展的母体，不仅以其院系为基础孕育了不少新的院校和系科，而且为社会输送了一大批各类专门人才，为新中国高等教育的发展做出了独特贡献。

在校党委的领导下，学校完善了领导体制，健全了运行机制，通过大量深入细致的思想工作，使广大师生正确认识学校系科的拆分和转变学校教育性质的重要性，认真学习苏联的教育理论和实践经验，突出师范教育的特点，进行全面的改革。

在教学改革方面，1953年，河南师范学院根据党中央、毛主席提出的各条战线都要学习苏联的先进经验，以完成国家的社会主义改造的指示，以中国人民大学、哈尔滨工业大学为榜样，连续四年在教学计划、教学内容、课程体系、培养目标、教学方法、师资培训和编译教材等方面，系统学习苏联的教育理论和实践经验。学习苏联教育经验，提高学校教育质量的关键是制订周密的教学计划和掌握灵活的教学方法。河南师范学院根据高等师范的特点，参照苏联高等师范院校1951年以后的教学计划，并结合中学、中专、大专学校的实际，着手制订了中文、历史、地理、物理、化学、数学、教育、俄语专修科等八个专业的教学计划。新的教学计划包括政治理论、教育科学、外语、体育等公共必修课程以及专业课程和教育实习等三个组成部分，基本上体现了政治与业务的结合、理论与实际的结合，也体现了高等师范教育的特色。在执行教学计划的过程中，各专业均废除"注入式教学法"和"百分制记分法",采用苏联当时盛行的"五环教学法"和"五级分记分法"。"五级分记分法"用5、4、3、2、1表明学生成绩的优秀、良好、及格、不及格、劣等五个级别。应该说教学计划和教学方法的初步改革,极大提高了各专业的科学系统性和政治思想性,在很大程度上改变了旧大学自由主义讲学的风气。

在科学研究方面,1953年9月,经过两次院系调整后的河南师范学院适应学校性质的改变,确定了"科学研究的性质与目的,在于提高教育质量,改革教学内容",同时,"也要面向中学,研究解决中学、中专教学中的重大问题"。学校继续在教务处设置教研科,由专职人员管理全校的科学研究工作,制定了《科学研究工作暂行条例》,规定了科学研究的方向和任务。

在师资队伍建设上,1953年8月,学校根据"整顿巩固,重点发展,提高质量,稳步前进"的文教建设方针,强调提高教师的思想水平和科研能力,采取校内自修和校外进修相结合的方法,巩固与发展专职教师队伍。对校内自修,学校继续坚持党对知识分子"团结、教育、改造"的政策,倡导在教师、干部中认真学习马克思列宁主义、毛泽东思想,学习革命领袖原著,用批评和自我批评的方法进行自我教育和自我改造;倡导教师在业务学习方面克服旧社会遗留下来的"文人相轻"陋习,互相切磋教学方法和科学研究途径,敬老爱新,实行"传、帮、带",达到新、老教师共同提高的目的。对校外进修,学校不惜财力,分批选派中、青年教师到当时学习苏联经验最好的中国人民大学、哈尔滨工业大学、北京师范大学等校进修,结业后将这些学校的先进经验带回来。这一时期,学校还把提高教师队伍素质的重点放在对青年教师的培养上,确定由老教师具体指导青年教师,帮助他们成长,青年教师的开课率逐年提高。

通过上述措施,学校教师队伍尽管因此前的两次院系调整分散了不少人才,但在新的起点上仍有相当可观的规模的积累,为河南大学未来的重新振兴提供了人才储备。

院系调整后,河南大学师生并未消沉,广大师生能正确认识学校系科的拆分和转变学校教育性质的重要性,认真学习苏联的教育理论和实践经验,突出师范教育的特点,在教学改革、科学研究和师资队伍建设等方面进行了全面的探索,尽最大努力弥补了因两次院系调整而造成的损失,在全新的起点上继续努力奋进,成为当时中国综合性院校向高等师范院校转变的典范。

第二节 解放战争至新中国成立初期河南大学对中国高等教育的影响

从抗日战争结束到 1953 年河南大学由综合性大学改为师范性质的河南师范学院，学校发展历经诸多波折，但其动荡中的搬迁、师生爱国行动、院校调整时的折枝成林，依然对中国高等教育的发展产生了重要影响。

一、投身革命助推新中国成立与建设

河南大学师生在中国社会发展的转折关头，没有躲进教室、书斋，而是积极投入到沸腾的社会生活中去传播真理，追求进步。不仅积极开展教学、科研和社会服务工作，还在民主运动迅速深入发展的形势冲击下，积极参与到伟大的反对蒋介石反动政府的学生运动中。

1945－1949 年，国民党统治区的学生运动是中国人民反对帝国主义、反对国民党反动派斗争的重要组成部分，是中国社会发生变革的重要推动力量。学生运动广泛地影响和动员了民众，使他们行动起来，参加爱国民主运动。学生运动有力地配合了中国人民解放战争，加速了蒋家王朝的灭亡。学生运动也培养和锻炼了一大批青年骨干。河南大学师生也是全国学生民主运动的积极参与者，表现得可歌可泣，他们和全国其他高校学生不仅在当时，而且在以后建立新政权、建设新国家的伟大事业中，发挥了重要作用。

以河南大学为校址的中原大学办学时间共计 9 个月，学校在教育活动中弘扬固有的革命传统，同时还紧紧团结在党的周围，紧密配合解放区各个时期的中心任务。这种紧密配合战争形势的发展对学员进行教育的方法既调动了学员学习革命理论的积极性，又使学员在支前工作中经历了艰苦的磨炼，符合解放区人民革命大学新民主主义教育的规律，能满足中原解放区急需大批有较高文化理论水平的知识分子干部的要求，具有鲜明的时代性、革命性。

总之，解放战争时期河南大学改为国立，进入中国高等教育的国家队行列。以河南大学师生为主体创办了中原大学，为党和国家培养了大批革命和建设人才，为解放战争的胜利做出了重要贡献。同时，还铸就了艰苦奋斗、不怕牺牲、百折不挠、自强不息的河南大学精神,是学校创建之后达到的一个历史高峰。

二、折枝成林服务新中国成立后的高等教育新布局

中华人民共和国成立之后,随着国民经济恢复时期的结束,国家制定了发展国民经济的第一个五年计划。"一五"计划的指导方针和基本任务是:集中主要力量发展重工业,建立国家工业化和国防科学技术现代化的初步基础;相应地发展交通运输业、轻工业、农业和商业。而大规模的经济建设必然需要各种专业技术人员,特别是苏联援建的 156 项重点建设项目急需的专业技术人才,而旧中国高等教育的院系设置显然已经不能适应国家建设的这一需要,必须进行调整。20 世纪 50 年代,正值新中国成立初期,在社会经济恢复和发展的时代背景下,周恩来总理在第一次全国高等教育会议讲话中指出:"现在我们国家的经济正处在恢复阶段,需要人'急',需要才'专'。"[①]可以说,院系调整是针对旧中国高等教育体系存在的系科类型分布不合理,不能适应新中国经济建设的需要而提出的。而在院系调整过程中,河南大学为中南地区高等教育的布局奠定了基础。

在院系调整过程中,河南大学水利系划归武汉大学;财经系调入中南财经学院(今中南财经政法大学);植物病虫害系并入华中农学院(今华中农业大学);畜牧兽医系并入江西农学院(今江西农业大学);土木系和数理系数学专业并入湖南大学。由此不难看出,以河南大学院系为基础孕育出不少新的院校和系科,如当前的武汉大学、中南财经政法大学、华中农业大学、江西农业大学以及湖南大学等校,均有河南大学的血液输入。

其中,就河南大学所孕育的院校而言,不得不谈及武汉水利学院。1952 年 4 月至 1953 年 10 月,河南大学水利系、南昌大学水利系、广西大学水利系并入武汉大学水利系,组合并成立了武汉大学水利学院,设置水工建筑、河港工程和农田水利 3 个系。[②]1954 年 12 月 1 日,高等教育部批准武汉大学水利学院从武汉大学分出,成立"武汉水利学院",直属高等教育部主管。院长由张如屏担任,副院长一职由张瑞

---

① 中央教育科学研究所:《周恩来教育文选》,第 9 页,教育科学出版社,1984 年版。
② 《中国高等学校简介》编审委员会:《中国高等学校简介》,第 447—448 页,教育科学出版社,1982 年版。

瑾担任。1958年，武汉水利学院更名为"武汉水利电力学院"，1993年更名为"武汉水利电力大学"。直至2000年，四校合并成立新的武汉大学，原武汉水利电力大学的水利工程系、水力发电工程系、水资源与河流工程系及水利水电科学研究所整合成立"武汉大学水利水电学院"。经过长期的建设与发展，该学院现已成为综合实力雄厚、享誉国内外的人才培养重镇和科学研究的重要基地。

除水利系外，在院系调整过程中，河南大学的财经系调入中南财经学院（今中南财经政法大学）。可以说，中南财经学院的创建即源于中原大学。全国高等院校调整期间，为保障国民经济的健康发展，健全人民民主法制，国家需要大批政法干部。1952年年底，中南局根据中南地区急需政法干部的现实状况，决定撤销中原大学。与之同时，以中原大学财经学院、政法学院为基础，先后整合中南六省河南大学、中华大学、中山大学、湖南大学、广西大学、南昌大学等高校优质的财经、政法教育资源，荟萃大量学术造诣深厚、教学及实践经验丰富的师资队伍，于1953年分别成立了"中南财经学院"和"中南政法学院"。1958年7月，教育部和司法部分别将中南财经学院、中南政法学院、中南政法干部学校移交湖北省管理，湖北省将三所学校与武汉大学法律系合并组建湖北大学，成为当时湖北省两所以"大学"命名的高校之一，另一所即武汉大学。1971年，湖北大学改名为湖北财经专科学校。1978年1月，该校更名为湖北财经学院。至1984年12月，以湖北财经学院法律系为基础，恢复重建中南政法学院，由司法部领导。时隔一年后的1985年9月，财政部下发《关于部属三所财经院校改变名称的批复》，湖北财经学院更名为"中南财经大学"。2000年2月，经国务院批准，教育部将中南财经大学和中南政法学院合并，于2000年5月26日组建成新的"中南财经政法大学"。

除水利系、财经系外，河南大学的植物病虫害系并入华中农学院。言及华中农学院的创建，不得不提及全国农学院院长会议。1952年7月4日至11日，教育部召开全国农学院院长会议，讨论了农学院的方针、任务、调整方案、专业设置、课程改革、招生名额以及教师的初步调配等问题。教育部部长马叙伦在会议开幕词中指出：

目前我们全国农业学院的情况是远远不能满足国家建设上的要求的。截至现在，全国有高等农业学校43所，在校学生13000名，教师2146名，有177个系科，而这些学校的分布是极不平衡的。例如华东有14所，而东北只有3所，有的城市有两个农学院,有的几省还没有一个农业专科学校。至于系科,更有重重叠叠,分得过分细碎、过分专门。教师、设备也极为分散。所以摊子摆的(得)不少,条件好的却不多,形成很大的人力、物力的浪费。……这种情况,必须改变。[①]

针对上述情状,此次院长会议拟定了《全国高等农业学校院系调整及专业设置方案》,方案指出,所有农学院都要改为独立农学院。一省一市有两个以上农学院的一律予以归并。每一大行政区办好一两个多科性的农学院。在各省普遍设立不分系或者只设农学专业的农学院。[②]此次全国农学院院长会议的召开标志着全国农业院校大规模院系调整的开始。

1952年8月至9月间,中南局和中共河南省委在对河南大学进行院系调整时,决定将河南大学农学院从河南大学分离出来独立建院。至此,河南农学院正式宣告成立。根据中央精神,独立后的河南农学院将原来的农学系、森林系、畜牧兽医系、植物保护系4系调整为农学系、森林系2系。其中,植物病虫害系部分即植物保护系归入华中农学院,畜牧兽医系并入江西农学院(如图6-1所示)。河南大学的此次调整布局,根据国家建设的需要,对于改变农业院校分布不平衡起到了一定的作用。

图6-1　1952年度植物病虫害系欢送专家全体成员合影

资料来源:https://1902.henau.edu.cn/info/1163/1097.htm。

---

① 《华中农业大学校史》编委会:《华中农业大学校史1898—1998》,第63—64页,华中农业大学校史编委会,1998年版。

② 樊期曾等:《东北农业教育史1906—1985》,第215页,辽宁教育出版社,1987年版。

就华中农学院而言，1952年，在武汉大学农学院、湖北省农学院的基础上，结合原中山大学、南昌大学、河南大学、广西大学、湖南农学院、江西农学院的部分系（科）组建成立华中农学院，校址设在湖北省农学院原址宝积庵。其中，河南大学的部分即指河南农学院的植物病虫害系。及至1985年，华中农学院正式更名为华中农业大学。其时，河南大学农学院并入华中农学院的教授主要是段兆麟、陈兆骝二人。院系调整之后，华中农学院设置农学、果树蔬菜、植物保护、土壤肥料、林业、畜牧兽医、农业经济等7个专业，筹设淡水养殖专业。

除华中农学院外，河南农学院畜牧兽医系的加入为江西农学院的成立注入了新鲜的血液。1952年，南昌大学农学院农艺、兽医两专业和广西、湖南、河南三所农学院的兽医专业与江西南昌农业专科学校农艺科、江西省兽医专科学校合并，成立"江西农学院"，校址设在南昌莲塘伍农岗，中科院学部委员、教授杨惟义任院长，农学院内设农学、兽医两系和农艺、兽医中技部（中等）。至1968年10月，江西农学院撤销，随后并入江西共产主义劳动大学总校，绝大多数教职员工分批下放宜春地区各县农村劳动，农学院实习农场由南昌县接管，后合并为莲塘垦殖场。直至1980年11月20日，江西省委、省人民政府批准，江西共产主义劳动大学改名为"江西农业大学"。

除上述省外高等院校外，湖南大学与河南大学亦有一定的渊源。在1953年的院系调整中，湖南大学作为一所拥有文艺、教育、社会科学、自然科学、工程、财经、农业7学院20系1研究所2专修科的综合性大学，被调整为一所以工科为主的多科性大学——中南土木建筑学院。[1] 其实，早在1951年11月，教育部即召开全国工学院院长会议，拟定工学院院系调整方案，揭开了1952年全国院系大调整的序幕。此次大学院系调整的特点是：除保留少数综合性大学外，按行业归口建立单科性高校；大力发展独立建制的工科院校，相继新设钢铁、地质、航空、矿业、水利等专门学院和专业。

1952年10月10日，中南军政委员会教育部在武汉大学召开了中南区高等学校专业设置会议，研究了中南区高等教育改革方案。此次会议决定，将湖南大学矿冶系提前调出成立中南矿冶学院，湖南大学化工系提前调到华南工学院；同时在湖南

---

[1] 唐珍名等：《湖南大学史话》，第86页，湖南大学出版社，2016年版。

大学增设师范专修科，设中文、历史、地理、数学、物理、化学、生物等科。1953年中南区高等学校的任务是在暑假进行院系调整，并决定撤销湖南大学，另成立"中南土木建筑学院"和"湖南师范学院"。1953年4月，李达离任，经高等教育部批准，由中共湖南省委宣传部部长朱凡兼任湖南大学校长，负责长沙地区的高校调整，并先后于同年5月与6月成立了中南土木建筑学院筹备委员会和湖南师范学院筹备委员会。8月24日，中南区高等学校院系调整委员会长沙分会成立，朱凡任主任委员，柳士英、朱九思任副主任委员。9月初，在中南区第二次院系调整会议上，正式确定了各种调整方案和做法。此次调整过程中，河南大学的土木系和数理系数学专业并入湖南大学，湖南大学校名也被更改为"中南土木建筑学院"，土木建筑学科得到加强。至1959年，湖南大学校名恢复，土木系保留。直至现在，世人将湖南大学、清华大学、同济大学的土木学科并称为中国土木学科的"三驾马车"。[①]综上所述，河南大学的主要系科成为今日中南各省高校的基础。

---

① 邓频声等：《湖南大学》，第76页，重庆大学出版社，2006年版。

第七章

师范院校时期的河南大学与中国高等教育发展（1953—1979）

1953年，政务院文教委员会和中华人民共和国教育部决定将河南大学改称"河南师范学院"，自此，河南大学由综合性大学转变为中南六省规模最大的高等师范院院。然而，"河南师范学院"的称呼仅存在了3年的时光。1956年，教育部将河南师范学院易名"开封师范学院"，直至1979年改为"河南师范大学"之前，河南大学一直处于师范学院时期。师范院校时期的河南大学，无论是在教学改革方面，还是在科学研究方面，抑或在社会服务方面，均在一定程度上推动了中国高等教育的发展。即使在最艰难的"文化大革命"期间，开封师范学院的广大师生员工对林彪、"四人帮"反革命集团在教育战线上的倒行逆施从很不理解到坚决进行抵制和斗争，他们在困难的情况下坚持开展教学活动，并在力所能及的范围内取得了一定的成绩，对中国高等教育的发展产生了深远的影响。

第一节　师范学院时期的中国高等教育

从中国现代高等教育发展史的演变历程不难看出，中国教育休制深受外国教育模式的影响。20世纪50年代，受地理政治倾向的影响，中国教育深受苏联的影响，如其时中国高等教育的管理结构。"文化大革命"期间，中国的高等教育遭受了破坏，直至"文化大革命"结束，高等教育秩序才正式恢复正常。

一、师范学院时期中国高等教育的发展

20世纪50年代初期，随着新中国"赶超苏联"国策的确立，中国制定第一个五年计划（1953—1957年），政府按照苏联模式建立起新中国高等教育体制。在此特殊的时代背景下，高等教育改革势在必行。受当时国际政治大气候的影响，新中国和社会主义苏联在政治、经济和文化方面结成联盟，在苏联政府部门顾问、教师和一

些研究机构的研究员等专家的帮助下，中国政府号召全方位地效仿苏联模式。

其时的高等教育领域正面临着严重的问题。1952年全国211所高等学校中，高等工业学校和高等工业专科学校只有33所，仅占全国高等学校总数的15.6%；高等农林学校和高等农林专科学校只有17所，仅占全国高等学校总数的8.1%；高等师范学校有32所。学科设置上，文、法、财经居多，工科少。据当时统计，第一个五年计划期间，仅工业、运输业和地质勘探等方面就需技术人员约30万人，而已有的见习技术员以上技术人员只有14.8万人，相差约15万人。[①]"一五"计划明确提出：

> 5年内，国民经济各部门和国家机关需要补充的各类高等和中等学校毕业的专门人才共约100万人左右；中央工业、运输业、农业、林业等部门需要补充的熟练工人约为100万人。[②]

更重要的是，其时的高等学校多数设在沿海地区和大城市，工科大学更是主要集中于经济发达的大城市，反观内地和边远地区则较少。教育部部长马叙伦1950年曾言："华东地区就有高等学校85所，占总数的37.4%。单单上海一地就有43所，几占全国高等学校总数的1/5。"[③]

面对上述情状，为大力发展高等教育以适应经济发展的需要，中央决定在全国范围内进行大规模的院系调整。在苏联的指导下，中国高等教育启动了第一次大规模的改革，其中即包括高校和院系的重组。为发展新的工科院校、理工院校和专门师范院校，为确保每个主要地区都有每种类型的高校，国家对高校的区域布局进行了改革，建立了一大批新院校。1952年5月，中央人民政府教育部公布了《关于全国高等学校1952年的调整设置方案》，将院系调整推向了实践。是年，中央人民政府教育部根据"以培养工业建设人才和师资为重点，发展专门学院，整顿和加强综合性大学"的方针，在全国范围内进行了高等学校的院系调整工作。1952年6月至9月，中央人民政府对全国原有的高等学校进行全盘调整，全国理、工科教授有四分之三被调离本校，之前已经存在的综合性大学均有大规模调整。在此次调整过程中，

---

① 郝维谦、龙正中等：《高等教育史》，第82—84页，海南出版社，2000年版。
② 《中国教育年鉴》编辑部：《中国教育年鉴1949—1981》，第89页，中国大百科全书出版社，1984年版。
③ 余明阳：《百年安泰上海交通大学安泰经济与管理学院1918—2018》，第86页，上海交通大学出版社，2018年版。

私立高校退出历史舞台。其实，早在1952年之前，中央政府就开始逐步取消教会大学，并改造和限制私立大学。1952年院系调整时，私立大学（包括教会大学）全部被裁撤。经过调整后，"私立高校全部改为公立，各院校的性质和任务均较前明确，工科院校得到了发展，综合大学得到了整顿，这样使高等学校在院系设置上基本符合国家建设的需要"①。

至1952年年底，全国高等学校已有3/4开展了院系调整和设置专业的工作。其中以华北、东北、华东等三区调整的较为彻底；中南区则除广州各高等学校已进行调整并在长沙设立了中南矿冶学院外，该区其他院校尚未调整；西南区则只进行了个别院校的调整。②经过1952年的院系调整，全国高等院校的数量，由1952年之前的211所下降到1953年的183所。经过院系调整，各院校的性质和任务均较前明确，打下了发展专门学院、巩固和加强综合性大学的基础，特别是加强和发展了高等工业学校，新设了钢铁、地质、矿冶、水利等12个工业专门学院，基本上符合了国家建设的需要。在1952年实行院系调整前，全国原有211所高等学校。调整后，全国计有综合大学及普通大学21所，工业院校43所，高等师范院校33所，农林院校28所，医药卫生院校32所，财经院校13所，政法学院3所，连同其他艺术、语文、体育和少数民族高等学校共为201所，这些院校大多数已按照苏联经验改组了系科，设置了专业，而多数工科及一部分理科的专业已基本走上适应国家需要的途径。其时，未经调整的大学尚有14所，其中仍设有工、农、医、师范等类学院。更重要的是，政法、财经各院系1952年亦未作全面调整。

经历1952年的院系调整之后，我国的高等教育还经历了随后的1953年和1955年的两次院系调整，但后两次的院系调整基本上是局部进行，是对第一次院系调整的补充和完善。1952年，国家成立了高等教育部，原教育部部长马叙伦改任高等教育部部长。中央人民政府"高等教育部"成立后，鉴于大规模的、有计划的经济建设已经开始，为使高等学校院系分布进一步趋于合理、人力物力的使用更为集中、各类专门人才的培养目标更为明确，于1953年继续院系调整工作。1953年，政务院

---

① 中央人民政府高等教育部办公厅：《中央人民政府高等教育部关于1953年高等学校院系调整工作的总结报告》（1954年1月15日），载《高等教育文献法令汇编》（第一辑），第60页，1954年。

② 何东昌等：《中华人民共和国重要教育文献（1949—1975）》，第213页，海南出版社，1998年版。

发布 1953 年的高校院系调整方案。是年 5 月 29 日，政务院第 180 次政务会议批准高等教育部《关于 1953 年全国高等学校的院系调整计划》。10 月 11 日，政务院发布当年院系调整方案。教育部调整的原则仍着重改组旧的庞杂的大学，加强和增设工业高等学校并适当地增设高等师范学校；对政法、财经各院系采取适当集中、大力整顿及加强培养与改造师资的办法，为以后发展准备条件。[①] 为此，1953 年的院系调整工作，以中南区为重点。华北、东北、华东三区因已基本上完成院系调整工作，1953 年主要是进行专业的调整。至于西南、西北两区，主要进行局部的院系或专业的调整。全国高等学校按照 1953 年的调整方案调整后，高等院校共计 182 所。为便于了解，现将其列表 7-1 示下：

表 7-1 1953 年全国高等学校院系调整后分布情况

学校分类＼地区校数	共计	华北	东北	华东	中南	西南	西北	内蒙古
共计	182	38	26	50	33	19	14	2
综合性大学	13	2	1	4	2	2	2	—
多科性高等工业学校	15	3	3	5	2	1	1	—
单科性高等工业学校	24	8	3	8	3	2	—	—
高等师范学校	31	6	4	8	6	4	2	1
高等农林学校	29	5	4	8	6	2	3	1
高等医药学校	29	4	4	9	9	2	1	—
高等政法学校	4	1	—	1	1	1	—	—
高等财经学校	7	2	2	1	1	1	—	—
高等艺术学校	15	4	2	4	2	2	1	—
高等语文学校	8	2	2	—	1	1	2	—
高等体育学校	5	1	—	1	1	1	1	—
少数民族高等学校	2	—	1	—	—	—	1	—

资料来源：何东昌等：《中华人民共和国重要教育文献》（共三册），第 213 页，海南出版社，1998 年版。

[①] 刘光：《新中国高等教育大事记（1949—1987）》，第 57—58 页，东北师范大学出版社，1989 年版。

说明：

（1）1953年院系调整后仍设在综合性大学的四川大学及云南大学的工学院，武汉大学的水利学院，四川大学及云南大学的农学院，南开大学、西北大学及厦门大学的财经学院，山东大学、云南大学及兰州大学的医学院皆未计入。

（2）少数民族高等学校除延边大学、新疆民族学院外，另有八所民族学院因是干部训练性质皆未列入。

（3）原属教育部门领导，1952年调整后改为军事部门领导的学校，如中国协和医院、南京医学院、大连俄文专科学校皆未列入。

（4）人民革命大学与其他干部学校如中央政治干部学校等皆未列入。

（5）大连工业俄文专科学校（中央第一机械工业部创办）、北京第五学校（系中央第二机械工业部创办）、中南俄文专科学校（中央重工业部创办）、北京俄文专科学校（系中央燃料工业部创办）等校未列入。

（6）原列在1952年调整后201所高等学校中之东北兵工专科学校现已改为中等技术学校，此表未列入。东北鲁迅文艺学院现已改为东北音乐专科学校及东北美术专科学校，此表已按两校统计。

由上述文字不难看出，"院系调整"结束了院系庞杂纷乱、设置分布不合理的状态，走上了适应国家建设需要培养专业人才的道路。① 此时，一些综合性大学开始分解，一些新的专业大学、学院和系随之成立。至1953年，中国高等教育基本框架已经建立起来，高校数量由211所减少到182所。"高教部"是唯一合法的高等教育管理机构，除了少数由省政府管理的地方小师范院校外，"高教部"负责部署和监督所有高等院校。为了平衡高校的区域分布，其时也小规模地开展了高校的重组。在1955—1957年期间，5所沿海高校转移到了内地，并在内地重新建立了12所高校。值得说明的是，虽然20世纪50年代中国高等教育深受苏联的影响，但它与苏联模式并不尽相同。

"文化大革命"开始之后，为了给工人阶级子弟创造更多的教育机会，同时为消除不同背景学生的差距，毛主席废除了国家高等教育入学考试制度，高校学生入学，主要靠工作单位推荐和劳动表现。至1968年，改革后的高校课程的典型特征是大讲

---

① 李琦：《建国初期全国高等学校院系调整述评》，载《党的文献》，2002年第6期。

政治、缩短课程学习、忽视学习能力的培养等，破坏了一些优良的传统观念。"文化大革命"给全国人民带来了巨大的灾难。从 1966 年到 1970 年，高等教育体制整整瘫痪了四年。[①]1970 年至 1976 年间，政府对高等教育进行了一些改革，如引入新的四步入学体制——自愿报名、群众推荐、领导批准和学校复审。与之同时，还在各地建立了一些注重实践学习的"社会主义大学"。综合言之，"文化大革命"时期高等教育的改革多以政治为中心，少以经济为中心。1976 年 10 月，随着"四人帮"的倒台，"文化大革命"结束，为满足新时期迈向社会主义现代化建设的需求，国家也改变了教育政策和方针。1977 年，随着"高考"的恢复，"文革"期间被抛弃的正规教育得以正常运转。邓小平号召全国人民为实现四个现代化努力，他强调："教育必须面向现代化、面向世界、面向未来。"可以说，从 1977 年开始，中国政府高度重视高等教育发展，扩大教育规模，优化教育结构，为社会输送更多的人才。

二、师范学院时期河南高等教育的发展

言及新中国成立初期的河南高等教育，不得不提及院系调整。1951 年 11 月，中央教育部在全国工学院院长会议上，提出调整工学院的方案。1952 年下半年，我国开始学习苏联高等教育的经验，计划在全国范围内开展高等院校的首次院系调整。在此种历史背景下，河南大学开始首次院系调整。

1952 年 7 月，教育部提出"以培养工业建设人才和师资为重点，发展专门学院，整顿和加强综合性大学"的方针，然而，在实际执行中，仅强调整顿和成立专门学院，这项工作首先以华北、华东、东北为重点全面进行高等学校院系调整。至 1952 年年底，全国已有四分之三的高等学校进行了院系调整。根据上述方针，河南大学农学院独立设置为河南农学院；医学院独立设置为河南医学院。1953 年，政务院教育部进一步明确全国高等院校院系调整以中南区为重点进行，中南区又以河南大学为重点进行。于是，河南大学作为中南区院系调整的重点，主要做出了如下调整：河南大学水利系调往武汉大学水利系；财经系调往武汉中原大学财经学院（如图

---

① 蒋晓萍：《跨文化化：全球化环境下的文化生态》，第 161 页，广东人民出版社，2006 年版。

7-1 所示）；畜牧兽医系调往江西农学院；植物病虫害系调往武汉华中农学院；行政学院单独设校成立河南省政法管理干部学校；文教学院所设中文、历史、地理、数理、化学、教育六系和俄语专修科改为师范性质，继续由嵇文甫教授担任校长。

图 7-1　河南大学水利、财经两系调往武汉时师生合影

资料来源：杨利娟、刘春霞：《世纪华章——纪念河南大学建校 100 周年书系·百年回眸》，第 76 页，河南大学出版社，2012 年版。

1956 年，我国的社会主义改造基本完成，社会主义制度在已经基本建立起来，党中央、毛主席领导全国人民开始转入全面的大规模的社会主义建设。1957 年，毛主席提出："我们的教育方针，应该使受教育者在德育、智育、体育几方面都得到发展，成为有社会主义觉悟的有文化的劳动者。"1958 年，毛主席进一步提出"教育必须为无产阶级政治服务，必须同生产劳动相结合"的方针。1959 年，经中央人民政府批准，省委、省政府为适应国民经济发展的形势，健全河南省高等教育体系和提高高等教育质量，本着"加强老校，扩大内涵"的原则，决定将开封师范专科学校并入开封师范学院；要求开封师范学院发挥优势，不断提高教育质量，办出特色，实现河南省高等教育的统一协调发展。

"文化大革命"期间，河南的教育事业得到了严重的损害，尤其是河南的高等教育遭到极为严重的破坏，正常的教学秩序被彻底打乱，绝大多数教师、干部受到不同程度的批判斗争，校舍、教学仪器设备及图书资料损失十分严重。"文化大革命"

运动全面发动后仅半年，全国各省、市、自治区就形成了"打倒一切，全面内战"的大动乱局面。在林彪、江青两个反革命集团的煽动下，全国和河南省各地红卫兵组织的无政府主义、山头主义对学校和社会都造成了很大的危害。1967年3月，《人民日报》发表社论要求红卫兵响应毛主席号召回到学校"复课闹革命"。3月7日，人民解放军开始分期分批进驻大专院校、中专学校和部分中、小学校。在解放军毛泽东思想宣传队的帮助下，各级各类学校相继建立起学生代表、教职员代表、校领导干部三结合的复课领导组。在此种情状下，河南高校教师仍顶着"资产阶级反动学术权威"的帽子，在极其艰难的情况下仍然坚持从事科研工作，粉碎"四人帮"后，河南全省高校师生相继举行了盛大游行和庆祝大会，压在广大师生头上那座无比沉重的大山终于被搬走了。

"文化大革命"结束次年，河南省共有11所普通高等院校，教职工11487人，在校本、专科生2.27万人。① 此处的11所高校主要指开封师范学院、新乡师范学院、河南农学院、河南医学院、郑州大学、焦作矿业学院、河南中医学院、洛阳工学院、郑州工学院、郑州师范学校、信阳师范学院。郑州粮食学院在"文化大革命"中期被撤销建制，直到1978年才恢复建制。1978年12月，党的十一届三中全会召开后，随着高校工作重点的战略转移，河南省高等教育进入改革开放新时期，全日制普通高等学校本科、专科教育和研究生教育发展速度都比较快。例如，1978年12月，河南省增设开封医学专科学校、洛阳医学专科学校、郑州畜牧兽医专科学校和豫西农业专科学校，揭开了河南省普通高等学校专科教育快速发展的序幕。

三、师范学院时期河南大学的发展

在院系调整的时代背景下，1953年，全国高等学校院系调整有关河南省的计划列示如下：河南大学校名取消，改为河南师范学院；平原师范学院改为河南师范学院第二院，校名取消。② 1953年，河南大学由综合性大学转为师范性质的河南师范

---

① 刘卫东、王兴业等：《河南高等教育史》，第336页，中国文联出版社，2004年版。
② 何东昌等：《中华人民共和国重要教育文献》（1949－1975），第213页，海南出版社，1998年版。

学院。自 1953 年 1 月至 1953 年 7 月，河南大学校名并未发生改变。及至是年 8 月 6 日，政务院文教委员会和教育部决定将院系调整后的河南大学改称"河南师范学院"，校名由郭沫若先生题写。其时，因平原省行政建制撤销，将平原师范学院并入河南师范学院，称"河南师范学院二院"，仍留新乡原校址办学。河南师范学院的党组书记由河南大学教务长、文教学院副院长郭晓棠教授担任。院长一职由原河南大学校长嵇文甫教授继续担任；副院长则由原平原师范学院院长赵纪彬教授担任。至此，河南大学（校本部）由综合性大学调整为一所仅有中文、历史、地理、数学、物理、化学、教育七个系和俄语专修科的高等师范学校，有"4000 余名学生，1000 余名教职工"①，面向河南、湖北、湖南、江西、广东、广西招生。图 7-2 为河南师范学院时期部分师生于校门前留影。

图 7-2 河南师范学院时期校门留影

资料来源：时勇：《世纪华章——纪念河南大学建校 100 周年书系·百年镜像》，第 80 页，河南大学出版社，2012 年版。

河南师范学院成立后，在管理体制上，初时直属中共中央中南局管辖。从 1954 年起，学校改为河南省管理。就该校的行政机构而言，在 1952 年和 1953 年进行的两次院系调整中，学校的行政机构做了相应的调整。1952 年 3 月，学校成立了政治

---

① 《河南大学校史》编写组：《河南大学校史》（1912—1992），第 132 页，河南大学出版社，1992 年版。

辅导处；10 月，校部行政机关设立教务处和行政事务处；11 月增设函授部；12 月受教育厅委托，在河南师范学院设立"河南省教学业务通讯站"。1953 年 2 月，经中南教育部批准，开封高中改为河南师范学院附属中学。

1954 年 6 月，河南师范专科学校俄语科并入河南师范学院俄语专修科，同时，取消教育系，成立教育教研室，尚未毕业的两届学生由教育教研室代替教育系培养，直至毕业。1955 年 3 月，人事处成立，取消政治辅导处，其工作由党、团、工会分担。经过以上逐步调整后，学校行政机构和教学职能部门有院长办公室、教务处、人事处、总务处、图书馆、马列主义教研室、治安保卫委员会、函授部、校医院等，附属单位有附属中学、幼儿园。其中，院长办公室负责行政、秘书、信访、文印、收发等工作；教务处负责教学、科学研究、教材教具、仪器设备、学籍管理、进修等工作；人事处负责人事、劳资、师资培训等工作；总务处负责财政、伙食、物资供应、基建、维修等后勤工作；图书馆负责图书采购、保管、借阅等工作；马列主义教研室负责政治思想教育、德育公修课教学工作；治安保卫委员会负责学校治安、保卫工作；函授部负责成人教育工作。

河南师范学院成立后，即以中国人民大学、哈尔滨工业大学为榜样，连续四年在教学计划、教学内容、课程体系、培养目标、教学方法、师资培训和编译教材等方面系统学习苏联的教育理论和实践经验，以提高学校的教育质量。根据高等师范的特点，河南师范学院参照苏联高等师范院校 1951 年以后的教学计划，着手制订了中文、历史、地理、物理、化学、数学、教育、俄语专修科等八个专业的教学计划。基本上体现了政治与业务的结合、理论与实际的结合，也体现了高等师范教育的特色。

1955 年 8 月 16 日，中央人民政府教育部，中共河南省委、省人民政府决定再次调整河南师范学院的结构，将二院的中文、历史二系和地理专修科、俄语专修科从新乡调往开封，分别并入院本部的中文、历史、地理三系和俄语专修科，共调来教师 52 人、干部 2 人、学生 425 人。院本部的数学、物理、化学三系调到新乡，并入二院的相应系中，共调走教师 39 人、干部 4 人、学生 353 人。1956 年 8 月，中共河南省委传达国务院的决定，嵇文甫院长调任新建立的郑州大学任校长；9 月，国务院任命赵纪彬为河南师范学院代院长，党组书记郭晓棠兼任河南师范学院代副院长。是年 9 月，院本部又改俄语专修科为外语系（设英语、俄语两个本科专业）。至此，河南师范学院形成"文科集中在开封办学，理科集中在新乡办学"的格局。11 月 1

日，根据国家教育部指示，河南师范学院院本部及二院分别定名为开封师范学院和新乡师范学院，开封师范学院成为专办文科的高等师范院校，设中文、历史、地理、外语4个系，是年在校学生2360人，教职工500余人。

在中央人民政府教育部，中共河南省委、河南省教育厅的指导下，根据高等师范教育的特点，开封师范学院在教育教学、科学研究工作以及成人教育方面进行了多方探索，并取得了优异的成绩。"文化大革命"前，开封师范学院除科学委员会外，没有专设研究机构，科学研究的日常管理工作由教务处教研科负责。1977年学校正式设立科研处，并陆续建立了6个研究室，正在筹备建立的研究室还有5个。现将当时建立的研究室列表（见表7-2）示下：

表7-2 开封师范学院建立的六个研究室一览

研究室名称	成立时间	简　　介
中国近现代文学研究室	1979年	前身为中国现代文学教研室的一部分，在中国近现代文学的研究领域中取得一定的研究成果，室主任由中文系主任任访秋教授兼任，副主任由刘增杰副教授担任，有专、兼职成员7人。
唐诗研究室	1960年	前身为"全唐诗校订组"，组长李嘉言教授，副组长高文教授。"文化大革命"中集体研究工作被迫中断。1977年恢复研究工作，并改建为唐诗研究室，高文教授任主任，有专职研究人员8人。
宋史研究室	1978年	前身为历史系中国古代史教研室宋史组，长期进行宋史研究，取得诸多成果，"文革"中研究工作中断。1978年恢复研究工作，改建为宋史研究室，并于当年开始招收硕士研究生，张秉仁教授任主任，有专职研究人员8人。
人口理论研究室	1976年	政教系貊琦副教授任主任，有专职研究人员6人。主要结合河南实际研究人口与经济发展的关系以及如何有效地控制农村生育率等。编有不定期的《人口理论专刊》。
大洋洲地理研究室	1978年	主要研究大洋洲范围内各国、各地区的农业地理、人口地理以及国家地方志书等。有专职研究人员5人、兼职研究人员6人，主任为尚世英教授。
自然地理研究室	1979年	由李式金、彭芳草教授负责，兼职研究人员22人。既确保教学质量的提高，又积极开展科学研究。主要研究河南省各自然地理要素的发展变化规律及分布特点，以利于合理开发。

资料来源：《河南大学校史》修订组：《河南大学校史》，河南大学出版社，2012年版。

1959年6月27日，经中央人民政府批准，开封师范专科学校并入开封师范学院，除原有的中文、历史、地理、外语4个系，又新增数学、物理、化学、生物4个系，在校本科生3811人，教师353人（其中正副教授36人，讲师61人），职工530人。

1960年，为适应河南省对培养政治教师和体育教师的需要，开封师范学院又在政治理论教研室的基础上建立政治教育系。至此，开封师范学院改变了专办文科的历史，扩展为文、史、哲、数、理、化、教育7个学科10个系，为之后的发展打下了较为坚实的基础。1962年7月，设在郑州的河南艺术学院、河南体育学院并入开封师范学院，建立艺术系和体育系，同时，郑州大学地理系并入开封师范学院地理系；同年，开封师范学院生物系调入新乡师范学院。至此，开封师范学院有中文、历史、政治、地理、外语、数学、物理、化学、体育、艺术10个系，在校学生达4100人，另有函授学员6000余人，教师、干部、工人共1166人，专任教师中，正副教授33人，讲师172人，教员31人，助教275人；还设有附属中学2所，附小、幼儿园各1所，校办工厂有印刷厂、机械厂、化工厂，另有农场2处。1963年，院长赵纪彬调中央党校任职，国务院决定曲乃生任代理院长兼院党委第二书记。

1966年6月1日，《人民日报》发表"横扫一切牛鬼蛇神"社论，号召"彻底破除一切剥削阶级所造成的毒害人民的旧思想、旧文化、旧风俗、旧习惯"。3日，根据中共河南省委指示，全院停课投入"文化大革命"运动，同时根据"高教部"通知，498名应届毕业生延缓毕业。随后中共开封市委书记处书记、市长谭枝生和市委秘书长张长江率工作组进驻开封师范学院，并撤销了曲乃生开封师范学院"文化革命"领导小组组长职务。不久，开封师范学院"文化革命委员会"成立，统一领导全院的所谓"革命运动"。"文化大革命"运动全面发动后仅半年，在林彪、江青两个反革命集团的煽动下，全国各省、市、自治区就形成了"打倒一切，全面内战"的混乱局面，各地造反派的无政府主义、山头主义泛滥，开始了"夺权"斗争。

1967年10月，开封师范学院革命委员会成立，同时，各系和附属中学也先后成立了"革委会"。在此后的几年间，按照上级的部署，学校又先后开展了复课闹革命、清理阶级队伍、"一打三反"等活动。1972年1月，中共开封师范学院第四次代表大会召开，军宣队队长胡西照当选为党委书记，白均、高能颜当选为副书记。同年7月，学校党委重新设立了办公室、组织部、宣传部、统战部。1976年10月，党中央粉碎了"四人帮"，结束了"文化大革命"这场长达十年之久的大动乱，使高等教育事业进入了一个新的发展时期。随后的几年，在校党委的领导下，学校进行了一系列拨乱反正工作，组织专门班子在充分走群众路线的基础上，先后为在"文化大革命"中因冤假错案受迫害的554名干部、教师和1957年被错划为右派分子的同志平反昭雪，恢复了名誉，并解决了一批历史遗留问题。与之同时，整顿了教学、科研和管理秩序，并迎来了恢复高招制度后经过统一考试录取的1977级和1978级学生，这标志着学校已进入了正常的办学轨道。1977年1月，中共河南省委决定白均任开封师范学院党委书记、革委会主任，撤销了陈红兵开封师范学院革委会主任职务。次年9月，中共河南省委决定李林为开封师范学院党委书记兼院长，并任中共开封市委常委，撤销了刘彦杰院党委副书记、副院长职务。

第二节 师范学院时期河南大学对中国高等教育的影响

新中国成立后，河南大学作为河南乃至中南六省区高等教育的母体，以其院系为基础孕育了不少新的院校和系科，为新中国高等教育的发展做出了独特贡献。师范学院时期的河南大学，不仅为新中国成立初期河南省的高等师范教育开启了先河，为中南地区的高等教育奠定了发展格局，而且为新中国成立初期河南高等教育的发展打下了根基。

一、引领中原高等师范教育的发展

高等师范教育是普通高等教育的重要组成部分，其主要任务在于培养中等学校教师。言及我国的高等师范学校制度，可追溯至清末京师大学堂的师范馆和南洋公学师范院的创办。自1912年北京高等师范出现后，南京、武昌、广州、奉天、成都等处各设高等师范学校一所。之后，各高等师范学校相继改为师范大学、普通大学，我国高等师范学校于是几乎走上"绝路"，仅存北京高师一枝独秀。抗战全面爆发之后，蒋介石指出："我国近年教育所以不能辞戕贼青年之诟病者，即在中等学校教训之不周，而根本原因，则由于中学健全师资之缺乏。"[①] 是故，全面抗战时期，在"战

---

① 蒋中正：《全国高级师范教育会议训词》，载《教育通讯（汉口）》，1938年第34期。

时须作平时看"方针的指导下,"国民政府"教育部为求"高等教育之合理化,并适合抗战建国之需要"①起见,开始改进高等教育,其中应战时之需的重大举措即是"设立国立高等师范学院"。为此,全面抗战时期,南京国民政府教育部为"扩充高级师范教育"②起见,共设立11所国立高等师范学院。

抗战结束后,李建勋在《关于吾国高级师资训练几个重要问题》一文中指出:"师范学院附设于大学内,从经费、人才、设备等问题,可勉强应付于一时,其他根本问题,则未能解决。"③为此,他主张师范学院应"绝对独立设置"。在是年北平市第五届师范教育运动周座谈会上,黎锦熙根据李建勋的提议转提"全国师范大学分九区独立设置建议"一案,得到在座教育界要人们的一致赞成。大家一致认为,高级师范学校必须分区独立设置,其附设于各大学之师范学院,应视需要,分别析出独设,或者改组,或者取消。及至1946年6月,教育部公布《战后各省市五年师范教育实施方案》,其中规定,师范教育以"独立设置且以侧重与扩充女子师范"④为原则,师范教育由政府统筹设置。可见,在新中国成立之前,高等师范教育"独立设置"的呼声已日渐高涨。

中华人民共和国成立后,缺少师资100万人,恢复和发展人民教育成为其时的重要任务之一。⑤这一时期,高等师范院校在全国各地的设置状况不一,有的地方是独立设置,有的被并入大学师范学院,但高等师范教育的总体情况不容乐观。至1951年,全国高等师范学校共有29所,学生12564人。29所学校中,独立的高等师范学校只有17所,附属于大学的师范学院有12所。而在独立高等师范学校中,文理系科办得比较健全、设备较好的不过三五所。设在各大学的师范学院及其师资、设备大都依靠其他学院。29所高等师范学校在学校名称、制度、方针、教育内

---

① 《教育部改进高等教育》,载《教育通讯(汉口)》,1938年第20期。
② 李蒸:《高等师范教育与青年训练》,载《思潮》,1940年第2期。
③ 蔡春:《我国高等师范教育应有之改进》,载《中华教育界(复刊)》,1947年第10期。
④ 部会署令:《教育部代电:中字第〇三三三一号(三十五年六月七日):战后各省市五年师范教育实施方案》,载《国民政府公报(南京1927)》,1946年第2545期。
⑤ 王维新、陈金林、戴建国:《中国百年师范教育图志》,第138页,上海辞书出版社,2009年版。

容等方面,都无一定标准,比较紊乱。① 此外,大学文学院中的教育系有 32 个,学生 1553 人。1951 年,全国高等师范学校的毕业生仅 1349 人,占全国高校毕业生的 7.7%。② 院系调整后,独立设置的师范学院增多,其具体情况如表 7-3 所示。

表 7-3 1950 年底与 1952 年底全国高等师范学校情状一览

学 校	学校(系)数	
	1950 年底(个)	1952 年底(个)
独立设置的师范学院(教育学院、文教学院)	15	21
设在大学内的师范学院(教育学院、文教学院)	13	8
大学内的教育系	30	1
师范专科学校	1	18
总计	59	48

资料来源:张勇军:《地方师范院校综合化发展研究》,第 36 页,中国科学技术大学出版社,2017 年版。

为解决师资缺乏的问题,1951 年 8 月 27 日至 9 月 11 日,新中国成立后的第一次全国初等教育与师范教育会议在北京召开。马叙伦部长在第一次全国初等教育及师范教育会议上的开幕词中指出:"初等教育是人民的基础教育,而师范教育又是整个人民教育能否办好与能否发展的关键。"③ 在此次会议上,确定了要为培养百万人民教师而奋斗的目标,同时确立了高等师范学校由政府主办、独立设置的原则。1951 年 10 月 1 日,政务部公布了《关于改革学制的决定》,其中,将各类师范学校的学制以法令的形式确定下来。现将高等师范学校调整和设置的原则列示如下:

(1)每个大行政区至少建立一所健全的师范学院,由大行政区教育部(或文教部)直接领导,以培养高级中等学校师资为主要任务。各省和大城市原则上应设立一所健全的师范专科学校,由省(或市)教育厅、局直接领导,以培养初级中等学校师资为任务;如有条件,亦得设立师范学院。

---

① 张勇军:《地方师范院校综合化发展研究》,第 35 页,中国科学技术大学出版社,2017 年版。

② 金长泽、张贵新等:《师范教育史》,第 31 页,海南出版社,2002 年版。

③ 《当代中国》丛书教育卷编辑室:《当代中国高等师范教育资料选》(上),第 18 页,华东师范大学出版社,1986 年版。

（2）现有师范学院，应加以整顿和巩固；没有文理科方面各系科的，应逐渐添设，并充实其设备。

（3）现在大学中的师范学院（或教育学院）应以逐渐独立设置为原则，并增设文理方面的系科。

（4）根据需要与条件，可以个别大学的文理学院为基础，成立独立的师范学院。

（5）明确规定师范学院教育系的任务为培养师范学校的教育学、心理学与逻辑学等课目的教师。大学文学院中的教育系应逐渐归并于师范学院。现有各种专门教育系，如语文教育系、社会教育系等应明确规定其具体任务，加以调整或归并。

（6）将有条件的学校改设一所至两所幼儿师范专科学校。[①]

从建立新学制开始，奠定了独立设置师范体系的基础格局。翌年7月，教育部颁发试行的《关于高等师范学校的规定（草案）》比较具体地规定了我国高等师范教育的学校组织系统，奠定了我国"高师"办学模式的基本格局。[②]

在此种时代背景下，前文已述，1953年8月6日，政务院文教委员会和中央人民政府教育部决定院系调整后的河南大学改称"河南师范学院"。至此，河南大学由一所综合性大学调整为高等师范学校，为新中国成立初期河南省的高等师范教育开启了先河。就河南省言之，新中国成立后，在培养中学师资方面，河南省主要采取举办半年制、一年制高中、初中师资短期训练班的办法，解决中学师资的急需问题，学生来源为中小学教师和社会青年。课程安排的原则：面向学生的大多数，面向中学教材实际；重点是研究分析教材，并给以适当提高课程，保证学生在规定的时间内把最基本的知识和技能以及中学教材真正学到手；并且加强实践性教学环节，重视和加强教育实习，做到学会会教。[③] 自河南大学改为河南师范学院之后，成为河南高等师范教育的领头羊、排头兵，中学师资的培养主要靠高等师范院校本专科毕业生，该校为全国尤其是河南省培养了大批的教师和教育管理人才。毫不夸张地说，河南师范学院的独立设置开启了新中国成立初期河南省高等师范教育的先河。

---

① 金长泽、张贵新等：《师范教育史》，第32页，海南出版社，2002年版。
② 张勇军：《地方师范院校综合化发展研究》，第36页，中国科学技术大学出版社，2017年版。
③ 《河南省教育史志》编辑室：《河南教育志．中华人民共和国时期1949—1985年．第8编师范教育和中小学教师试写稿》，第27页，《河南省教育史志》编辑室，1986年版。

二、奠定新中国成立以来河南高等教育的基础

前文已述,河南大学为中南区的高等专业教育奠定了发展基础。除对中南地区的高等教育产生重大影响外,1953—1977年间的河南大学还对新中国成立初期河南省内的高等教育产生了深远的影响。在20世纪50年代的院系调整过程中,河南大学的很多院系被迁出,而正是这些院系成了后面一些大学建立的重要基础,可谓"一个河大成就了一批大学"。在1952年院系调整之前,河南大学是一所拥有文、理、工、农、医、法等六大学院的综合性大学,是当时学术实力雄厚、享誉国内外的国立大学之一。根据政务院教育部1952年7月提出"以培养工业建设人才和师资为重点,发展专门学院,整顿和加强综合性大学"的方针,河南大学进行了院系调整。

时隔一年后的1953年,政务院教育部进一步明确全国高等院校院系调整以中南区为重点进行,中南区又以河南大学为重点进行。在中共中央的有关指示下,河南大学开始逐步改革旧河南大学培养"通才"的模式,将多科综合性的河南大学改变为一所兼具文、理两科的高等师范院校。于是,河南大学这次作为中南区院系调整的重点进行了调整。调整后的河南大学仅保留文、法两个学院,更名为河南师范学院。就留在河南省的学校言之,河南大学在院系调整过程中,农学院独立设置为河南农学院;医学院独立设置为河南医学院;行政学院单独设校成立河南省政法管理干部学校;信阳分院成立信阳师范学院;理科他迁新乡,名河南师范学院二院;文教学院所设中文、历史、地理、数理、化学、教育八系和俄语专修科,改为师范性质。在此次院系大调整的过程中,一所河南大学为河南省衍生出多所高校,为河南本地各大高校的创建做出了贡献,同时也为新中国成立初期河南高等教育的发展打下了根基。

由上文可知,现在的河南农业大学是河南大学农学院改组而成。1950年4月,河南大学改组农学院,设农学、园林、森林、植物病虫害、畜牧兽医等系及植物病虫害、林业、畜牧兽医3个专修科;在校学生达380人,教职员123人。[①]1951年10月,中央人民政府政务院在公布的《关于改革学制的决定》中指出如下改革方针:"以培养工业建设人才和师资为重点,发展专门学院和专科学校,整顿和加强综合性

---

① 尚志:《中国高等学校简介》,第424页,人民教育出版社,1982年版。

大学，逐步创办函授学校和夜大学，并在机构上，为大量吸收工农成分学生入高等学校准备条件。"[1] 根据这一精神，1951年8月24日，河南大学向中南军政委员会上报《呈报本校医农两学院改为独立学院、河南大学改为地方性大学及其组织机构请批复由》。1951年12月19日，中南军政委员会教育部、农林部联合下发《为批复同意你校农学院独立及独立后的领导关系和经费等问题》〔教农字（51）3969号〕。联合批复：

同意农学院独立，接奉中央教育部10月26日（51）高一字1364号批复同意。根据1950年7月28日政务院公布之《关于高等学校领导关系的决定》的精神，除教育方针、政策与制度、教育原则、学校的设置、变更或停办、学校校长的任免、教师学生的待遇、经费开支的标准等遵照中央教育部及中南教育部的各项决定外，其日常行政、教师调整配备、经费管理、设备及参观实习等事项，经协商决定，由中南农林部与河南省人民政府共同领导。[2]

遵照上述方针，1952年8-9月间，河南大学农学院与医学院、行政学院一起从河南大学分离出来，独立建成一所高等农业院校。至此，河南农学院正式成立。是年，平原农学院并入河南农学院16人。1956年，河南农学院的校址由开封迁至郑州。自此以后十年间，河南农学院从原来的农学、森林2个系发展到农学、园林、畜牧兽医、农机化和植物保护、土壤农化、生物物理等7个系，在校学生达到2659名，教职工达840人。1959年10月，偃师小麦学校并入河南农学院。1971年8月，河南农学院被迫搬到许昌办学。同年11月，郑州粮食学院粮油工业系并入河南农学院。1973年7月，粮油工业系调出河南农学院，组建恢复了郑州粮食学院。至1975年3月，河南农学院改名为许昌农学院。1977年4月，学校恢复"河南农学院"校名，并逐渐返回郑州办学。直到1984年12月，河南农学院更名为"河南农业大学"。图7-3为河南大学农学院后期及河南农学院初期图书馆。

---

[1] 吴海峰等：《河南农业大学校史》，第45页，大象出版社，2003年版。
[2] 吴海峰等：《河南农业大学校史》，第46页，大象出版社，2003年版。

图 7-3 河南大学农学院后期及河南农学院初期图书馆

资料来源：吴海峰等：《河南农业大学校史》，大象出版社，2003 年版。

除河南农业大学外，今日的郑州大学医学院同样是 1952 年从原河南大学拆分出来的独立学院。由上文可知，1952 年秋，河南大学的医学院与农学院同时从河南大学分离，成立河南医学院。可以说，河南医学院是在河南大学医学院的基础上创办的。言及河南大学医学院，可溯自"民国"时期，始创于 1928 年，是当时河南大学的五大学院之一。全面抗战胜利后，河南大学迁回开封，1946 年接收了日伪的医学专科学校。1948 年医学院大部分师生随河南大学南迁苏州。1949 年 4 月苏州解放，7 月，河南省政府派人将医学院师生接回开封，并入中原大学医学院。是年 8 月 15 日，河南省军区将中原大学医学院移交给地方，改称"河南大学医学院"。1952 年河南大学医学院独立为河南医学院，招收人数逐年增多，除五年制本科外，还举办了各种专科班、中级班和短训班。1958 年春，郑州康复五院并入河南医学院，改称第二附属医院。同年 7 月，医学院和第一附属医院迁往郑州市。1959 年冬，第二附属医院并入第一附属医院。1962 年 7 月，洛阳医学院一部分师生并入河南医学院。"文化大革命"期间，河南医学院深受其害，停止招生达 6 年之久。1972 年恢复招生。及至 1984 年，河南医学院更名为"河南医科大学"。2000 年，河南医科大学并入郑州大学。

除上述两所高校外，河南财经政法大学、信阳师范学院与河南大学渊源颇深。就河南财经政法大学与河南大学的渊源而言，在 1952 年的院系调整过程中，河南大学的行政学院独立，改称"河南省人民政府干部学校"，受省人事厅领导，省人事厅厅长王子谟兼任校长。1955 年 8 月，河南省人民政府干部学校迁至郑州，随之改称为"河南省人民委员会干部学校"。1956 年 8 月，根据国家建设事业的发展和干部训练分工的需要，省人民委员会决定，河南省人民委员会干部学校改为"河南省政法干部学校"。1958 年 12 月，中共河南省委同意该校与省公安干校合并，保留"河南省政法干部学校"名称。1961 年 1 月至 1964 年 2 月，因河南省遭受严重的自然灾害，根据省委指示，学校集中人力参加社教和生产救灾工作，停止轮训 3 年。1964 年 3 月训练恢复，持续到 1966 年，先后训练干部 12 期，学员 2826 名。这些人员主要是公安厅所属系统的干部。"文化大革命"时期，河南省政法干部学校轮训工作受到冲击。1980 年 5 月，河南省政法干部学校分为政法、公安两个学校。同年 11 月，河南省政府批准，河南省政法干部学校享受大专院校待遇，由省司法厅管理。1983 年 6 月，经省政府批准，河南省成立河南省司法学校，招收高中毕业生，学制二年，附设于河南省政法干部学校。1984 年 10 月，河南省政府决定，河南省政法干部学校与省政法干部学院（其前身是中央第二政法干部学校）在郑州合并，保留"河南省政法干部学院"名称，同时撤销河南省政法干部学校名称。[①] 1985 年 6 月，该校正式定名为河南省政法管理干部学院。降及 2010 年 3 月 22 日，河南省政法管理干部学院与河南财经学院合并，组建"河南财经政法大学"。

再言信阳师范学院与河南大学的关系，信阳师范学院创建于 1975 年，由开封师范学院信阳分院独立设置而成。1956 年，教育部将河南师范学院原本部易名"开封师范学院"。信阳地区是革命苏区，也属全国老少边穷地区，教育事业在新中国成立后虽有较大发展，但仍十分薄弱和落后。1974 年 10 月 10 日，信阳地区文化教育局党委副书记、副局长李家宽在光山县召开的全区普及小学教育经验交流会上宣布了信阳地委准备建立师范专科学校的消息。1974 年 11 月间，地区文教局派人到河南省教育厅，请示建立信阳师专问题。王锡璋厅长接见时表示："省教育厅也打算在信阳办师专，地委若能将信阳西郊的信阳高中校址让出来，办一所省管师专，可以在信阳地区多招些学生，信阳受益更大。"信阳高中是信阳地区重点高中，属地区管，占用高中校址须经信阳地委同意。1975 年 2 月初，地委召开常委会议，正式听取地区

---

① （中共河南省委组织部编）陈全国、臧安民、王永忠等：《中国共产党河南省组织史资料 第 2 卷 1987.11－1995.12》，第 1043 页，2003 年版。

文教局关于建立师范专科学校问题及省厅意见的汇报。

1975年3月,文教局领导第二次向地委常委会议汇报省厅意见及其他事宜。7月6日,地委宣传部部长、分院筹备领导小组组长刘庭璋要求筹备组开会征求各方意见,搞一个分院筹建方案。7月18日,筹备组制订了分院筹建整体方案,并报经地委同意实施。1975年开封师范学院(今河南大学)信阳分院正式创建。1978年暑假校址正式确定启用之前的3年多时间里,学校一直借用信阳师范学校校舍,办学条件十分简陋,教材图书仪器缺乏。1978年暑假,学校由"开封师范学院信阳地区分院"正式更名为"信阳师范学院",并迁入长安路237号,兴建了教学楼。12月,经国务院批准为本科建制,次年成为首批学士学位授权单位。

至于河南师范大学,在1953年的院系调整过程中,河南大学校名取消,改为河南师范学院;平原师范学院改为河南师范学院第二院,校名取消。1953年8月,平原师范学院与设在开封的河南大学合并成立河南师范学院,设一院、二院两个分院。一院在开封办学,由原河南大学的文科与平原师范学院的文科合并而成;二院在新乡办学,由原河南大学的理科与平原师范学院的理科合并而成。调整后,二院设有数学、物理、化学、生物4个系,变为单纯的理科师范学院,一直持续多年。直至1954年中央教育部以(1954)高师行陈字第198号函示:

前接五月十七日(1954)府教师字第七号关于河南师院及第二院分别改为两个独立师范学院的报告,经转报中央文委请示,兹奉中央文委七月二十七日(1954)文教办钱字第三九一号函示同意,特函查照。①

由上述材料不难看出,两院分设、独立办院在1954年7月已被中央文教委员会核准。1955年6月,河南省文教厅党分组给中共河南省委的报告中说:

目前两院系科迭,规模不大,在教学设备、基本建设方面,常有顾此失彼现象,教师力量不能充分发挥,根据苏联经验,院校专业应合理分工,系科要少,规模要大,以便集中教师力量,充实教学设备,整体规划基本建设,有效地推行教学工作日工作量制度,发挥学校现有潜力,提高教学质量,完成师资培养任务。为此,极应结合河南省实际需要,对两院系科进行调整。②

---

① 谭兴戎等:《河南师范大学校史》,第35页,吉林人民出版社,2003年版。
② 谭兴戎等:《河南师范大学校史》,第35页,吉林人民出版社,2003年版。

根据中央和河南省的指示,新乡的二院和开封的一院同时于1955年7—8月间开始较大规模的系科调整工作。河南师范学院第二院于1955年8月成立了系科调整委员会。根据上级领导关于两院文理分工的原则及决定,开封办文科,新乡办理科,河南第二师范学院将设置数学、物理、化学、生物4个系,原有的中国语文系、历史系、地理专修科,计教职员55人、学生484人,调往分设后的河南第一师范学院,而一院的数学、物理两系计教职员43人、学生385人调往新乡。从此,河南师范学院第二院便成了单纯的理科师范院校。

　　然而,河南师范学院第二院延续的时间并不长,1956年11月1日,教育部再次指示,河南师范学院和河南师范学院二院分设,河南第一师范学院改为开封师范学院,第二师范学院改为新乡师范学院。①1984年,根据河南省经济、教育发展形势和对人才的需求,院党委认为:河南省是一个拥有7000万人口的大省,有数十所大中专院校和千余所中等学校,急需大批德、智、体全面发展的合格师资和教育管理人才,如将新乡师范学院更名为河南师范大学,将有利于培养我省中等和高等学校所需师资,有利于学校加强对外联系和交流,有利于学校的自身发展和提高,更能有力地促进我省教育事业的发展。根据以上意见,院党委于1984年10月向河南省教育厅报送了将新乡师范学院改名为河南师范大学的请示。1985年6月1日,河南省人民政府下发了豫政〔1985〕97号《关于新乡师范学院改名为河南师范大学的通知》,指出:"省人民政府同意原新乡师范学院改名为河南师范大学。"②

---

① 谭兴戎等:《河南师范大学校史》,第27页,吉林人民出版社,2003年版。
② 《河南师范大学校史》编辑组:《河南师范大学校史稿》,第118页,《河南师范大学校史》编辑组,1991年版。

第八章

师范大学时期的河南大学与中国高等教育发展（1979—1984）

第八章 师范大学时期的河南大学与中国高等教育发展（1979—1984）

1977年，是我国历史上浓墨重彩的一年。它是我国结束"文化大革命"十年动乱后的第一年，是实行改革开放的前一年，也是恢复高考制度、改写几代人命运的一年。自此至1984年的改革开放初期，我国国内政治、经济、文化、教育等事业逐渐步入正轨，因"文化大革命"遭到空前破坏、停滞了十年的中国高等教育和河南高等教育终于获得了新生，迎来了恢复与发展期。我国高等教育在指导思想上实现了拨乱反正，随着中国高等教育制度的全面恢复与整顿，河南高等教育以及河南大学的发展也迈向了新的征程。

第一节 改革开放初期的中国高等教育

20世纪70年代后期，沐浴着改革开放的春风，我国社会政治、经济、文化等事业被重新激活，立足新的历史起点，对外开放工作持续推进，中国高等教育改革也拉开了大幕，重视知识、重视教育、尊重人才、尊重教师的时代已经然到来。

一、中国高等教育的拨乱反正

改革开放初期，伴随教育思想上的"拨乱反正"，我国在高等教育领域进行了革新重塑、优化调整。1978年4月22日召开的全国教育工作会议提出："从现在起至1985年是关键的八年。前三年要着重整顿、提高，为后五年的快速发展打下基础。"① 其实早在1977年8月，邓小平就曾提出对教育体制、科研机构等进行调整的相关意见，并于同年年底正式恢复了高考制度。1982年邓小平进一步指出："使我们

---

① 廖湘阳：《改革开放以来我国高等教育管理改革政策文本分析》，载《现代教育科学》，2002年第3期。

各族人民都成为有理想、有道德、有文化、守纪律的人民。"①培养"四有"新人，成为新时期我国高等教育的指导方针，为与之相适应，我国高等教育在改革开放初期进行了一系列调整与变革。

十年"文化大革命"期间，我国高等教育遭受到毁灭性打击，发展严重受限，且高校成为阶级斗争的主战场，大批知识分子受到迫害。1976 年，"四人帮"的垮台宣告了"文化大革命"的终结，但极"左"思潮的影响仍未消除，"两个凡是"、"两个估计"的标准仍旧盛行，依然被当时的主要领导者奉为是非评判的标准，成为制约广大教育者的精神枷锁，挫伤了教师及科学文化工作者的积极性。直至 1977 年，第三次复出的邓小平率先在科教方面寻求突破口，亲自主抓"科技"与"教育"，整顿教育秩序，迅速在教育领域"拨乱反正"。1977 年，中央决定改变"文化大革命"期间高校招生不考试的做法，采取统一考试、择优录取的办法，中断十年的高校招生考试制度得以恢复。

1977 年 8 月初，邓小平曾在全国科学教育座谈会上明确指出："我们国家要赶上世界先进水平，从何着手呢？要从科学和教育着手。教育的地位要放在与科研同等的地位。"②同时，在教育行政体制、科研机构调整、后勤管理工作、学风建设等方面提出了针对性意见。1977 年 11 月，《人民日报》第二期发表了《教育战场的一场大论战——批判"四人帮"炮制的"两个估计"》一文，在教育领域内掀起了批判"两个估计"的高潮，文章强烈批判了"四人帮"炮制的"两个估计"，抨击了"文化大革命"期间盛行的"读书无用论"，对知识分子的地位及作用进行了充分肯定，厘清了是非评判标准，砸开了束缚知识分子的精神枷锁。1977 年 12 月 10 日，持续中断十年的高考制度得以恢复，高考制度的恢复极大地振奋了广大知识青年，教师的地位得到了重视，尊师重教、崇学、励学的社会风气逐渐回归。

为了在教育领域进行全面的拨乱反正，1978 年 3 月，中央先后召开了全国科学大会和全国教育大会，邓小平副主席在全国科学大会上明确强调：四个现代化的关

---

① 邓小平:《邓小平文选》，第二卷，第 408 页，人民出版社，1994 年版。
② 刘光、赵家骥等:《新中国高等教育大事记》(1949-1982)，第 314 页，东北师范大学出版社，1990 年版。

键是科学技术的现代化。科学技术人才的培养,基础在于教育。①这为中国教育事业指明了新的、明确的方向和目标。5月11日,《光明日报》发表的《实践是检验真理的唯一标准》引起了社会各界的大讨论,也为随后召开的十一届三中全会营造了舆论氛围。12月18日,十一届三中全会正式确立了"解放思想,实事求是,团结一致向前看"的指导方针。②1979年3月,中共中央发文撤销《全国教育工作会议纪要》和《关于河南省唐河县马振扶公社中学的简报》两个文件,彻底推翻了"两个估计"的是非评判标准,并明确了优先发展教育的战略方针,肃清了"极左"错误思潮的影响。制约高等教育发展的精神枷锁被彻底清除。随后,中共中央下发相关文件为冤假错案中的知识分子及教育工作者进行平反,还蒙冤受屈的知识分子以尊严,给教育工作者以地位,平反工作极大地调动了教师工作者及广大知识分子的积极性。

1982年,党的十二大召开,强调改革开放、社会主义现代化建设是党今后的工作重心,大会在肯定和继承毛泽东教育思想的前提下,形成了以邓小平教育理论为核心的第二代教育思想理论体系。大会表明党对教育的本质与教育发展规律有了更加清晰的认识,对教育与政治、经济的辩证关系也有了深刻的理解。1983年9月,邓小平提出"教育要面向现代化,面向世界,面向未来"。"三个面向"指引了教育指导思想和革新方向,面向世界、面向未来培养高素质、现代化人才,正式成为高等教育的主要任务。1984年,中共中央决定从计划经济向市场经济转变。市场经济体制下,教育作为人才输出的主阵地,是改革的先行者与主力军,主动适应社会主义市场经济,为社会主义事业培养各级各类合格人才,是高等教育改革的首要目标。

教育思想上的"拨乱反正"意味着教育本质的回归,教育是培养人的活动,而不应该成为阶级斗争的工具。除了政治属性以外,教育同时也具备经济属性和文化属性等社会属性,但其本质体现着人的价值。这一时期,党确立了实践是检验教育思想的唯一标准,对教育发展规律及教育的本质内涵有了更清晰的认识,立足于我国基本国情,党制定了现代化建设和未来社会发展的长远目标,明确了高等教育在社会主义现代化建设事业中的重要地位和支撑作用,也确定了面向新世纪中国教育

---

① 刘光、赵家骥等:《新中国高等教育大事记》(1949—1982),第326页,东北师范大学出版社,1990年版。

② 董宝良、但昭彬等:《中国近现代高等教育史》,第398页,华中科技大学出版社,2007年版。

改革和发展的战略方向和指导方针。①教育指导思想正在趋向正规化和科学化,这为改革开放初期的高等教育结构调整及体制改革指明了方向、厘清了思路,也肃清了道路。

首先,为树立高等院校发展典范,这一时期我国恢复并新增了一批重点高等院校,作为高等教育发展的风向标和领头羊。1978年2月,国务院转发教育部发布的《关于恢复和办好全国重点高等学校的报告》,要点之一是首先恢复60所高等院校,并新增28所高等院校,共计88所,作为第一批重点建设高校。至1979年底,全国重点高等院校增加至97所。②重点高校的恢复与新增是改革开放初期我国高等教育体系革新的第一步,也是各类高校恢复正常教学、科研秩序的首要举措。

其次,为促使高等教育尽快恢复正常秩序,增加高校招生数量,国家实施了各项措施。总体上主要有以下三大举措:一是鼓励各类高校采取多样化的培养模式,为社会各界人士开辟多种学习途径。1978年3月,方毅副总理在全国科学大会上报告指出:一是要积极举办电视大学、函授大学和夜校。高等学校可以试行走读制、旁听制、学分制等。③以此来增加学生类型,促进高校培养形式多元化。二是积极推进研究生培养工作,恢复研究生招生工作,扩大研究生教育规模,指出高等院校和中国科学院应积极增加研究生招生名额。同时《纲要》还提出了高校的发展方向和科研任务,鼓励扩大研究生招生规模,提升高等教育结构层次。1978年、1979年、1980年全国共招生研究生人数分别为1.07万、0.83万和0.36万人。三是恢复了出国留学政策,积极推行教育领域的改革开放。

1978年至1984年,改革开放的国策是与高等教育息息相关,面向现代化、面向世界、面向未来成为党领导我国教育,尤其是高等教育重新再出发的新航向。这一时期邓小平同志提出:"要扩大派遣留学人员,要大胆地派,要成千上万地派。"④在这一指示的引导下,出国留学教育政策重新恢复,我国高等教育形成了全新的对

---

① 李岚清:《在学习邓小平教育理论座谈会上的讲话》,载《高校理论战线》,1998年第8期。
② 刘光、赵家骥等:《新中国高等教育大事记》(1949—1982),第324页,东北师范大学出版社,1990年版。
③ 刘光、赵家骥等:《新中国高等教育大事记》(1949—1982),第326页,东北师范大学出版社,1990年版。
④ 邓小平:《邓小平文选》(第二卷),第326页,人民出版社,1994年版。

外开放格局,这也是提高我国高等教育质量和建设高等教育强国的重要举措。[①]1978年,教育部根据中央指示,发布了《关于增选出国留学生的通知》;同年年底,教育部和中国科学院向 28 个国家派出 480 多名留学人员,留学生总人数达到 1548 人。[②]这是我国改革开放后首次派出赴美留学生,且国内多所高校与外国知名院校建立了校际交流与合作,标志着我国高等教育对外联系的加强。

最后,在全面推进教育体制恢复革新的同时,党和国家更加注重教育管理,保障教育质量的提升。在 1978 年至 1984 年间,我国高等教育管理所依托的政策文本是《全国重点高等学校暂行工作条例》、《高等学校研究生工作暂行条例》、《关于加速发展高等教育的报告》、《高等学校关于接受委托培养学生的试行办法》[③]、《中共中央批转〈教育部党组关于建议重新颁发关于加强高等学校统一领导分级管理的决定的报告〉》等。[④] 文件内容强调对高校实行统一领导,实行党委领导下的以校长为首的校务委员会负责制,校务委员会是学校行政工作的集体领导组织。管理目标在于调整和改革、整顿与提高,整体上是国家集中计划管理,中央和地方政府分别享有办学权,并可以直接参与高校管理。此时高等院校的办学自主权尚未完全建立,"缺乏"灵活性,重点及核心在于恢复高等教育管理秩序,整顿高校内部行政管理。在这些法律法规和政策文件的推动下,我国高等教育事业发展呈现健康、良好的发展态势。

二、河南高等教育的调整优化

1977 年,全国高校恢复招生,高等教育发展也进入了恢复和调整阶段。至 1984 年改革开放初期,河南高等教育的发展正是中国高等教育走向新征程的真实写照,也是中国高等教育发展的一个缩影。

---

① 朴雪涛:《改革开放 40 年来我国大学理念变革的逻辑、样态与前瞻》,载《中国高教研究》,2018 年第 9 期。

② 《中国教育年鉴》编辑部:《中国教育年鉴(1949—1981)》,第 666—667 页,中国大百科全书出版社,1984 年版。

③ 祁占勇、李莹:《改革开放 40 年来我国高等教育政策的演进逻辑与理性选择》,载《高等教育研究》,2018 年第 4 期。

④ 廖湘阳:《改革开放以来我国高等教育管理改革政策文本分析》,载《现代教育科学》,2002 年第 3 期。

改革开放初期，河南高等教育的发展以恢复巩固和调整优化为主，与前一阶段相比，发展迅速，规模层次进一步扩展。一是体现在专科及本科院校数量增多，高校内部师生人数逐年递增；二是高等教育层次提升，研究生教育体系初步建立，并呈现快速发展趋势。从学校发展数据来看，1978 年河南省内大学仅有 24 所，在校大学生 2.73 万人，专职教师 5363 人，而经过一系列改革，在这一时期，河南省高等院校数量由 24 所发展到 40 所，平均每年增长 9.5%，高于全国年均 7% 的增长速度。在校生由 2.73 万人发展到 5.34 万人，平均每年增长 12%，高于全国年均 8.5% 的增长速度；专职教师由 5363 人发展到 11026 人。[①] 由此可见，改革开放初期，教育指导思想上的正本清源为河南省内高等教育的发展奠定了基础，全省高等教育事业迈上了新的征程。

自 1978 年至 1984 年，河南省内高等教育指导思想也进行了拨乱反正、正本清源。随着"文化大革命"的终结，1977 年 9 月，教育部在全国高校招生工作会议上决定恢复全国高考，坚持公平竞争、统一考试的原则，择优录取人才，中国高等教育的发展进入一个新的历史时期。党的十一届三中全会后，教育部先后颁布了《全国重点高等学校暂行工作条例（试行草案）》、《中华人民共和国学位条例》等条例。与此同时，河南省相关教育部门依据中央指示，根据以上新条例的工作要求，以拨乱反正、整顿提高为工作重心，革新了高等教育指导思想，为河南省内高等教育发展肃清了道路。

指导思想的革新进一步引领高等教育改革，改革内容涉及高校的管理制度、办学形式、招生就业工作、劳动人事制度等方面。这一时期河南省高等教育主要从三点进行了改革：首先，1978 年 1 月至 1980 年 12 月，河南省内各个高校的工作重点是恢复招生，消除"文化大革命"对高等教育的危害，清除极"左"路线对高等教育事业的负面影响，为后续改革奠定基础。其次，1981 年 1 月至 1983 年 12 月，河南省内各个高校逐渐恢复正常教学秩序，工作重心在于整顿校园环境，提升教学质量。最后，1983 年 1 月至 1984 年 12 月，进一步明确了教育尤其是高等教育的重要性，指明了教育在国民经济中的意义，确立了高等教育在社会发展中具有重大战略作用的定位。

---

① 司福亭：《河南省高等教育改革开放 30 年发展回顾与思考》，载《中州大学学报》，2009 年第 4 期。

从规模扩展来看，这一时期河南省新增专科与本科院校数量较多。1977年，郑州轻工业学院经国务院批准成立，并于1979年开始招生。1978年，河南省新增多所高校，其中一所本科院校即信阳师范学院，由当时名为开封师范学院（今河南大学）信阳分院改名升格而来，其余大部分为专科院校，如开封医学专科学校、许昌师范专科学校、豫西农业专科学校等，这些高校一般是在原有学校基础上升格更名而来，或经国务院批准恢复招生后新增而成，此时河南省高等院校数量共计24所。[①]1979年，开封师范学院更名为河南师范大学，也就是今天的河南大学。1980年，郑州纺织机电学校经国务院批准更名升格为郑州纺织机电专科学校，并于当年招收首届专科生。[②]1981年，为满足河南省经济发展的迫切需要，中共河南省委、河南省人民政府决定申办河南财经学院，并于1982年筹建完成，1983年正式招生。同时这一时期成立的专科院校还有周口师范专科学校、商丘师范专科学校等。1984年，经河南省人民政府批准，还成立了河南商业专科学校，招生规模达1200人。除院校数量增多以外，教师及学生数量与之前相比有所增加，但1978年至1984年间，招生人数呈逐年递减趋势，这是由于受前一阶段"文化大革命"影响，学生培养出现断层现象，恢复高考第一年积压的生源多，因而招生人数多，随后每年招生总人数趋向稳定。

随着高校规模扩展及层次提升，河南省内高校在学科专业、教学课程等方面进行了调整、优化。受"文化大革命"影响，1977年之前，在"结合战斗任务组织教学"的错误指示下，不少高校停办了大批专业，高校学科专业及课程设置十分混乱。1978年4月，根据教育部发布的《关于作好高等学校专业设置与改造工作的意见》，国务院批准成立了一些新的高校，并增设了新的专业。同时，我省高校为与社会需求相适应，也增设了石油化工、计划统计、汽车与拖拉机等新兴专业。例如，1984年郑州工学院新增计算机应用、环境工程、机械制造等专业。

除此之外，河南省高校教学管理趋向规范化，培养过程更加科学高效，注重教师的教学。一方面在师资管理上，为了调动教师工作积极性，河南省颁布实施了《教师工作规范》、《教师工作量计算办法》、《教师优秀奖评定办法》，还试行了《教

---

① 王日新、蒋笃运等：《河南教育通史》（下），第193页，大象出版社，2004年版。
② 陈明星、张舰等：《河南人力资源开发战略研究》，第60页，经济管理出版社，2015年版。

师聘任制度》《教学档案制度》①等,将教师工作量量化后存入业务档案,作为考评、晋升、职称评定的依据。另一方面,在培养过程中,部分院校开展了课堂教学质量评估,以教学内容、教学方法、教学态度为指标,评定教学过程,并按相应等级给予教师相应的奖励。

改革开放初期,1978 年党的十一届三中全会以来,强调将教学、科研和生产相结合,因而高校在科研方面获得了不少成果,在 1981 年 11 月至 1982 年 12 月间,获得科技成果奖 291 项,其中高等学校的获奖占 36 项,包括二等奖 7 项、三等奖 28 项、荣誉奖 1 项。②教学内容更加注重应用性,为了将教学成果应用于实际,不少高校充实了教学内容,也促进了教材的更新。1983 年以后,高校自编教材增多,如 1979 年至 1984 年间,河南医科大学出版教材及专著总数高达近 60 本。教材内容与前一阶段相比,更具启发性、专业性,编写逻辑更具科学性、思想性。在课程设置方面,为了拓宽学生知识面、增强课程灵活性,很多院校设置了选修课,并规定学生可以跨专业、跨院系进行选课学习。教学方法也由以往的"满堂灌"变为引导式或启发式教学,有部分高校结合学生兴趣,开辟了"第二课堂",除校内教学方法改变外,校外实习制度也有所调整。例如,这一时期院校数量增加较多的专科院校对实习制度进行了改革,不少院校延长了实习时间,采取顶岗训练等方法培养学生解决、分析问题的能力。

整体而言,改革开放初期的河南高等教育根据社会发展新形势,进行了适度调整,但高校整体实力较弱,尤其是研究生教育处于起步阶段,且省内没有重点大学的支撑,因而起点较低,但发展提升空间较大,这一时期高等教育的恢复与巩固为之后的快速发展奠定了基础。

三、师范大学时期河南大学的新发展

改革开放后,河南大学校名也伴随新时期有了新变化,在 1979 年,开封师范学院改名为河南师范大学,1984 年恢复校名为河南大学。自 1977 年至 1984 年间,为

---

① 马纺:《河南高教 90 年》,第 109 页,河南大学出版社,1995 年版。
② 马纺:《河南高教 90 年》,第 139 页,河南大学出版社,1995 年版。

了顺应新时代的发展要求,学校调整、新建了一批院系。

这一时期,学校在整体上有了进一步的新发展,在专业设置上加强了基础学科的建设。为了培养适应社会发展的新一代教师,学校在课程设置、教学内容和教学方法方面也进行了革新,全面提高师范专业的教学质量和科研水平。校内各学科专业通过不断修改和补充,形成了各具特色的课程内容及教学方法。这一时期学校建立了多层次、多形式的高等教育体系,办学规模初步壮大,已有了专科、本科、研究生三个层次。1980年,河南大学设有中文、历史、政教、外语、地理、数学、物理、化学、艺术、体育、教育,共11个系,共计13个本科专业。各级各类在校学生达12000多人,教职工共计1258人,其中正教授和副教授共计70人,讲师406人,助教427人。[①] 改革开放初期河南大学的发展历程正是我国高等教育事业发展的一个缩影,正如其后河南大学恢复校名后成长为综合大学一样,新时期我国高等教育秩序迅速恢复,经过探索、调整和追赶后,高等教育事业的成就是全方位、系统性、深层次的,总体上呈现出具有中国特色的跨越式发展趋势。

除注重培养全日制在校生以外,1978年至1984年,国家工作重心转向经济建设,社会发展及现代化建设急需各行各业的人才,学校成人高等教育进入了全面整顿、快速发展期。在这一阶段,成人高等教育有了进一步发展,学校通过函授教育、"双补"教育,采取开办夜大学、试招校外生、举办干部训练班和专业岗位人才培训班等形式,在办学形式、招生专业、招生层次、办学规模等方面都有了很大进步,培养了多规格、多层次的人才,成人高等教育取得了不菲的成绩。从招生规模来看,1978年河南大学成人高等教育招生7908人,1979年招收新生4105人,1980年招收632人,1983年招收278人,1984年招收8689人。[②] 专业涉及中文、政治、历史、英语等。在函授教育方面,1977年至1979年,学校函授教学质量显著提高,函授部及函授站的专职教师及兼职教师加强了对学员的指导与引领,学校相继出版了《函授通讯》、《函授教学参考资料》等。为了便于社会在职人员提高学历,夜大学的开办也成为成人高等教育的主要形式。1981年2月,国务院《关于加强职工教育工作的决定》中指出:对"文革"期间参加工作的青年职工进行文化补课和技术补课。

---

① 《河南大学校史》修订组:《河南大学校史》,第182页,河南大学出版社,2012年版。
② 焦峰、胡德岭、李中亮等:《河南大学成人教育史》,第29页,河南大学出版社,2012年版。

根据这一指示,学校成立了由校工会负责的职工教育办公室,1982年学校职工"文化补课"和"技术补课"工作进行得如火如荼。与此同时,为满足河南省经济发展的需要,学校还试招了校外生,共承办了七期会计干部培训班,提高了河南省内经济管理人才的知识水平与整体素质,并通过举办干部训练班和专业人才培训班,丰富了成人高等教育的形式。

河南大学办学思想和培养目标的明确为各学科专业的发展指明了方向,也为各学科教学计划的制定立下了依据。自1977年学校恢复招生后,校内各类学科专业的教学内容虽然不同,但课程设置主要包含以下五大类:一是政治理论课,学校响应国家号召,将政治思想教育渗透至课堂教学中,课程内容包含中国共产党党史、政治经济学、哲学等;二是教育理论通识课程,作为实施师范教育的高校,教育理论知识的内容必不可少,课程内容一般包含心理学、教育学、教材教法等;三是各学科专业开设的专业课程,专业课包含专业基础必修课和专业选修课;四是外国语课程,目的在于拓宽学生国际视野,对外开放,鼓励学生积极学习国外先进知识,课程时间一般安排在第一、第二学年;五是为了加强和提高学生身体素质,开设了体育课程,课程内容丰富,以达到健身强体的目的。五类课程分布在不同学年,穿插进行,相辅相成。此外学校还规定各学科专业可根据教学需要开设若干专题讲座,讲座形式较为自由,学生可自主选课听课。为便于课程的顺利开展,学校通过新建、应用电化教室,增加学生课外知识,拓宽了学生视野;通过延长实习时长或增加教学实践活动,使学生更好地理论联系实际,提升了学生的实践、应用技能,在实践中成长,增强毕业生的适应性;通过引用学分制,调动学生学习积极性,增强学生竞争意识。

党的十一届三中全会以来,学校积极改进教学方法,改变传统讲授方法,精简教学内容。1980年2月,校党委曾明确表示:教书育人不仅要加强基础性教学,还应重视对学生智力、能力的培养。在1980年至1983年间,学校曾三次召开"开发学生智力的经验交流会"[①],切实推动教学方法的改进。比如,为了培养高年级学生的探究能力,课堂上增加课堂讨论以及师生互动交流的时间,课外引导学生广泛涉猎课外知识,增加课外阅读时间;或者组织学生开展科技类、文艺类课外活动,丰富

---

① 《河南大学校史》修订组:《河南大学校史》,第186页,河南大学出版社,2012年版。

学生的课外业余时间，从学校环境和课堂环境的布置上唤起学生的求知欲等。与之前相比，学校提倡推行启发式教学，还开设了师生座谈会和小型研讨会，更加注重对学生智力和能力的开发，并利用电化设备，组织教师观看、观摩特级优秀教师的优秀课程，提高教学水平。电教馆中配备的进口仪器设备如摄像机、特技机等功能齐全，大大丰富了教学内容和授课形式。例如，外语系建立的电教组和语言实验室更有利于外语课程的开发，也激发了学生的语言学习兴趣。另外，实验室作为理工科专业开展教学、科研工作的基地，其建设十分重要。1979年以后，学校完善了实验室的基本仪器，淘汰了部分老旧设备，增加了新的实验器材，实验室及仪器设备增多，加强了对一般实验室和重点实验室的建设，保障了教学及科研常规工作的顺利进行。1979年至1984年间，学校近代光学实验室、模拟电子技术实验室、数字电路实验室、运动解剖实验室、运动生理实验室、运动医学实验室、计算机实验室、实验心理实验室等的建立满足了有机化学、物理化学、化学教学法等实验课程的需要。总而言之，电教手段的综合开发与运用为学校教学及科研工作的开展提供了便利条件。

为规范学生的学习和生活，促进学生德、智、体全面发展，学校加强了对学生的管理。1981年5月，学校修订了原有的学生管理办法，从成绩考核办法、学生考勤规定、课堂规则及考场规定等方面制定了新的学籍管理、奖惩办法及考核规章制度。1983年1月，教育部下发《全日制普通高等学校学生学籍管理办法》后，学校结合实际进一步修订了《学生学习成绩考核办法》，从原有的只注重考核期末考试成绩的办法转变为平时成绩与期末成绩相结合的考核办法。学校在考务工作方面也加强了对学生的管理，明确规定严惩违反考试纪律及擅自缺考的学生，这一时期学校考风、考纪明显好转。1984年2月，学校试行新的助学金和奖学金办法，将学生的政治思想表现、学习成绩作为奖学金评选的指标，调动了学生学习的积极性，也间接促进了教学质量的提升。

随着学校教学工作的持续革新和科研活动的不断增多，学校加强了对图书、资料的建设与管理，图书借阅及院系资料管理体系也更加健全，校内图书馆和各院系资料室的图书数量得到进一步充实，图书及资料种类更加丰富。1979年以后，在图书、资料等学术资源的管理体系方面，依据《中华人民共和国高等学校图书馆工作条例》中"图书、资料信息一体化"的指导思想，学校图书馆实行副校长领导下的馆长负责制,除正馆长外,还设立了三名副馆长,下设办公室、采编编目部、流通保管部、阅览部、参考咨询部、期刊部。并成立了作为咨询机构的"图书馆委员会",学校的图书经费统一由图书馆进行划拨、分配、管理。另外,在系资料室的建设方面,学校分别制定了《系资料室工作条例》和《资料费使用办法》,各系资料室实行教学副主任领导下的资料室主任负责制,并由一位图书馆副馆长负责指导各院系资料室的总体工作。为了保障图书资料内容的科学与专业性,学校在采购图书时,特意聘请了院系中精通专业、熟知外语的教师作为咨询顾问,以满足广大师生的查阅需求。除此之外,学校还加强了图书馆及资料室业务人员的专业化程度,组织了专门的培训课程对在职人员进行辅导,并支持校内图书馆业务人员去国内知名高校的图书馆进修学习。在人员队伍上,学校积极遴选成绩优异的本科毕业生或研究生毕业生进入图书馆工作,充实了工作人员队伍。提倡鼓励图书馆工作人员开展学术研究,利用图书资料的便利条件,自选题目,撰写论文等。1980年至1984年间,学校图书与资料的建设是历史上发展较快、较好的时期,与新中国成立前相比,学校图书馆藏书量增长了近10倍。[①] 图书馆的阅览室、书库、藏书量等在省内及中南地区首屈一指,学校基础建设的扩大为新时期高校规模扩展提供了有力支撑。

第二节 师范大学时期的河南大学对中国高等教育的影响

在改革开放初期,河南大学储备了一批服务于国家现代化建设的新人才,开拓了传播中原文化的新局面,并率先恢复了河南省内研究生教育制度,引领河南师范教育走进"大学"时代,重构了区域高等教育及师范教育发展的新秩序,对中国高等教育产生了重要影响。

[①] 《河南大学校史》修订组:《河南大学校史》,第211页,河南大学出版社,2012年版。

一、储备服务现代化建设新人才

伴随高考制度的恢复，1977级、1978级学生已成为一个时代的象征，他们代表着1966年至1977年知识青年的总汇合，"积压"了十多年的青年一代终于等来了新的发展机遇。1977年至1978年，全国1380万考生参加高考，盛况空前，其中68.5万新生步入高校。一代有理想、有抱负、渴望知识的中青年人怀着无比激动的心情，带着自己丰富的社会经验和独特的人生经历走进考场、走进课堂，又带着刻苦学习所掌握的专业知识和报效祖国的满腔热情走向社会、走向世界，为祖国及人类社会和科技的进步做出了应有的贡献，从根本上为我国改革开放事业的顺利进行提供了智力支持和人才保障。河南大学处在改革开放初期这一重要历史节点，1977级和1978级学生就是在这一时期接受并完成了高等教育。

党的十一届三中全会以后，随着改革开放的深入，河南大学学校党委扩大会议曾指出：学校的科学研究应服务于国家"四化建设"，应围绕国家需要进行。国家现代化建设急需具备科学文化素质的人才，这就要求各个岗位的劳动者提高自身文化水平，接受更高层次的教育，因此成人高等教育迈入了恢复与发展阶段。在此阶段，根据国家及省级部门发布的指示，在总的指导思想上，学校进行了大胆的探索与改革，教育形式、培养形式、规格和内容更加多样化，整体规模大大扩展，为现代化建设培养了急需人才，也促进了河南省高等教育事业的发展。1982年，《贯彻十二大精神，开创河南师范大学新局面》一文中再次明确了科学研究要服务于国家经济建设的指导思想，学校通过这一指导思想制定了《1984年科研工作计划要点》，其中明确了科研项目的审定原则：首先，不论是哲学社会科学的选题，还是自然科学的选题，必须在兼顾理论的基础上，着眼于解决国家重大实际问题，尤其是自然学科应加强对急需应用领域的探究。其次，科研项目必须从实际出发，结合本地区的历史、现状，在符合区域经济发展基础上开展特色研究。最后，加强教育科学的研究，并将学校学科建设、人才培养与教材编写相统一，将三者的研究建立在科研基础之上。学校鼓励教师在科研工作中，立足本校，开展团队合作，利用优势，弥补不足，以取得高质量的科研成果。

围绕新时期高等教育的培养目标，学校培养了一批优秀的教育工作者、领导管理者以及科研工作者，为河南乃至全国培养了更多高水平、专业化的师资，培育了更多高水平、现代化建设新人才。现如今河南大学部分院系的优秀毕业生已任厅级、司局级、校级管理干部,或者走向财经、政法、企事业单位领导岗位,也有校友出任联合国总部中层管理者。人才是推动社会进步的重要力量,改革开放初期培养的毕业生现如今已成长为各行各业的中坚和骨干力量,正值事业黄金期的他们在教育部、全国政协、人民政府等重要部门岗位任职,实现了自己的价值,奉献了自身的力量,为中国的教育事业包括高等教育事业做出了突出贡献。

改革开放初期,在校领导和全校师生的共同努力下,学校既注重教学,又注重科研,成为社会主义新型大学。尤其是1980年教育系恢复招生,人才培养工作成绩突出,为河南省乃至全国教育领域培养了一批忠诚于人民、有品德、有师德的优秀师资。1980年是河南大学教育系恢复建系的第一年,沐浴着改革开放的春风,教育系迎来了恢复和发展的新时代。教育系最初每年招收本科生40人,规模较小,培养的毕业生不仅拥有正确的政治思想方向,掌握党的教育方针,还具备本专业的基本理论、知识和技能,能够联系实际分析问题和解决问题,为之后教育系的发展奠定了基础。至2021年,当初的教育系进一步从教育科学学院扩展为师资力量雄厚、学生众多的教育学部,人才培养成果突出。秉持"厚德、博学"的院训和"慎思、笃行、务实、进取"的院风,桃李芬芳,英才辈出,现如今河南大学教育系培养的一大批毕业生成了我国基础教育战线的名师和骨干力量,或者成了高等院校的专家学者或教授,奋斗在我国尤其是我省各级教育第一线,在国内学术界具有重要影响,因知名校友众多,被中国教育学会副会长周洪宇教授称为"河南大学教育科学学院现象"。

1985年6月,新成立的河南省政法管理干部学院的前身也是河南大学的一部分。在1952年,全国院系调整,河南大学行政学院独立设置为河南省人民委员会干部学校。1956年8月,定名为河南省政法干部学校。1984年10月,与河南省政法干部学院合并,成立河南省政法干部学院。1985年6月,正式定名为河南省政法管理干部学院。2010年3月22日,由原河南财经学院和原河南省政法管理干部学院合并,组建河南财经政法大学,成为河南省特色骨干大学,成为中原地区高等院校的重要力量,拓展了国内区域高等教育发展新格局,为省内乃至全国输送了一批专业化政法人才。

同时,河南大学的人才培养契合了四个现代化建设的需求,高等教育人才培养目标与社会经济发展要求相一致，缓解了改革开放初期我国人口科学文化素质与现代化建设需求不相适应的矛盾。1978年停办了十多年的"高师"函授教育恢复招生，当年春，河南大学在开封、洛阳、南阳、信阳、驻马店等五个地区及洛阳市、平顶山市和郑州铁路局招收函授学员近万人。从1981年开始，学校成人高等教育进入了全面发展时期，新增了夜大学、干部专修科岗位培训班等新的办学形式。函授教育、职工教育文化补课和技术补课，以及培训班工作的开展，培养锻炼了一批中青年教师，提高了中等学校教师的文化水平与整体素质。由于这一时期受条件及专业限制，接受成人教育的大多数为中学教师，尤其是中文、政治、历史、地理、英语、音乐等专业的中学教师，虽设计学科种类较少，但办学形式之新、招生之广、规模之大意味着中国成人高等教育迈向了发展的新征程。

二、开拓传播中原文化新局面

改革开放初期，在国家"对外开放"的新形势下，河南大学坚持"引进来"和"走出去"的工作方针，不仅积极引进国外先进教育理念，学习国外先进的教学方法，还多次召开全国性的学术报告会议，弘扬了中原文化，传播了中原文明，也加速推动了中国高等教育的对外开放。河南大学位于八朝古都开封，开封作为中国古代文明的发祥地之一，文化底蕴浓厚，兼具开拓进取和兼容并蓄的优良文化传统；地处中原经济区，承东启西，联南通北，是我国区域经济的重心所在地。1977年至1984年河南大学的发展为中部地区的开放贡献了力量。

尤其是1979年更名为河南师范大学后，更是面向世界、面向国际，积极开展学术交流与合作。校内不少教师也参加了国际学术会议，据不完全统计，1983年学校外出参加学术会议的人数达448人，外请专家、教授讲学74人，由学校承办、校内专家主持的全国性和省级的学术会议14次，五年间应邀来学校参观、访问、讲学的外国专家有958人，[①] 分别来自美国、日本、英国、法国、瑞典和意大利等国家。例如，1980年，周宝珠赴北京参加了第一次中美学术交流会，并分享了《宋代开封经济发展及其在中外经济发展中的地位》一文；黄以柱远赴日本东京参加第24届国际

---

① 《河南大学校史》修订组：《河南大学校史》，第266页，河南大学出版社，2012年版。

地理学会大会，并作《河南城镇的发展》报告；1984年，李润田也曾远赴法国巴黎参加了国际地理代表会；1985年，"全国先秦史研究会"在河南大学召开，日本宋、元、明、清史代表团曾多次到河南大学进行学术交流。此外，河南大学先后与14个国家的29所大学建立了横向联系，并于美国、日本、德国、白俄罗斯等国的11所大学签订了合作协议，互派留学生200多人。[①]凝聚了国内外学术力量，增强了国内外学术影响力。对外交流活动的增多充分显示了河南大学对外开放的决心和兼容并包、多元开放的高校风采。

十一届三中全会召开以后，我国高等学校秉承"对外开放"方针，从"封闭"走向"开放"。河南大学对外交流与合作也有所增加，校际间学术交流增多，科研成果丰硕。学校于1979年、1980年和1982年分别举办了三届"教学暨科学讨论会"，学术会议的规模一次比一次宏大，反响也一次比一次热烈。学术交流内容丰富、选题务实，与当时的"四化"建设联系密切。1982年70周年校庆同日，学校推出了编印的《河南师范大学1949－1982年科研成果目录汇编》，充分展示了新中国成立以来取得的成就，影响广泛。同时，这一时期各类研究中心如宋代研究中心、欧美近现代史研究中心、教育科学研究所等科研机构也取得了丰硕的成果，科研成果理论知识的系统构建进一步完善了我国高等教育相关学科的知识体系。

不论在哲学社会科学方面，还是自然科学方面，学校都十分注重与省内外高校的合作与联系，开拓了对外交流与传播中原文化的新局面。1980年由河南大学教育系与华中师范学院等5所院校合编的《教育学》出版后，被教育部指定为全国通用教材，至1983年发行了100多万册。1980年由政教系马佩教授任编写组长，与南开大学等8所高校协作编著的《辩证逻辑纲要》出版后，被许多高等院校作为教材使用。教材作为课堂教学活动的三大基本因素之一，在教学中的地位和意义不容忽视，优秀教材的出版，增强了校内学科专业发展的影响力。此外，在自然科学的科研转化成果方面，化学系张举贤团队采用化学合成法研制成功的GPE消沫剂应用扩大至制药、制糖、制味精、纺纱、浆纱等诸多行业，社会经济效益显著。以上科研成果丰富并更新了整个高等教育知识体系，丰硕的科研产出充实了中国高等教育成果，提升了中国高等教育教学质量和水平，对河南省及我国的发展产生了积极影响。

---

① 马纺：《河南高教90年》，第4页，河南大学出版社，1995年版。

改革开放新时期学校对外交流与合作的加强加快了中国高等教育对外开放的整体进程，为开拓我国高等教育对外开放的新局面做出了更大的贡献。

三、奠定新时期河南省研究生教育的基础

随着1977年高考制度的恢复，1978年我国开始恢复研究生招生工作。1981年，根据我国高等教育实况，国务院颁布实施了《中华人民共和国学位条例暂行实施办法》[①]，建立了本国的学位制度。经国务院学位委员会组织评议，河南大学成为首批核准招收研究生的高等院校之一。

在中国高等教育史上，河南大学是改革开放后首批恢复省内研究生教育制度的高校。1978年恢复研究生招生，1981年实施学位制度以后，经国务院批准成为具有博士、硕士学位授予权并建立博士后科研流动站的高等学校。1977年和1978年我国教育部曾分别下发了《关于高等学校招收研究生的意见》和《关于高等学校1978年研究生招生工作安排意见》，全国正式恢复研究生招生工作，且将1977年和1978年的研究生招生工作进行了合并，招收的新生统称为1978级研究生。《中华人民共和国学位条例》实施后，国务院学位委员会在河南省高校中批准了100个学科具备硕士学位授予权，河南省内部分高校相继被批准具备招收硕士研究生的资格，1978年河南省研究生教育实现了从无到有的转变。自此河南高等教育在层次上有了专科、本科和研究生三级，研究生教育作为高等教育体系中最高层次的教育，担负着培养国家高级人才的使命。

改革开放初，河南大学研究生教育的学科类目增多，研究生招生规模逐年扩展，研究生教育取得了新的进展，培养了一批高素质人才，成为河南省内研究生教育改革的先锋力量。在1978年，学校的政治经济学、古代文学、现代文学、中国古代史、宋史、世界近代史、代数7个专业已招收研究生，当年招收研究生总人数为39人，[②]占全省高校招生总数的1/3以上。1983年3月，国务院学位委员会开展了第二

[①] 中国学位与研究生教育信息网：《1978—1999年中国学位与研究生教育大事记》（1983年）[EB/OL].http://www.cdgdc.edu.cn/xwyyjsjyxx/xwbl/dsj/260254_6.shtml.

[②] 《河南大学校史》修订组：《河南大学校史》，第198页，河南大学出版社，2012年版。

批硕士学位授权点评审工作,学校的汉语史、中国近现代史、普通心理学、自然地理4个专业获得硕士学位授予权,至此,学校研究生教育总体上涵盖文学、历史、哲学、经济学、理学、教育学六大学科,研究方向也在逐年充实。1981年至1983年研究生毕业总人数为84人,其中三年制65人,二年制19人,80%的毕业生取得硕士学位。① 且部分毕业生的学位论文受到校内外专家、教授的好评。1978年至1985年底,河南省高校面向全国招收的研究生人数为666人,在校研究生总数达1013人。② 表明此时河南省研究生教育规模已取得新进展。

除人才培养规模扩大外,这一时期河南大学的研究生教育实现了从恢复调整到稳步发展的转变,依据国家发展新形势制定了研究生培养目标及方案,保障了研究生人才培养质量与科研成果质量,扩大了在中国高等教育领域的影响力。为了推进培养方案的顺利实施,首先在思想政治上,要求学生具备社会主义思想觉悟,坚持四项基本原则,熟知马克思列宁主义、毛泽东思想;其次在学科知识上,要求学生系统掌握本学科的理论基础和专业知识,并具备基本的科学素养和研究能力;最后在成果标准上,还要求学生掌握一门外语,并具备承担高等院校教学工作和科研工作的能力,争取成为一名思想品德端正、拥有健康体魄的高校师资或科研人员。1980年,学校在《教学、科研的基本情况与下学年的主要任务》中进一步指出:"科学研究应把基础理论研究放在重要地位,社会科学应兼顾理论、历史、现状三个方面,并要大力加强教育科学的研究,自然科学应兼顾基础科学、技术科学、新兴科学三个方面。"③

在国家高等教育指导思想的引领下,1977年以后,学校恢复了部分研究室,并调整、充实、新增了一批科研机构,校内科研成果的丰硕正反映了改革开放初期河南大学研究生教育发展的新面貌。1981年学校下发了《关于研究生培养和管理工作的暂行规定》,规定了研究生的报考条件、学制年限、各学科专业的培养方案、培养计划、学位论文标准以及学位授予条件等。同时,也提出研究生教育应注重新兴学

---

① 翟慕华:《河南省研究生教育发展研究(1981—2005)》,河北师范大学教育学院,硕士学位论文,2006年。
② 翟慕华:《河南省研究生教育发展研究(1981—2005)》,河北师范大学教育学院,硕士学位论文,2006年。
③ 《河南大学校史》修订组:《河南大学校史》,第190页,河南大学出版社,2012年版。

科和边缘性弱势学科的发展,鼓励各学科专业多设置选修课程,并允许学生跨专业跨院系选课。为了保障研究生教育的培养质量,1981年我国正式实行《中华人民共和国学位条例》,建立了学位评审制度。1983年1月,学校为推进研究生教育的发展,李润田校长主持并组织召开了研究生培养工作经验交流会,为之后招收和培养研究生工作提出了意见及建议,为新时期研究生教育发展提供了新思路。尽管这一时期河南省高校研究生招生人数较少,却意味着河南省迈出了培养研究生高层次人才的第一步,这在河南省乃至全国研究生教育发展史上均有着里程碑式的重大意义。

整体言之,改革开放初期作为一个时代的终结和另一个新时期的开始,是中国高等教育史上的特殊节点,是中国高等教育以及中国社会走向知识、文明、复兴的重要拐点。1977年至1984年,河南大学的发展为与国民经济发展相适应,培养新时代需要的新型人才,学校以"恢复、调整、充实"为宗旨,以全面恢复、优化调整、重构革新为发展的主旋律,学科布局和专业结构更趋合理,并初步构建了综合性大学的专业框架,办学层次进一步整体提升,为1984年恢复"河南大学"校名、实现综合性大学的办学目标做足了准备。直至1984年,河南大学从"河南师范大学"更名并恢复校名,这段历史成为河南大学发展史上的重要时间节点,也是河南省高等教育史上的重要时期。学校的发展为新时期及其后的腾飞奠定了良好的基础,校名的恢复调动了广大师生的积极性,赋予了学校更大的办学空间,也满足了国民经济发展和新时期培养人才的需要。自此,河南大学的历史又掀开了新的一页,河南省的高等教育事业又迈上了一个新的台阶,新时期河南大学的发展也为中国高等教育注入了新的力量。

第九章
恢复校名后的河南大学与中国高等教育发展（1984—2008）

第九章 恢复校名后的河南大学与中国高等教育发展（1984—2008）

1984年至2008年是河南大学发展历史上一个十分重要的时期。1984年，中共河南省委正式发布了《关于河南师范大学恢复河南大学校名的通知》，决定恢复河南大学校名。在此背景下，学校逐渐从原来的"师范院校"向"综合性大学"转变，办学性质发生变化。1998年，经国务院学位委员会批准，河南大学成为博士学位授予单位，中国现当代文学、英语语言文学两个学科首获博士学位授予权，学校在师资队伍建设和学科建设上实现了重大突破，学校办学层次得以提升。2000年，经教育部批准，决定将河南大学、开封医学专科学校、开封师范高等专科学校合并，组建新的河南大学，三校合并为学校发展注入了新的力量，学科专业设置进一步健全，学校办学规模进一步扩大。在这一阶段，河南大学在院系设置、管理体制、办学模式、学科建设、人才培养、师资队伍建设、后勤保障等各个方面进行了一系列改革，不仅实现了自身办学实力、办学水平的提升，也促进了河南省及我国高等教育的发展。

第一节 世纪之交的中国高等教育

20世纪末，国际上，各国经济竞争和综合国力较量日趋激烈，人才和科技的重要性日渐凸显；在国内，伴随着计划经济向市场经济的转轨，改革开放和现代化建设事业进入了一个新阶段，国家和社会发展面临着一系列新的机遇和挑战。在这样的背景下，我国将科教兴国战略作为国策，高等教育的办学体制、投资体制、管理机制、人才培养模式等正在发生巨大的变化。

一、世纪之交中国高等教育的发展

进入20世纪90年代，经济体制的转变要求高校适应经济体制改革和现代化建设,提升办学能力,尽快转变人才培养模式,培养具备国际竞争力的复合型人才以适应市场化的需要。

(一) 管理体制改革与院校调整

改革开放以来,随着对外开放、对内搞活,经济体制改革全面展开为我国社会生产力的大发展、为我国社会主义物质文明和精神文明的大提高开辟了广阔道路。与此同时,人才在国家发展中的重要性愈发凸显,而要解决人才问题,就必须使高等教育事业在经济发展的基础上有一个大的发展。在这样的背景下,我国高等教育管理与运行体制的一些弊端逐渐显现出来。为此,1985年中共中央发布了《关于教育体制改革的决定》,揭开了我国高等教育体制改革的序幕。在这个过程中,政府职能逐渐由控制模式向监督模式转变,高等院校的办学自主权得以扩大,多元办学体系初步形成,开始实行中央、省(自治区、直辖市)、中心城市三级办学的体制。同时,文件提出:"高等教育的结构,要根据经济建设、社会发展和科技进步的需要进行调整和改革。"[①]据此,大学进行了学科和专业的调整与改造,增设了一批新兴学科和专业,拓宽了专业面。

进入90年代,社会主义市场经济体制得以确立,国家新的经济管理体制出台。为适应经济体制由计划经济向市场经济转轨的需要,适应中央业务部门职能的转变和政企分开的需要,逐步建立和完善了政府统筹规划和宏观管理、学校面向社会依法自主办学的新体制。1993年2月,中共中央、国务院进一步发布了《中国教育改革和发展纲要》,提出要在以往体制改革的基础上进一步突出重点和难点,集中力量办好一批重点大学和重点学科,注重深化高等教育体制改革、优化高等教育发展结构、提高办学质量。[②]1994年7月,国务院在《中国教育改革和发展纲要》的实施意见中对高等教育的人才培养模式、管理方式、办学质量等提出进一步要求,并于1994年至1996年间先后在上海、南昌和北戴河召开了三次高等教育管理体制改革座谈会,明确以改革学校单一的隶属关系为方向,提出了"合并"、"划转"等五种改

---

① 中华人民共和国教育部:《中共中央关于教育体制改革的决定》[EB/OL].http://www.moe.gov.cn/jyb_sjzl/moe_177/tnull_2482.html。

② 中华人民共和国教育部:《中国教育改革和发展纲要》[EB/OL].http://www.moe.gov.cn/jyb_sjzl/moe_177/tnull_2484.html。

革形式，高校变革调整势在必行。之后，在扬州大学召开的高等教育管理体制改革经验交流会上，时任国务院副总理的李岚清总结出"共建、调整、合作、合并"的八字方针。同年8月通过的《高等教育法》以及1999年1月13日国务院批转的《面向21世纪教育振兴行动计划》将这一次院校调整推向了高潮。①

与1952年的院系调整相反，这一阶段的院校调整以合并为主。1992年，党的十四大提出建立社会主义市场经济体制，为了适应社会主义市场经济体制的需要，高校也进入了新的调整阶段。一些单科性院校和文理综合大学突破原有办学模式，打破单一的隶属关系，合并重组为学科门类更加全面、面向更广的综合性大学，实现了单一型人才培养向全面型人才培养的转变。比如，1993年，江西大学和江西工业大学合并为南昌大学；1994年，四川大学和成都科技大学合并为四川联合大学；1994年，南开大学与天津对外贸易学院合并为新的南开大学。1992—2002年间，共有775所高校参与合并，最终重组为306所高校。②到2003年，高校合并步伐逐渐放缓，这一阶段的调整合并工作基本结束。

此次高校合并调整工作历经十余年，涉及普通高校、成人高校以及中等专业学校，战线之长、规模之大均超过1952年。院校的合并重组有效地整合了高校的办学资源，加强了大学与社会的联系，改善了学校、学科、专业低水平重复建设的局面，充实了新建高校的办学实力，初步构建了新世纪我国高等教育的发展格局。

（二）实施"211"工程和"985"工程

即将进入21世纪，如何进一步提升高等教育办学水平、推进高等教育发展、促进高等教育与经济社会发展相适应、为实施我国经济和社会发展战略准备高层次人才成为国家发展的重要问题。为此，1995年11月，经国务院批准，原国家计委、原国家教委和财政部联合下发了《"211工程"总体建设规划》，提出要面向21世纪，重点建设100所左右的高等学校和一批重点学科。具体而言，推动100所左右的高等学校以及一批重点学科在教育质量、科学研究、管理水平和办学效益等方面有较大提高，在高等教育改革特别是管理体制改革方面有明显进展，成为立足国内培养

---

① 祁占勇、杜越：《新中国70年高等院校的调整变革》，载《高等教育研究》，2019第12期。

② 《1990年以来普通高等学校合并组建情况》，载《教育发展研究》，2001年第12期。

高层次人才、解决经济建设和社会发展重大问题的基地。其中,一部分重点高等学校和一部分重点学科接近或达到国际同类学校和学科的先进水平,大部分学校的办学条件得到明显改善,在人才培养、科学研究上取得较大成绩,适应地区和行业发展需要,总体处于国内先进水平,起到骨干和示范作用。自此,"211工程"正式启动。

"九五"期间,"211工程"建设的重点包括学校重点学科、整体条件和高等教育公共服务体系建设三大部分。这一时期,"211工程"在99所高校中实施建设,主要安排602个重点学科、2个全国高等教育公共服务体系建设项目。"十五"期间,"211工程"在107所高校中实施,主要进行821个重点学科和3个全国高等教育公共服务体系和师资队伍建设。"211工程"三期以实现重点突破为目标,突出创新人才培养和队伍建设,推进机制体制改革,构建具有国际先进水平的高等教育公共服务平台,进一步缩小与世界一流大学的差距;三期在112所高校中实施,分布在全国31个省(直辖市),共建设1073项重点学科项目。①

"211工程"是新中国成立以来由国家立项在高等教育领域进行的重点建设工作,是中国政府实施"科教兴国"战略的重大举措,是中华民族面对世纪之交的中国国内外形势而做出的发展高等教育的重大决策。"211工程"的实施有效加快了我国高等教育发展的基础工程建设,为高水平大学特别是重点学科建设提供了前所未有的发展契机,使一些大学与世界一流大学的差距得以缩小,并推动部分学科接近或达到了国际先进水平,极大提升了我国高等教育发展水平,②对于加快国家经济建设,促进科学技术和文化发展、增强综合国力和国际竞争能力、实现高层次人才培养立足于国内具有极为重要的意义。

即将进入21世纪,以高新技术为核心的知识经济将占主导地位,国家的综合国力和国际竞争能力将越来越取决于教育发展、科学技术和知识创新的水平,教育将始终处于优先发展的战略地位。世界各国政府都把振兴教育作为面向新世纪的基本国策,这些动向预示未来教育将发生深刻的变革。面对这一态势,我国也顺应潮流,

---

① 郭新立:《中国高水平大学建设之路——从211工程到2011计划》,高等教育出版社,2012年版。
② 林冬华:《1985—2015中国高等教育发展战略述评》,载《黑龙江高教研究》,2016年第10期。

迎接新的挑战。1998年5月4日，江泽民在庆祝北京大学建校100周年大会上代表中国共产党和中华人民共和国中央人民政府向全社会宣告："为了实现现代化，我国要有若干所具有世界先进水平的一流大学。"1999年，国务院批转教育部《面向21世纪教育振兴行动计划》，"985工程"正式启动建设。

"985工程"是我国政府在世纪之交为建设若干所世界一流大学和一批国际知名的高水平研究型大学而实施的高等教育建设工程。《面向21世纪教育振兴行动计划》指出：要实施"高层次创造性人才工程"，加强高等学校科研工作，积极参与国家创新体系建设；创建若干所具有世界先进水平的一流大学和一批一流学科。"985工程"的主要内容包括机制创新、队伍建设、平台和基地建设、条件支撑和国际交流与合作五个方面。建设的总体思路是：以建设若干所世界一流大学和一批国际知名的高水平研究型大学为目标，建立高等学校新的管理体制和运行机制，牢牢抓住21世纪头20年的重要战略机遇期，集中资源，突出重点，体现特色，发挥优势，坚持跨越式发展，走有中国特色的建设世界一流大学之路。

"985工程"共包括两期：一期建设从1999年开始，到2001年结束，共建设34所高校。一期建设调整和优化建设高校的学科结构和方向，强化创新人才培养质量，取得一批达到世界先进水平的研究成果。二期建设的目标是：积极探索世界一流大学新机制，造就和引进一批世界一流大学的学术带头人及学术团队，建设一批创新平台和基地，促进一批世界一流学科的形成。二期建设从2004年开始，到2007年结束，共建设39所高校，分布在全国18个省（直辖市）。几年间，先后有包括北京大学、清华大学、复旦大学、上海交通大学等39所大学以建设"国际知名大学"为目标加入该工程。

在"211工程"建设学校整体条件、建设重点学科、建设高等教育公共服务体系的基础上，"985工程"进一步推动了一批建设基础好、发展潜力大的高校的办学水平的整体提升，推动了我国高水平院校的国际影响力。"985工程"建设高校成为我国高等教育体系中高水平大学群体，培养了一批高层次精英人才，承担了众多前沿科学和重大科技创新研究任务，在推进产学研合作、支持国家科技创新、服务经济社会发展等方面发挥了重要的辐射和带动作用。

（三）高等教育规模扩展

在全国高等教育体制改革、"211 工程"和"985 工程"建设的推动下，我国高等教育迅速发展，高等教育规模迅速扩大，高等教育发展水平显著提升。

1989 年，全国普通高校数 1075 所，本专科在校生 208.21 万人。1998 年，全国普通高等院校数 1022 所，本专科在校生 340.87 万人，高等教育毛入学率为 8%。1999 年，中央政府制定了在 2010 年实现高等教育大众化目标的跨世纪发展规划，并于当年开始大幅度地扩大高校招生规模；当年全国本专科在校数达到了 413.42 万人。之后几年扩招政策连续推进，2000 年、2001 年、2002 年的全国本专科在校生数分别达到了 556.09 万、719.07 万和 903.36 万，到 2004 年，全国普通高等学校本专科生在校生数已经超过了 1000 万，达到了 1108.56 人。在 1999 年至 2005 年间，每年扩招速度在 20% 以上。经过连续几年的扩招后，我国高等教育毛入学率于 2002 年达到 15%，比实现大众化目标的预期时间提前了 8 年；自此，我国高等教育正式迈入了大众化阶段。

与此同时，研究生教育也取得了较大发展。自 1981 年至 2006 年，国务院学位委员会先后开展了十批学位授权审核工作。审议批准了一批新增博士和硕士学位授权单位、博士和硕士学位授予点。到 2000 年，全国共有研究生培养单位 738 个，其中高等学校 415 个，科研机构 323 个，在校研究生 30.12 万人；2005 年，全国共有培养研究生单位 767 个，其中高等学校 450 个，科研机构 317 个，在校研究生 110.47 万人。[①]

二、世纪之交河南高等教育的发展

在全国高等教育扩规模、提质量、促改革的大背景下，河南省高等教育结合国家教育政策导向、结合省内经济建设需求，在高等教育结构布局、规模、质量以及高等教育管理体制改革等各个方面取得了积极进展。但与此同时，世纪之交的河南高等教育也错失了一些发展机遇，影响了之后的发展步伐。

---

① 中华人民共和国教育部：《2000 年全国研究生基本情况》[EB/OL].https：//www.moe.gov.cn./jyb_sjzl/moe_506/moe_566/moe_589/201002/t 20100226_7874.html。

（一）省内院校合并调整

在全国院校调整、合并的大方向下，面向全省高等教育资源，河南高等教育也开启了院校合并的步伐，通过院校调整，组建了面向 21 世纪的新的郑州大学和新的河南大学。

2000 年，根据党中央、国务院关于高校管理体制改革精神和第三次全国教育工作会议精神，教育部先后下发了《关于同意郑州大学、郑州工业大学、河南医科大学合并组建新的郑州大学的通知》（教发 [2000]135 号）和《关于同意河南大学、开封医学高等专科学校、开封师范高等专科学校合并组建新的河南大学的通知》（教发 [2000]136 号）。同年 7 月，中共河南省委、河南省人民政府发布了《关于合并组建新的郑州大学和新的河南大学的意见》（豫发 [2000]12 号），提出，要提高对合并组建工作重大意义的认识，明确了实行实质性合并、以改革的精神促合并促发展以及正确处理改革、发展和稳定的关系的指导思想和总体要求，明确了两所新大学的管理体制、组建的方法步骤、新大学的发展目标、政策措施和相关政策举措。自此，河南省正式开启了省内院校合并的步伐，对全省高等教育资源进行了重新布局。

进入新世纪，2000 年，原有的郑州大学、郑州工业大学和河南医科大学合并为新的郑州大学，原有的河南大学、开封医学高等专科学校、开封师范高等专科学校合并为新的河南大学。省内两所综合型大学的办学实力得以进一步充实。

与此同时，河南省内一大批师范高等专科学校与教育学院合并为师范学院。例如，2000 年，洛阳师范高等专科学校与洛阳教育学院合并为洛阳师范学院，南阳师范高等专科学校与南阳教育学院合并为南阳师范学院，商丘师范高等专科学校与商丘教育学院合并为商丘师范学院，安阳师范高等专科学校与安阳教育学院合并为安阳师范学院，周口师范高等专科学校与周口教育学院合并为周口师范学院。2001 年，郑州第二师范学校并入郑州教育学院；2002 年，郑州教育学院与郑州师范学校合并建立郑州师范高等专科学校；2010 年，郑州师范高等专科学校升格为郑州师范学院。2004 年，驻马店师范高等专科学校、中原职业技术学院合并升格为黄淮学院。师范院校是教育事业发展的"脊梁柱"，直接关系着各级各类院校教师的培养输出状况。此次省内大批师范院校的合并与重组为河南省教育事业的发展发挥了重要作用。

进入新世纪后，河南省进一步整合了一批行业院校力量，组建起了学科体系更加健全、发展水平更高的理工类高等院校。2002 年，洛阳工学院、洛阳医学高等专科学校、洛阳农业高等专科学校合并组建河南科技大学，郑州煤炭管理干部学院、郑州煤田职工地质学院合并为郑州煤炭管理干部学院。2004年，郑州工程学院、郑州工业高等专科学院合并组建河南工业大学。2006年，洛阳工业高等专科学校与洛阳大学合并为洛阳理工学院。2007年，原郑州经济管理干部学院和原河南纺织高等专科学校合并升格为河南工程学院。河南工业大学、河南科技大学、河南工程学院等一批理工院校的建立为以后河南省高等教育的发展奠定了重要基础。

组建新的高水平高等院校，是河南省贯彻落实江泽民总书记《关于教育问题的谈话》、第三次全国教育工作会议精神和党中央、国务院关于高校管理体制改革精神的一项重大举措，是省内经济发展和社会进步的需要，是高等教育上水平、上台阶的客观要求，也是全省人民的迫切愿望。在世纪之交河南高等院校合并重建的过程中，省内高等教育资源得到进一步优化调整，一大批专科院校升格为本科院校，提升了原有学校的办学水平；一大批学科相近、布局分散的院校得以整合，提高了整体的办学实力。经过院校的合并、重组、升格，河南省初步形成了综合性大学、师范院校、理工院校等多种类型院校统筹发展的格局，不仅为各所院校的发展提供了新的、更高水平的发展方向，也整体上促进了河南省不同类型院校的增速提质发展。

（二）主管机构变化

20世纪90年代的高等教育体制改革不仅通过院校合并整体重构了各省高等教育的资源布局，也改变了一批院校的隶属机构。为转变政府职能，解决政府与高等学校、中央与地方、国家教委与中央各业务部门之间的关系，逐步建立政府宏观管理、学校面向社会自主办学的体制，1993年中共中央和国务院印发的《中国教育改革和发展纲要》中提出，要在中央与地方的关系上，进一步确立中央与省（自治区、直辖市）分级管理、分级负责的教育管理体制。中央直接管理一部分关系国家经济、社会发展全局并在高等教育中起示范作用的骨干学校和少数行业性强、地方不便管理的学校；在中央大政方针和宏观规划指导下，对地方举办的高等教育的领导和管理，责任和权力都交给省（自治区、直辖市）。在文件精神指导下，中央逐渐简政放权，相应的，省（自治区、直辖市）的教育决策权和对中央部门所属学校的统筹权得以扩大，形成了中央和省级政府两级管理、以省级政府统筹管理为主的新体制。除少数关系国家发展全局的高校以及行业特殊性强的高校继续由国务院委托教育部和其他少数部门管理外，多数高校由地方管理或以地方管理为主。1998年之后，中央政府各部委所属高等学校大部分通过"共建"转交地方管理，从而使高等教育管理体制的改革取得了突破性进展。

1998年，第九届全国人大一次会议审议通过了《关于国务院机构改革方案的决定》，自此，国家政府职能转变有了重大进展，以电力工业部、煤炭工业部、冶金工业部、机械工业部、电子工业部、化学工业部、地质矿产部等为代表的国家原有的工业专业经济部门被大规模撤销，这些部门原有的一些直属高校也进行了重新划转。按照国务院和国务院办公厅下发的《关于进一步调整国务院部门（单位）所属学校管理体制和布局结构的决定》（国发 [1999]26 号）和《国务院办公厅转发教育部等部门关于调整国务院部门（单位）所属学校管理体制和布局结构实施意见的通知》（国办发 [20000]11 号）文件精神，国家对161所普通高等学校的隶属关系进行了调整，其中，将22所普通高等学校直接划转给教育部管理，34所普通高等学校由教育部负责调整；5所普通高等学校停止招生，待现有在校学生毕业后即行撤销原学校建制，改为原主管部门（单位）的非学历培训机构；97所普通高等学校实行中央与地方共建、以地方管理为主，并由地方统筹进行必要的结构调整；3所普通高等学校继续由原主管部门（单位）管理。

在这个背景下，一批实力较强、学科特色鲜明的高校划归教育部主管，如隶属原机械工业部的湖南大学、隶属于原纺织工业部的东华大学、隶属于原轻工业部的江南大学等。但与此同时，也有一批高校从原有部属机构划归到了地方主管，如原隶属于冶金工业部的华东冶金学院划转到了安徽省，原化工部主管的武汉化工学院（今武汉工程大学）划转到了湖北省。

而在90年代这次全国范围的高等教育管理体制改革过程中，河南省却没有一所高校得以进入教育部直属大学行列。在河南省原有的15所各部委直属高校（不包括军事院校）中，划转为河南地方高校的就有14所。这其中包括隶属于原国家机械工业部的洛阳工学院（后合并为河南科技大学）、隶属于原煤炭工业部的焦作矿业学院（河南理工大学前身）、隶属于原轻工业部的郑州轻工业学院（郑州轻工业大学前身）、隶属于原航空工业部的郑州航空工业管理学院。经过此次调整，隶属于公安部的铁道警察学院成为河南省唯一的一所中央部委所属院校。在全国百余所部委直属高校当中，河南省在其中的占比非常低，在75所教育部直属高校当中，河南省没有高校入列，与北京、上海、江苏、湖北、四川、陕西等地相比差距明显，这在一定程度上限制了河南省获得国家层面各类资源支持的程度。

（三）"211工程"、"985工程"与河南高等教育发展

面向新世纪，在国家大力推进"211工程"和"985工程"、完善我国高等教育发展条件、提升我国高等教育发展水平的过程中，河南省高等教育也得到了一定程度的发展。

"211工程"大学的建设，有一个基本的原则，就是除了教育部直属的若干所高等学校进入"211工程"之外，隶属地方的高等学校一省只能有一所进入"211工程"大学的行列，隶属各部委的高校也只能有一所进入"211工程"大学的行列。这就是通常所说的"一省一所、一部一所"政策。当然，在这一政策执行过程中，也有个别省市出现了有两所地方高校进入"211工程"的例外，但绝大多数省区只能有一所高校进入该工程。[①] 为确保一所大学进入"211工程"，河南省全力支撑打造郑州大学。1996年，郑州大学进入"211工程"，但发展历史悠久、学科门类齐全、建设水平较高的河南大学却并没有进入。此后，河南省政府曾数次致函教育部，希望河南大学进入"211工程"，但随着"211工程"宣布不再增加高校数量，终究未能如愿。在接下来的"985工程"建设阶段，受到管理体制、资源配置、发展水平等多种因素的影响，河南省未有学校进入"985工程"行列。

尽管在进入"国家队"方面表现并不突出，但在世纪之交，河南省高等教育同样改革创新、锐意进取、提质增速，在原有发展历史上实现了整体发展水平的提升。到2005年，河南省普通高等院校共有82所，本专科在校生数85.19万人，高等教育毛入学率已经达到了17%。[②]

---

① 宋伟、韩梦洁：《教育公平视野下河南高等教育发展对策研究》，载《河南大学学报》（社会科学版），2009第1期。
② 阎凤桥、毛丹：《中国高等教育规模扩张机制分析：一个制度学的解释》，载《高等教育研究》，2013年11期。

三、世纪之交河南大学的发展

（一）恢复校名与办学性质的转变

河南大学原为国立大学，在长期的发展历程中，学校的名称数次变更。十一届三中全会以后，随着河南省经济与社会的不断发展，各行各业对人才的需求日益增加。但长期以来，河南高等学校数量不多，专业设置不全。作为当时全省历史最久、规模最大的一所高校，需要紧密结合河南省经济建设需求，优化学科结构布局，补充相关紧缺专业，为本省经济发展做出积极贡献。然而，彼时学校的"师范"属性严重制约了学校的专业设置调整，使得学校的人才培养很大程度上局限于师范领域，不利于满足外部经济社会发展的迫切需求。与此同时，恢复河南大学校名也是促进学校引智引才、加强国际交流与合作的重要路径。20世纪以来，学校为国家输送了大批优秀人才，当中有不少旅居国外的相关领域专家。随着对外政策的逐步开放，这些海外毕业生心系母校，愿意与母校建立联系，为国家发展做出贡献。但由于"河南大学"的名字不复存在，一些国内外联系不便进行，这给学校的海外人才引进、学术交流与合作带来了不少困难。

出于上述综合原因的考虑和学校发展实际，改革开放以后，学校领导和师生齐心协力，为恢复校名做出了一系列努力。1982年2月，以韩靖琦为党委书记、李润田为校长的学校新一届领导班子组建后，对学校现状和社会各界的建议作了认真分析研究，认为恢复"河南大学"校名对学校的发展非常有利，势在必行。1983年6月，时任校长李润田等赴京参加六届全国人大一次会议。在会议上递交了提案，希望能恢复河南大学校名。李润田说："恢复河南大学校名，是河大人的心愿，我们责任重大。"1984年2月11日，时任中共河南省委顾问委员会副主任韩劲草，向省委书面提出了《关于改河南师范大学为河南大学的建议》，阐述了恢复河南大学校名的深远意义及对河南教育发展的重大影响。同年2月21日，学校党委正式向省委报送了《关于将河南师范大学改名为河南大学的请示》。

在学校师生的不懈努力和社会各界的广泛支持下，1984年4月，中共河南省委正式发布了《关于河南师范大学恢复河南大学校名的通知》，决定恢复河南大学校名，要求学校："进一步加强对师生员工的思想政治工作，全面贯彻党的教育方针，发扬老校的革命传统与优良学风，把学校办成教学、科研中心，为向国家输送更多更好的社会主义建设人才，为开创我国高等教育事业的新局面做出更大的贡献。"同年5月，教育部同意备案。经过省委、省政府领导的积极协调，同年5月15日，教育部以"教计字[84]094号文件"通知河南省教育厅，对河南师范大学恢复河南大学校名准予备案。1984年5月20日，李润田校长在学校大礼堂正式宣布学校恢复河南大学校名。其具体情况如图9-1、9-2、9-3、9-4所示。

图9-1　1984年5月恢复河南大学校名，6月时任中共中央总书记胡耀邦为学校题写校名

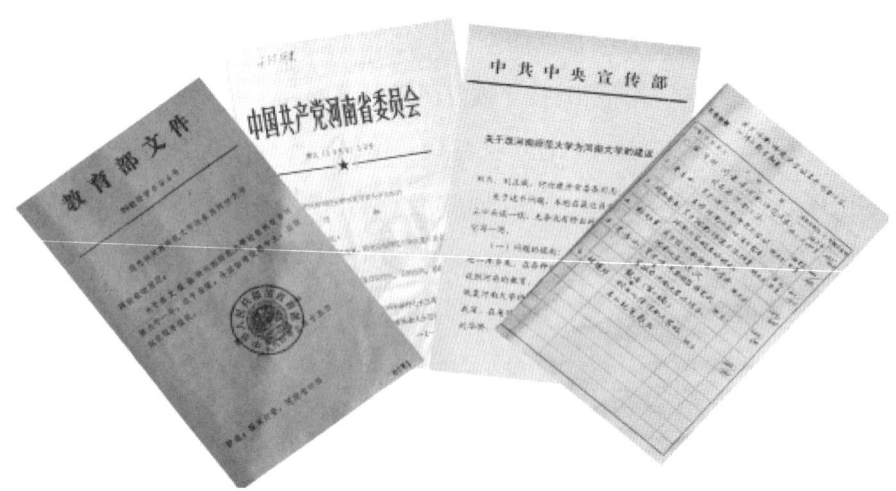

图9-2　学校现存的恢复河南大学校名的相关文件和材料

第九章 恢复校名后的河南大学与中国高等教育发展（1984—2008）

图 9-3　1984 年 5 月 26 日校报由《河南师范大学》改为《河南大学》

图 9-4　1980 级学生入学时校名为"河南师范大学"，1984 年毕业时已恢复为"河南大学"

大学校名是一所大学的标志，是一所大学的代表符号[①]，关系到学校的整体形象、社会影响力和大学精神、校园文化等诸多方面[②]。河南大学校名的恢复实现了海内外

---

① 刘海峰：《院校合并、升格与发展中的更名问题》，载《高等教育研究》，2005 年第 11 期。

② 孙力平、宋予佳：《中国大学校名现状的调查与分析》，载《浙江教育学院学报》，2003 年第 6 期。

老校友多年的凤愿，调动了广大师生的积极性，扩大了学校的办学规模，也适应了国民经济发展和人才培养的需要。从此，河南大学历史又翻开了新的一页。同时，"河南大学"校名的恢复不仅意味着学校名称的变化，更意味着其办学性质、办学理念和发展方向的深刻变革。在恢复校名的背景下，学校也正在从原来的"师范院校"向"综合性大学"转变。

结合国家和河南省建设发展以及学校发展实际，学校领导班子提出，明确河南大学为综合性大学。一方面，综合性大学的办学属性有利于发挥老校办学优势，加速河南省人才培养进程。河南大学有一批以中文、历史、外语、教育等为代表的传统强势学科，也有以体育、音乐、美术为代表的新生力量。学校在师资队伍规模和质量、教育教学设备设施、办学与管理经验等方面都具有较好的积累。在此基础上，进一步确定河南大学综合性大学的办学性质，稍加扶植，学校就可以充分利用现有条件，实现在较短的时间内为本省培养大量各行各业所需人才。另一方面，综合性大学的办学属性有利于开展国际交流与合作，引进人才，解决河南省大批高中生、本科生外流到外省学习、获取学位，以及大批有志于投身河南教育事业的优秀人才无法回归河南等人才外流的问题。同时，有利于河南高等教育的合理布局，促进河南省文科、理科的发展。

出于上述考虑，1986年，学校在制定《河南大学1986－1990年事业发展规划》当中就提出了要"按照河南四化建设的需要，尽快改变学校性质，努力调整专业服务方向，积极增设新兴、边缘学科，大力加强科学研究，稳步发展学校规模，逐步向校、院、系三级管理体制过渡，把河南大学办成更加适应四化建设需要、具有相当规模和较高水平的综合性大学"的奋斗目标。1987年3月和1989年1月，学校分别向河南省教委提交了《关于明确河南大学为综合性大学的请示》和《关于进一步明确河南大学性质的请示》，详细阐释了调整办学属性的必要性、可行性。

恢复校名以来，学校不断调整专业结构，到1989年，学校共有39个专业，其中14个属于师范性质，另有7个本科专业、5个专科专业和13个本科专业方向属于非师范性质。随后，学校的"八五规划"和"九五规划"又先后提出了"巩固、调整、充实、提高"的学科建设方针和"继续巩固和扩大现有文理科优势，大力发展应用学科，努力办好社会急需的特殊学科，适当发展工科"的学科建设指导思想，坚持处理好"改老、支重、扩口、增新"之间的关系，进一步加大了专业调整和建设的力度。特别是1993年，省教委印发了《关于河南大学综合改革试点的十一条政策》，把部分专业设置的自主权下放给学校后，新专业和专业方向迅速增加。到2000年，学校已拥有文学、史学、哲学、经济学、管理学、法学、教育学、理学、工学、医学10大学科门类，本科专业达到59个，师范专业的比重下降到了20%以下。学校综合性大学的学科框架与专业体系已经形成，完成了由师范院校向综合性大学的过渡。

在这个过程中，通过学科专业调整与扩充、教育教学改革，学校人才培养的规模和专业面向得以拓展，极大地支撑了河南省高等教育学科专业体系的完善，有力地满足了河南省经济社会建设对人才和智力的需求；通过综合改革，学校理顺了管理体制和运行机制，教学、科研、人事、后勤和思想政治工作等方面都取得了显著的成绩，为之后的大规模扩张和高层次突破创造了良好条件，成为河南省综合改革的排头兵；通过学校国内外交流与合作水平的提升，进一步扩大了河南省高等教育在国内外的影响力。经过几年的建设，学校在深化改革、整顿治理，在专业调整、学科建设、教学改革、科学研究、拓宽办学渠道等方面取得了一系列显著进展，已经由单一的本科层次，逐步形成了由研究生、本科生、专科生并以本科生为主，由全日制、函授、夜大学、短训班并以全日制为主的多层次、多形式人才培养新格局，为河南省经济社会发展提供了可靠支持，也为学校以后的发展奠定了重要基础。

（二）三校合并与办学规模的扩展

在全国院校合并调整的大背景下，河南省结合省内高等教育资源布局和高校发展实际，围绕组建新的郑州大学和新的河南大学开展了院校合并工作。2000年7月，教育部下发了《关于同意河南大学、开封医学高等专科学校、开封师范高等专科学校合并组建新的河南大学的通知》，紧接着，河南省委、省人民政府发布了《关于合并组建新的郑州大学和河南大学的意见》，自此，河南大学正式开启了三校合并的历史。

在合并之前，河南大学、开封医学高等专科学校和开封师范高等专科学校分别有着各自不同的办学模式和发展特点，但都已经围绕各自办学定位具备了一定的发展基础。就河南大学而言，即将迈入新世纪，河南大学在以往建设基础上，学科专业建设、教育教学改革、师资队伍提质、国际交流与合作以及管理体系改革等方面都实现了长足发展。1999年，学校已经拥有哲学、经济学、法学、教育学、文学、历史学、理学、工学 9 大学科门类，19 个院系和 2 个教学部，有 53 个本科专业；有 2 个博士点，34 个硕士点；有 44 个研究所（室），1 个省重点学科开放实验室、5 个校级重点实验室，10 个省重点学科、7 个校级重点学科；办有出版社和 10 种公开出版的期刊；建有计算中心、测试中心和现代教育技术部；图书馆藏书 155 万册。截至 1999 年 12 月，学校各类在校生供计 17681 人，其中博士生 6 人，硕士生 438 人，留学生 55 人。当年学校各类毕业生达到了 4235 人，其中硕士研究生 112 人，全日制本科生 1387 人、专科生 294 人，成人教育学生 2442 人。在师资队伍方面，教授、副教授数量已经占到了专任教师队伍的 45%，具有博士、硕士学位的教师占比将近 40%。校园占地 56 万多平方米，建筑面积 43 万多平方米。

开封医学高等专科学校的历史可以追溯到 1929 年，始称开封内地会福音医院护士学校，后 5 次迁址，17 次易名。1949 年改称开封市人民医院护士学校。1958 年升格为大专，定名为河南省医药专科学校。1959 年易名为开封医药专科学校。1962 年改为开封卫生学校。1975 年恢复大专招生。1978 年 12 月改为开封医学高等专科学校。学校设基础医学部、临床医学系、口腔医学系、医学麻醉系、医学影像系、医学检验系、药学系、护理系和临床医学、药学、护理学、药物制剂 4 个专业，在校生 1216 人；校园占地 17 万平方米，馆藏册图书 18 万余册，并附设有附属淮河医院、第一附属医院和制药厂。

开封师范高等专科学校的渊源可追溯到清末，近百年来多次撤并变迁。1958 年 6 月，当时的河南省立开封师范专科学校并入开封师范学院（今河南大学），开封第一师范学校改建为开封师范专科学校，后开封二师改为开封师范学院。1962 年开封师专撤销，改办为荥阳师范学校；1970 年，荥阳师范、开封师范、中牟农校合并，在中牟成立"五七"专科学校；1973 年改称开封地区师范学校。1984 年开始大专教育，恢复开封师范专科学校校名。1992 年 4 月，经国家教委批准定名为开封师范高等专科学校。学校设有中文、政史、外语、音乐、美术、数学、物理、化学等 8 个系和 14 个专业，在校生 2500 余人；校园占地 11 万平方米，馆藏图书 34 万余册。

从三校的发展历程来看，河南大学、开封医学高等专科学校、开封师范高等专科学校在学科设置、办学规模、办学设施上已经具备了一定的发展基础。但从几所学校学科结构来看，存在一定的交叉与重合，而且，三所学校的学科、专业水平，尤其是两所专科学院，在全国范围内优势并不突出，发展水平有待进一步提高。为进一步协调、优化省内高等教育资源布局，贯彻国家高等教育体制改革相关决定，适应全国院校调整的大潮，提升河南省大学、学科、专业的建设发展水平，改善河南省高等教育落后的面貌。20 世纪 90 年代后期，河南省统筹考虑，在多方调研基础上，结合省内经济发展实际开始进行院校调整、合并工作。

2000 年 7 月，根据党中央、国务院关于高校管理体制改革精神和第三次全国教育工作会议精神，教育部下发了《关于同意河南大学、开封医学高等专科学校、开封师范高等专科学校合并组建新的河南大学的通知》（教发 [2000]136 号）。同时，中共河南省委、河南省人民政府也专门下发了《关于合并组建新的郑州大学和新的河南大学的意见》（豫发 [2000]12 号）。

7 月 10 日，中共河南省委、河南省政府在河南人民大会堂为新的郑州大学和河南大学举行了隆重的成立大会。李克强省长发表了重要讲话，教育部副部长张保庆到会祝贺。李克强省长在讲话中阐述了两所新校成立的社会发展前景和重大意义，指出两所新校的成立是加大实施科教兴豫战略力度的重要举措，是适应我国高校管理体制改革新形势、借鉴国外发展高教事业成功经验的重大决定。这样做，有利于优化教育资源配置，有利于人才荟萃和知识聚集，有利于多种学科的融合渗透，有利于学术水平的提高，是我省创建高水平大学的重要一步。李克强省长在会上要求，新的河南大学 2000 年普通本、专科生要达到 2 万人，2005 年发展到 3 万人；积极争取建立研究生院，研究生规模 2005 年发展到 1000 人，2010 年发展到 3000 人；博士点 2005 年发展到 10 个左右，2010 年发展到 20 个左右。逐步把学校办成文、理、医、经、管、法等学科门类比较齐全、人文学科优势突出的综合性大学，争取早日跻身于全国先进大学行列。

合并组建新的河南大学，原开封医专更名为河南大学医学院，9 月 17 日举行了揭牌仪式（如图 9-5 所示）。新设置的河南大学医学院包括四个部分，分别是医学院本部的"一部七系"、第一附属医院、附属淮河医院和附属制药厂。2001 年 3 月，河南大学医学院又进行了分解，成立医学院、药学院和护理学院，成立河南大学第一附属医院（东京医院）和河南大学附属淮河医院，附属制药厂则归属河南大学产业总公司。而开封师范高等专科学校则在组建新的河南大学时改称河南大学师范学院，并于 2000 年 9 月 22 日举行了揭牌仪式。2004 年，河南大学师范学院建制撤销，有关学科专业并入了学校相关院系。

三校的合并进一步扩大了河南大学的办学规模和办学资源，加快了新校区建设的进程，特别是医学专业的并入，使学校的学科结构更趋完整，河南大学又一次迎来了新的发展机遇。

图9-5　三校合并后新组建的河南大学举行揭牌仪式

（三）获批博士学位授予权与办学层次的提升

进入20世纪90年代，为进一步适应国家经济体制变化和河南省发展需求，学校通过深化综合改革，理顺了管理体制和运行机制，聚焦学科建设和学位点建设工作，大力推进省级、校级重点学科建设，以提升学校优势特色学科的发展水平，为学位点建设做好准备。

1993年5月，河南省委、省政府正式确定河南大学为河南省高等学校综合改革试点，河南省教委下发了《关于河南大学综合改革试点的十一条政策》。据此，学校制定了《河南大学综合改革纲要》，提出了今后一个时期学校改革与发展的指导思想、总体目标和主要措施，全力推进管理体制、人事分配制度、教学、后勤等方面的改革。在综合改革过程中，加强重点学科建设、提升学科建设水平是改革的核心内容。在《河南大学综合改革纲要》中，第一项基本内容和主要措施就是"继续调整专业结构、狠抓重点学科建设"。提出，对于省级重点学科，要全力以赴将其办成全校的示范、带头学科，按照博士点建设要求，有针对性地解决其薄弱环节，促使其尽快获得博士学位授予权，并力争进入"211工程"行列。对校级重点学科，要继续采取倾斜政策，千方百计增加投入，力争在两三年内使其达到省级重点学科的水平，再争取一批硕士学位授予权。同时强调，重点学科与学位点的遴选和建设要加强论证和评估，引入竞争机制，凡在重点学科建设中有突出贡献的给予重奖，对省重点学科带头人和博士生导师在工作和生活上给予特殊待遇。

在综合改革的引领下，学校学科建设水平进一步提升，中国现当代文学、中国古代史、英语语言文学、人文地理学等省重点学科，以及基础数学、凝聚态物理等新获批的硕士学位授予权学科的建设实力得以进一步巩固，重点研究项目的申报与攻关和重点人才的培养与引进工作取得了重要进展，一批学科的发展基础也得到了进一步充实与提高，师资队伍的结构与水平、学科发展设施设备、人才培养质量、科学研究成果实现了一定积累，学科特色日渐鲜明。在这个基础上，学校为进一步提升学科发展水平、提升学校办学能力，也更加注重博士学位授权学科的建设，力争使学校优势学科具备博士学位授予资格。

1995年1月，《中共河南大学委员会1995年工作意见》中提出，对已批准的省级重点学科，要尽一切力量进行重点扶持，力争使1—2个学科拿到博士学位授予权。1996年11月，学校制定的《"九五"事业发展规划》中强调了学位点建设工作，提出，要加强专业设置和学科建设，实现在"九五"期间达到建成博士学位授予单位、争取3—5个博士点的发展目标。在具体措施上，全力抓好学位点建设，认真贯彻全校学位点建设工作会议精神，实施"三步走"战略，1997年建成博士学位授予单位，实现博士学位授予点零的突破，同时增加3—5个硕士点；"九五"末使博士学位点达到3—5个，硕士学位点基本普及各院系。1997年，学校狠抓以争取博士学位授予权为中心的学位点建设工作，学校领导和职能部门深入有关院系现场办公，及时解决申报工作中存在的实际问题，各申报单位也加大硬件建设和对外联系的力度。1998年，《河南大学1998年党政工作要点》中进一步强调了要采取得力措施，抓好学位点申报关键阶段的工作，力争实现博士点零的突破。

经过长期的发展积累和学校领导及学科建设管理工作者的努力，1998年8月，经国务院学位委员会批准，河南大学成为博士学位授予单位，中国现当代文学、英语语言文学两个学科首获博士学位授予权,学校在师资队伍建设和学科建设上迈向更高层次的进程中实现了重大突破。自此,河南大学办学层次得到进一步提升,正式进入了具备了博士学位授予资格的发展阶段。1999年初,经河南省教委批准,刘增杰、刘思谦、解志熙、关爱和、吴福辉、张今、吴雪莉、刘炳善、徐盛桓、王宝童等10人首批被选聘为中国现当代文学、英语语言文学两个专业的博士生导师。1999年,两个专业首次招收了6名攻读博士学位的研究生,博士生学制均设置为3年。

第二节 恢复校名后的河南大学对中国高等教育的影响

世纪之交,河南大学恢复校名,办学性质向综合性大学转变;通过三校合并,实现了办学规模的整体提升;获批博士学位授予单位,提升了学校的办学层次。河南大学的改革与发展,不仅极大地提升了学校的办学水平,标志着学校人才培养、科学研究和学科建设工作进入更高阶段,更为河南省及全国高等教育的发展注入了力量。

一、培养高等教育管理与研究人才

改革开放以来,在人才培养和教学改革方面,学校在完成国家指令性招生计划的同时,逐步扩大招生计划,招生人数和招生规模稳步上升。与此同时,学校注重教育思想、教学内容和教学方法的改革,制定了教书育人条例,全面更新教材体系和教学内容。学校先后试行了学分制、奖学金制、教学质量评估制和学制浮动办法,调动了师生教育教学的积极性。不断加强师资队伍建设,整体形成了一支结构比较合理、能胜任教学科研工作的师资队伍,学校人才培养质量也得以提升。

进入新世纪,三校合并之后的河南大学,学校学科门类更加齐全,综合型大学办学特色更为凸显。开封医学高等专科学校和开封师范高等专科学校与原有河南大学合并之后,新组建的河南大学新增了医学学科,师范教育的力量得到进一步扩充。在原有基础上,学校初步形成了包括文学、史学、哲学、经济学、管理学、法学、教育学、理学、工学、医学10个大的学科门类。2002年，学校共设有24个学院、4个公共教学部，71个本专科专业，3个博士学位授权点，50个硕士学位授权点，1个河南省重点实验室、5个校级重点实验室、13个省级重点学科、7个校级重点学科。全日制在校生2.1万人，教职工3500人，其中院士4人、博士176人，具有正副高级职称者800余人，并拥有一批有突出贡献的国家级专家、河南省优秀专家和省优秀青年骨干教师。新的河南大学进一步实现了学校单一型人才培养向全面型人才培养的转变，学校发展实力更加突出，而在这个过程中，学校输出了一批杰出的当代教育管理者与研究者。

在河南大学校友中，有院士、学部委员数十人，省部级以上领导干部百余人，为国家和社会发展贡献了一大批科学家、文学家、教育家、管理干部、社会活动家。例如，1985届毕业生宋德民，他曾历任教育部发展规划司办公室主任、教育部办公厅秘书处处长、教育部发展规划司副司长、教育部综合改革司司长、教育部办公厅主任兼督查办公室主任，现任教育部党组成员、副部长等职。又如，1988届毕业生杨银付，曾任教育部教育发展研究中心副主任，现任中国教育学会秘书处秘书长。

除此之外，河南大学为高等教育做出的一项尤为突出的贡献就是为全国高校输出了一大批优秀的高等教育管理者，其培养的学生成了国内多所知名大学的校长、书记。其中，包括中央财经大学党委书记何秀超、北京外国语大学党委书记王定华、郑州大学党委书记牛书成和郑永扣、河南师范大学党委书记赵国祥、河南工业大学党委书记刘志军、河南大学党委书记卢克平等。

二、形成具有中原特色的人文社会学科

（一）人文社会学科的发展壮大

河南大学发展历史悠久，在文学、历史学、教育学等学科拥有良好的发展基础和条件，具备了一定的国内影响力。从1978年起，学校中文系的中国古代文学专业、中国近现代文学专业、现代汉语专业，历史系的中国古代史专业、中国近现代史专业，教育系的普通心理学专业等17个专业就已经开始招收研究生。其中，政治经济学专业、逻辑学专业、中国古代文学专业、中国近现代文学专业、汉语史专业、中国古代史专业、中国近现代史专业、英国语言文学专业、普通心理学专业等11个

学科专业经国务院学位委员会批准,具备了硕士学位授予权。"七五"期间,学校英语语言文学专业获批新增了一位博士生导师。1987年,学校硕士学位授予权达到了16个,在校研究生351人。1989年,学校毕业研究生120人。1991年,学校硕士学位授予点达到了18个,毕业硕士研究生73人。1997年,学校毕业硕士研究生95人。在这个过程中,学校研究生培养能力持续增强,师资队伍得到扩充,为之后的学科发展奠定了良好基础。

进入20世纪90年代以来,学校进一步以学位点建设为核心,在河南省重点学科建设和校级学科建设措施的带动下,加强学科建设水平,提升学科发展能力。1991年,学校在以往工作基础上,进一步采取措施,推进"重点学科、重大科研项目的攻关和学科带头人的重点培养"的"三重"工作。中国近现代文学、中国古代史、英语语言文学、人文地理学、政治经济学被确定为河南省重点学科。1993年,学校中国现代文学、中国古代史、英语语言文学等一批学科经过河南省重点学科评审组审核,获得通过。1994年,学校成立重点学科建设管理领导组,采取重点学科建设同学位点建设与实验室建设、科研公关、尖子人才培养相结合的一条龙办法和目标责任制,在总体上逐步形成以校级重点学科建设促进省级重点学科建设,以省级重点学科建设促进国家级重点学科建设的机制。同年,中国现代文学、中国古代史、人文地理学、英语语言文学、高分子化学与物理、经济学、体育教学理论与方法7个学科被确定为1994—1996年河南省重点学科。1995年,学校增补英语语言文学研究所为校级重点研究机构。1996年,学校学位点建设和研究生教育取得新的进展,经国务院学位办和国家教委批准,学校中国现代文学、英语语言文学、中国古代史、经济地理学、政治经济学等17个硕士点可以开展在职人员以研究生同等学力申请硕士学位工作,两个专业可以举办以毕业研究生同等学力申请硕士学位教师进修班。1997年,学校中国现当代文学、英语语言文学、人文地理学、高分子化学和物理、政治经济学、体育教学理论与方法、中国古代史等10个学科被定为河南省重点学科。

(二)人文社会学科大家辈出

在这一时期,河南大学人文社会科学领域大家辈出,他们的研究思想与成果对于其所在学科的发展起到了重要作用;比较具有代表性的有文学家任访秋、历史学家朱绍侯、教育学家王汉澜、翻译家刘炳善、经济学家周守正、法学家吴祖谋等。

任访秋（1909—2000年），原名维焜，字仿樵，笔名访秋，河南南召县人。国内研究近现代中国文学史的著名学者之一，新中国成立之后一直在河南大学工作。任访秋在读大学时就发表了《古文家的文论》；改革开放之后，他结合中文系"中国近代文学史"课程的讲授，又对龚自珍、魏源、黄遵宪、严复、康有为、谭嗣同、梁启超、章炳麟、刘师培、苏曼殊、林纾、王国维、吴沃尧、曾朴、李伯元、刘鹗、钱玄同、胡适等人进行了研究，而这些研究成果于1984年由河南人民出版社以《中国近代文学作家论》的书名出版。考虑到我国尚无一部近代文学史教材，在1984年出席在杭州召开的全国近代文学学术研讨会上，任访秋邀约兄弟院校有关教师商议编写此书事宜，并被公推为主编，负责全书的编写指导工作；1988年该书出版，成了一部填补我国近代文学史空白的著作，反映了我国近代文学研究的最新成果。之后，他基于对袁中郎、鲁迅作品的研究，出版了《袁中郎研究》等著作，同样受到学者们的广泛好评。2013年《任访秋文集》出版，共有13卷、500余万字，涉及古代文学研究、近代文学研究、现代文学研究、鲁迅研究等多个学术领域，成为后辈研究者进一步阅读、思考与对话任访秋的学术遗产①。

周守正（1914—2006年），江西省清江县人，历任河南大学财经系主任、教务处处长、经济研究所所长。主要从事经济学研究，代表作有《马克思〈资本论〉的逻辑开端的研究》《封建剥削》《〈资本论〉和社会主义经济》《历史唯物主义与革命人生观》等。周守正教授是河南大学经济学科的奠基人，是学界公认的《资本论》研究的权威，一生提供了许多宝贵的学术精品和珍品，其《资本论》教学更是达到了炉火纯青、运用自如的境界。②1979年，在他主持下成立了学校历史上第一个、也是当时全国高校中唯一的《资本论》研究室。在他的精心指导下，河南大学的《资本论》研究很快在全国产生了较大的影响。1985年，在他的支持下，学校成立了河南省高校历史上的第一个经济研究所，他亲任所长，并兼任政治系名誉系主任，为河南大学以及整个河南省经济学科的建设与发展做出了杰出贡献。

王汉澜（1924—2002年），今项城市王明口镇柳杭行政村砖寨村人，河南大学教育系主任、教授，主要从事教育学研究，曾任全国教育学研究会常务理事、中国教

---

① 宫立：《论任访秋的现代文学史三部曲》，载《文艺争鸣》，2016年第10期。
② 河南大学：《周守正：甘为人梯的一代学术大师》[EB/OL]. https://news.henu.edu.cn/info/1031/48507.htm。

育学会理事、河南省教育学会副会长、河南省教育学研究会理事长、全国教育统计与测量研究会常务理事、开封市人大常委会副主任、开封市政协副主席等。王汉澜主张"体用并举"的治学思想，主张"学思结合"的学习方式和"综合创新"的学术研究。在教育基础理论研究中，他开创性地提出了教育学发展的萌芽阶段、独立形态阶段、多样化阶段和理论深化阶段；在教育实验研究方面，他根据实验因素的多少，将教育实验分为单因素实验、双因素实验和多因素实验，创造性地运用多元统计的方法进行教育整体改革实验。此外，他在教育测量学、教育统计学等学科中，也取得了许多优秀成果。这些丰硕的研究成果使王汉澜成为我国教育学学科的奠基人，被誉为中国教育学"三王"（王汉澜、王策三、王逢贤）之一。

朱绍侯（1926－2022年），辽宁新民人。历任河南大学历史系主任、河南大学出版社总编辑、教授。曾任中国史学会理事、中国秦汉史研究会副会长、中国魏晋南北朝史学会常务理事、河南省历史学会会长。朱绍侯教授长期从事中国古代史的教学工作，聚焦秦汉时期"军功爵制"的研究，从1980年出版的《军功爵制试探》，到1990年的《军功爵制研究》，到2008年的《军功爵制考论》，再到2017年的新版《军功爵制研究》，研究时间跨度长达三十多年。其主编的《中国古代史》教材，修订改版多达五次，发行量高达120万册，高校历史院系的使用覆盖律高达50%以上，成为四十几年来国内影响最大的中国古代通史著作之一。[①]

吴祖谋（1926－2021年），江苏六合人，从事法学研究。吴祖谋教授为我国法学学科的发展做出了重要贡献。20世纪80年代，为了建构一套供我国高校法学学生用的专门教材，吴祖谋教授带头编写了《法学概论》，这本教材影响巨大，一度成为北京新华书店最畅销的读物之一，并被中共中央宣传部把该书列为干部自学必读的20本书之一。面对当时法学师资严重匮乏的问题，吴祖谋先生主动请缨，向教育部提出举办全国高等师范院校法学概论师资培训班的建议。在吴祖谋的主持下开办了多场师资培训班，取得了显著成效。1985年，河南大学法律系恢复（1996年改建为法学院），吴祖谋教授放弃了北京、武汉等名校任教的机会，致力于河南大学法律系建设并担任首任系主任。在不长时间内就使河南大学法学院在国内法学界占据了颇具影响的一席，培养了一批政法战线的新兵，造就和凝聚了一批现今活跃在多个法学

---

① 河南大学：《朱绍侯》[EB/OL]. https://news.henu.edu.cn/info/1141/94203.htm。

学科的专家学者。

刘炳善（1927—2010年），河南郑州人。享受国务院政府特殊津贴专家，中国作家协会会员，国际莎士比亚协会会员，中国莎士比亚研究会理事，中国译协资深翻译家，外国文学专家，博士研究生导师，为河南大学成为首批具有英语专业博士授予权的大学做出了重要贡献。[①] 刘炳善教授翻译成就突出，翻译了《英国散文选》、《伊利亚随笔》、《书和画像》、《伦敦的叫卖声》、《圣女贞德》等著作。2002年，他编纂的巨著——《英汉双解莎士比亚大词典》作为"九五"国家重点项目，一经出版便轰动了世界。这是中国学者所编的第一部大型的莎士比亚原文词典，也是近百年来在世界范围内第一部新的莎士比亚原文词典。著名翻译家屠岸为该词典面世题字——"惶惶巨著功在千秋"，并称"这部著作是中国莎学研究进程中里程碑式的成就。"

（三）人文社会科学研究影响深远

在世纪之交近三十年的发展历程中，河南大学科学研究工作持续深化，以文学、历史学、地理学、经济学、政治学等为代表的一系列人文社会学科产出了一系列优质科研成果，搭建了一大批高水平科学研究平台，组建了一批水平高、能力强、具有可持续发展潜力的优质科研团队，为河南省相关学科领域的理论创新和行业发展提供了重要智力支持。

围绕优势学科，学校成立了一系列专门的研究机构。2003年，学校历史文化学院成立了宋代研究所。2010年，由河南大学与开封市政府合作共建设立了宋文化研究院，致力于将大宋文化打造成为中华文化的名片，为中原文化经济发展提供助力，成功打造出了我国首个宋文化研究院。研究院由开封市政府与河南大学共同管理，历史学家朱绍侯、著名学者王立群担任高级顾问，河南大学教授程民生、高有鹏等19人担任研究员。

进入新世纪，通过整合地理学、经济学、历史学、考古学、中国文学等传统优势学科，学校创建了黄河文明与可持续发展研究中心。2004年，经教育部批准，中心成为全国普通高等学校人文社会科学重点研究基地，成为目前国内唯一的以黄河

---

① 河南大学：《刘炳善：蜚声中外的翻译家》[EB/OL]. https://news.henu.edu.cn/info/1234/100747.htm.

文明与沿岸地区可持续发展为研究对象的国家级综合性研究与咨询机构,中心围绕"黄河学"学科建设,聚焦"黄河文明承传与转型"、"沿黄地区制度变迁与经济发展"、"黄河生态与可持续发展"三大特色研究方向,承担了一批国家级和省部级重大和重点项目,资政服务能力显著增强,国家专业化高端智库作用初步彰显,产出了《黄河开发与治理60年》、《黄河文明的历史变迁》、《大黄河风采》、《黄河文明与可持续发展文库》等系列成果。

与此同时,学校获批了一系列国家级科研项目,产出了一系列高水平科研成果。1987－1991年,河南大学承担国家自然科学基金项目8项;1991－1997年,学校承担国家自然科学基金项目数量已经达到24项,国家社科基金项目38项。

以宋文化研究院、黄河文明与可持续发展研究中心为代表的一批高水平科学研究基地的建立与发展,不仅为河南省和中原地区的文化、历史研究做出了突出贡献,培育了大批人才,传播了优秀文化,更为我国人文社会科学的科教育人事业的发展提供了重要力量。近几年来,河南大学先后举办了中国古文字研究会学术年会、黄河流域生态保护和高质量发展高层论坛、"黄河学"高层论坛暨黄河文化与文旅融合发展研讨会等一系列学术研讨会议,随着一代代"河大人"的积累,河南大学已经成为全国范围内相关研究领域的研究高地和科研中心。

三、提升河南省研究生教育的发展水平

学位与研究生教育是河南省高等教育的重要组成部分,是推动河南省经济社会发展的重要力量。世纪之交,河南大学持续加强学科建设,硕士学位授权点持续增加,博士学位授予权得以获批,研究生教育逐步发展起来,在高层次、创新型专门人才的培养上有了更加坚实的基础,多数学科的硕士生的培养已经做到立足于省内,一些学科的博士生的培养已经具有了立足省内培养的条件,成为河南省研究生教育的主力军。

我国学位制度规制了学位结构、类别以及授予的标准,建立了严格的国家学位授权标准和程序。我国正式开始进行成批量、有规模的自主博士培养是1981年开始的。1981年11月26日,我国首批博士和硕士学位授予单位名单经国务院批准,由国务院学位委员会下达。批准的首批博士学位授予单位共151个,其中高等院校114

所，博士学位授予单位的学科、专业点812个，可以指导博士研究生的导师1155人；硕士学位授予单位358个，硕士学位的学科、专业点3185个。在之后的1983至2006年间，国家学位委员会年开展了第二批至第十批博士学位授予单位的授权审核工作，至2006年，先后批准了361个博士学位授予单位、769个硕士学位授予单位。由于学位授权审核关涉高校是否具有博士、硕士研究生招收与培养资格，或者已具招收资格的高校可在哪些学科招收与培养研究生，因此，学位授予情况备受高校、地方政府和社会等多方的广泛关切。学位授予权已经成为各所高校学科建设水平、高层次人才培养水平、研究生教育水平、师资队伍水平的重要表征，也成为影响学校发展定位与未来发展潜力的重要基础。

（一）河南省学位授予规模得以扩充

从1981年国务院批准首批博士学位授予单位开始，到1998年博士硕士学位授权审核工作结果公布，全国共计进行了7次学位点审核工作，全国高校和科研机构学位点的数量也在持续增加。到世纪之交，我国已建立了包括文、理、工、农、医及军事学各学科门类比较齐全的学科授予体系。截止到2000年6月底，全国有权授予硕士学位的单位655个（其中高等学校420所），有权授予硕士学位二级学科、专业点有8361个，其中高等学校6971个；有权授予博士学位的单位有303个，其中高等学校216个，有权授予博士学位的二级学科、专业点有1769多个，其中高等学校1393个；有权授予博士、硕士学位一级学科、专业点388个，其中高等学校334个。①

与此同时，河南省的学位与研究生教育也在不断完善和发展。逐步形成了一批博士、硕士学位授予单位和博士、硕士学位授权点。但从全国范围来看，与全国总体规模和水平相比，河南省博士、硕士学位授予单位与授权点的数量仍然偏低。2000年，河南省博士学位授予单位仅有6个，不足当年全国博士学位授予单位总量的2%；硕士学位授予单位25个（其中高等院校14个），不足当年全国硕士学位授予单位总量的4%（其中高等院校占比3.3%），博士点50个，硕士点455个。在读研究生总数不足万人，约占全国的1%左右，在校研究生仅占高校在读生人数的

---

① 教育部学位与研究生教育发展中心：《三十年成果》[EB/OL]. http://www.cdgdc.edu.cn/xwyyjsjyxx/xw30/hssn/ssnzycg/ 268396.shtml.

1.5%，与全国 2% 以上的平均水平差距较大，研究生教育规模与水平不高。显然，研究生培养规模的限制已经成为河南省学位与研究生教育发展的瓶颈。

改革开放以来，学校持续发力学科建设，文学、历史学等一批优势学科发展水平得以提升，学位点建设持续突破。尤其是 1998 年，河南大学中国现当代文学、英语语言文学两个学科博士学位授予权的获得有效地充实了河南省学位授予单位的数量，尤其是博士学位授予单位的数量。在此之前，河南省仅有郑州大学一所博士学位授予单位，河南大学的加入整体上提升了河南省高等教育发展层次的重心，扩充了河南省研究生教育发展的规模。到了 2001 年，经国务院学位委员会和河南省学位委员会批准，学校又新增 1 个博士学位授权点和 16 个硕士学位授权点，共有中国现当代文学、英语语言文学、人文地理学 3 个博士学位授权点，以及投资经济、马克思主义理论教育、人口、资源与环境经济学、教育史等 50 个硕士学位授权点。随着河南大学学位点建设和研究生教育的发展，招生规模持续扩大，输出了一批硕士、博士人才，为河南省高层次人才的培养提供了重要支撑。

（二）河南省学位授予结构得以优化

以人文历史研究见长的河南大学，其学位授权点的建设与发展也从整体上优化了河南省学位点在学科分布上失衡的问题。

20 世纪 90 年代，河南省研究生培养和学位授予存在学科分布不均衡的情况，这从 1998 年全省毕业研究生学科分布统计可略见一斑。当年，全省共有 469 名毕业研究生，其中工学 150 人，医学 74 人，理学 75 人，文学 59 人，哲学、经济学、法学、教育学、农学、历史学等均在 50 人以下，其中农学 21 人，教育学 8 人，经济学 24 人[①]。整体上存在理学、医学较强而人文学科较弱的情况。

经过持续的建设发展，经过 2000 年的学位点申报和审核工作，河南大学的学位点分布在原有的文学、哲学、历史学、教育学、经济学、社会学、法学、理学基础上，新增了工学、管理学两个学科门类。不难看出，相对于理工农医类学科，学校的学位点分布呈现出人文社会学科的规模和实力较强的特点，这有助于从整体上优化河南省研究生教育的人才培养结构。

---

① 原新梅：《河南省学位与研究生教育管理工作问题思考》，载《河南社会科学》，2001 年第 1 期。

第十章 省部共建时期的河南大学与中国高等教育发展（2008—2016）

2004年，为贯彻落实《国家中长期教育改革发展规划纲要》和"十二五"规划，深入贯彻和落实科学发展观，缩小区域高等教育发展的差距，优化高等教育资源布局，促进高等教育的健康、协调和可持续发展，教育部党组做出开展省部共建高校工作的重要战略决策。2008年10月17日，在有关领导和教育部的关怀支持下，经过省委、省政府的积极争取，河南省人民政府、教育部共建河南大学协议签字仪式在河南人民会堂隆重举行，时任教育部部长周济，中共河南省委书记、省人大常委会主任徐光春，省委副书记、代省长郭庚茂，省委常委、省委宣传部部长、副省长孔玉芳出席了会议，周济、郭庚茂分别代表教育部和河南省签署了《河南省人民政府、教育部关于共建河南大学的协议》，河南大学进入省部共建行列。河南省政府与教育部共建河南大学，不仅是河南大学发展的一个新起点，同样也是河南省高等教育发展史的一个里程碑，更是开启了中国特色社会主义高等教育强国新局面、新征程。

第一节 省部共建时期中国高等教育的发展

21世纪以来，随着我国社会政治、经济、文化的不断发展，我国高等教育发生了巨大的历史变革，基本实现了从大众化向普及化的转变，不仅在规模上构建了全球最大的高等教育体系，同时在质量上也不断朝着内涵式发展不断深化。2007年，教育部、财政部等相关部门颁布了《关于实施高等学校本科教学质量与教学改革工程的意见》，从多个方面实施"质量工程"，紧紧抓住影响高等教育人才培养的关键步骤和核心环节，初步形成了国家级、省级与校级三级质量管理体系，有效推进了我国高等教育教学质量的提升。[1] 同时，为了适应新时期我国高等教育发展新格局，

---

[1] 徐高明、吴惠：《中国高等教育大众化进程及特征》，载《高教发展与评估》，2020年第6期。

改变传统以政府为主导的单一管理体制,我国高等教育逐渐开拓出一条"共建、调整、合并、合作"的多元化、多样性管理体制及其发展路径,探索中央和地方两级管理、合作共建的新体制。其中,省部共建就是我国高等教育在管理体制改革方面所做的重要举措。省部共建地方高校是 21 世纪以来我国高等教育管理体制的一个重要改革,是我国高等教育发展与创新的必然产物,其目的是统筹中央和地方两方面的资源,重点支持地方高校提升办学水平和质量,引领、带动区域高等教育的改革与发展,进而推动全国高等教育发展。

一、省部共建时期的中国高等教育

省部共建高校的实质就是通过协调和统筹利用中央和地方两方面的资源,辐射带动地方高等教育改革和发展,尤其是中西部地区高等教育的发展。换言之,省部共建高校工作的开展在推动西部大开发、中部崛起过程中具有基础性、先导性作用。教育部之所以针对部分中西部地区无教育部直属高校的省市、自治区部署省部共建高校,其根本目的就是要进一步调整和完善高等教育布局,实现优质高等教育资源的合理配置,推动全国高等教育的全面、和谐发展。因此,我们必须站在构建和谐社会这一战略高度来定位和理解省部共建高校。"没有中西部地区教育的大发展,就没有中西部地区国民素质的提高、人力资源的开发以及科学技术的进步,也就不会有中西部地区经济和社会的健康、持续和快速发展。办好人民满意的教育,实现教育公平,让广大人民群众共享改革开放带来的成果,共享优质高等教育资源是当前我国高等教育发展面临的一个重要任务,特别是对于中西部不发达地区来说,这一任务显得尤为艰巨。"[①]

省部共建高校是我国高等教育在不断探索过程中形成的一条具有中国特色的高等教育管理体制。从我国高等教育管理体制改革的探索历史来看,省部共建政策缘起于国家在中央部委直属高校的管理改革探索。新中国建立初期,我国在高等教育管理体制上实行以中央人民政府教育部统一领导的原则,强调中央人民政府教育部

---

① 山西大学省部共建办公室、发展规划处、高等教育研究所:《省部共建高校战略发展研究》,第 13 页,山西教育出版社,2008 年版。

对全国高等学校的领导职责，规定各地方行政区人民政府或军政委员会、文教部均根据中央统一的方针政策，承担领导本区高等学校的责任。① 随着我国社会经济和高等教育的发展，新中国建立初期的高等教育管理体制存在的"集中过多、统得过死"问题逐渐暴露。针对行政体制上的弊病，1956年，毛泽东指出："应当在巩固中央统一领导的前提下，扩大一点地方的权力，给地方更多的独立性，让地方办更多的事情。"同年5月，教育部门结合党中央和国务院的指示，开始探索关于高等教育管理体制存在的问题。时任高等教育部部长杨秀峰在1956年6月召开的一届人大三次会议上指出："现有高等学校的事业体制、计划体制、财政体制、领导关系和毕业生分配的制度等，过多地强调了集中统一，影响和限制了各业务部门和地方上办理高等教育事业的积极性，应该适当加以改变。"1958年，中共中央颁发《关于高等学校和中等技术学校下放问题的意见》，要求除少数综合大学和某些中等技术学校仍由教育部或中央有关部门直接领导外，其他高等学校和中等技术学校可以下放到各省市、自治区领导。② 之后至1977年前后，尽管在不同时期，由于政策和社会环境的变化，存在教育管理由中央集中统一到下放地方不同管理主体的反复变迁和探索，我国逐渐形成了中央和地方两级管理的高等教育管理体制的基本框架和历史经验。1977年，我国社会各个领域逐渐进入拨乱反正的时期，高等教育行政管理也逐渐恢复了中央统一领导、中央与地方两级管理的体制。数据显示，至1981年，全国共有高等学校704所，属教育部直接领导的有38所，国务院各部委领导的有226所，各省、市、自治区领导的有440所。1985年5月，中共中央做出《关于教育体制改革的决定》，指出我国高等教育管理体制改革的方向是："国家及其教育行政部门要加强对高等教育的宏观管理和指导"，同时"要改变政府对高等学校统得过多的管理体制，在国家统一的教育方针和计划的指导下，扩大高等学校的办学自主权，加强高等学校同生产、科研和社会其他各方面的联系"。

省部共建高校工作的开展进一步深化了我国高等教育管理体制改革，标志我国高等教育治理逐渐从"条块分割"到"条块结合"的转变。省部共建高校工作的开展是我国高等教育在管理体制改革的深化，进一步从"政府与高校"、"中央与地方"、

---

① 《关于高等学校领导关系的决定》，载《人民教育》，1950年第5期。
② 史万兵：《高等教育行政管理体制深化改革研究》，第25页，教育科学出版社，2008年版。

"教育部与其他部委"三个方面对整个高等教育宏观管理体制方面做出的全面制度改革与深化。并且，随着省部共建高校工作的不断深入，在参与主体上逐渐实现了多元化，打破了以往"一部一省"的单一模式，探索出"一省多部"、"多省（市）一部"、"一省一部多企"等多种高校宏观管理模式。例如，郑州大学、河南大学均是采取"一省一部"共建与管理模式，而南京审计学院则是由教育部、财政部、审计署与江苏省共建，采取"一省多部"共建管理模式。另外还有央企、国企与省市共建管理模式，例如，中国石油天然气集团公司、中国石油化工集团公司、中国海洋石油总公司与江苏省共建常州大学，湖北省、教育部、宝钢集团、鞍钢集团、武钢集团公司、首钢集团、中国冶金科工集团、中国中钢集团等单位共建和管理武汉科技大学。省部共建高校工作开展以来，教育部积极探索高等教育宏观管理体制的改革与深化。将"继续推动与国家部委、地方政府、行业企业等开展高校共建工作，积极探索共建工作新模式，推进实质性共建合作"写入《教育部高等教育司 2021 年工作要点》，不断探索高等教育宏观管理体制全面制度设计。实际上，关于我国高等教育宏观管理体制的改革一直处于不断的探索和改革之中。新中国建立初期，我国高等教育管理体制从"集中统一"领导体制逐渐转变为"统一领导、分级管理"体制。改革开放之后，我国持续推进以转变政府相关职能、扩大高等学校办学自主权为目标的高等教育管理体制改革，尝试从改善中央与地方的相互关系，通过简政放权持续推进高等教育管理体制改革，取得了一系列阶段性成果。[①]新世纪前后，我国逐渐形成并明确了高等教育管理体制改革基本发展方向，走出一条具有中国特色的社会主义高等教育管理体制：争取在新世纪前后基本形成举办者、管理者和办学者职责分明，以财政拨款为主的多渠道经费投入，中央和省、自治区、直辖市人民政府两级管理、分工负责，条块有机结合的体制框架则一直是我国高等教育宏观管理体制的改革的主要目标。而省部共建高校工作的开展，实质上就是通过中央部委与地方省市人民政府的协调合作，共同推动地方高等教育的改革与发展。可以说，省部共建工作的不断深入推进与发展，逐步形成并进一步完善了我国高等教育"统一领导、分级管理"的基本管理体制，为我国高等教育发展实现从管理到治理的转变提供了行政管理的制度基础。

---

① 周川：《我国高等教育管理体制 70 年探索历程及其展望》，载《高等教育研究》，2019 年第 7 期。

省部共建高校的基本思路是，由中央部委与省级地方政府选取在区域内具有重大影响或特色的"龙头"高校，以签订"省部共建协议书"或"省部共建意见"的形式，共同推动地方高校的发展。省部共建高校工作的展开有力地提升了共建高校，特别是中西部地区高等学校的办学水平，极大优化了我国高等教育资源的区域和行业的布局。开展省部共建以来，在教育部和省区政府的大力支持和领导下，共建高校立足自身发展优势和特色，加快学科建设步伐，加强师资队伍建设，深化教育教学改革，不断提高人才培养质量，创新科学研究管理机制。从教育部公布的数据来看，截至 2014 年，省部共建高校担负了中西部地区 30% 以上的研究生培养任务。在学科建设方面，中西部地区 1/3 以上的一级学科博士点、65% 的教育部人文社会科学重点研究基地、46% 的国家重点学科均集中在省部共建高校。同时，一大批区域特色鲜明的应用性学科，能够站在全国同类学科的前列。从科技创新看，省部共建高校近年来获得国家自然科学三大奖占中西部地方高校总数的 1/4。省部共建高校占有中西部地方高校两院院士总数的 56%。[①] 从社会服务看，省部共建高校普遍建立起大学与所在区域经济社会发展的紧密关系，为多方位解决区域发展面临的政治、经济、社会、文化、科技、人口、环境等复杂问题提供有力的智力支撑、科技支撑和人才支撑。特别值得提到，省部共建高校工作的开展为振兴中西部高等教育奠定了良好基础。2012 年启动的"中西部高等教育振兴计划"中，列入综合实力提升计划的 14 所中西部高校均为最早布局的省部共建高校。

二、省部共建时期的河南高等教育

省部共建高校政策实施的直接原因在于构建全面、协调的高等教育体系，优化我国高等教育布局结构的现实需求。随着我国高等教育的不断发展，尤其是进入新世纪以来，高等教育区域发展不平衡的问题逐渐进入人们的视野。以教育部直属高校为代表的"国家队"高水平大学基本分布在东部沿海地区，而在某些中西部省份至今仍没有一所教育部直属高校。因此，在高等教育中央与地方两级主管的行政管

---

① 山西大学省部共建办公室、发展规划处、高等教育研究所：《省部共建高校战略发展研究》，第 1 页，山西教育出版社，2008 年版。

理体制框架内，统筹和利用中央和地方两方面的资源，辐射带动地方高等教育改革和发展，尤其是中西部地区高等教育的发展，就成为开展省部共建工作的重要推动力。2004年2月23日，教育部与河南省政府签订《河南省人民政府、教育部关于共建郑州大学的意见》，郑州大学成为我国第一所省部共建高校，标志着省部共建高校政策开始实施。教育部与省级政府对省部共建高校在政策和资金方面都给予大力的支持，极大地促进了共建高校的跨越式发展。2008年10月17日，经过河南大学、河南省政府与教育部的多次沟通和协商，2008年河南大学进入省部共建高校行列，开启了河南大学发展的新阶段、新局面。

郑州大学作为首个省部共建高校，不仅标志着我国省部共建高校工作的开展，同时也进一步引领了河南高等教育的发展。继郑州大学之后，2008年河南大学成为河南省第二个省部共建高校。随后，河南农业大学、河南理工大学、河南师范大学相继进入省部共建高校序列。省部共建高校工作的开展逐渐改善了河南高等教育发展落后的局面，从国家层面为推动河南省建设高水平大学提供了政策支持和发展基础。截至2017年，河南省共有广义上的省部共建大学11所（见表10-1）。

表10-1 河南省广义上的省部共建大学

序号	学校名称	共建单位
1	郑州大学	河南省、教育部
2	河南大学	河南省、教育部
3	河南师范大学	河南省、教育部
4	河南农业大学	河南省、农业部、国家林业局、国家烟草专卖局
5	河南科技大学	河南省、工信部国防科工局
6	华北水利水电大学	河南省、水利部
7	河南工业大学	河南省、国家粮食局
8	河南理工大学	河南省、国家安监总局
9	河南中医药大学	河南省、国家中医药管理局
10	郑州轻工业大学	河南省、国家烟草专卖局
11	郑州航空工业管理学院	河南省、国家民航总局

省部共建高校工作开展以来，在教育部、财政部等各中央部委以及河南省政府的协调和支持下，河南高等教育开启了发展的新阶段、新征程。2005年，我省高等教育阶段在校生数145.52万人，高等教育毛入学率也达到17.02%，标志着我

省高等教育跨入大众化阶段,开启了历史性的跨越。针对我省高等教育发展规模、发展质量存在的问题,省政府在颁布的《河南省中长期教育改革和发展规划纲要(2010—2020年)》中明确指出:稳步发展我省高等教育,适度扩大我省高等教育规模。优化我省高等教育布局结构,凸显我省高等教育办学特色。同时,《纲要》还强调要逐步形成以省会郑州高等学校群为中心,其他省辖市高等学校合理布局,构建具有地方特色且主要为区域经济服务的高等教育体系。数据显示,自2008年至2017年间,我省高校数量总体趋势呈现持续上涨,规模稳步发展。其中,2008年我省高校数量为84所,2012年数量为120所,五年间高校数量增长36所,平均每年增长7.2所,年平均增长率为8.57%。同时,省部共建高校工作开展以来,河南省政府、教育厅在巩固现有高等教育资源的同时,采取多种措施和手段深化我省高等教育改革创新,不断推动我省高等教育资源布局的优化。2012年9月11日,河南农业大学许昌校区正式启用,进一步推动了许昌地区高等教育的发展。2015年4月,在省委省政府、教育厅等相关部门的支持下,濮阳市人民政府依托濮阳职业技术学院与河南大学联合举办河南大学濮阳工学院,一举改变了濮阳市没有本科层次高等教育学校的局面;同年,在省教育厅的指导下,立足于培养区域经济社会发展需要的本科层次应用技术人才,由鹤壁市人民政府、河南理工大学共同管理的河南理工大学鹤壁工程技术学院在鹤壁市成立。2016年,河南工业大学与漯河市人民政府以漯河职业技术学院现有办学力量为基础,联合成立河南工业大学漯河工学院,并于当年开始招生,结束了漯河市没有本科院校的现状。

  省部共建高校工作的实施极大地激活了我省高校推进高水平大学建设的积极性。高水平大学这一概念的提出最早出现在1998教育部所颁布的《面向21世纪教育振兴行动计划》这一文件中,文件提出国家要重点支持部分高校创建世界一流大学和高水平大学,并将高水平大学建设视为国家综合竞争力的重要标志。而地方高水平大学建设的实施则是在高等教育地方化与高等教育大众化双重背景下发展起来的。[①]地方高水平大学建设在其发展中兼具地方性和高水平两大特点。地方性就意味着立足区域,在其发展过程中烙印着地方特色,是特色与质量的统一,即立足于区域经济社会发展需要以及满足地方人民群众对优质高等教育资源的需求,不断提高自身

---

① 陈杰、徐吉洪:《地方高水平大学:概念沿演与内涵指谓》,载《中国高等教育》,2016年21期。

发展质量,实现地方高校内涵式发展,构建地方高水平大学。郑州大学、河南大学、河南农业大学、河南理工大学、河南师范大学等高校进入省部共建序列之后,逐渐加快了我省建设地方高水平大学的步伐。

郑州大学高度重视省部共建这一重大历史发展机遇。进入省部共建高校序列之后,郑州大学在学科发展、人才培养、社会服务等方面迈进了国内一流的高水平大学。2003年末,郑州大学只有18个二级学科博士点、131个二级硕士点,生均经费在9000元左右,生师比约为16.8∶1。进入省部共建之后,经过十余年的发展,截至2015年,郑州大学一级学科博士学位授予点达到21个,同时拥有124个二级学科博士学位授予点和55个一级硕士学位授予点、237个二级学科硕士学位授予点;学科门类涵盖理学、工学、医学、哲学、教育学、文学等十二大学科门类,生均经费超过1.2万元。可以说,省部共建高校工作的展开使得郑州大学成为国内近年来发展最为迅速的高校之一,为我省国民经济发展和高水平大学建设做出了极大的贡献。

进入省部共建高校行列,不仅标志着河南大学由一所地方院校跨入教育部与省政府共建高校,同时也进一步夯实了河南大学作为河南省重点大学和河南省高水平大学的地位。河南大学实施省部共建以后,学校的知名度和声誉迅速提高,对人才的吸引力大大增强。2009年引进国内外知名大学博士100余人,在普通高校招生中本科第一志愿上线率大幅上涨。[①]在郑开一体化、建设中原城市群的经济发展布局中与郑州大学"东西相望",逐渐成为引领我省高等教育发展的"龙头"大学和河南省知名高水平大学。

河南农业大学于2009年9月成为农业部与地方省政府共建的第一所省属农业高校,并且在2012年11月成为国家林业局与省政府共建高校。进入省部共建高校之后,河南农业大学坚持"厚生丰民"的办学理念,形成了中原现代农业、保障国家粮食安全的办学特色,办学水平和办学实力不断上升。2013年,由河南农业大学牵头的"河南粮食作物协同创新中心"成功进入国家首批"2011计划";不仅成为全国14家牵头高校之一,也成为全国第一所牵头的高等农业院校。2013年末,河南农业大学获批省部共建"小麦玉米作物学国家重点实验室"。2015年,河南农业大学的作物学、兽医学、农业工程、林学等学科入选河南省优势特色学科建设工程,其中

---

① 韩小爱:《以省部共建为契机,加快河南高水平大学建设》,载《河南教育》(高等教育),2010年第1期。

作物学学科全省排名第一。①2017 年，河南农业大学的农业科学、植物与动物学进入 ESI 全球排名 1%，标志着学校两大骨干学科进入国际高水平学科行列，同时也进一步夯实了河南农业大学作为我省以农为优势特色的高水平大学地位。

河南理工大学位于黄河之滨、太行之阳的焦作，2004 年更名河南理工大学，是中央与地方共建、以地方管理为主的河南省特色骨干高校。2011 年 6 月成为河南省政府、国家安全生产监督管理总局共建高校。随后，河南理工大学紧紧围绕着我国和河南省煤炭工业发展需求，深化生产安全理论、生产安全技术和生产安全管理等一系列研究，形成了以地矿和安全生产为特色的学科理论体系。在成为省部共建高校前后，学校迅速汇聚了瓦斯预测与治理等创新团队，有些创新团队已经进入教育部、科技部的国字号层次。②目前，河南理工大学已建成瓦斯地质与瓦斯治理国家重点实验室培育基地等一批创新平台，在瓦斯地质与瓦斯治理、煤层气资源开发利用、井下防灭火、矿井水防治、应急管理等相关学科领域取得了一批创新性成果，为煤炭安全、高效开采与综合利用做出了突出贡献，成为我省特色鲜明的高水平大学。

2015 年 8 月，河南省与教育部联合印发《关于共建河南师范大学的意见》，标志着河南师范大学进入省部共建高校序列。河南师范大学位于豫北名城新乡，前身是始建于 1923 年的中州大学（原国立河南大学前身），并与河南大学有着源远流长的历史关系。河南师范大学是"教育部教师教育师资队伍建设机制改革"和"教育部教师教育改革创新试验区"实施单位，在全国特别是我省教师队伍建设过程中发挥着重要的引领和示范作用。截至 2015 年，河南师范大学已经发展成为一所涵盖 10 大学科门类的综合性师范大学。学校拥有 24 个省级重点学科，4 个博士后科学流动站，2 个一级学科博士学位授予点和 16 个二级学科博士学位授予点，以及 25 个一级学科硕士学位授予点。进入省部共建高校之后，河南师范大学结合本校优势不断深化综合改革，大力推进依法治校、建立现代大学制度体系；③合理定位，不断加强内涵建设，强化教师教育学科优势和与人特色，紧密结合区域优势，不断深化教育教

---

① 张改平：《河南农业大学：抢抓机遇应对挑战着力推进高水平大学建设》，载《河南教育》（高等教育），2017 年第 9 期。

② 《河南理工大学实现省部共建我省新添一所"国字号"高校》，载《河南教育》（高等教育），2011 年第 7 期。

③ 屈会超：《河南师范大学跨入省部共建高校行列》，载《河南师范大学学报（哲学社会科学版）》，2015 年第 6 期。

学改革，创新人才培养模式，不断优化学科专业结构，提升服务区域社会经济的能力；不断向着全国著名、区域引领、特色鲜明的高水平大学迈进！

三、省部共建时期河南大学的发展

河南大学进入省部共建序列，离不开一代又一代河南大学人的不懈奋斗，更离不开省委省政府的大力支持和国家的高度重视。河南大学进入省部共建高校序列是自身深厚历史积蕴的结果，同时也是历史发展的必然。其实早在 2001 年 4 月 12 日至 13 日，河南省政府就聘请国内著名专家，组织评估团队对河南大学按照"211 工程"建设标准进行重点建设举行了预审论证会。经过严格的论证，一周后，也就是 4 月 18 日，在省委省政府牵头下，河南省计委、省财政厅、省教育厅联合颁发《关于同意河南大学按照国家"211 工程"建设项目要求进行建设的通知》，要求比照"211 工程"建设大学的标准，在建设资金、学科发展等方面给予河南大学重点支持，并明确了重点建设文学、法学、历史学、经济学、凝聚态物理、数学与信息科学、资源环境与地理科学等 7 个学科，建设润滑与功能材料实验室、分子与细胞生物技术实验室、光子学与光电子技术实验室等 3 个重点实验室，使其成为我国培养高水平专门人才和承担重大科研任务的基地。2002 年以来，河南省政府先后多次致函国家发改委、财政部、教育部等国家有关部门，请求将河南大学列为"211 工程"建设大学和省部共建大学。[①] 省委、省政府的重点支持为河南大学的发展提供了强大动力和根本保障，不仅对于优化河南高等教育布局、促进河南高等教育发展和区域社会经济腾飞具有重要意义，同时对于提高河南大学办学定位、深化河南大学教育教学改革都具有重要的现实价值。可以说，进入省部共建大学序列意味着曾经的国立大学全面开启了迈向国家重点大学的征途，开启了振兴河南大学和河南高等教育的历史新阶段。

---

① 关爱和：《继续解放思想，实现河南大学的新跨越、新发展》，载《河南教育》（高等教育），2008 年第 10 期。

（一）河南大学的地位更加凸显

河南省政府与教育部共同签署《河南省人民政府、教育部关于共建河南大学的协议》，标志着河南大学再获一项"国字号"头衔。进入省部共建高校行列之后，意味着河南大学由一所省属地方高校正式跨入教育部与省政府共建大学序列。从当时我国高等教育的布局来看，教育部有直属高校 75 所，在省部共建河南大学之前，仅与一些省（包括自治区和新疆建设兵团）共建综合性大学 19 所，相当一部分地方性"211"大学没有进入省部共建行列。按照省部共建协议，"重点建设好河南大学，是河南省和教育部共同的责任"，教育部将在河南大学改革、发展、建设等方面给予更多支持，指导和帮助河南大学发展战略规划、学科建设规划和师资队伍建设规划。并且，教育部与河南省要在加强对河南大学的教学、科研、学科建设和师资队伍等方面给支持和指导，不断推动河南大学推进改革创新。此外，教育部要在人才培养基地、重点学科、重点实验室、学位点布局等方面将河南大学纳入直属高校整体规划中，吸收河南大学参加教育部召开的直属高校会议，进一步推动河南大学与教育部直属高校的相互学习和信息交流，不断促进河南大学的发展。

省部共建河南大学极大地提高了河南大学的地位，主要可以从三个重要事（文）件看出：第一件，中原经济区作为国家战略在国务院下发的文件里面提到，支持河南大学创建国内一流大学。河南大学的地位以国务院的文件出现，创建国内一流大学，在历史上是第一次。第二件，在 2009 年河南省第九次党的代表大会上确立支持河南大学创建国内一流大学，省委文件上支持河南大学创建国内一流大学在历史上也是第一次。第三件是 2011 年，省政府专门下达一个文件，关于百年名校河南大学振兴计划的通知，12000 字里面主要有三大内容，第一是组织保证，第二是政策支持，第三是经费倾斜。在河南省人民政府成立的历史上，下一个文件支持一个大学在历史上只有河南大学这一个，这无疑能说明河南大学的地位提升了。[①] 此外，河南大学地位的提升还体现在"地盘"的扩大：省部共建之前，河南大学主要拥有开封明伦、金明两个校区。得益于省部共建河南大学这一契机，2009 年 3 月 31 日，河南省人民政府同意论证建设于郑州市的河南大学国际学院。翌日，时任中共中央政治

---

① 《河南大学年鉴》编委会：《河南大学年鉴·2014》，第 67-68 页，河南大学出版社，2015 年版。

局常委、中央书记处书记、国家副主席习近平到河南大学调研,充分肯定了河南大学对国家经济建设和社会发展,尤其是对继承和发展中华优良传统文化做出了肯定。2010年3月22日,河南省人民政府同意河南大学在郑州建设校区。2012年6月17日,河南大学郑州校区正式奠基。这一系列举措奠定了河南大学一校两地的办学格局,进一步提升了河南大学的办学地位和社会影响力。

进入省部共建之后,河南大学的办学规模、办学质量和办学能力得到了快速的提升,目前已经成为一所拥有文、史、哲、理、工、医、农、经、管、法、教育、艺术等12个学科门类的综合性大学。河南大学现有37个学院(教研部),其中拥有98个本科专业,43个硕士一级学科授权单位,20个博士一级学科授权单位和19个博士后科研流动站;现有教职工4400多人,其中专兼职院士21人,长江学者、国家杰青、"万人计划"等领军人才42人;现有全日制在校生近5万人,其中研究生近1.1万人,留学生800余人。

进入省部共建高校序列,极大地提升了河南大学在河南省高等教育乃至全国高等教育的地位。将河南大学建设成文理科基础雄厚、多学科协调发展的国内高水平综合性大学不仅是几代河南大学人的奋斗目标,同时也是千千万万河南人民的殷切期望。时任教育部长的周济先生在省部共建河南大学签字仪式上为河南大学未来发展提出了明确的要求:河南大学要紧密结合我国现代化建设和深化改革开放的实际需要,按照凝练学科方向、汇聚学科队伍、构筑学科基地的要求,进一步加强学科建设;突出办学重点,发挥办学优势,办出河南大学特色,走集成、凝练、创新发展之路。河南大学要不断增强科技创新能力,促进产学研紧密结合,更加注重将科技成果转化为现实生产力,更加注重教育与科学技术创新和经济建设、文化繁荣、社会进步的紧密结合,努力成为区域经济社会发展的思想库和发动机。河南大学要积极投身河南、中原和国家的现代化事业,投身于河南、中原和祖国的经济社会发展,为河南、中原和祖国的经济社会发展提供更好的服务,在服务中形成更快的发展,争取到更多的支持,做出更大的贡献,在贡献中实现更快的发展,更好的发展。①总之,进入省部共建高校序列之后,河南大学从省属综合性大学升格为冲击国家一流高水平综合性大学,河南大学的办学地位不仅着眼于促进地方的社会经济发

---

① 《河南大学校史》编纂研究室、河南大学档案馆编:《河南大学史料长编》(第十三卷),第177页,河南大学出版社,2016年版。

展，而是从更高和更广的层面着眼于中原地区乃至全国社会经济发展。

（二）河南大学的发展动力更加强劲

进入省部共建高校行列以后，河南大学的发展在政策上得到了省政府和教育部的有力支持。教育部会同河南省政府、河南大学，组织高层次专家组对河南大学制定的《2008—2015年省部共建学科建设与发展规划纲要》进行了论证，为河南大学未来一个时期的学科建设发展把脉。同时，河南省委、省政府积极推进实施"百年名校河南大学振兴计划"，并以省政府的名义下发专文。通过制定"百年名校河南大学振兴计划"，进一步理清了河南大学的发展思路，提出"坚持一条主线、实现两大突破、实施五大发展战略"的基本构想，紧紧围绕着建设高水平大学这条主线，不断推动河南大学办学实力和服务区域社会经济发展能力的重大突破。此外，在2012年国务院批准实施的《实施中原经济区建设发展规划的意见》中，明确提出"支持把河南大学建设成为国内一流大学"的目标和构想。这一系列政策的部署和实施极大地提高了河南大学的发展速度，为学校发展提供了有力的保障。

成为省部共建高校之前，河南大学作为地方高校，在生均经费、学科建设等经费支持方面严重不足。进入省部共建高校行列之后，在教育部的引导与支持下，河南省委、省政府为河南大学投入省部共建专项经费7000万元。并且，在我省教育经费达到4%之后，河南省政府投入到教育领域的经费大幅增加，对包括河南大学在内的省部共建高校给予大力倾斜和重点支持。河南大学生均经费由原来不足6000元，上升到本科生1.2万元，硕士生1.8万元，博士生2.4万元。生均经费的大幅提升不仅使得河南大学办学经费有了显著提升，同时也给河南大学不断提高办学质量、深化内涵式发展提供了经费的保障和支持。

此外，在国家层面，教育部会同财政部在省部共建的基础上实施一省一校的"中西部高等学校综合实力提升计划"，河南大学获得了1亿元的经费支持。中央财政支持地方大学的专项经费，因为省部共建这一平台，也使河南大学获得了更多的支持。同时，河南省政府比照教育部、财政部一省一校的经费投入标准，对河南大学给予4.5亿元的重点建设资金。总言之，经费支持作为大学发展的"经济基础"，省部共建平台为河南大学争取更多的政策支持和经费资助提供了更多的发展动力和发展基础。

河南大学作为百年名校，具有深厚的学科积淀。但是，由于长期以来被定位为地方大学，所在的城市开封也属于中部地区的中小城市，因而对于国家层面有关学科建设、学位点建设等重大决策与改革的信息渠道不够通畅和灵敏，导致学科建设没有获得与学校水平相当的成效。比如，国家重点学科和一级博士学位授予学科等方面相对较少，这种状况不仅不能反映河南大学的学科建设水平及其历史积淀，同时也无法满足河南大学高层次人才培养的需求，与兄弟同类高校差距也较远。进入省部共建以后，特别是在第 11 批学位点评审中，河南大学作为省部共建高校及时准确地获得教育部相关改革的重大举措，不断调整思路和决策，由省部共建前的 1 个一级学科博士学位授予点直接增加到 12 个。这在全国高等学校来看，都是难以取得的良好成绩。很多人不理解，认为我们是"一夜暴富"。① 实质上，是是河南大学多年学科建设积淀的成果，也是河南大学进入省部共建之后的必然结果。

（三）河南大学的影响力进一步扩大

河南大学进入省部共建高校序列之后，被纳入到教育部海外校长培训计划之中，不少河南大学校领导参加了这一培训，先后到美国、澳大利亚、德国等地区参加海外集中培训。此外，教育部对相关职能部门的管理人员也进行一定短期培训工作，同样也把包括河南大学等省部共建高校纳入其中，很多职能部门的领导也因此获得学习交流的机会。这一系列的培训不仅大大地开拓了河南大学的办学视野，同时也加大了与海外高等教育和国内高水平大学的紧密联系，建立了有效的交流机制，不断扩大了河南大学在国内乃至国际的知名度和影响力。

《2008—2015 年省部共建学科建设与发展规划纲要》是河南大学进入省部共建高校之后，在教育部指导下专门围绕省部共建与河南大学学科建设所编订实施的发展规划。在这一规划中，河南大学明确提出改变社会上认为河南大学是以文科见长的大学的印象，推动河南大学建设一个"文理学科为主、多学科协调发展"的高水平综合性大学。纲要实施以来，河南大学立刻获得了快速的发展，多学科协调的基本格局已经成形。在河南省第八批省级重点学科评审中，河南大学共有 39 个一级学科成为省级重点建设学科，3 个二级学科成为省级重点建设学科，其中生物学、地理学

---

① 教育部省部共建工作研究中心：《省部共建地方高校工作 10 周年纪念文集》，第 105 页，山西经济出版社，2015 年版。

两个学科成为省级国家重点培育学科,并获得超过1.2亿元的培育基金。

长期以来,河南大学作为非"985"、非"211"的地方性综合大学,在参与国家重大创新体系建设方面影响力不足。进入省部共建以来,河南大学借助省部共建这一国家平台,积极开拓进取,在科学研究方面获得的一系列重大突破产生了巨大的社会反响。河南大学进入省部共建高校以来,依托省部共建高校平台,不仅极大地提升了学校的影响力,并进一步带动河南省高等教育实现了跨越式发展。可以从以下多个方面的"零的突破"窥见河南大学发展的影响力:

第一,2011年,河南省依托河南大学和中国农业科学院棉花研究所联合建设的"棉花生物学国家重点实验室"获准组建国家重点实验室。这是河南省依托高校建设的第一个国家重点实验室,标志着我省在高校国家重点实验室建设上实现了"零"的突破。2012年,河南大学获得国家重大专项等6项、国家社科基金项目34项、国家自然科学基金项目73项,获批教育部人文社科研究项目、河南省社科规划项目等省部级项目131项,承担厅级项目383项。其中,国家社科基金项目立项数量首次跻身全国高校十强行列。获省部级以上成果奖50项,发表学术论文3070余篇。有1项成果获国家自然科学二等奖,实现了我校国家级科研奖项和河南省国家自然科学奖"零的突破",彰显了我校学术研究水平和科技创新实力。2012年,河南大学成功引进中科院院士1名,获批河南省"百人计划"特聘专家1名,受聘上岗省特聘教授6名、黄河学者8名、校特聘教授5名,获批省教育厅学术技术带头人8名、省高校青年骨干教师资助对象17名,1名学者获批为"长江学者奖励计划"特聘教授,实现了我省长江学者特聘教授"零的突破",高层次人才引进、培养工作成效显著;以宋纯鹏教授为首席科学家领衔团队申请的"作物水平高效利用机理与调控的基础研究"成功获批国家重点基础研究发展计划。[①]2011年,由河南大学关爱和教授担任首席专家的"期刊史料与20世纪中国文学史"以及由耿明斋教授担任首席专家的"中西部地区承接产业转移的重点与政策研究"纷纷获批国家社科重大招标项目,在国内产生了重要的影响。包括王立群教授、程遂营教授在内的河南大学教授走上中央电视台"百家讲坛"栏目,向全国人民传播优秀中华文化,在全国范围内产生了巨大的影响,极大地提升了河南大学的知名度和影响力。

---

① 《河南大学校史》编纂研究室、河南大学档案馆:《河南大学史料长编》(第十四卷),第25页,河南大学出版社,2016年版。

很显然，进入省部共建之后，河南大学在学科建设、人才培养等方面获得了长足的进步，也进一步推动了河南大学服务区域社会经济发展的能力，从社会服务方面极大地提升了河南大学在全省乃至全国的影响力。例如，耿明斋教授率领团队率先提出"郑汴一体化"发展战略，被省政府采纳。在随后的中原城市群建设中，河南大学一大批应用型研究成果为中原城市群和郑汴一体化发展服务，为河南社会经济发展提供了有力的智力支撑和服务保障。2012年7月，为深入贯彻落实国务院《关于支持河南省加快建设中原经济区的指导意见》和河南省委、省政府关于建设中原经济区的战略部署，积极发挥河南大学在服务区域经济发展中作用和影响力，学校发布了《河南大学服务中原经济区建设行动计划（2011－2020）》（以下简称《行动计划》）。《行动计划》明确提出，河南大学要统一思想，提高认识，切实增强服务中原经济区建设的紧迫感、责任感和使命感，充分认识中原经济区的重大意义。中原经济区建设是河南大学争创国内一流大学的重要历史机遇，河南大学要充分发挥自身的综合优势，树立在建设中原经济区、实现中原崛起过程中的"主人翁"意识，坚持围绕主题，突出战略重点，坚持统筹协调，推动共同发展，坚持实事求是，确保有效实施。在具体服务中原经济区建设方面主要表现为以下四个方面：精心打造育人高地，充分发挥"人才库"作用，为中原经济区建设培养高质量人才；精心打造聚集高地，充分发挥"引擎器"作用，为中原经济区建设聚集优质资源和创新要素；精心打造创新高地，充分发挥"动力源"作用，为中原经济区建设提供先进技术支撑；精心打造服务高地，充分发挥"思想库"作用，为中原经济区建设提供决策咨询和文化引领。

总之，河南大学进入省部共建之后，学校发展取得了一系列重大标志性成果，办学水平、办学实力、服务社会发展和国家交流等能力都取得了重大的突破，逐渐成为一所引领河南经济、社会、文化发展的综合性高水平大学，并且不断向国内著名综合性高水平大学迈进。

第二节　河南大学进入省部共建对中国高等教育的影响

进入省部共建高校行列以后，河南大学积极参与国家和河南省重大战略实施，在教育部和省委、省政府的指导、支持下，站位高远，勇担使命，坚持践行"明德新民，止于至善"校训，矢志在服务国家、社会和地方经济发展中做出更大贡献，紧紧围绕着"立德树人"这一根本任务，不断推动学校内涵式发展，不断开拓河南大学改革与发展的新路径，努力开创我国高等教育发展的新局面、新气象。

一、走出一条中国高等教育区域发展的特色之路

建设高等教育强国是党和国家深入实施人才强国战略、构建社会主义和谐社会的重要内容，是实现中华民族伟大复兴的关键路径。新世纪以来，我国高等教育实现了历史性的跨越，为我国现代化建设提供了强有力的智力支撑，是我国由人口大国迈向人力资源强国的关键一步。1998年我国高等教育毛入学率不足10%，2002年达到15%，2007年高等教育毛入学率跃至23%以上。我国作为一个拥有13亿人口的发展中大国，成功实现了从高等教育的"精英教育"阶段迈进了"大众化教育"阶段。然而，理性地说，尽管新世纪以来我国在高等教育领域取得了巨大的历史成就，可以说是一个高等教育大国，但还不能说是高等教育强国，甚至与高等教育强国还有较大的差距。从高等教育布局结构来看，我国高等额教育资源配置、学科专业设置还不能够适应国家现代化建设和经济社会发展的现实需要，尤其是中西部高等教育资源分布与东南沿海地区的高等教育资源配置的差距是制约我国高等教育公平、影响高等教育强国建设的重要因素。而省部共建高校工作的重要目标之一就是从国家层面协调中央和地方、东部和中西部地区高等教育资源，不断推动中西部地区高等教育的发展，优化我国高等教育布局。

优化区域高等教育结构布局，推动高等教育空间布局的公平与正义是构建高等教育强国的重要内容。河南尽管作为中国人口大省，河南高等教育在改革开放以来，尤其是新世纪以来取得了巨大的历史进步，但与其他地区相比，依然存在较大的差

距。主要表现在四个方面：一是高等学校数量少，尤其是人均拥有高校数量在全国倒数第一；二是国家重点大学数量少，仅有郑州大学一所"211"高校，此外，国家重点大学在河南招生指标同样较少；三是省内高校研究生培养能力弱，所拥有的国家级重点学科数量少；四是教师队伍中高级职称所占比例低，自主创新能力不强等。所有这些导致河南人力资源落后、创新能力不足、经济发展后劲不足，并已成为河南实现中原崛起的主要障碍，[①]成为制约建设高等教育强国的重要障碍。高等教育资源区域布局的不平衡问题，需要国家区域发展总体战略来统筹协调解决。省部共建高校工作的开展，就是教育部从国家层面为促进优质高等教育资源合理布局而进行的体制性探索；省部共建工作的开展，就是教育部会同地方政府从国家与地方层面在宏观指导、政策、资金等方面给予共建高校大力支持，引导和促进共建高校的发展。共建高校不仅是区域高等教育发展的新亮点，而且是引领区域高等教育发展的重要着力点。[②]省部共建地方高水平大学，对优化我国高等教育资源配置、促进教育公平的战略性意义要远远大于战术性作用。因此，从这个意义上讲，河南大学进入省部共建高校序列，对于引领河南高等教育发展、优化全国高等教育布局、构建高等教育强国具有重要意义。

建设高等教育强国的关键在于促进高等教育公平。高等教育公平是高等教育强国的底色、关键维度，其在高等教育强国建设中发挥着隐秘而独特的功能。高等教育公平与高等教育强国的内在逻辑关系表现在四点：其一，高等教育公平是高等教育强国建设的典型标志；其二，高等教育公平是高等教育强国建设的有力工具；其三，高等教育公平是高等教育强国建设的重要内容；其四，高等教育公平在高等教育强国建设中发挥独特功用。[③]此外，我国建设高等教育强国既不是走德国模式，也不是行美国路径，更不可能是其他国家或语境下的高教强国，而是"植根于中国历史、中国文化、中国国情"的中国特色社会主义的高等教育强国。易言之，当前我国建设高等教育强国必须是坚持中国特色、坚定中国道路、诉说中国故事、形成中

[①] 宋伟、韩梦洁：《教育公平视野下河南高等教育发展对策研究》，载《河南大学学报》（社会科学版），2009年第1期。

[②] 郭贵春：《把省部共建高校建成引领区域高等教育发展的高水平大学》，载《中国高等教育》，2012年第9期。

[③] 解德渤、尚趁：《高等教育强国建设的公平之维——基本逻辑、理论框架与行动方略》，载《福建师范大学学报（哲学社会科学版）》，2019年第6期。

国模式。我国在高等教育领域实施的"211 工程"、"985 工程"等重点建设工程其实质是深植于效率原则而做出的重大战略决策。这种"先富带动后富"的高等教育发展思路在某种意义上具有一定的合法性，也取得了较大的建设成效。但是，这对于其他院校的发展似乎有直接或间接、显性或隐性的"伤害"，日益加大的马太效应和虹吸效应使得诸多地方本科院校和高职院校的发展显得"步履维艰"。因而，振兴河南大学，从服务区域经济发展、引领河南高等教育、构建中国特色社会主义高等教育强国具有重要的现实价值和意义。2011 年 5 月，河南省委、省政府印发《河南省人民政府关于印发百年名校河南大学振兴计划（2011－2020 年）的通知》，在通知中明确指出：河南大学为河南省和全国高等教育事业的发展做出了特殊贡献。实施"河南大学振兴计划"对于加快河南大学建设，推进中原经济区建设和实现中原崛起、河南振兴具有十分重要的意义。振兴河南大学是加快中原经济区建设的需要。目前，中原经济区建设上升为国家战略，已经进入实施阶段。加快中原经济区建设，无疑需要强有力的人才支撑和智力支持。河南大学作为我省创办最早、享有盛誉和重点建设的综合性大学，加速河南大学的振兴，对于引领和带动我省高等教育的发展，为中原经济区建设提供坚强的智力、技术和人才支持，实现中原崛起具有重要意义。同时，振兴河南大学是提升河南高等教育发展水平的需要。今后一个时期是我国高等教育发展的重要战略机遇期，中国高等教育面临新机遇和新挑战。加快从教育大国向教育强国迈进，为高等教育提供了广阔的发展空间。促进公平、提高质量是我国高等教育改革和发展的重要方针，为落实这一方针，优化区域布局结构，国家设立支持地方高等教育专项资金，实施中西部高等教育振兴计划。这为中西部地方高校加强学科建设和师资队伍建设，进而推动中西部地区高水平大学建设提供了难得的机遇。河南大学作为百年名校，通过提前谋划，积极应对，抓住机遇，加快振兴，进入国家重点建设的高校行列，可以在新一轮高等教育布局调整中进一步提升我省高等教育水平和在全国高等教育体系中的地位。

二、服务"一带一路"国家战略

"一带一路"是由中国首倡、高层推进的国际战略、超级国家战略，是契合沿线国家共同需求、开展国际合作的新平台、新高地，对促进全国经济发展和推进世界和平、构建人类命运共同体具有重要现实意义。同时，对我国现代化建设也具有深远、重大的战略意义、现实意义。2014年12月25日，中共河南省委九届八次会议通过了《河南省全面建成小康社会加快现代化建设战略纲要》，该纲要在"战略举措"条目中的第一条即为"全面融入国家一带一路战略"。从中可以看出，融入的基本路子是：通过建设国际陆港，发展陆海联运，推动陆海相通，实现向东与海上丝绸之路连接；通过提升郑欧班列运营水平，实现向西与丝绸之路经济带贯通；通过提升郑州、洛阳等主要节点城市的辐射带动能力，建设内陆开放型经济高地；最终形成东联西进、营建枢纽、融通全球的战略格局。河南大学作为百年名校，进入省部共建高校行列以后，河南大学更加积极融入这一国家战略，立足河南，面向全国，放眼世界，肩负中国高等教育的重要历史使命，不断推进河南大学与"一带一路"沿线国家的教育经济文化的合作、交流和发展。

河南大学在这个时期积极融入"一带一路"国家战略，加强与一带一路相关国家与地区的教育文化交流，依托中原发展研究院、黄河文明与可持续发展研究中心、以色列研究中心等相关单位，致力于促进中原文化、中华文明与一带一路沿线相关国家的研究、合作和交流，为"一带一路"战略发展提供河南高等教育的智慧。中原发展研究院成立于2009年10月16日，是河南省人民政府研究室为省政府主要领导服务的最具权威性的研究及决策咨询机构。中原研究院长期服务于河南经济社会发展，尤其是与企业改革、资本市场发展和地方区域经济发展等方面开展了广泛而深入的合作，为领导决策提供了许多建设性的意见和建议，有力地促进了我省经济社会的发展，全面融入"一带一路"经济合作和为社会发展提供智库支持。例如，中原发展研究院2016年11月16日积极承办河南省参与建设"一带一路"工作专题培训班，为河南省参与"一带一路"建设的相关企业、单位人员进行培训。

河南大学黄河文明与可持续发展研究中心成立于2002年，2004年10月获批为教育部普通高校人文社科重点研究基地，是国内唯一的一个以黄河文明与沿岸地区可持续发展为研究对象的大型综合性研究与咨询机构。近年来，黄河文明与可持续发展研究中心紧紧围绕黄河流域生态保护和高质量发展、"一带一路"、中原城市群等国家和区域重大战略开展决策咨询服务，持续为"一带一路"战略发展提供中国高等教育的智慧。

河南大学以色列研究中心的前身为河南大学犹太研究所，2002年由著名犹太—以色列研究学者张倩红教授创建,致力于犹太史、以色列史和相关中东问题的研究,旨在推动犹太—以色列研究和教学工作在中国的深入开展,并促进中国与以色列、中华民族与犹太民族之间的交往和相互理解。以色列与相关中东国家是"一带一路"沿线与我国友好合作的重要国家和地区,同时我国也是以色列在亚洲的第一大贸易伙伴,也是其全球第三大贸易伙伴。河南大学以色列研究中心关于犹太史、以色列史等相关研究毫无疑问直接推动了中国与以色列和相关国家的关系。2010年,中心被遴选为河南大学校级重点科研机构。2014年,中心成为河南省高校人文社会科学重点研究基地。2015年,教育部推动成立"中国犹太文化研究联盟",中心成为该联盟创始成员和理事单位。2017年,中心成为教育部国别和区域研究备案中心。2018年,以以色列研究中心为主要依托,河南大学成为中联部"一带一路"智库联盟的理事单位。

进入省部共建高校行列之后,为了进一步提高学校办学国际化水平,加强与"一代一路"沿线国家的教育文化交流,河南大学成立国际汉学院,专门负责外国留学生招生、日常管理与汉语教学工作,同时负责汉语国际推广、国际中文教育发展、孔子学院建设与管理等职能。此外,国际汉学院是河南大学"中国国家汉语水平考试(HSK)"承办单位,同时承担河南省对外汉语教学及师资培训工作。国际汉学院作为河南大学向世界推广汉语与传播中华文化的专业机构,自成立以来主要负责我校留学生的汉语文化教学,并逐步发展为涵盖长短期进修生、本、硕、博等各层次的来华留学生接收学院,至今共招收了来自日本、吉尔吉斯斯坦、韩国、泰国、蒙古、德国、美国、澳大利亚、俄罗斯、越南、尼泊尔、加拿大、以色列、捷克、意大利、法国、赤道几内亚、喀麦隆、加纳等40多个国家的4500余名留学生,为传播中原文化、讲好中国故事、促进中外文明互鉴做出了巨大贡献。

此外,成立于2007年的河南大学欧亚学院积极引进国外优质教育资源,融汇百年名校的办学理念,利用河南大学完善的办学条件,为中国学生提供接受国际教育的平台,努力实现国内外优质教育的有效衔接,始终致力于培养熟悉国际惯例、通晓国际规则、掌握一定专业技能、具有较好外语能力的国际化、复合型专业人才。对于推动我国高等教育国际化、全球化水平,提高我国高等教育在包括俄罗斯、英国、白俄罗斯等亚欧大陆的影响方面做出了重要贡献。

总而言之,进入省部共建高校行列之后,河南大学不断深化改革与探索高等教育国际化办学模式与培养方式，通过国际汉学院、欧亚学院、国际教育学院等不断整合我校国际化办学资源，加强与"一带一路"沿线国家的教育文化交流，向国际传播中华文化，将河南大学与中国高等教育的影响力拓展到包括亚洲、非洲和欧洲等国家和地区，极大地提高河南大学与中国高等教育在"一带一路"沿线国家的影响力，为推动中国高等教育国际化、全球化做出了河南大学独特的贡献。

三、立足河南，弘扬中国优秀传统文化

传承和发展中华优良文化是中国高等教育的重要使命。河南大学地处华夏文明的重要发源地，一直致力于传承中华民族优秀文化。2016年，河南大学"豫剧文化艺术传承与保护基地"获批中华优秀文化艺术传承基地。河南大学与清华大学、复旦大学等国内16所知名学府一同入选国家支持高校创建的首批中华优秀文化艺术传承基地，这是河南省第一个中华优秀文化传承基地。此次获批显示了河南大学在人文社科研究领域的新突破，彰显了河南高等教育的担当与使命，同时也是对河南大学长久以来在文化保护与传承领域做出的努力的肯定。

河南大学立足中原文化，发挥学校特色。根植于中原文化沃土、沐浴中原文化成长的河南大学在文化建设方面有着其独特的文化自信。"河大自信"来源于文化积淀与创新发展。河南是戏曲大省，作为"中国第一地方戏剧种"的豫剧，在河南有着深厚而广泛的社会基础。河南大学所在地开封更是豫剧"母调"祥符调的发源地。河南大学与豫剧的缘分源远流长。早在20世纪30年代，被誉为"现代豫剧之父"的河南大学著名校友樊粹庭就致力于豫剧改革，他主张"破除陈规，改良豫剧"，推动了豫剧的进步发展。2015年出版大型戏剧文献《樊粹庭文集》（五卷），是对樊粹庭改良豫剧以来对河南豫剧全方位的梳理与研究。同时，河南大学是在中国高等教育领域高度重视戏剧文化和戏剧相关学科发展的高校。其中，河南大学艺术学院是河南省成立最早的培养高级艺术人才的专业学院，同时也是河南省唯一一所拥有戏曲艺术硕士专业学位点的艺术学院。此外，艺术学院专门设有戏剧学分院，从表演专业的本科生到戏剧与戏曲专业硕士研究生的培养，再到中国戏剧史方向的博士生培养，有着系统的学科建制和教学研究能力。

河南大学致力于在校园形成喜爱豫剧、传播豫剧的文化氛围，河南省豫剧团、

"梨园春风进校园"等多次在河南大学进行文艺表演,河南大学梨园风豫剧社团豫剧学社、"铁塔艺术团"、"飞翔戏剧影视工作坊"等学生社团、教师工作坊也为校园豫剧的普及发展做出了贡献。促进豫剧振兴,引领地区发展。豫剧文化艺术传承与保护基地的获批对河南大学乃至全省、全国豫剧的发展提供了发展机遇。在获批中华优秀文化艺术传承基地后,河南大学进一步将优秀传统文化艺术的保护与传播和高等学校的教育全面结合,紧紧围绕课程建设、保护性研究中心建设、实践工作坊建设、文化社团建设、成果展示五个方面的核心内容,努力传承中华优秀传统文化,全面提升在豫剧理论研究、遗产保护、文化传承等方面的整体水平;加强豫剧的学术研究和理论探索,支撑以豫剧为中心的非物质文化遗产保护;不断改革创新,探索新的豫剧表现形式;通过多种方式,面向全国开展豫剧文化展示与推广。

河南大学重视"百年河大"文化精神的挖掘和传承创新,启动了"精神传承"、"文化环境优化"、"学院文化建设"三大工程,"明德新民、止于至善"的校训文化和"前瞻开放、面向世界,坚持真理、追求进步,百折不挠、自强不息,兼容并包、海纳百川,不事浮华、严谨朴实"的河南大学精神的育人功能得到充分发挥。在加强校园文化建设的基础上,积极传承弘扬传统文化、革命文化和先进文化,着力构建具有中原风格的中国特色哲学社会科学体系。充分发挥人文社会科学研究优势,深入挖掘丰富的中原文化资源,加强优秀传统文化创新研究工作,产出了一批高水平的创新性成果。提炼升华以焦裕禄精神、红旗渠精神、愚公移山精神等为代表的河南精神,推出了一批体现中原时代特征的标志性成果。

大力弘扬中华优秀传统文化,产生广泛社会影响。发挥"中华文化艺术传承基地"——"豫剧文化传承与保护基地"优势,开展对豫剧的深度挖掘、整理、研究与开发工作,推出一批豫剧文化精品,参加国内外戏剧文化交流活动。实施文化走出去战略,充分利用国际汉学院、孔子学院等平台,积极参与海外文化中心建设,加强国际人文交流,推动华夏文化、中原文化走向世界。河南大学积极服务国家华夏历史文明传承创新区建设,主持、参与了100多个国家级、省级层面旅游等文化规划的编制,获批全国考古发掘团队领队资质,多名专家学者走上《百家讲坛》等国家级平台传承中华优秀传统文化。王立群教授自2006年登上《百家讲坛》以来,始终致力于中国传统文化的推广与普及,其"王立群读《史记》"系列讲座及相关图书深受观众与读者的喜爱,畅销多年不衰;其在《青歌赛》、《中国诗词大会》、《中华百家姓》、《我有传家宝》等电视栏目中担任嘉宾、评委,以妙语频出、知识广博而受到热议与追捧。

2008年年初,我校与美国阿克伦大学(TheUniversityofAkron)合作共同申请的"孔子学院"获批。孔子学院是中外合作建立的非营利性教育机构,其宗旨和使命是增进世界人民对中国语言和文化的了解,发展中国与外国的友好关系,促进世界多元文化发展,为构建和谐世界贡献力量。河南大学作为中国著名的"百年学府",一直积极承担着架起中外文化交流桥梁、积极与世界高等教育力量合作、努力推进全球多元文化交流和碰撞的重任。依托孔子学院,河南大学积极在国际舞台上传播与发扬中华文化、不断提高河南大学国际化办学和国际影响的同时,还进一步促进了中原文化在世界的影响和河南高等教育国际化发展。阿克伦大学孔子学院获批同年,河南大学与阿克伦大学孔子学院联合举办"A-K论坛"(阿克伦－开封),论坛不仅是阿克伦与开封两个城市的文化交流与碰撞,更是中美文化的交流与发展。论坛由河南大学与阿克伦大学的教师主持,提前收集学生感兴趣的话题,双方学生进行远程实时讨论,至今已经坚持了十余年。此外,河南大学与阿克伦大学孔子学院还通过举办汉语夏令营、"中国周"多种方式传播中华优秀文化,深化河南大学与国际高等教育的合作与交流。

第十一章 "双一流"建设中的河南大学与中国高等教育发展（2016年至今）

第十一章 "双一流"建设中的河南大学与中国高等教育发展（2016年至今）

"双一流"建设是党中央、国务院的重大战略决策，是我国实现高等教育大国向高等教育强国迈进的重大举措，是支撑科技强国、人才强国建设的关键工程，是中国特色社会主义现代化强国建设和中华民族伟大复兴全局的顶梁大柱。2015年11月国务院颁布《统筹推进世界一流大学和一流学科建设总体方案》，"双一流"建设预备工作开始启动，2016年开始新一轮建设，每五年一个建设周期。2017年9月21日，首批"双一流"建设名单出炉，2021年首轮"双一流"建设周期结束。2022年1月29日，教育部、财政部、国家发展改革委发布《关于深入推进世界一流大学和一流学科建设的若干意见》，新一轮"双一流"建设拉开帷幕。当前，我国已经成为世界高等教育第一大国，但离高等教育强国还有不小的差距。因此，在新的历史时期，全面推进"双一流"建设，对实现我国高等教育高质量发展、增强国家核心竞争力、提升高等教育国际影响力具有重大的意义。

第一节 "双一流"建设中的中国高等教育

"双一流"建设在我国高等教育领域发展史上具有非凡的意义，它已经成为继"211工程"、"985工程"建设后的又一具有深远影响的国家战略。"双一流"建设方案的实施，有利于解决高校间存在的身份壁垒的难题，在一定程度上为高校提供了更多的发展机会和广阔空间，进而不断提高我国高校的总体办学水平。"双一流"建设高校主动对接国家战略需求，立足中华民族伟大复兴战略全局和世界百年未有之大变局，胸怀"两个大局"，心系"国之大者"，立足新发展阶段，贯彻新发展理念，构建新发展格局，深入推进高等教育高质量建设。

一、"双一流"引领下的高等教育新发展

（一）"双一流"建设政策出台

"双一流"建设方案是基于国家战略需求提出的，体现出在新时代发展背景下我国对高水平大学的重新定位与规划布局。2015年8月18日，中央全面深化改革领导小组审议通过《统筹推进世界一流大学和一流学科建设总体方案》，将"211工程"、"985工程"及"优势学科创新平台"等重点建设项目统一纳入"双一流"建设，肯定了"211工程"、"985工程"对中国高等教育发展的重要作用，认为"一批重点高校和重点学科建设取得重大进展，带动了我国高等教育整体水平的提升，为经济社会持续健康发展做出了重要贡献"，但也同样指出了重点建设存在身份固化、竞争缺失、重复交叉等问题。2016年教育部声明不再使用"985"工程、"211"工程来定义高校，2016年开始新一轮建设。2017年1月，教育部、财政部、国家发展改革委员会联合印发文件，提出本次"双一流"的遴选办法和程序，形成多元化的支持机制，同时加强过程管理和动态监测，这种动态监测有利于强化高校间的竞争机制，加强高校之间的平等自由竞争，实现良性循环。

根据2015年11月国务院印发的《统筹推进世界一流大学和一流学科建设总体方案》和三部委制定的《实施办法》，以中国特色学科评价为主要依据，参考国际相关评价因素，综合高校办学条件、学科水平、办学质量、主要贡献、国际影响力等因素，并征求高校主管部门意见，经充分论证确定了一流大学和一流学科建设高校的认定标准。2017年9月21日，教育部、财政部、国家发展改革委等三部委联合发布了《关于公布世界一流大学和一流学科建设高校及建设学科名单的通知》，至此，国家首批"双一流"建设高校及建设学科名单尘埃落定，140所高校的465个学科入围"世界一流学科"建设名单，标志着我国"双一流"建设由"集结号"迈向"冲锋号"的全新阶段。"双一流"建设除原"985工程"和"211工程"高校自动入围外，此次共有25所"双非"高校（既不是"985工程"高校，又不是"211工程"高校）入围国家"双一流"建设。这25所高校有国家部委直属高校5所，中国科学院直属高校1所，地方高校19所。

2021年第一轮"双一流"建设周期结束，2022年新一轮"双一流"建设正式拉开帷幕。按照"总体稳定，优化调整"的原则，经过"双一流"建设专家委员会研

究，以需求为导向、以学科为基础、以比选为手段，确定了新一轮建设高校及学科范围。2022年1月教育部、财政部、国家发改委三部委联合印发了《关于深入推进世界一流大学和一流学科建设的若干意见》，2022年2月14日教育部公布了备受关注的《第二轮"双一流"建设高校及建设学科名单》，新一轮"双一流"建设不再区分"一流大学建设高校"和"一流学科建设高校"，而是统称为"双一流"建设高校及建设学科，体现"以学科建设为基础，淡化身份色彩"的新阶段"双一流"建设特点。第二批"双一流"建设高校及建设学科共有建设高校147所。

新一轮"双一流"新增建设学科强调符合三大要求，即"切合急需、水平出色、整体达标"，坚持"总量控制、开放竞争、动态调整"的原则，实行动态调整，强调"有进有出"。《给予公开警示（含撤销）的首轮建设学科名单》公布了一些建设成效未达预期、发展相对靠后、需要公开警示的建设学科，15所高校和16个建设学科被公开警示。这打破了高等院校"双一流"终身制标签，充分激发高校办学活力。

（二）"双一流"建设高校及建设学科结构布局调整

"双一流"建设是我国高等教育发展的重大战略，加强总体规划，坚持"扶优扶需扶特扶新"，按照"双一流"建设高校及学科，引导和支持具备较强实力的高校合理定位、办出特色、差别化发展，努力形成支撑国家长远发展的一流大学和一流学科体系。教育部发布了首轮"双一流"建设高校名单和学科建设名单，名单显示"双一流"建设高校实际数目为140所，有465个学科参与第一批"世界一流学科"建设。"双一流"建设高校以及建设学科的具体省际分布如表11-1所示：

表11-1 "双一流"建设地区高校和学科区域分布

地区	双一流高校（所）	高校占比（%）	一流学科（个）	学科占比
东部	83	59.28	326	70.11
中部	18	12.86	60	12.9
西部	28	20	51	10.97
东北三省	11	7.86	28	6.02
合计	140	100	465	100

注：数据经由"双一流"建设高校名单整合分析所得。

"双一流"建设方案是基于国家战略需求提出的，体现出在新时代发展背景下我国对高水平大学的重新定位与规划布局。根据地区划分,"双一流"建设分布为东部、中部、西部和东北三省。东部10省（市）包括北京、天津、山东、河北、江苏、上海、浙江、福建、广东、海南；中部6省包括江西、安徽、河南、山西、湖北、湖南；西部12个省（市、自治区）包括四川、重庆、贵州、云南、广西、西藏、陕西、甘肃、宁夏、青海、内蒙古和新疆；东北三省包括吉林、辽宁、黑龙江。

从学科区域分布来看，学科方向需要与党中央、国务院确定的"十四五"期间国家战略急需领域有较为精确的匹配度，加大基础学科、理工医农和哲学社会科学学科布局。建设学科中数学、物理、化学、生物学等基础学科布局59个、工程类学科180个、哲学社会科学学科92个。国家"双一流"建设学科的布局结构体现着满足国家发展多样化需求的状况。这种结构是动态变化的，建设学科是能进能出的。既有应当长期稳定支持的基础学科，也有成效卓著一流的优秀学科，还有适应社会发展需要的新兴学科和交叉学科，以学科动态优化提升"集中力量办大事"的效能，更好满足国家需要、适应科技进步大潮。学校的学科布局体现学校的面貌，要避免求全和趋同，体现特色和优势，形成充满活力的学科生态。

"双一流"高校建设主要包括三条思路：第一是拥有多所在国内领先并具国际前沿高水平学科的大学，需要在多个领域建设，形成一批互相支撑、协同发展的一流学科，以全面提升大学综合实力，进而进入世界一流大学行列或前列。第二是拥有若干处于国内前列并在国际同类院校中占据优势的高水平学科的大学，需要围绕主干学科强化办学特色，同时建设若干一流学科，扩大其国际影响力，以带动学校进入世界同类高校前列。第三是拥有某一高水平学科的大学，需要突出学科优势，提升学科水平，以进入该学科领域世界一流行列或前列。[1] "双一流"建设高校科学定位，促进区域均衡发展。

（三）高等教育内涵式发展

党的十九大报告提出："加快一流大学和一流学科建设，实现高等教育内涵式发展。"走内涵式发展道路是我国高等教育发展的必由之路，更是"双一流"建设的必由之路。以质量提升为核心的高等教育内涵式发展成为实现高等教育现代化和建立

---

[1] 李立国：《"双一流"高校的内涵式发展道路》，载《国家教育行政学院学报》，2018年第9期。

教育强国的时代命题与必然选择，而"双一流"建设是实现高等教育内涵式发展的实践路径。2018年8月27日，教育部、财政部、国家发展改革委制定并印发了《关于高等学校加快"双一流"建设的指导意见》（以下简称《指导意见》），既指出要全面深化改革推进大学整体建设，也强调要强化内涵建设，打造一流学科高峰，建成一流大学。"双一流"建设实施以来，按照"以一流为目标、以学科为基础、以绩效为杠杆、以改革为动力"的建设原则，各项工作有力推进，改革发展成效明显。"双一流"建设也承担着教育强国领头羊的重要职责，引领着各级各类教育的发展方向。"双一流"建设高校及建设学科逐步构建高水平的人才培养体系，开展高水平的科学研究和知识服务，为其他高校提供标杆、做出示范，并在文化传承与创新上带动其他高校共同发挥更大作用。

高等教育强国核心的本质是高等教育质量，建设高等教育强国的首要任务就是促进高等教育高质量发展，加快高等教育现代化步伐，使高等教育的各项功能发挥更大作用。党的十九届五中全会提出"建设高质量教育体系"，强调"提高高等教育质量，分类建设一流大学和一流学科，加快培养理工农医类专业紧缺人才"，为我国未来高等教育发展擘画了战略蓝图。国家以"双一流"建设为目标引领，加强高水平大学的建设。在高水平大学发展过程中，我国先后实施了"211工程"、"985工程"，如今以学科为基础实施"双一流"建设，这些举措的根本目标都是为了推动一批高水平大学和学科进入世界前列，使之在经济发展、科技创新、人才培养等方面发挥重大作用，实现高等教育强国战略。

从首批公布的名单可以看出，"双一流"建设以学科为基础，且评判标准更高。以非自定一流学科为例，要想入选，新增高校须满足以下标准之一：第一，教育部第三轮学科评估，在参评的一级博士授权点中进入前2名或前10%的学科；第二，2017年3月，ESI世界排名前1‰的学科；第三，2017年QS世界大学学科排名前50强的学科；第四，2012年至2015年间，获国家科技三大奖的学科（国家自然科学二等奖及以上、国家技术发明一等奖或国家科技进步一等奖及以上）；第五，国家急需和具有重大行业影响、学科优势突出、具有不可替代性的学科，如外交学院、中国人民公安大学。"双一流"建设高校是高等教育的排头兵，理应瞄准国际一流水平，追求卓越，推进自然科学与社会科学领域的知识创新，这是"双一流"建设高校的根本任务，是新时代建设高质量高等教育体系的关键，是建设教育强国的必然要求与必由之路。

首轮"双一流"建设 2016 年启动至 2021 年结束，各建设高校积极落实主体责任，不断深化认识，稳步推进人才培养、成效评价、科研管理等关键领域和关键环节改革创新。经过努力，到 2021 年底，建设和引进了一批一流师资队伍，培养了一批拔尖创新型人才，高水平科学研究能力得到有效提升，一批重大科学创新、关键技术突破转变为先进生产力，若干所高校逐步跻身世界一流大学行列，材料科学与工程等一批学科逐步进入世界一流行列，量子科学等一些关键领域取得重要进展，高质量的一流大学和一流学科建设体系正在形成，为建设高等教育强国奠定了坚实基础。[①]

二、河南"双一流"建设战略规划

2017 年 9 月 21 日，全国共有 140 所高校入围"双一流"建设名单，其中，河南省郑州大学、河南大学双双进入"双一流"建设高校行列。郑州大学化学、材料科学与工程、临床医学三个一流学科，河南大学生物学科入选为一流学科。郑州大学、河南大学入选"双一流"建设是河南高等教育发展史上具有里程碑意义的大事，具有重大的现实意义和深远的历史意义。为对接"双一流"建设，紧跟推动高等教育的脚步，河南省委省政府对"双一流"建设给予高度重视，把"双一流"建设作为事关经济社会发展全局的关键来抓，实施创新驱动、科教兴省、人才强省战略，强调要以前瞻 30 年的战略眼光、战略思维、战略举措谋划推动"双一流"建设。

（一）推进高等教育分类发展

河南省加强河南高等教育分类指导，引导高校科学定位，在不同层次、领域办出特色。2015 年《河南省人民政府关于深化高等教育综合改革全面提升服务经济社会发展能力的意见》指出，建立高校分类设置、评价、指导、评估、拨款制度，引

---

① 中华人民共和国教育部：《扎根中国大地，办出中国特色，争创世界一流——深入推进新一轮"双一流"建设》[EB/OL].https://www.moe.gov.cn/jby_xufb/gzdt_gzdt/s5987/202202/t20220214_s99079.html.

导高校科学定位，在不同层次、领域办出特色。按照高水平大学、特色骨干大学、应用技术类型大学和高职高专院校进行分类管理、分类指导，实现分类发展、科学发展，努力建设2—3所国内高水平大学，着力建设7—10所特色骨干大学，加快发展应用技术类型高校，加强高等职业专科院校建设。

河南省深入推进高校布局、学科学院布局和专业设置调整优化，高校分类发展政策体系进一步完善。加快推进郑州大学、河南大学"双一流"建设。启动实施"双一流"学科创建工程，力争新增3个学科达到世界一流学科建设水平。[①]持续推动新工科、新医科、新农科、新文科建设，带动引领我省新时代本科教育创新发展。

河南省积极支持高等学校参与建设国家（重点）实验室，牵头或参与建设河南省实验室，培育建设国家前沿科学中心、基础学科研究中心等；支持高校开展新型基础设施建设，争取国家大科学装置、重大科研基础设施布局河南。实施"高精尖缺"高层次人才引进工程，到2025年，引进20名左右全球有影响力的高层次人才；培育国家层面创新人才20名、创新团队5个；培育5名左右国家级哲学社会科学领军人才。

（二）打造河南高等教育的"双航母"

河南省在推动高水平大学建设方面，将郑州大学、河南大学和"双一流"创建高校作为改革特区，按照"一校一策"的原则持续支持、精准施策。2018年9月18日《中共河南省委河南省人民政府关于支持郑州大学河南大学"双一流"建设的若干意见》（以下简称《若干意见》）正式印发。《若干意见》明确了河南"双一流"建设的指导思想、基本原则、主要目标和政策措施。河南省也成为国家启动"双一流"建设以来，首个由省委、省政府联合发文出台政策支持"双一流"建设的省份。按照"量身定做、精准施策"的要求，分别为郑州大学、河南大学的"双一流"建设制定了全方位支持措施，推动两校在国家"双一流"建设中力争实现晋位升级。在河南省"十三五"期间，统筹整合安排资金40.27亿元支持本省"双一流"建设，其中2018年10.9亿元、2019年13.8亿元，财政投入标准不降、力度不减。

2021年《中共河南省委河南省人民政府关于"十四五"期间深化支持郑州大

---

① 河南省人民政府：《河南省人民政府关于印发河南省"十四五"教育事业发展规划的通知》[EB/OL].https://news.henan.gov.cn/2022/01-21/2386257.html。

学、河南大学"双一流"建设的若干意见（征求意见稿）》提出，推动郑州大学全面坚持综合性研究型大学办学定位，加快建成高水平研究型大学，到 21 世纪中叶建成世界一流大学；推动河南大学成为世界一流大学建设高校，到 21 世纪中叶进入世界一流大学行列。同时，加大郑州大学部省合建支持力度，争取河南大学部省合建。2022 年 1 月 6 日河南省《政府工作报告》再次强调大力发展教育事业，量身定制郑州大学、河南大学"双一流"建设全方位支持措施，打造河南高等教育"双航母"。"十四五"期间，河南省将投入 50 亿元引导资金支持郑州大学一流大学建设，投入 25 亿元引导资金支持河南大学一流学科大学建设。

郑州市大力支持郑州大学、河南大学（郑州校区）两所"双一流"高校建设，市政府与两所高校深入合作，在支持两所高校"双一流"建设方面做了大量卓有成效的工作。与郑州大学校签署合作框架协议，市财政每年投入郑州大学"双一流"建设专项资金 2 亿元，用于基础设施建设和专项课题支撑与保障；河南大学（郑州校区）自建设以来，郑州市一直密切配合，共商共建，在人才引进、人才公寓建设、河南大学留学生创业园建设等方面给予大力支持，以校兴城，以城育校，以期实现城校共赢。

郑州大学是国家"211 工程"重点建设高校、一流大学建设高校和"部省合建"高校。郑州大学入选首轮"双一流"建设高校后，学校确立了综合性研究型的办学定位，提出了一流大学建设"三步走"发展战略，力争到 21 世纪中叶建成世界一流综合性研究型大学。郑州大学有临床医学、材料科学与工程、化学 3 个一流建设学科；有凝聚态物理、材料加工工程、中国古代史、有机化学、化学工艺、病理学与病理生理学 6 个国家重点（培育）学科；化学、材料科学、临床医学、工程学、药理学与毒理学、生物学与生物化学、分子生物学与遗传学、神经科学与行为学 8 个学科（领域）ESI 排名全球前 1‰，其中临床医学 ESI 排名全球前 1.43‰，化学 ESI 排名全球前 1.39‰；ESI 学术机构全球排名第 607 位，位列全国高校第 39 位。

（三）培育"双一流"的"后备军"

2015 年 12 月，河南省教育厅、财政厅发布了《河南省优势特色学科建设工程实施方案》，计划用十年时间，加大力度，持续投入，建成一批具备世界一流水平的优势学科和综合实力位居国内前列的特色学科。根据建设目标和建设重点，河南省优势特色学科建设工程分为优势学科和特色学科。优势学科以进入国家"世界一流学科"行列为目标，着力提升综合实力；特色学科以在关键应用领域取得突破、学科综合实力进入国内前列为目标，着力服务经济社会发展重大需求。优势学科和特色学科各设 A、B 两类，其中 A 类为重点建设学科，B 类为重点培育学科。河南省优势特色学科建设工程一期建设时间为 2015—2019 年，计划立项建设 10 个左右优势学科和 20 个左右特色学科；二期建设时间为 2020—2024 年，一期验收合格纳入二期继续支持。

河南省注重培育高等学校"双一流"创建第二梯队，实施"双一流"学科创建工程，按照扶优、扶强、扶特的原则，遴选河南理工大学等 7 所高校的 11 个学科作为"双一流"创建学科，力争新增 1—2 所高校进入国家"双一流"建设行列。[①] 通过培育"双一流"的"后备军"，推动更多河南高校进入"双一流"建设行列，以重点突破带动河南高等教育高质量、跨越式发展。其如表 11-2 所示。

表 11-2　培育"双一流"高校及一流学科

高　　校	学　　科
河南理工大学	安全科学与工程、测绘科学与技术
河南农业大学	作物学、兽医学
河南师范大学	化学、物理学
河南科技大学	材料科学与工程、机械工程
河南工业大学	食品科学与工程
河南中医药大学	中医学
华北水利水电大学	水利工程

河南省发挥省"双一流"建设领导小组的宏观指导作用，协调省直部门和省辖市加大项目、资金、政策支持，形成推动"双一流"建设的强大合力，加快河南省 7 所高校的 11 个一流创建学科的建设，争取尽早实现突破，在国家"双一流"布局中抢占先机。

---

① 潘彦坤：《锻长板补弱项扬优势攀高峰聚焦河南高校"双一流"创建第二梯队》，载《河南教育（高等教育）》，2022 年第 1 期。

三、河南大学"双一流"建设举措

2017年9月,教育部、财政部和国家发展改革委公布了"世界一流大学和一流学科"建设高校及建设学科名单。① 河南大学生物学入选一流学科建设名单。河南大学这座植根中原大地的"百年学府",经过数十年的卧薪尝胆、追求奋斗,终于重返高等教育"国家队"。1942年河南大学成为国立大学,是当时全国国立大学之一,在1946年的教育评估中位列全国前10名。2017年河南大学入选"双一流"建设高校,历经75年风雨的河南大学再返"国家队",开启了一流大学建设的崭新征程。2002年,河南大学建校90周年之际,提出"国家一流、区域引领、中原风格"的办学定位。2018年河南大学重新提出"中国特色、世界一流、中原风格"的办学定位。为了与"双一流"建设目标相契合,河南大学对办学定位再升级。河南大学制定《河南大学世界一流学科大学建设方案》,以学科建设为驱动,坚持形成了"两翼齐飞、四轮驱动"的基本工作思路,即以"特色发展"和"质量内涵"为两翼,以"学科驱动"、"人才驱动"、"改革驱动"、"国际化驱动"为四轮,既突出"中国特色"、体现"世界水平",又彰显"中原风格"。

(一)聚焦拔尖创新人才培养

河南大学始终坚持以人才培养为中心,落实立德树人根本任务,推进本科教育提质创新。建设一流本科教育是实现高等教育内涵式发展、建设高等教育强国的必然要求,是建设世界一流大学和一流学科的基础。河南大学深化人才培养模式改革,实施"河南大学本科教学质量提升计划",制定《一流本科专业建设规划方案》,高质量推进本科专业建设。河南大学一直以本科生教育提升为抓手,坚持夯实"双一流"建设基础。② 针对国家出台的"新时代高教40条"、"六卓越一拔尖"计划2.0、一流专业建设"双万计划"等一系列政策,河南大学实施了《本科生专业建设与提

---

① 中华人民共和国教育部:《教育部、财政部、国家发展改革委关于公布〈世界一流大学和一流学科建设高校及建设学科名单〉的通知》[EB/OL]. http://www.moe.gov.cn/srcsite/A22/moe_843/201709/t20170921_314942.html。
② 马孝民:《最根本的是培养出一流的学生——专访河南大学校长宋纯鹏》,载《河南教育》,2020年第1期。

升计划》、《本科生课程质量提升计划》、《课堂教学质量提升计划》，实施导师制度体系，探索特色专业建设计划和一流本科生培养计划。[①]坚持"厚基础、宽口径"的人才培养模式，探索建设发展新工科、新文科、新农科和新医科。

河南大学打造一批优势突出、特色鲜明、实力雄厚的本科专业，提升学校专业竞争力。河南大学生物科学、历史学、教育学、地理科学、汉语言文学、英语、化学、经济学等50个专业获批国家一流专业，占招生总专业的54%[②]。其如表11-3所示。

表11-3　河南大学国家一流本科专业建设点名单

序号	专业名名称	获批年度	序号	专业名名称	获批年度
1	生物科学	2019	20	思想政治教育	2020
2	历史学	2019	21	财政学	2020
3	教育学	2019	22	金融学	2020
4	地理科学	2019	23	教育技术学	2020
5	汉语言文学专业	2019	24	学前教育	2020
6	英语	2019	25	应用心理学	2020
7	化学	2019	26	武术与民族传统体育	2020
8	经济学	2019	27	汉语国际教育	2020
9	体育教育	2019	28	翻译	2020
10	法学	2019	29	广告学	2020
11	护理学专业	2019	30	文物与博物馆学	2020
12	计算机科学与技术	2019	31	旅游管理	2020
13	临床医学	2019	32	统计学	2020
14	软件工程	2019	33	植物科学与技术	2020
15	会计学	2019	34	药学	2020
16	数学与应用数学	2019	35	工商管理	2020
17	物理学	2019	36	音乐学	2020
18	行政管理	2019	37	美术学	2020
19	编辑出版学	2019	38	土木工程	2021

---

① 宋纯鹏：《河南大学：推进一流本科教育夯实"双一流"建设基础》，载《河南教育（高教）》，2019年第1期。
② 教务处：《我校13个专业入选第三批国家级一流本科专业建设点》[EB/OL]. https://news.henu.edu.cn/info/1083/119293.htm.

续表

序号	专业名名称	获批年度	序号	专业名名称	获批年度
39	俄语	2021	45	电子商务	2021
40	表演	2021	46	生物工程	2021
41	音乐表演	2021	47	建筑学	2021
42	劳动与社会保障	2021	48	电子信息科学与技术	2021
43	人文地理与城乡规划	2021	49	动画	2021
44	视觉传达	2021	50	金融数学	2021

河南大学大力实施拔尖创新人才培养"明德计划"、协同创新人才培养"菁英计划"、卓越创新人才培养"卓越计划"和"国际夏令营计划"等。河南大学生命科学学院与中国科学院上海生命科学研究院联合实施生物科学专业"菁英计划"，依托生物科学本硕连读专业招生。一批院士、"国家杰青"、"优青"组团定期到河南大学授课。实施生物学与亚利桑那大学、阿克伦大学、麦考瑞大学的"国际课程和双向交流计划"，深化与中国科学院大学、中国社会科学院研究生院合作，与省委宣传部共建新闻传播学院，充分发挥学校与中科院上海生命科学研究院在科教协同育人方面的合作优势。建立"三全"育人机制，完善课程体系、课程内容，更新教学方式，汇聚优质课程资源。构建与人才培养目标相一致、与一流本科教育相适应、与一流人才培养相匹配的高水平人才培养体系。2015年教育部批准设立河南大学迈阿密学院；2016年，河南大学与美国迈阿密大学合作办学设立的河南大学迈阿密学院开始招生；这是河南省高校第一个本科层次的高水平中外合作办学机构。

河南大学实施优秀博士（硕士）论文培育计划，探索"3+1+3"本硕连读研究生培养模式，努力提高研究生培养质量。实施"研究生全球胜任力提升工程"，学生的国际视野和全球胜任力显著提高。开设全英文（双语）课程420门；先后与国（境）外90余所高水平大学完成学分互认，与牛津大学、剑桥大学、悉尼大学等世界一流大学实现教育资源对接。积极创新研究生国际化培养模式，设立"双导师制"，先后与澳大利亚麦考瑞大学、韩国国立癌症研究中心等大学（科研机构）开展联合培养博士合作项目。

(二)实施"生物学+"学科带动发展

河南大学入选"双一流"建设高校,制定学科发展规划,明确竞争、协调、突出特色优势的学科发展思路。实施优势学科冲顶战略、特色学科提升战略、新兴学科跨越战略,形成了以世界一流学科建设学科生物科学为第一层级、省特色骨干学科为第二层级、省重点学科为第三层级的结构合理、特色鲜明、优势突出的学科生态体系。

2017年,河南大学以逆境生物学与可持续农业为研究特色的生物学学科入选"双一流"建设,为生物学科的发展带来了新的机遇。河南大学把生物学、生态学、生物医学一流学科建设放在学校发展的中心位置,实施"生物学+"一流学科建设计划。2019年11月,依托河南大学建设的省部共建作物逆境适应与改良国家重点实验室顺利获批立项建设,这是河南大学入选"双一流"建设高校以来在国家级创新平台建设方面取得的重大突破。河南大学还整合了生态环境、农业科学、医学、信息科学、材料科学、考古学等相关学科,构建生命科学学科群,形成了纳米生物学、生物信息学、生物考古等新兴交叉学科,提升了学科(群)整体实力。[①] 河南大学生物学科引育各类高层次人才46人,建立了高水平的"逆境生物学"研究平台和技术体系,形成了"棉花生物学"和"作物逆境适应与改良"两个国家重点实验室,作物逆境生物学学科创新引智基地(111计划)共同支撑生物学科发展的新格局,实现了在 Cell、Nature、Science 等国际顶尖期刊发表多项高水平科研成果的重大突破。

河南大学以生物学一流学科建设为引领,推动学科交叉融合。以生物学学科为基础,汇聚相关学科优势,构建以首席科学家为核心、以创新团队为基础、以重大科研任务为纽带的跨区域、跨院系、跨学科的科研创新组织,鼓励学科交叉。与相关学科联合成立"生物纳米交叉研究中心"、"生物信息中心"、"多组学联合研究中心"等,开展与材料、信息、医学、农学等学科的交叉研究。依托汉语言文学、历史学、地理学和经济学等传统优势学科,构建起以黄河学研究为主干的新兴交叉学科体系。依托计算机、软件工程、数学等学科,面向社会重大需求,建设人工智能学科。成立河南大学高等人文研究院,促进人文学科、社会学科、自然学科跨学科交叉融合。

[①] 胡艳辉:《以学科建设为驱动,加快一流学科大学建设步伐》,载《河南教育》(高等教育),2020年第1期。

战略营销学、光伏材料与太阳能电池学、历史建筑保护学获批教育部首批交叉学科。以"中原学"、"黄河学"、"炎黄学"、"河洛学"、"殷商学"等新兴学科群建设为主导加快新文科建设，逐步形成突显中原文化特色的新文科体系。河南大学构建了"学科团队－学科领域－研究平台－学科交叉融合集群"的学科发展模式。

河南大学强化学科建设特色发展，优势学科特色学科建设取得新突破。加强中国语言文学、地理学、教育学等优势学科培育力度，推动生态与环境、"黄河文明"学科群、"纳米材料与器件"学科群、信息科学等特色学科领域的发展。加强教育部第四轮学科评估 B 级及以上学科建设。39 个一级学科、3 个二级学科获批为省重点学科。河南大学构建多层次融合发展的学科生态体系，建成一批国内优势学科，推动多学科发展进入世界一流学科建设行列。

（三）拓展办学空间，形成"三区两院"的办学格局

当前，河南大学有明伦校区、金明校区和郑州校区，深圳研究院和三亚研究院，形成了"三区两院"办学格局。明伦校区、金明校区和郑州校区三个校区，总占地面积 5500 余亩，并明确三校区办学定位，优化学科空间布局，更好地服务于"双一流"建设。

河南大学郑州校区启用，迎来"双一流"第二轮建设周期这个最好的历史时期。郑州校区在高水平合作办学、高层次人才聚集、高质量成果产出等方面的效应正逐步显现，将成为学校新一轮建设发展的强大引擎，实现"百年名校"振兴，建设世界一流大学。河南大学郑州校区布局生物医学、现代农业、新材料、信息、电子、人工智能、环境、社会科学等前沿学科和新兴交叉学科领域，将郑州校区建成研究型校区。

2021 年 9 月 25 日，河南大学迎来 109 岁华诞，河南大学郑州校区启用仪式举行（如图 11-1 所示）。河南大学郑州校区定位为"双一流"建设高端平台，建成高水平国际教育平台、高层次人才聚集平台、高水平科研创新平台、高素质人才培养平台、高端国际合作交流平台、对外形象展示平台等六大平台。郑州校区 2021 年秋季学期共入住国际教育学院、人工智能学院、时空大数据研究院、新型城镇化与中原经济区发展研究中心等 4 个单位的本科生、硕士生、博士生 2600 余人。

图 11-1　河南大学郑州校区启用仪式

根据《事业单位登记管理暂行条例》，河南大学在 2022 年 1 月 28 日公布了变更登记公告（变更公告第 400274071）指出，河南大学注册地变更为河南省郑州市郑东新区明理路北段 379 号（原注册地：河南省开封市顺河区明伦街 85 号）。河南大学注册地由开封转为郑州，对学校引进人才、师资力量建设、学科建设等方面会产生积极的影响。

2019 年 2 月，校党委常委会研究决定成立河南大学深圳研究院并组建班子。河南大学深圳研究院是河南大学在改革开放前沿设立的面向世界和未来的战略平台和窗口，旨在充分发挥学校的科技、学科和人才优势，搭建高端科研平台、引进一流人才团队、开展原始创新研究、产出自主知识产权成果、加速科技成果转移转化、孵化高新创业企业、培养拔尖创新人才、推动国际交流合作、探索体制机制创新、促进学校观念更新和综合改革，支撑河南大学一流大学建设并为深圳中国特色社会主义先行示范区建设做出贡献。

2020 年 12 月 13 日，在海南省自贸港第四批重点项目集中签约活动中，河南大学与海南省教育厅、三亚市人民政府正式签署战略合作协议，共建河南大学三亚研究院；2021 年 4 月 8 日完成事业单位法人注册。[①] 三亚研究院立足于服务国家发展

---

① 河南大学三亚研究院：《河南大学三亚研究院简介》[EB/OL]（2019-12-30）．https：//sy.henu.edu.cn/dwgk/yjyjj.htm．

战略，充分发挥河南大学生物学一流学科、棉花生物学国家重点实验室、省部共建作物逆境适应与改良国家重点实验室、作物逆境生物学学科创新引智基地（111计划）优势和河南农业大省的资源优势，利用海南独特区位、政策条件，全面融入南繁硅谷育种基地和深海科技创新平台，把研究院建设成为南繁现代科研创新育种基地、高层次人才聚集基地、高水平科研成果产出基地、高科技成果转化与企业孵化基地、优秀科研人才培养基地和国际学术交流与合作基地。2022年3月，三亚研究院成立神农种业实验室研究基地。2022年4月10日，习近平总书记在海南省三亚市崖州湾种子实验室考察调研，在三亚从事南繁育种工作的河南大学三亚研究院师生现场聆听了总书记关于种子安全的演讲。

（四）打造一流师资队伍建设

河南大学围绕引进和培育人才，进行了很多有益探索。实施了卓越人才引领工程、优秀青年人才引育工程、依托科研平台学术队伍拓展工程等"四大才工程"，提出"战略科学家－领军人才－学术骨干－青年英才－专职科研人员"立体人才政策体系。以人事聘用、薪酬分配等改革为突破口，制定一流学科的人才引进和培养政策，以学术领军人才为核心，凝练学科研究方向，引进和培养富有创新潜力的青年学术骨干，加强科技支撑人才体系建设；加强国际联合，实施青年学科人才培养计划。入选"双一流"行列以来，河南大学有计划、成规模地引进高端人才，先后引进外籍院士、中国社会科学院学部委员、长江学者、国家杰青、中国科学院"百人计划"专家、国家社科基金重大项目首席专家等国家级、省部级人才30余人，6人入选"万人计划"领军人才、青年长江学者等国家级人才项目，30人入选中原学者、"中原百人计划"等省级人才项目。[1]

河南大学实施"高等学校学科创新引智基地"（简称"111"）人才强校工程。"111"人才强校工程是指培育10个左右具有国际影响的国家级科技创新团队，汇聚100名左右院士、"长江学者奖励计划"人选、国家杰出青年基金获得者、"万人计划"人选、中组部重点人才项目人选、"百千万人才工程"国家级人选、国家优秀青年科学基金获得者等国家级领军人才和青年拔尖人才，依托省部级以上科研平台、交叉

---

[1] 河南大学党委：《河南大学：切实提升办学治校能力，全面推动"双一流"建设》，载《河南教育》（高等教育），2019年第10期。

学科高等研究院、人文社科高等研究院建设一支1000人以上的高水平科研队伍。目前，河南大学专任教师达到4200人，形成一支师德高尚、学术卓越、结构合理、充满活力的一流师资队伍。

河南大学加强国际联合，拥有一批具有国际视野的一流师资。全职引进美国科学院院士周芷教授团队和欧洲科学院院士Jean-DavidRochaix教授等国际顶尖学者51人，柔性引进国际顶尖学者140人，从海外一流高校和重点研究机构引进博士和博士后146人，年均聘请长期外籍专家101人、短期外籍专家202人；年均选派教师出国（境）访学研修134人，充分利用国家、省公派留学基金项目，鼓励支持青年教师利用寒、暑假赴国外合作学校进行访学或中短期学习；设立专项留学基金，实施骨干教师出国留学支持计划。积极探索实践"杰出人才+团队"模式。

（五）推进科研创新平台建设

河南大学强化科研平台建设，整合相关学科资源。统筹生物学、生态学、材料学、医学、信息科学、地理学、黄河学、文学、历史学、考古学等优势学科领域，聚焦重大科学前沿问题和区域发展需求，加强"湖河湾实验室体系"、"5重5工3基地"、"六中心"建设，深度融入河南省黄河、神农种业实验室建设，推进筹建先进生物制造（中州）、智慧能源与材料（龙子湖）、量子等河南实验室建设。

构建"湖河湾实验室体系"，建设河南省龙子湖实验室、河南省黄河实验室、海南崖川湾种子实验室（河南分中心）和河南省种业实验室，争取进入国家实验室行列。加强"5重5工3基地"建设，获批省部共建作物逆境适应与改良国家重点实验室、抗体药物开发技术国家地方联合工程实验室、高效显示与照明技术国家地方联合工程研究中心、黄河文明省部共建协同创新中心、国家食用菌加工技术研发专业中心等国家级平台5个。

河南大学有棉花生物学国家重点实验室和省部共建作物逆境适应与改良国家重点实验室。棉花生物学国家重点实验室于2011年10月批准成立，依托单位为河南大学和中国农业科学院棉花研究所。2014年1月通过建设期验收。2017年6月通过科技部第一轮五年评估，评估结果为"良好"。实验室主要围绕棉花生物学重大科学问题开展基础和应用基础研究工作，为棉花基础创新提供原动力，为棉花重大前沿问题的解决提供支撑，为棉花高层次科研人才培养和交流提供平台。

省部共建作物逆境适应与改良国家重点实验室于 2019 年 11 月 5 日经科技部批准建设。实验室面向国家现代农业发展的战略需求和植物科学发展的国际前沿，聚焦生物与农业重大科学问题，以提高小麦、玉米、大豆、油菜等重要农作物的抗逆性能、品质和产量为目标，建立和发展先进技术平台支撑体系，开展作物抗逆分子机制和作物分子遗传改良等研究工作，为国家和区域粮食安全、生态安全和水土资源有效利用提供重要支撑。实验室现有固定人员 59 人，其中，"973"和国家重大科学研究计划首席科学家 2 人，国家杰出青年基金获得者 3 人，长江学者特聘教授 1 人，河南省"中原学者"2 人，中科院"百人计划"1 人，国家有突出贡献中青年专家 2 人，国务院特殊津贴获得者 1 人，全国优秀科技工作者 1 人，全国杰出专业技术人才 1 人。

推进"3 基地"建设。建设好河南大别山森林生态系统国家野外科学观测研究站，支撑生态河南战略；建设好黄河文明与可持续发展研究中心教育部人文社科重点研究基地，发展好黄河文化传承与转型发展、黄河流域生态保护和高质量发展等学术前沿和需求；建设好河南大学济源纳米杂化材料中试基地，围绕纳米材料规模化制备及应用，瞄准国家战略任务和重点工程实施中的重大技术难题。

学校加强黄河文明协同创新中心建设。黄河文明省部共建协同创新中心进行多学科融合协同，研究黄河文明的发祥、发展和转型，推进"黄河学"学科化，创新黄河文明知识体系，打造形成了具有中国特色、中国风格、中国气派的"黄河学"知识体系、学科体系和学术体系。在黄河流域生态保护和高质量发展重大国家战略中，持续贡献着"河大智慧"和"河大力量"。学校加强黄河文明协同创新中心建设，成立人文社会科学高等研究院、材料学院、生态环境技术学院、河南大学深圳前沿科学研究院，建立现代农业与生物技术研究院、生态高等研究院、生物纳米中心、代谢组学中心、生物信息中心等交叉中心，带动和巩固形成学校多学科协调发展的学科生态体系。并进驻深圳虚拟大学园，先后与中国农业科学院深圳基因组研究所共建"植物逆境生物学重点实验室深圳基因组研究中心"，与深圳前海精准生物有限公司共建"河南大学前海现代生命科学研究院"。

依托生物学一流学科，河南大学获批"国家作物逆境生物学创新引智基地"（"111 计划"），聚焦国家粮食安全，分别与 30 余所国外高校或研究机构建立国际学术伙伴关系，开展相关问题研究，产出一批高水平科研成果。建设河南大学－麦考瑞大学先进生物医学联合中心。积极推广"111"引智基地发展模式,围绕优势学科,获批建设 9 个省级引智平台,获批国家级高层次外国专家项目 1 项。

总之,经过"双一流"首轮建设,河南大学事业发展取得突破性发展和历史性跨越。人才培养成效显著,生源质量不断提高,培养结构持续优化,科研实力显著增加,学科布局更加完善,支撑综合性研究型大学发展的学科体系基本形成。

第二节 河南大学"双一流"建设对中国高等教育的影响

河南大学全面落实学校"双一流"建设方案,加强党对学校的全面领导,把牢社会主义办学方向,坚持立德树人根本任务,积极推动生物学一流学科改革发展。学校以一流学科建设为牵引,突出特色优势,注重学科交叉,推动原始创新,人才培养质量、科学研究水平、人才队伍建设、综合办学实力和社会声誉显著提升,实现了里程碑式的重大突破和历史性跨越,为学校高水平大学建设注入了强劲动力,为实现建设特色鲜明的综合性研究型世界一流大学的长远目标奠定了坚实基础。河南大学"双一流"建设对河南高等教育乃至中国高等教育产生了深远的影响。

一、优化优质高等教育资源区域布局

河南高校众多,但名校稀少,高等教育优质教育资源匮乏,长期以来仅有郑州大学入选"211"工程,因此,河南高等教育被称为全国"高教洼地"。河南是一个人口大省,也是教育大省,截至 2022 年教育人口有 2873 万,高等院校 151 所,在校普通本科生 125.1 万左右,研究生 6.75 万左右。[①] 这样一个人口大省、教育大省,却不是教育强省。河南省优质高校数量偏少,在中部处于劣势。

---

① 河南省人民政府:《河南省人民政府关于印发河南省"十四五"教育事业发展规划的通知》[EB/OL].https://news.henan.gov.cn/2022/01-21/2386257.html。

河南大学入选国家首批"双一流"建设之中,为其发展提供了千载难逢的机遇。河南大学地处中西部非省会城市,受经济社会发展欠发达等因素的影响,竞争、开放、创新的文化氛围还不够浓厚,学校的办学理念与实现内部治理体系和治理能力现代化要求相比还存在一定差距。作为中西部地方高校,河南大学与中央部属和地处经济发达地区的"双一流"地方高校相比,在基础条件、外部环境、资源支撑、政策支持等方面还存在不小的差距。

《国务院关于支持河南省加快建设中原经济区的指导意见》明确提出"支持河南大学创建国内一流大学",对学校的改革发展提出了明确要求。2017年4月15日,时任教育部部长陈宝生一行赴郑州大学、河南大学调研,明确了对这两个高校建设"双一流"大学的支持,也明确了对河南教育事业的支持。教育部长陈宝生指出:"十二五"以来,河南教育发展进入了"黄金期"。未来河南仍以始于足下的努力,久久为功,建设好家门口的高水平大学。① 在实施"双一流"建设的过程中,教育部给予河南高校与学科更多的关注支持,特别是对学术基础、学术声誉较好、高层次人才相对集中的河南大学、郑州大学予以支持是非常必要的。图11-2为教育部部长陈宝生慰问河南大学老教授的场景。

图11-2 教育部部长陈宝生(左)慰问河南大学老教授

河南省政府明确提出:"支持河南大学争创一流大学、一流学科。"河南省人民

---

① 万晓艳(本报记者):《"双一流"建设,还需找准"河南坐标"》,载《决策探索》(上半月),2017年第5期。

政府专门颁布了《百年名校河南大学振兴计划》，河南省要建成高等教育强省，除了对高校给予政策、资金等方面支持外，也应注重引导高校特色（优势）学科的发展。我国正在由"高等教育大国"向"高等教育强国"迈进，河南省积极响应国家的号召，实现从"高等教育大省"向"高等教育强省"迈进。这进一步指明了学校今后的发展方向，确立了学校在河南的重点建设和优先发展战略地位，为学校高水平大学建设注入了强劲动力。河南大学必将为现代化河南和全国创新高地建设提供重要支撑，必将为中国高等教育事业高质量发展做出积极探索、积累成功经验。

郑州大学、河南大学四个学科入选一流学科，一定程度上缓解了河南省优质高等教育资源短缺问题，河南高教迎来发展时机。河南大学加强内涵式、高质量发展，促进中原大地起"高峰"。高质量发展就是能够很好地满足人民日益增长的美好生活需要发展，具体体现在新发展理念的发展。高等教育的高质量发展就是能够很好地满足人民获得优质高等教育需求的发展，核心内涵就是推动高校以质量和特色为目标，建成高等教育强国。

"百年名校"河南大学入围"一流"学科，弥补了未能入围"211"工程的遗憾，满足河南高等教育发展的诉求，改变教育生态。河南大学"双一流"建设充分利用国内外优质资源，河南大学相关学科的发展提升了河南高等教育的整体发展水平，并助力河南打造国家创新高地。河南大学以生物学一流学科建设为引领，学校事业发展实现了里程碑式的重大突破，带动学校整体发展，增加了优质高等教育资源，更好地实现河南大学高质量发展，对河南教育发展起到了"补短板，促均衡"作用，推进新时代中西部高等教育发展。

经过首轮"双一流"建设，河南大学深入推进"双一流"特色建设、内涵建设、高质量建设，在学科发展、教学育人、科研服务、科学研究等方面都取得了巨大的进展，带动了河南高等教育整体水平提升，有利于更好满足人民群众上"好大学"的高等教育需求，让河南孩子有更多机会在家门口接受优质的高等教育，有利于提升河南高等教育的核心竞争力和贡献度，更好地服务和支撑新时代中原更加出彩的历史使命。郑州校区、深圳研究院和三亚研究院的区位和政策优势在打造高层次人才汇聚高地，在高水平合作办学、高层次人才聚集、高质量成果产出等方面的效应正逐步显现，将成为学校新一轮建设发展的强大引擎。学校不断深化与中国科学院、中国社会科学院、中国医学科学院、中国农业科学院等国内高水平科研机构合作，探索合作新模式，丰富合作内容，深化合作内涵，巩固合作成果，外部资源利用能力不断提升。

入选"双一流"建设的河南大学坚持立德树人根本任务，切实巩固人才培养中心地位和本科教学基础地位，培养"铁塔牌"高素质人才，成为"人才蓄水池"，培养了一大批具有健全人格、创新思维、宽厚基础、全球视野和中国情怀的拔尖创新人才，为新时代中原更加出彩提供了源源不断的人才和智力支持。2019年、2020年河南大学生物科学等37个专业入选国家一流本科专业建设点，以国家一流专业为契机，提升人才培养质量。河南大学综合性研究型大学人才培养体系不断完善，打造人才培养高地，践行培育一流人才使命。多年来，学校在人才培养方面取得了引以为傲的成绩，培养了一大批杰出校友，为河南乃至全国高等教育和经济社会发展做出了突出贡献，成为河南大学安身立命的根基和灵魂。

作为"双一流"建设高校，河南大学的办学声誉和社会影响力在不断提高，对优秀考生的吸引力在逐渐增强，生源质量在不断提高，这为培养出更多的服务国家社会发展和中原更加出彩的拔尖创新人才奠定了基础，实现了一亿河南人民的期盼，极大地激发了学校的创新活力和奋斗精神，进一步提升了河南大学在河南高等教育体系和让中原更加出彩历史进程中的地位和作用，充分发挥了学校"双一流"建设高校的示范、引领、带动作用。

随着全国"双一流"建设深入推进，国家高等教育正在重新调整布局，国家和各省市对高等教育的投入持续加大，我们面临的外部竞争环境日益激烈。河南大学作为河南省的一所"百年"历史名校，在河南省内具有较高的地位和良好的社会声誉，其建设与发展水平对河南省高等教育建设发挥着至关重要的作用。河南大学作为中国近现代高等教育的先驱，建校一百一十年来，坚持立足中原大地，以培养对地区发展有贡献的高水平人才为导向，与国家和民族同呼吸共命运，形成了优良的校风、学风和办学传统，在中原地区持续发挥领跑作用，为中国高等教育事业和经济社会发展做出了重要贡献。

国家关注"双一流"建设中高校布局问题，尤其是重视中西部地区高等教育发展。2020年中共中央办公厅、国务院办公厅印发《关于新时代振兴中西部高等教育的意见》。中西部地区的高等教育在全国高等教育系统中的短板位置不利于发挥该地区高等教育对区域经济发展的支撑作用，同时也不利于从整体上提升我国高等教育的质量和水平,影响我国成为世界舞台上的高等教育强国。自近代以来,中国高等教育体系一直呈现"东部强,中西部薄弱"、"中央部属高校强,地方高校弱"的局面,在优质高等教育资源配置上一直是处于非均衡的状态。中西部地区作为我国的高等教育短板区,在不同的历史时期均表现显著。因此,优化中西部高等教育结构布局,对提升河南高等教育在对区域协调发展和国家战略实施中的支撑作用,推进区域教育公平,提升河南高等教育在国家战略布局中的地位,提升河南大学在国家总体战略布局中的影响力和贡献度至关重要。随着郑汴一体化进程和郑州龙子湖校区建设步伐的加快,河南大学发展的区位优势更加凸显,为全面提升学校的核心竞争力和社会服务能力,积极主动参与区域经济振兴、文化繁荣发展,提供更加广阔的发展平台。①

二、引领中西部一流学科建设

河南大学生物学科成功入选"世界一流学科"建设高校,对河南大学来说是一次难得的历史发展机遇。因此,河南大学以生物学科为基础,开展世界一流学科建设工作,通过打造学科高峰,构建一流学科体系,为建设世界一流大学夯实基础。河南大学所处的地理位置以及其内外部环境在中西部地区"世界一流学科"建设高校中具有一定的代表性,将其作为案例一方面能够更好地解决河南大学生物学科建设的实际需求,另一方面又有助于分析并总结河南大学生物学科建设的经验,为中西部地区其他高校"世界一流学科"建设提供借鉴与参考。原校长宋纯鹏表示:"建设一流学科、培育一流学生、研发一流成果,为中国高等教育的发展提供更多经验。"②

生物学顺利完成首轮建设并进入第二轮国家"一流学科"建设名单,带动了农学、医学、化学、材料科学、药学。经过河南大学多方努力,生物学科围绕一流学科建设目标扎扎实实开展各项工作,取得了重大突破。河南大学学科影响力不断提

---

① 河南大学:《关于印发〈河南大学"十三五"事业发展规划〉的通知》[EB/OL]. https://news.henu.edu.cn/info/1058/94093.htm。

② 王胜昔、尚杰:《逆境造就"一流学科"——河南大学生物学科建设的启示》,载《光明日报》,2021年8月30日003版。

升,"逆境生物学"处在国际生物学学科的领先地位。河南大学瞄准国家战略需求和国际科技前沿,围绕作物遗传改良与逆境适应、农业和疾病微生物学及其技术、进化生物学与生物考古等领域,开展基础和应用基础研究,充分发挥综合性大学的多学科优势,大力实施"生物学+"战略,推进环境生态、农业科学、医学、信息科学、材料科学、考古学等相关学科交叉融合,带动了生物医学、纳米生物学、生物信息等等相关学科的快速发展,生物学带动和学科交叉融合效应日益明显。

截至 2022 年,河南大学已有化学、材料科学、临床医学、工程学、植物学与动物学、药理学与毒理学、环境科学与生态学、生物学与生物化学、农业科学等 9 个学科进入 ESI 全球排名前 1%,较 2017 年 9 月入选"双一流"建设高校行列时增加 7 个,学校 ESI 全球排名第 1210 位,较上期统计排名提升 53 位。[①] 学科国际影响力大幅提升。这既显示出生物学一流学科发展水平,也反映了学校基础研究和创新能力的不断提升,也表明了"一流引领、协同发展、整体提升"的学科发展支撑体系正逐步形成。

河南大学实施科学研究创新计划,一流学科承担国家级科研任务的能力持续提升,产出一批高质量的标志性科研成果。河南大学在 *Cell*、*PNAS*、*PlantCell*、*NaturePlant*、*NatureCommunicationsFunctionalEcology*、*Science* 等国际著名期刊发表一系列标志性研究成果,两年内实现了 *Cell*、*Nature*、*Science* 覆盖;小麦抗逆基因组学全基因组测序已经组装完成,棉花基因编辑取得初步进展,玉米抗旱领域、昆虫和作物协同进化已有大量积累。2021 年 5 月 27 日,宋纯鹏团队在 *NaturePlants* 上发表研究成果,解析代表性节节麦的基因组图谱,为实现小麦 D 基因组的原始创新和从头驯化奠定了重要的理论和材料基础。

2021 年 10 月 1 日,国际顶尖期刊 *Science* 长文刊登河南大学王学路团队的最新研究成果,证明光信号是豆科植物与根瘤菌共生结瘤的必须因子,揭示了光信号如何调控豆科植物与根瘤菌共生结瘤,进而共生固氮。该项成果是由我省科研团队主导并发表在 *Science* 上的第一篇研究论文,该成果入选 2021 年度"中国高等学校十大科技进展",是该评选自 1998 年设立以来河南省高校首次入选,标志着我省在面向世界科技前沿、开展原始创新方面的重大突破。

---

① 学科建设处:《我校生物学与生物化学和农业科学学科进入 ESI 全球排名前 1%》[EB/OL]. https://news.henu.edu.cn/info/1083/118718.htm.

据悉，为了鼓励高等学校提高科技创新能力，教育部科学技术委员会自 1998 年起开展了"中国高等学校十大科技进展"的评选，每年评选一次。本次入选是河南大学创新成果首次入选"中国高等学校十大科技进展"，也是该评选设立以来河南省属高校首次入选，充分展示了河南大学的科技创新实力，进一步提升了学校声誉，助力学校生物学一流学科建设。王学路教授研究团队发现光合产物和光信号在调控共生结瘤过程中的不同作用，揭示了 CCaMK-STF-FT 模块整合地上光信号和地下共生固氮信号调控根瘤形成的机制。研究结果 2021 年 10 月 1 日以 Article 形式在 *Science* 正式发表。

张治军教授团队承担的"高性能节能抗磨纳米润滑油脂关键技术与产业化"项目获得 2019 年度国家技术发明二等奖。在小麦、棉花和玉米等作物分子育种技术和关键抗性基因开发方面形成创新技术体系；在植物入侵与负密度制约效应研究领域取得重要进展，获得河南省科技进步二等奖 1 项，申请各类专利 48 项，授权发明专利 13 项。

王家耀开启了计算机地图制图技术的先河。2021 年 11 月，以王家耀院士为第一完成人的"智能化地图综合与多尺度级联更新关键技术及应用"项目荣获 2020 年度国家科学技术进步二等奖。2021 年 9 月王家耀院士被授予"中国地理学会荣誉会士"。2021 年 12 月，王家耀院士荣获"2020－2021 年度中国地理学会科学技术奖——终身成就奖"。王家耀是河南大学地理与环境学院教授、博士生导师，六十年来致力于地图学理论、数字地图制图、地理信息系统和测绘信息栅格等领域的创新研究，在智能化地图综合和级联更新的关键技术领域取得了一批重要的科研成果，并在多个行业部门推广应用，取得了巨大的社会效益和经济效益。他在 1979 年招收我国第一个"计算机地图制图"专业本科班，这是我国第一个"计算机地图制图"本科专业创办班。他从教 60 多年来，倾心教学，桃李满天下，培养研究生、"拔尖人才"、"领军人才"一大批高层次科技人才，共计 200 多人，为我国国防现代化和我省科技事业发展做出了卓越贡献。

王家耀院士为第一完成人的"智能化地图综合与多尺度级联更新关键技术及应用"项目荣获 2020 年度国家科学技术进步二等奖。宋纯鹏教授课题组完成的"植物应答干旱胁迫的气孔调节机制"项目荣获 2012 年度国家自然科学二等奖。张治军教授主持的"高性能节能抗磨纳米润滑油脂关键技术与产业化"项目荣获 2019 年度国家科学技术发明二等奖。之后，河南大学在科技进步类型国家奖方面的重大突破实现了河南大学国家三大奖（如表 11-4 所示）全覆盖，这对河南高等教育乃至全国高等教育具有重大的影响。

11-4 荣获国家三大奖

专家	宋纯鹏	张治军	王家耀
奖项	国家自然科学二等奖	国家科学技术发明二等奖	国家科学技术进步二等奖
年度	2012	2019	2020
项目名称	植物应答干旱胁迫的气孔调节机制	高性能节能抗磨纳米润滑油脂关键技术与产业化	智能化地图综合与多尺度级联更新关键技术及应用

三、开启河南对外合作办学新篇章

河南大学以"中部引领+国际协同"为战略目标，拓展全球合作伙伴，加快学生国际化培养，促进高水平国际化教师队伍建设，加强科研国际合作，国际化办学水平显著提升。2016 年 9 月，河南大学获批"作物逆境生物学创新引智基地"（高等学校学科创新引智计划，简称"111 计划"），成为我省首个国家级学科创新引智基地。2018 年，河南大学成立海外引智办公室，制定了《河南大学外籍专家聘用和管理暂行办法》；同年，河南大学入选"一带一路"智库合作联盟理事会，成为河南省唯一进入该联盟高校。河南大学与"一带一路"沿线国家的高校在科技创新、人才培养、教育合作和汉语推广等方面的合作在持续扩大。

河南大学迈阿密学院通过国家审批，成为河南省第一所与世界 200 强大学合作举办的本科办学机构。2016 年 3 月，教育部下发《关于同意河南大学与美国迈阿密大学合作设立河南大学迈阿密学院的批复》（教外函〔2015〕83 号），批准河南大学与美国迈阿密大学合作设立河南大学迈阿密学院（MiamiCollegeofHenanUniversity），同时宣布于当年开始正式招生。这是河南省第一所与世界名校合作的本科层次、非独立法人的中外合作办学机构，开启了河南合作办学先河。河南大学迈阿密学院秉承"植根中原文化沃土，汲取先进国际教育理念，打造一流国际人才培养高地"的办学理念，坚持"开拓、进取、合作、创新"的指导方针，以建设一流中外合作办学机构为目标,积极打造高水平国际教育平台和支撑河南大学"双一流"建设人才集聚平台。依照相对独立的办学空间、相对独立的人事管理和相对独立的财务管理的"三个相对独立"的管理模式,学院致力于打造河南大学和中原经济区的国际合作办学示范特区与国际化人才培养高地。

河南大学在机构设置、专业课程体系、质量评价标准等与迈阿密大学完全对接;在人才招聘方面,学院参照"迈大"的入职标准,全球招聘优秀教师和管理人员,采用年薪制薪酬体系管理。学院目前设置环境科学、土木工程、电子信息科学与技术、自动化4个本科专业,依托河南大学雄厚的教育资源,引进70%-80%美方课程,借鉴美国迈阿密大学相关专业的课程体系,融合国外课程优势,采用原版英文专业教材,采用全英文授课方式,实施学分制,基本学制四年,实现了课程的国际接轨和多元文化的融合。在人才培养方面,主要瞄准国际工程ABET认证标准,引进迈阿密大学优质教育资源和先进教学及管理模式。

河南大学实施"本科生国际视野提升工程"、"研究生全球胜任力提升工程",学生的国际视野和全球胜任力显著提高。开设全英文(双语)课程420门;先后与国(境)外90余所高水平大学完成学分互认,与牛津大学、剑桥大学、悉尼大学等世界一流大学实现教育资源对接。组织开展出国(境)特色研修(实习)项目,学生年出国(境)人数从2015年的310人增长到2019年的1125人,年均递增204人,2016年以来累计派出学生2831人次。积极创新研究生国际化培养模式,设立"双导师制",先后与澳大利亚麦考瑞大学、韩国国立癌症研究中心等大学(科研机构)开展联合培养博士合作项目。培养具有扎实的专业知识和灵活的应用能力、较强的外语应用能力、良好的人文社素养和管理科学知识,同时具有开阔的国际视野、良好的交流沟通能力和创新能力的复合型国际化人才。

河南大学加强国际协同,推进中外政府间重大科研合作,国际学术影响力日益扩大。获批国家级国际合作项目4项,接受境外开放课题、技术开发、技术服务等各类委托项目14项。累计建设具有国际背景的科研平台、科研合作课题等151个。与"一带一路"沿线7个国家的7所高校建立了4个国际合作联合实验室,推动联合攻关。实施"品牌国际会议建设计划",举办"WILEY-河南大学生物纳米技术国际研讨会"、"计算纳米技术学术国际研讨会"等国际及双边学术会议60余场。启动"国际学术期刊培育计划",携手中国科协和WILEY出版集团,创办学术期刊

Exploration（于 2020 年 12 月出版首刊），着力打造有重大国际影响的综合性期刊。进一步拓展办学视野，引入国际优质教育资源，促进教师、学生、资源的双向流动，全面提高国际化办学水平。

加强人文社会科学研究，推进新型高端智库建设，中原发展研究院入选 CTTI 首批来源智库，以色列研究中心入选"一带一路"智库合作联盟。依托教育部人文社会科学重点研究基地——黄河文明与可持续发展研究中心，集地理、生态、考古、历史、文学、艺术、哲学等多学科优势，建构中国特色的黄河文明学术话语体系，打造华夏文明传承与创新、世界文明交流互鉴的学术重镇。积极推动中原文化走出去，获准设置华文教育基地、汉语国际推广基地。重视国别文化研究，获批教育部国别研究基地，以色列研究所成功入选教育部"中国犹太文化研究联盟"。河南大学重视开展境外办学，积极推动我校优势学科走出去。

跋

如何看待河南大学对中国高等教育的影响

跋　如何看待河南大学对中国高等教育的影响

　　回顾110年来河南大学走过的漫漫征程，厚重而雄浑。河南大学在中原大地上如一颗璀璨的明珠，坐落在黄河岸边的古都，熠熠生辉，书写了一幅波澜壮阔的恢宏画卷。110年来，河南大学走过的路，留给我们思考、整理、挖掘的文化资源太多，不是一部书或一套丛书所能涵盖得了的。当我们围绕河南大学对我国高等教育尤其是对河南高等教育的影响这个主题进行思考、整理、挖掘的时候，我们才意识到这个话题其实很宏大。

　　在河南大学学校领导和河南大学校长办公室、110周年校庆办公室、人文社科研究院、出版社的大力支持下，经过我们编写组各位同仁的共同努力，历时一年半的时间，呈现给大家面前的这部书稿，反而觉得没有很好地回答这个问题，而只是将这个问题破了个题，做了个引子。相信并期望将来有更多的学者和研究者、校友，围绕这个话题继续探讨研究，推出更加精彩的研究成果。

　　在撰写这部书稿的过程中，我们意识到有几个问题还需今后更多的专家学者来探讨。

一、河南大学的历史源头在哪里

　　我们一直秉承着河南大学起源于1912年的河南留学欧美预备学校。如果河南大学像一条生生不息的大河一样，那么，河南留学欧美预备学校是其中的一个源头。这条涓涓小溪奔腾而来，在1927年与河南公立农业专门学校和河南公立法政专门学校合并成为中州大学，中州大学无疑是今日河南大学的一个重要的办学时期。于是，分析中州大学的源头就是一个很有意思的话题，需要我们对河南农业专门学校的发端进行研究。我们发现，河南农业专门学校的源头更早于河南留学欧美预备学校，这也就有了后来的河南农业大学校庆早于河南大学的现象出现。事实上，河南大学早期的源头不止河南留学欧美预备学校一个，还有早于留学欧美预备学校的农业专门学校。

　　为什么成立河南农业专门学校？晚清时期的中国高等教育发展面临着学习西方

改造旧式高等教育的历史趋势。于是，在北京成立了京师同文馆、京师大学堂，同时各省也分别建立了大学堂。河南大学堂是在1902年与其他大多数省份的大学堂一起创办的。国内山西大学的历史源于山西大学堂的说法就在于此。当然，一种观点认为，河南大学与河南大学堂是没有承续关系的。可是，河南大学堂后来逐渐衍生出河南农业专门学校，独立办学，几年之后，与河南留学欧美预备学校合并，才成立了中州大学。由此看来，河南大学的校史可以打破传统认识，追溯到河南大学堂的创建时期。对这个问题的研究期望将来有所突破，并成为定论。如果承认这样一段历史，就妥善处理了河南大学校庆110年，而社会一直公认河南农业大学是50年代从河南大学拆分后独立建校的，为什么反而有120周年的校庆疑案。由此看来，河南农业大学校庆时间早于1912年成立的河南留学欧美预备学校，并没有什么问题。

值得注意的一个观点是，河南大学的文化基因里有一种谦虚、低调、不事浮华的因子。我们多年来一直秉持的是，以河南留学欧美预备学校的发端作为河南大学校史起源，而忽略河南大学堂作为河南大学的源头，骨子里有一种开放、前瞻的认识，而不愿意承续脱胎于晚清的大学堂的源头，认为河南大学堂是保守的象征。后来，河南农业大学的校史追溯到河南农业专门学校，并因此追溯到了河南大学堂的历史之后，长期以来自誉为河南农业大学是河南大学分支的观点，反而无法在历史的逻辑上成立了。虽然有一种观点反对河南农业大学将历史追溯到河南大学堂，但事实上河南农业大学的校史已经这样书写，在2022年7月，就成功举办了建校120周年的校庆。事实上，河南农业大学也尊重了历史的延续脉络。这就倒逼我们不得不从河南大学堂的历史来书写河南大学的历史。既然晚清时期的河南农业专门学校在中州大学时期与河南留学欧美预备学校合并组成了中州大学，中州大学后来又延续省立河南大学、国立河南大学，在中华人民共和国成立之初的50年代院系调整中，将河南大学的农学院调整到郑州独立设置为河南农学院，发展到今天的河南农业大学。那么由此看来，今天河南大学的历史的源头应该追溯到河南大学堂时期。这应该是一个无须争议的话题。

这是一个严肃的学术问题。实际上也是高等教育史问题，没有必要掺杂个人情怀。尊重历史，还原历史，就不会纠结是不是要拒绝河南大学堂作为河南大学的历史源头的问题了。地理学上，研究一条大河的源头，应该从最远的发源地算起，那么河南大学堂演绎出河南农业专门学校，一直向前流淌的时候，在1924年与河南留学欧美预备学校这一条河流合并,成为中州大学。于是乎,河南留学欧美预备学校作为前瞻开放、国际化的代名词,与作为植根于中原大地、服务河南经济社会尤其是农业发展的社会使命结合起来,两种文化融会贯通在一起,成为中州大学的文化形象,其社会意义更加巨大。我们期望未来的校史研究者,能够客观正视这个问题,并能取得突破。

二、河南贡院与河南大学的关系

虽然河南贡院在晚清时期一度辉煌到全国闻名,并成为我国延续了 1300 多年的科举制度最后一次举行科举考试的地方。但之后的 1905 年就废除了科举制度。在河南大学宣传片中,一直说在贡院旧址创办了河南留学欧美预备学校。河南贡院在最为繁盛的时期,有 11866 间号舍,蔚为壮观。据有关文献记载,晚清之际,辛亥革命之前,科举废除之后,河南贡院荒废无法修葺。然而,在这块土地上,出现了一所新式的学校——河南留学欧美预备学校。

那么,河南大学有没有贡院的文化基因?直到 20 世纪 80 年代,还有几间原贡院为举子考试用的学舍,带着连廊。后来为建新的办公大楼,将这一宝贵的文化遗迹"毁掉",实在可惜。然而,贡院虽然不能作为河南大学的源头,不过贡院的文化是河南大学文化基因的重要组成部分。直到今天,在这块曾经出现过封建时代许多杰出人才的土地上,又连续为社会培养了 50 多万名各类优秀人才。

河南贡院消失了。目前,在河南大学的明伦校区有几间仿建的贡院执事楼作为消失了的贡院的影子,留存在现代的河南大学明伦校区里一个不起眼的地方,展现出河南大学骨子里渴望承接河南贡院的文化基因的态度。无疑,科举制度对于中国历史的贡献是巨大的。它尽管已经取消了 100 多年,但今天我们再回顾科举制度时,反而发现了科举制度作为一种人才选拔制度存在 1300 多年的历史逻辑。即便是今天,科举制度仍然有很多有价值的东西需要我们认真地反思和借鉴。一种存续 1300 多年,并且对于西方的文官制度产生深远影响并有相似之处的科举制度,其精神价值并不会彻底消亡。

这大概在河南大学的宣传片里,一直引以为骄傲的是,河南大学诞生在延续了 1300 多年的中国科举制度的终结地的原因。既然如此,河南贡院的影子就不可能从河南大学的历史中除去。

三、河南大学对河南高等教育的影响

在晚清时期,河南高等教育有几所高校,这几所高校都与河南大学有着千丝万缕的联系。新中国成立前的河南大学在各个历史时期都是河南高等教育的引领者。当时,河南大学在全国的高等教育中也有突出地位。

抗战时期的河南大学曾在敌后占领区的豫西山区潭头镇办学多年,直到日本发现嵩县大山深处的潭头镇还有一所没有搬迁走的大学时,派兵围剿,发生了"潭头惨案"。河南大学不得不在1944年再次开始流亡,沿山区向南一路迁移,先后经过鸡公山、伏牛山区荆紫关,随后又不得不离开河南。经过陕南商洛山区的大山,途经汉中平原,越过秦岭,走到陕西西部的宝鸡办学。此处极为重要。经此迁移,河南大学在豫西、豫南、陕南、汉中、宝鸡等一路播撒文化的种子,留下了许多佳话和深刻的影响。

在宝鸡办学时期,后来成为世界著名的中国科学技术史的研究者李约瑟来到宝鸡,与流亡此地的河南大学不期而遇,并在河南大学的藏书室里,看到了影响后来李约瑟一生的中国传统文化科技巨著——《道藏》,也书写出河南大学与中国乃至世界科技史的佳话。正如李约瑟后来自述的那样,恰恰是在宝鸡看到了《道藏》里隐含的中国古代科学与技术的许多信息,激发了他由一个化学家转为一个科技史学家,潜心研究中国科技史,并完成了七卷本的鸿篇巨制。不仅向世界全面介绍了古代中国科技的辉煌,还提出了一个著名的"李约瑟难题",为什么中国的科学技术辉煌了1000多年,在西方工业革命崛起后,却落后了?

还值得书写的是,在流亡过程中,国民政府发布了新一轮的国立大学名单,河南大学入选其中。由此可见,那个时候的河南大学在国内高等教育中的地位和影响。

抗战胜利后,流亡在宝鸡办学的河南大学迁回光复了的河南省会开封旧址办学,而此时的河南大学校园已经满目疮痍。在河南大地上,只有河南大学在古都省会城市开封办学,别的大学不复存在。原来在焦作办学的焦作路矿学堂因为战乱搬离河南办学后,尚未搬迁回河南,直到1946年8月才搬回洛阳关林暂行复校。

在三年解放战争时期,河南大学所在地开封先后经历三次解放,这对河南大学迎来新的革命变革提供了外在动力。一批追求马列主义和共产党的进步师生，在嵇文甫、姚雪垠等人的率领下，脱离在开封办学的河南大学，奔赴豫西宝丰山区的中国共产党领导的中原解放区所在地，投奔革命。中原解放区充分发挥来自河南大学的200多名进步师生的作用，在宝丰创办了"中原大学"。于是，在河南大地上由共产党领导的中原大学成为未来河南大学的主导力量。而在开封办学的河南大学在国民政府的指令下，计划南迁并准备到中国台湾办学。

当1948年开封第一次解放的时候，在开封办学的河南大学被国民政府搬迁到苏州办学。经查校史，1948年6月开封第一次解放前夕，南京政府教育部命令河南大学迁往苏州。古城开封回到了人民手中，中原解放区也把机关搬回到了当时河南省会开封，中原大学回到开封原河南大学旧址办学。苏州解放后，滞留在苏州的河南大学1100多名师生被解放军迎回到开封继续办学。此时，有380多名河南大学师生从苏州迁往中国台湾，于是此后河南大学在台湾一直有着深远而广泛的影响。当海峡两岸加强沟通交流之际，流落到台湾的原河南大学部分师生成为搭建两岸关系的重要力量。而河南大学在台湾的影响甚至可以作为一章来单独浓墨重彩地书写。这里面有许多史料可以挖掘整理。于是，河南大学这条大河有一支到了台湾。

1949年苏州解放后，从苏州回开封的河南大学师生与在此地办学的中原大学合并在一起，成为共产党领导下的新河南大学，继续办学。直到全国解放后，为了更好地改造国民党旧政府留下来的高等教育体制，发挥这些高校及其知识分子在新中国建设的重要作用，推动新中国高等教育的发展，推行了影响深远的20世纪50年代的院校调整。早期的调整，从河南大学分出一批师生到武汉办学，与在武汉办学的后来著名的华中师范大学、中南财经政法大学有了交集。至今，在中南财经政法大学的图书管理还有分家前的盖有河南大学图书馆藏书章的图书，有力地证明了这一点。

在这次院校调整中，河南大学发生了重大变化。这既是历史的必然，也是一次重生，凤凰涅槃的河南大学，因此对于河南省的高等教育布局产生的影响，直到今天依然能够感受到。

这些院校调整和河南大学的调整也与河南省会搬迁到郑州同时进行。河南省会从古都开封搬迁到了交通更为便利的郑州。新的省会郑州的崛起必然需要高等教育的支撑，也需要更多的高校作为支撑，而河南大学现有的结构和规模的调整无疑为河南高等教育的发展提供了天然的源泉和动力。顺理成章，原河南大学农学院、医学院等从开封搬迁到郑州独立设置为河南农学院、河南医学院。这两所高校对新中国成立之后的河南高等教育的布局发展做出了极为重要的贡献。而原河南大学的理学院则搬迁到了新乡办学。解放后的新乡在中国行政区划上有着极为重要的地位。今天的人们也许早已忘记了"平原省"，但新乡作为平原省的省会所在地，必然要大力发展高等教育，也首先想到了从河南大学借力的思路。于是，理科专业搬迁到了黄河以北的新乡办学，组建成为河南师范学院（北院），后更名为新乡师范学院，发展成为今天的河南师范大学。

留在开封原河南大学旧址的文史学院的师生，作为河南师范学院（南院）独立存在。原来河南大学的六大学院仅仅留下一个文史学院在古城开封办学。失去了省会城市地位的古城开封逐渐衰落下来。在此默默办学的河南师范学院（南院）后来更名为开封师范学院。旧的河南大学不复存在，但在中原大地上出现了河南师范学院（南院，北院，后分别更名为开封师范学院、新乡师范学院）、河南农学院、河南医学院等四所高校。七十多年来一直成为河南高等教育的重要支撑和引领者。

四、河南大学在中国台湾的影响

台湾作为祖国美丽的宝岛，至今孤悬海外。1945 年光复之后，回到中华民族的怀抱。1949 年，台湾海峡将台湾与大路"阻隔"。两岸的文化交往在大陆改革开放之后，受民意影响，台湾国民党当局才逐渐放开。于是，1945 年从苏州去了台湾的 380 多名河南大学的师生也恢复了与母校河南大学的联系。在台湾的河南大学校友会非常活跃。尤其令河南大学感动的是，1945 年离开大陆去了台湾的河南大学的校友，随着时光的流逝、岁月的更替，逐渐驾鹤西去。然而，河南大学精神在台湾的影响通过第一代河南大学在台湾的校友的后辈们得以继续传承。今天，在台湾依然有一个河南大学校友会，会员的资格是其父辈是河南大学的校友。河南大学台湾校友会也因此具有顽强的生命力，并逐渐成为大陆和海岛文化教育沟通的重要桥梁。也因此，至今，河南大学在台湾教育界的影响远超大陆其他高校。

2009 年，河南省委组织"中原文化宝岛行"大型系列活动，其中教育团组的主要任务是加强与台湾岛上的高等学校的联系。河南大学作为"中原文化宝岛行"教育团组的重要组成部分，负责联系了中共中央委员、河南省委书记徐光春在台湾中国文化大学的演讲活动，还有河南多所高校与台湾多所高校合作办学的签约活动。时任河南大学校长娄源功一行参加了系列活动。他们来到台湾，拜访已经80多岁的许多校友，也亲身感受到了80多岁的河南大学老校友们见到来自大陆的母校河南大学校长时激动的心情和盛情的接待。在台湾校友的共同努力下，河南大学此次访问台湾取得了良好效果。后来，河南大学不断派出学生到台湾高校访学，在暑假期间河南大学也不断接待来自台湾高校的教育界同仁和台湾高校大学生的访问和交流。也因为河南大学的原因，加强了河南高等教育界与台湾高等教育界的交流、交往。只是近年来因为台独势力的干扰，双方交往受到了影响。

如今，在梳理河南大学对中国高等教育影响的主题时，我们发现，其实河南大学在台湾的影响可以作为独立一章深挖其中的故事和内涵。显然，目前本书这一部分挖掘得还不够，这是今后需要着力完善的地方。

五、郑州大学的创建及其受河南大学的影响

在50年代初的院系调整中，河南省拥有的唯一的综合性大学河南大学被分为几所行业性（农业、医学、师范）高校，河南省则没有了综合性大学。新中国成立之后的高等教育部，在谋划、布局全国高等院校的过程中，也发现了河南没有综合性大学的现实，曾计划将在青岛办学的综合性大学——原山东大学搬迁到河南的新省会城市郑州办学。令人遗憾的是，曾有二三百名原山东大学的师生作为先头部队，从沿海城市青岛来到了郑州，而此时的郑州，虽然是省会城市、重要的交通枢纽，但城市基础设施落后、黄沙遍地、经济条件较差，这些在沿海城市青岛生活习惯了的原山东大学的教师们，纷纷表示不来这里办学。在这种情况下，高教部放弃了迁移山东大学来郑州办学的设想，而将山东大学从青岛搬迁到了山东省会城市——济南办学。这也是为什么此后的山东大学一直有着浓烈的青岛情结的历史渊源。

如何解决河南没有综合性大学的问题？筹建一所新的综合性大学成为历史必然。于是，经过认真准备，1956年在河南省会城市郑州，一所新的综合性大学——郑州大学诞生了。而新成立的郑州大学，其主要领导和师资力量大都来源于原河南大学。

郑州大学的首任校长嵇文甫就是河南大学的著名教授、《河南大学校歌》的创作者。郑州大学有着深厚的河南大学的文化基因和精神传承，而这种影响是深远的。如果没有河南大学师资队伍建设的有力支持和办学经验的借鉴，1956年创办郑州大学可能会更加艰难。

新中国成立之后，从1953年开始启动重点建设大学的办学制度，但直到20世纪90年代，河南省竟然没有一所大学成为国家重点大学。这是河南高等教育的遗憾之处。

20世纪90年代，河南省委省政府意识到了这个问题。省委省政府多次向教育部申请将郑州大学纳入到国家重点大学建设行列。但是，伴随国家启动"211"工程，国家重点大学的建设转为"211"工程大学建设。新的高等教育重点建设的制度安排让河南省意识到，必须有一所大学进入"211"建设工程行列，以弥补长期以来河南省没有国家重点建设大学的缺憾。

为了确保郑州大学能够进入"211工程"，先后采取了合并黄河大学、郑州工业高等专科学院等措施。然而，这些工作还不足以确保郑州大学进入"211工程"行列。于是，在2000年又采取重大举措，将郑州工业大学、河南医科大学与原郑州大学合并，组建新的郑州大学。河南医科大学的加入使得新郑州大学的校史往前追溯到了1927年。而原河南医科大学是从原河南大学拆分独立建设而来，也因为此，今天郑州大学的办学传承与文化基因更加具有河南大学的影子。河南大学对郑州大学的影响一直都强烈地存在着。当原建于1956年的郑州大学因为有原河南医科大学的加入，校史向前追溯到了1927年。而如果再往前追溯的话，今天的郑州大学几乎可以把河南留学欧美预备学校作为自己的源头。这本身就是你中有我、我中有你的客观存在。何必分为彼此呢？看看今天的河南高等学校的历史，又有几所高校没有原来河南大学的影子？

而后来，国家重点建设"211"工程的时候，郑州大学在省委、省政府的大力支持下，在国家"一省一校"的原则下，进入了"211工程"建设行列，迎来了历史发展机遇。河南大学因为地理位置的原因，失去了进入"211工程"建设行列的机会，也失去了一次快速发展的历史机遇。郑州大学、河南大学相互学习，二者既有竞争、又有合作，共同引领河南高等教育的发展，是河南高等教育界的好事。

殊不知，今天的郑州大学有着充分的河南大学的历史遗产。有一种观点认为，郑州大学排斥河南大学的发展，这显然是不尊重历史的表现。这些人只不过是没有历史常识罢了，或者是狭隘的片面认识而已。

大学是开放包容的。大学里的知识分子更应具有开放包容的品格，才能成为大家。今天的河南大学与今天的郑州大学成为河南高等教育领域的"双航母"，既是河南高等教育的幸事，也是一亿河南人民的幸事，更是河南大学与郑州大学的幸事。

六、河南大学进入"211"的艰难探索

1995年开始实施"211工程"之前，我国实行重点大学建设，经过新中国成立后多次建设和调整，到1978年共有88所全国重点大学，但河南省没有一所。1995年，启动实施"211工程"之后，重点大学的身份逐渐被"211"大学的身份取代。最先是按照"一部一校、一省一校"的原则，河南省只能有一所大学进入"211工程"建设行列。我手头正好有郑州大学汇编的一本《郑州大学"211工程"文件资料汇编（内部资料注意保存）》，没有发现编辑的时间，但是，从收集到的有关资料的起止时间，可以看出是从1990年开始到1994年11月15日截止。那么，资料汇编应该是编辑于1994年年底。从这份资料汇编中，可以清晰地看到，这一时期的河南省委、省政府一直将郑州大学作为省重点建设的大学。早在1992年1月22日，河南省教委给国家教委呈送请示报告《关于申报郑州大学为国家重点大学的请示》，显示当时省委省政府重点建设郑州大学。起因是落实国家教委要求各省市自治区一般应集中办好一所综合性大学的指示精神。河南省教委因此明确提出重点建设郑州大学，并申请将其纳入国家重点大学建设行列。1993年，国家已经开始论证"211工程"大学的建设问题，在高等教育领域即将产生影响深远的重点建设工程"211工程"的思路和制度设计基本成熟。河南省此后一直将郑州大学作为申报"211工程"的唯一高校。为了进入"211工程"大学，省政府先是将黄河大学与郑州大学合并，增加郑州大学的工科性质，后来又提出与郑州工学院、郑州机专合并的思路，目的还是想增加郑州大学的工科属性，为进入"211工程"奠定基础。河南省受制于"一省一校"的政策限制无法突破，全省把郑州大学进入"211工程"大学建设行列当作高等教育领域的重要工作。郑州大学在1996年11月由省政府组织专家召开了"211工程"建设项目的论证会，顺利通过专家论证，并进入"211工程"建设行列。这对

于长期没有国家重点大学的河南省来说是一件好事。

河南大学当时根本没有进入省政府重点建设为"211工程"大学的布局之中。因此，河南大学与"211工程"无缘，既是省政府的政策安排，也是当时的历史条件限制的结果。河南大学自身没有自主决定的权利。但是，因为没有进入"211工程"行列，河南大学失去了发展的重大机遇。

当时的江苏省的做法，在今天看来，依然令我们羡慕和感慨。本来南京已经布局了很多部属高校，多所部属高校已经进入了"211工程"行列，但江苏省按照"一省一校"的原则，仍然可以有一所省属大学进入"211工程"行列。南京师范大学与苏州大学两所江苏省省属高校处于竞争中，难分伯仲。于是，江苏省就向教育部申请，两所省属高校苏州大学和南京师范大学先后进入"211工程"行列。江苏省打破了"一省一校"的原则。而高等教育资源严重匮乏的河南省却只能有一所大学进入"211"行列。两个省对于高等教育优质资源布局的战略考量差异很大。由此看来，河南在高等教育领域的薄弱是历史形成的。

可是河南大学一直没有放弃进入国家"211工程"重点建设行列的诉求。省委省政府在郑州大学进入"211工程"行列之后，也极力给以支持。在郑州大学于1996年进入"211工程"建设行列之后，1998年河南大学开始论证"211工程"建设的可行性。1999年5月，初步完成了《河南大学"211工程"重点建设项目可行性论证报告》，提出了重点建设中国现当代文学、英语语言文学、人文地理学、高分子化学与物理、植物学、凝聚态物理6个学科；重点提高中国古代史、体育教育训练学、政治经济学、诉讼法学、基础数学、中国古代文学、自然地理学、光学、音乐学等9个学科；重点改善教育学原理、分析化学、遗传学、国民经济学、计算机应用技术、哲学、信息与计算机科学、企业管理、美术学、岩土工程等10个学科。这是按照二级学科来论证的方案，符合当时的学科建设要求。

这个方案经过多方征求意见和修改，到了1999年的11月，重点建设学科修改为6个学科：文学、经济学、法学、生物与环境科学、凝聚态物理与化学、数学与信息科学。文、理学科各3个，体现了河南大学"九五"时期发展规划中所确定的重点发展文、理学科的基本思路。但是，每一个学科下面的涵盖面很宽，比如文学下面就包涵了"中国语言文学"和"英语语言文学"。所以当时的河南省教委提出了一些修改意见，主要是认为论证的学科太宽泛、包涵太多，超越了一级学科的概念，成为学科群，担心难以通过专家的论证。

2000年5月8日，河南大学给河南省教委《关于"211工程"建设中有关重点学科规划设计问题的汇报》解释了为什么按照一级学科甚至是学科群来论证学科的原因，并提出针对河南大学已经完成的论证方案，能否先不做大的修改，而等待专家组论证后，再按照专家组的意见进行修改调整。手边没有教育厅对于这个解释的答复材料。可是，直到2001年春天，也就是将近一年之后，河南大学重新修改的《河南大学"211工程"重点建设项目可行性论证报告》还是针对重点建设的学科做了修改调整。

2001年3月，经过修改调整后的《河南大学"211工程"重点建设项目可行性论证报告》提出了建设"文学、历史学、经济学、法学、资源环境与地理科学、凝聚态物理、数学与信息科学"等7个学科，重点建设"润滑与功能材料实验室、分子与细胞生物技术实验室、光子学与光电子技术实验室"等3个实验室。

2001年4月12日至13日，河南省人民政府组织专家对河南大学的"211"建设项目进行了预审。国务院学科评议组成员干福熹院士、郭豫适教授、薛群基院士作为学科论证专家组召集人，甘子钊院士、向其柏教授、刘文华教授、许以超研究员、李得春教授、杨雄里院士、余昌雕教授、张同新教授、施雅风研究员、漆侠教授等作为专家组成员，对河南大学的"211工程"建设项目进行论证。

2001年4月18日，河南省人民政府给省计委、财政厅、教育厅下发一个通知，即《关于同意河南大学按照国家"211工程"建设项目要求进行建设的通知》，同意在"十五"期间按照国家"211工程"建设项目有关要求进行规划建设。在《通知》中，提出了重点建设"文学、历史学、经济学、法学、资源环境与地理科学、凝聚态物理、数学与信息科学"等7个学科，建好"润滑与功能材料实验室、分子与细胞生物技术实验室、光子学与光电子技术实验室"等3个重点实验室。

2002年11月12日，河南省人民政府向当时的国家计委发函，申请将河南大学列为"211工程"建设学校，(见豫政函[2002]73号)。函中主要讲了河南大学的历史、现状："学校现有教职工3500多人，其中院士5人，教授副教授800多人，全日制在校本专科学生23000多人，博士研究生、硕士研究生1200人，外国留学生200人。"拥有10大学科门类，形成了人文学科优势突出、多学科相互依存、协调发展的良好态势。然后，阐述了河南大学进入"211工程"的意义。

据我们所能见到的材料显示，袁宝华同志在这个函上有个批示。但是，具体批示内容的复印件没有找到。袁宝华是河南大学的校友，百度上的简历显示，他在1981年3月至1982年5月任国家经委（国家计委、国家发展改革委的前身）主任、党组书记（至1982年4月），1982年5月至1988年4月任国家计委副主任、党组副书记，后又担任过中国人民大学的校长。显然，2002年，袁宝华同志已经退休。但是，没有找到批示的复印件和内容，也不清楚袁宝华批示的具体时间。当时国家计委副主任于广洲同志十分重视袁宝华同志的批示，专门召集国家计委社会发展司的同志研究这一问题，并指示社会司同教育部有关部门进一步认真研究。国家计委社会发展司在2003年2月20日专门给袁宝华同志写信，针对河南大学进入"211工程"的事情，做了专题汇报。这封信的复印件寄给了河南大学。信中说："我委、教育部、财政部将在适当时候研究增补'211工程'院校问题，届时我们将高度重视您的意见，充分考虑学校的愿望、现状以及国家的需要与可能，以积极的态度慎重处理好河南大学的问题。"

2003年2月25日，袁宝华同志的秘书将国家计委社会司给袁宝华同志的信转给河南大学的主要领导，并亲笔写了一封信：

孙书记、关校长，好！春节过后，我找于广洲同志的秘书请他帮忙，快点办理此事。江秘书亲自找社会司商办。现将社会司的答复意见送上。希望你们那里有什么情况随时告诉我。共同争取。敬礼！

但是，之后的艰难可想而知。

2004年河南省人民政府再次向国家计委、教育部、财政部致函，提出将河南大学列为"211工程"建设学校。然而，这次上报的公函，没有查到相关结果。

2005年11月14日，学校又一次给河南省人民政府行文请示，申请增补河南大学为"211工程"建设学校，继续推进此项工作。

2006年、2007年迎接本科教学评估工作成为学校的中心工作。本科教学评估过后，学校再次把进入"211工程"当作中心工作。

据学校新闻报道：

2008年4月10日上午，教育部长周济在教育部会议室再次听取河南大学发展以及河南省教育发展的有关问题的汇报。河南省委常委、省委宣传部长、副省长孔玉芳，省政府副秘书长李建庄、省教育厅长蒋笃运、河南大学校长关爱和等，针对河南省教育发展和河南大学发展的有关重大问题，向教育部领导作了汇报。这是周济部长继 3 月 7 日听取河南教育以及河南大学工作汇报后，再次听取河南相关工作汇报。教育部领导与河南省的同志，在轻松愉快的氛围中，座谈一个多小时。周济部长对河南教育工作、对河南大学的发展提出了新的要求。

周部长说，近年来，河南教育取得了明显成绩，河南大学取得了快速发展。希望河南教育界的同志，继续努力，确保教育又好又快发展，为社会进步、经济建设做出积极贡献，在中部崛起中，担当更加重要的责任。周济部长希望河南大学继续努力，苦练内功，做好学校发展的各项工作，把握机遇，为学校发展取得新的突破，奠定坚实基础。

2008 年 4 月 10 日下午，中共中央政治局委员、国务委员刘延东同志在她的办公室听取河南教育工作汇报。河南省委常委、省委宣传部长、副省长孔玉芳，省政府副秘书长李建庄、省教育厅长蒋笃运、河南大学校长关爱和，向刘延东同志汇报了河南省教育工作的基本情况和河南大学的发展现状。

这次给刘延东同志和周济同志的汇报应该谈到了河南大学进入"211 工程"和省部共建的问题。

2008 年 9 月 11 日，时任河南省长的郭庚茂同志到河南大学调研，并发表重要讲话。根据录音整理的讲话中指出：

我回答你们说的那几件事情。第一个就是千方百计争取进入"211 工程"，我在这里表个态，我们坚持不懈的共同努力，争取早日实现，起码第一步要把它搞成省部共建，下一步我要去拜访教育部，再去找找国务院领导，争取早日实现河大这个梦寐以求的愿望，我们心往一起想，劲往一块使。第二呢，不管是否"211"，是否省部共建，有关部门加大一些对河南大学的支持力度，特别是对一些基础学科、一些优势学科和重点实验室的建设，希望财政、科技、发改委等有关部门给予必要的倾斜和支持。郑大在郑州，优势多一些，河大在开封相对薄弱环节多一些，我们多加一些支持，我刚才看你们这两个实验室，科研方向选得都非常好，如果能够突破的话，不但是一种知识的创新，而且是一种应用技能的开发和研究，很快就能产生效益，所以多给一些支持……

孔玉芳副省长在郭省长讲话结束后指出："同志们，刚才关爱和同志介绍了河南大学的历史现状、改革发展的情况，对学校的建设提出了具体的希望和要求，郭省长对河大给予殷切的期望,对存在的问题进行了明确的表态。要千方百计地争取进入'211工程',加大对河大在财政上的支持力度……"

由此可见,省委省政府在2008年前后,是极力支持河南大学进入"211工程"建设行列的。省政府曾先后七次给国家发改委、财政部、教育部致函,申请将河南大学增为"211"高校。

2009年10月,教育部宣布"985"、"211"大学不再增加新的学校。从此断了河南大学进入"211工程"的念想。而河南大学孜孜以求、努力争取进入"211"工程建设行列所付出的艰辛和努力,尽管受政策限制而"无疾而终",但都体现了河南大学顽强拼搏、自强不息的精神,也为后来河南大学进入"双一流"建设行列奠定了坚实基础。

七、省部共建为河南大学重返国家重点建设行列奠定基础

2008年6月,教育部有关领导到河南考察,关于河南大学进入"211工程"的事情再次被提及。但是,当时教育部与一些省政府联合共建大学的省部共建工作已经实行4年了,全国已经有18所高校成为省部共建高校。河南大学由申请进入"211工程"转到申请进入省部共建高校的事情提到议事日程。当年,主管教育的国务院领导视察郑州大学时,省领导曾向其汇报河南大学的发展问题,提出能否先进入省部共建高校。当时,国务院有关领导的态度应该是积极的。随后,省领导在全省经济工作会上公开讲了河南大学进入省部共建的事情,并说教育部已经同意共建河南大学。于是,在当年暑假,包括在整个9月份,我们就积极编制《河南大学省部共建学科建设方案》。通过已经进入省部共建高校的朋友的关系,我们拷贝来他们签署共建协议的一整套资料,包括教育部部长讲话、共建高校所在省省长讲话、共建协议文本、共建协议签署流程安排等。我们认真做好了签署共建协议的准备,并且在全校范围内多次征求处级干部、专家学者对于《河南大学省部共建学科建设方案》的意见。全校上下也都知道了这件大事,充满着渴望,校园里洋溢着喜庆的气氛。

2008年国庆节之后上班第一天,河南大学专门派人到教育部,呈送省政府致教育部关于共建河南大学的函,请示签署共建协议的具体时间和签署协议的程序等相

关事宜。

然而，这件事情并不顺利。起初教育部对省部共建河南大学并没有研究过，也没有这个意向。后来，学校向省委省政府主要领导汇报了这个情况，经过省委、省政府主要领导的共同努力，教育部领导基本同意了与河南省人民政府共建河南大学的方案，后经过教育部党组同意，定于2008年10月17日与河南省人民政府签署共建河南大学协议。期间经历了各种曲折艰险和困难，将来还可以另外专文详细记述。

2008年10月17日，河南省人民政府与教育部在郑州河南省人民会堂签署共建河南大学协议。周济部长和郭庚茂省长分别代表教育部、省政府签字。徐光春书记出席签字仪式。河南大学进入省部共建行列，省政府与教育部共建河南大学，是河南大学发展史上一个重要里程碑，为未来的发展提供了一个坚实的平台。当然，进入省部共建的过程异常艰难。河南大学编制了《2008－2015年省部共建学科建设与发展规划纲要》，重点论证了7个学科群的研究基地和创新平台：黄河学哲学社会科学研究基地；区域发展与中部崛起哲学社会科学研究基地；公民素质教育与人力资源开发哲学与社会科学研究基地；逆境生物学与地产农业科技创新平台；新材料与新能源科技创新平台；智能信息技术科技创新平台；环境健康与环境医学科技创新平台。这是按照当时的985科技创新平台的概念来论述学科群的，也是比较大的学科群概念，包含了学校几乎所有的学科。

期间，教育部直属司的领导曾提前来河南大学指导共建的相关工作，并参加了签署协议仪式。

2008年11月11－12日，教育部组织专家组莅临河南大学，对河南大学的省部共建学科建设发展规划进行论证咨询。组长是原清华大学党委书记方惠坚，成员有中山大学原党委书记李延保、兰州大学原校长李发伸、陕西师范大学原校长赵世超、重庆大学副校长陈德敏、山西大学副校长贾锁堂、南京大学校长助理朱庆葆。河南省直属部门有关领导参加了论证会。

省部共建意义重大。共建之后，获得省财政8000万元的专项支持。2009年我们因为省部共建，学校曾向教育部汇报申请增加推免研究生指标的问题。过去多年我们学校的推免指标都是2%以内。我们直接带了一份河南大学给教育部呈送的一个公函，提出当年推免生指标翻一番，达到4%。根据以往的经验，我们认为根本不可能。但是，经过我们争取，教育部有关部门的同志认为，河南大学进入了省部共建高校行列，应予以支持，同意我们的申请，当年推免生指标实现了翻一番的愿望。有时候机遇到来就是这样，想想从此之后有多少孩子的命运因此而发生改变。可是他们并不知道改变的原因。

后来推免研究生指标逐年增加。目前突破10%，应该超过12%。至今仍有一些共建高校或"211"高校推免生比例仍在5%左右。

省部共建之后，河南大学的声誉得到大幅度提升，综合排名迅速提高。此前我们作为地方大学，与教育部的联系只能依靠一些校友的关系。进入省部共建之后，河南大学可以直接和教育部的直属司联系，并通过他们与教育部其他司局汇报工作，获得相关司局的支持和关照。

因为进入省部共建，河南大学与教育部的关系得到加强。河南大学作为省部共建高校，参加每年举行的教育部直属高校咨询会、省部共建高校工作年会，可以及时得到中央和教育部的重大教育改革信息，给学校发展提供了良好的平台。

进入省部共建后，河南大学也加强了与国内省部共建高校的交往和联系。这些高校都是有实力、有影响的地方综合性大学，可以抱团取暖，共商发展大计。这对于后来相互学习、分享理念，在重大改革与发展的事项中交流体会、相互促进，很有帮助。我们在这些年的交往中，加强了与山西大学、河北大学、广西大学、云南大学、新疆大学、安徽大学、西北大学、浙江工业大学、西北师范大学、南昌大学、福州大学、内蒙古大学、石河子大学、福建师范大学、湘潭大学、延安大学、井冈山大学、延边大学等几十所地方著名大学的交往和联系。这既增加了河南大学的社会声誉，也扩大了河南大学的社会影响，同时也为这些高校相互之间探索发展路径，互相促进发展，进而对提高我国高等教育尤其是中西部高等教育的整体实力，都有积极影响，而对河南大学的发展意义更加巨大。

八、河南大学与"部省合建"失之交臂

2011年5月19日，河南省人民政府印发了《百年名校河南大学振兴计划（2010—2020年）》，对河南大学的发展给予高度重视。《百年名校振兴计划》中明确提出：

到2020年，在省委、省政府的大力支持、强力推进下，充分利用各种社会资源,在学科建设、人才培养、科学研究、社会服务、国际合作办学等方面取得重大突破,进入国家重点支持建设的中西部高等学校行列,并以此为基础,继续提高办学水平,增强办学实力,扩大社会影响,进入国家重点建设高校行列,主要办学指标接近或者达到国内高校先进水平,建成国内著名、在国际上有较大影响的高水平大学。

为此,《百年名校振兴计划》提出了"一条主线、两大突破、五大战略"的工作思路,也就是坚持高水平大学建设这条主线,实现核心竞争力的突破,实现服务区域经济社会发展能力的重大突破。

在起草《百年名校振兴计划》的过程中,时任省委书记徐光春曾对河南大学提出的《百年名校振兴计划》做出重要批示,给予高度评价。其如图跋-1所示。

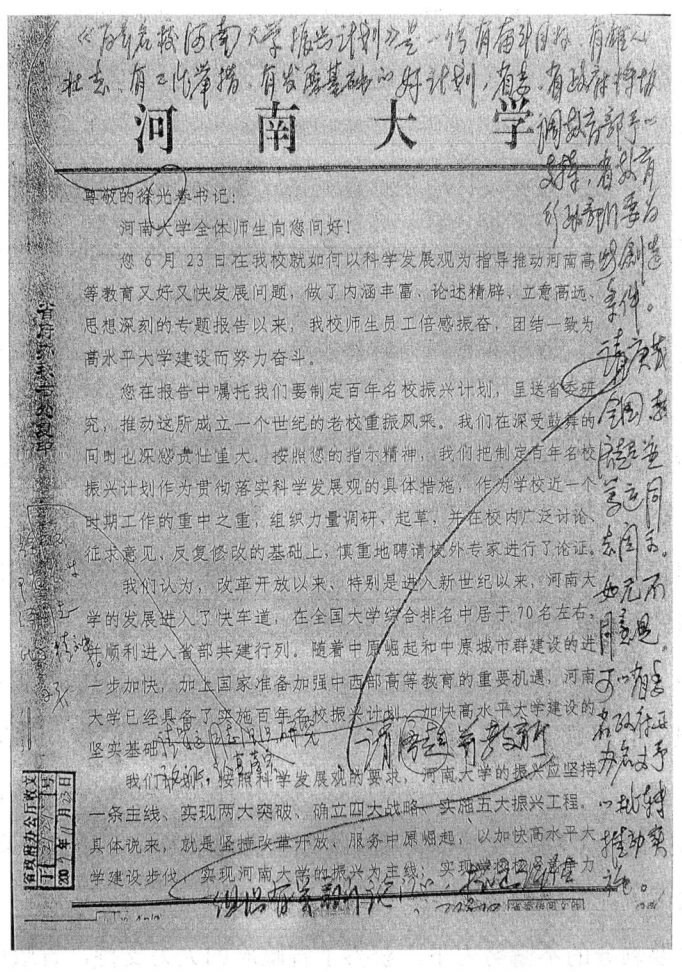

图 跋-1 时任河南省委书记徐光春对《百年名校振兴计划》的批示

2012年，国家启动中西部高等学校振兴计划。这是《国家中长期教育改革发展规划纲要（2010－2020）》里面明确提出来的一个计划。在编制《国家中长期教育改革发展规划纲要（2010－2020）》的过程中，"实施中西部高等教育振兴计划"的提法也是经历了一定的波折，在有关领导的支持下，经过几次修改意见的争论，后来还是坚持写上了这一振兴计划。真正实施这一工程，是在2012年开始启动。

其中包括主要的两大工程，一个是国家在"十二五"期间投入60个亿，重点支持14个没有教育部直属高校的省份，建设一所大学，也叫综合实力提升工程，也就是"一省一校"。本来是13个省份，怎么成了14个省份？那是因为把新疆建设兵团当作了一个独立的省份对待的，新疆建设兵团的高校是石河子大学。所以就有了14所高校的说法。

另外一个是基础能力建设工程，国家在"十二五"期间投入100亿元，重点支持中西部100所高校，加强基础能力建设。河南大学进入中西部高等学校基础能力建设工程高校。

如何启动这两项工程，教育部并没有大张旗鼓地宣传，而是一直安排直属司有关同志来调研并拿出方案。2012年5月，教育部在南昌大学召开省部共建高校省部共建办公室主任会议，直属司有关领导代表教育部参加会议，并在会上透露出要启动一项重大建设项目，教育部委托当时的直属司开展前期调研，并提出方案。这就是后来的"一省一校"工程。得到这一消息，会议结束回校后，立即汇报给学校主要领导。此后，在三楼党委常委会议室，印象当中，曾多次向学校主要领导汇报这个重要信息。期间，学校曾主动和直属司多次汇报。6月初还专门到教育部拜访有关同志，提出河南大学的发展愿望。但是，当时的具体工程名称还没有定下来。我们恳请教育部领导重视和关照河南大学的发展诉求。

2012年9月，国家正式启动实施中西部高等学校综合实力提升工程建设，也就是在中西部没有教育部直属高校的14个省份，教育部与当地省区政府共建一所大学，也叫"一省一校"。河南大学未能进入，而与河南大学情况相似的山西大学、河北大学则进入了这一工程。百年校庆后，学校曾为此不断地呼吁和申请。各种艰难，有时候是无法用语言文字表述的。

在学校主要领导的不懈努力下，获得了省政府的大力支持，省政府决定比照国家财力支持"一省一校"力度，给予河南大学相同经费的支持。2013年1月7日下午,河南省政府主持召开省长办公会,专题研究支持郑州大学、河南大学发展的有关财政投入问题。决定比照中西部高等学校综合实力提升工程支持河南大学发展。这就是在"十二五"期间河南大学获得省政府投入4.5亿元建设资金的来源,来之非常不易。

在"十三五"期间,国家继续实施"中西部高等教育振兴计划",也就是"一省一校"和中西部高等学校基础能力建设工程。

多年来,我们学校的全国人大代表关爱和书记、卢克平书记和全国政协委员娄源功校长、宋纯鹏校长不断在两会期间呼吁破除"一省一校"的简单决策思维,呼吁支持河南大学进入综合实力提升工程建设行列。

河南大学从事高等教育研究的专家、学者也在理论上阐述这个问题,曾在《光明日报》发表多篇文章,为中西部尤其是河南省高等教育的发展呼吁,提出了应该在"十三五"时期,在即将启动的"双一流"建设中,运用行政杠杆手段,向中西部地区倾斜。

九、未雨绸缪谋划"双一流"

2015年10月,中共中央、国务院发布《统筹推进世界一流大学和一流学科建设总体方案》,引起了河南大学的高度重视。学校也在想一切办法积极为进入"双一流"建设而努力。2016年春天,学校以李润田、王文金、关爱和、娄源功连续4任河南大学校长的名义,给国务院领导汇报河南大学的建设情况,恳请国务院领导支持河南大学"双一流"建设。领导对此做出批示。据了解,几乎同时,郑州大学动员20多位院士联名写信,请中央支持郑州大学的"双一流"建设问题。

2017年1月24日,在春节前四天,也就是阴历腊月二十七日,教育部、财政部、国家发展改革委三部委联合下发了《统筹推进世界一流大学和一流学科建设的实施办法》,正式启动"双一流"建设工作,开始了高等教育领域又一次重大改革。当天,教育厅接到省政府的指示,要把落实国务院领导的批示精神情况上报国务院。教育厅积极督促河南大学上报,国务院领导批示落实进展情况。2017年1月25日(阴历腊月二十八日)上午12点以前,经学校主要领导审核的河南大学上报教育厅落实国务院领导批示情况汇报材料传给教育厅。随后,教育厅将郑州大学和河南大学落实国务院领导的批示情况上报省政府。

春节刚过，阴历正月初六日，也就是2017年2月2日上午，学校主要领导召集几个人小范围开会，研究河南大学的"双一流"建设问题。河南大学一位校友还给大家做了指导。学校决定立即及时启动河南大学的"双一流"建设工作，并成立了一个小组，专门对此项工作进行研究和推进。

开学之初，2017年2月16日，阴历正月二十日，学校召开了河南大学"双一流"建设动员会。关书记、娄校长分别做重要讲话。学校成立了河南大学的"双一流"建设领导小组，并成立了几个相关的工作小组（机构），学校虽然没有正式下文，只在会上作了通报，但各个小组立即开展了相关工作。河南大学创建"双一流"工作战略发展研究组当天上午召开了第一次战略小组会议，并印发了当天会议研究问题的纪要。随后，战略研究组先后六次召开战略组全体成员会议，研究相关问题，每一次都印发有会议纪要，为积极推进河南大学的"双一流"建设工作提供相关信息和成果。战略组主要做了几件事情。一是，认真研读国家的相关文件，尤其是《统筹推进世界一流大学和一流学科建设总体方案》和《统筹推进世界一流大学和一流学科建设的实施办法》，吃透精神，对于五大建设任务和五大改革任务以及学科建设的六位一体，对于遴选办法、遴选渠道、遴选原则和几个环节，都有了基本的认识。二是，要求全校各个学科，主要是优势特色学科做好自己的学科建设规划，为将来一旦需要上报国家的学科建设规划做好准备。三是，完成了河南大学的"双一流"建设学科论证方案的初稿。四是，完成了给上级领导的情况汇报。同时，在《光明日报》等报刊发表理论文章，在社会上呼吁向中西部倾斜。

2017年3月底，一所在京的"985"高校的发展规划处处长来郑州出差，他透漏出一些信息，国家"双一流"遴选的标准基本确定，主要是几个核心指标，比如国家级平台、国家及重大科研奖项、重点人才项目、重大研究创新能力等数据，是专家组遴选的依据。为此他和几个高校的同仁，在将近一年的时间里，已经为教育部做了大量的前期数据准备工作，这些数据成为河南大学战略组成员的主要参考依据。

2017年4月初，广西大学校长助理、发展规划处处长童张法教授来河南大学参加一个国际学术会议，顺便访问河南大学发展规划处。当时，正好学校正在讨论"双一流"建设方案。便邀请他给我们学校开会的同志讲了他们广西大学的具体做法。童张法教授将他们的做法给我们作了详细介绍。尤其重要的是将广西壮族自治区政府给以 50 亿元支持广西大学争取建设"双一流"建设的情况，给我们作了介绍。这极大地激发了我们学校，也让我们学校在编制这一计划中，有了经费预算。

2017 年 4 月 15 日上午，教育部陈宝生部长和李晓红副部长在省长陈润儿的陪同下视察河南大学，了解河南大学的发展情况。随行的有教育部的有关司局负责人。

2017 年 5 月 2 日，《光明日报》发表河南大学《用新发展理念指导双一流建设》一文。文章呼吁，"双一流"建设必须用习近平总书记提出的新发展理念为指导，尤其是共享理念、协调发展理念，向中西部高等教育资源稀缺的省份倾斜。这篇文章各大网络媒体都有转发。

2017 年 5 月 19 日，在北京有一个高等教育改革论坛会议。会上河南大学的同志得到一些消息，评选结果已经出来，但还没有公布，一流大学分为 A、B 两类，3 个地方"211 工程"大学进入了 B 类，3 所原来的"985 工程"大学成为 B 类，绝大多数的"985 工程"大学都是世界一流大学建设行列 A 类。其余的"211 工程"大学都进入了一流学科大学，并新增了一批非"211 工程"大学成为一流学科建设高校。双一流高校总数大概为 137 所，等等。猜想河南大学应该进入一流学科大学建设行列。后来公布的名单大致一样。

回想过去近 20 年来，尤其是最近 10 年，河南大学不懈追求和努力，每年的全国两会期间，河南省的全国人大代表和全国政协委员都积极呼吁中西部高等教育的发展问题，也呼吁河南大学的发展问题。学校还多次给中央领导汇报学校的工作和进展，恳请中央领导给以支持。

除去外部环境的呼吁与争取之外，河南大学自身也克服重重困难，积极推进内涵发展。学校综合排名在武书连的排名体系中，从 2003 年的 105 名，一直迅速提升到 2013 年的 66 名。后来略有下滑，目前稳定在前 70 名左右。这是国内高校少有的发展速度。

学科建设也取得较好成就。在河南省第八批省级重点学科建设时期，河南大学的生物学和地理学进入河南省国家重点学科培育学科行列，以每年 2000 万元的支持额度，支持了三年。在后来河南省教育厅启动的优势特色学科建设工程中，河南大学的地理学和生物学继续进入优势学科重点建设行列。尤其生物学科，1987 年在中断生物学专业教学 20 多年后，再次恢复本科招生。后来，在较短的时间内，先后获得第一个生物学二级学科硕士点、二级学科博士点、博士后流动站、生物学一级学科博士点。近年来，又先后在国家重点实验室、国家自然科学二等奖、国家重大基础理论研究计划（973 计划）、长江学者和中原学者等重点人才建设上，取得了重大突破，甚至几项指标都是河南省高校的率先突破。这么多指标集中到一个学科上，在国内地方高校中是少有的，也是很难得的。这些突出成绩在全国都很少见，也很有特色和竞争力，为生物学科进入教育部指定的世界一流建设学科奠定了坚实的基础。据《南方周末》报道，国家自然科学二等奖的获得为一流学科的入围提供了有力支撑。

正是在这样大的历史背景下，国家启动"双一流"建设重大改革的时候，河南大学抓住了历史机遇。在省委、省政府的积极努力下，在中央领导同志的关心指导下，在教育部的大力支持下，河南大学生物学科进入了世界一流学科建设行列，圆了河南大学多年重返国家重点建设行列的梦想。

十、河南大学进入"双一流"建设行列的启示及影响

习近平总书记在党的十九大报告中明确指出："加快一流大学和一流学科建设，实现高等教育内涵式发展。"这是以习近平总书记为核心的党中央的重大决策部署。这一决策部署是在过去多年来高等教育领域的重大政策的延续调整和优化，也是新时代高等教育领域发展的新的重大举措，具有深远的历史意义。这一决策部署为我们河南大学的发展带来了难得的历史机遇。

1993 年 2 月，中共中央、国务院印发《中国教育改革和发展纲要》，指出："要集中中央和地方等各方面的力量办好 100 所左右重点大学和一批重点学科、专业，力争在下世纪初，有一批高等学校和学科、专业，在教育质量、科学研究和管理方面，达到世界较高水平。"在这里提出了一批大学和一批学科达到世界较高水平的发展目标。

1994 年 7 月，国务院发布关于《中国教育改革和发展纲要》的实施意见，提出在高等教育领域实施"211 工程"，面向 21 世纪，分期分批重点建设 100 所左右的高等学校和一批重点学科，使其到 2000 年在教育质量、科学研究、管理水平及办学效益等方面有较大提高，在教育改革方面有明显进展。争取有若干所高等学校在 21 世纪初接近或者达到国际一流大学的学术水平。这个文件进一步明确了我国高等教育

建设的远大目标是建成若干所世界一流大学。

1998年5月4日，江泽民同志在北京大学百年校庆中发表重要讲话，提出："为了实现现代化，我国要有若干所具有世界先进水平的一流大学。"世界一流大学的奋斗目标成为党中央提出的重大战略构想，成为中国高等教育发展的雄心壮志。

随后的1999年1月，国务院批转教育部《面向21世纪教育振兴行动计划》，提出创建若干所具有世界先进水平的一流大学和一批一流学科，经过10－20年的建设，争取若干所大学和一批重点学科进入世界一流水平。

2010年，中共中央、国务院发布《中长期教育改革发展规划纲要（2010－2020）》，继续提出："加快建设一流大学和一流学科。以重点学科建设为基础，继续实施'985工程'和优势学科创新平台建设，继续实施'211工程'和启动特色重点学科项目。""若干所大学达到或接近世界一流大学水平，高等教育国际竞争力显著增强。""加快创建世界一流大学和高水平大学的步伐，培养一批拔尖创新人才，形成一批世界一流学科，产生一批国际领先的原创性成果，为提升我国综合国力贡献力量。"

2013年，十八届三中全会就全面深化改革的若干问题做出重要决定，提出了全面深化改革的指导思想、目标任务、重大原则。针对教育领域的改革，提出："创新高校人才培养机制，促进高校办出特色争创一流。"

2015年10月，中共中央、国务院发布《统筹推进世界一流大学和一流学科建设总体方案》，提出坚持以中国为特色，以世界一流为核心，以立德树人为根本，以支撑创新驱动发展战略、服务经济社会发展方向为导向，加快建成一批世界一流大学和一流学科，提升我国高等教育综合实力和国际竞争力，为实现"两个一百年"奋斗目标和中华民族的伟大复兴提供有力支撑。建设世界一流大学和一流学科的宏伟目标更加明晰。

为贯彻落实2015年10月25日国务院发布的《统筹推进世界一流大学和一流学科建设的总体方案》，实施中共中央、国务院关于建设世界一流大学和一流学科的重大战略部署，2017年1月24日，教育部、财政部、国家发展改革委等三部委联合下发了《统筹推进世界一流大学和一流学科建设的实施办法》，正式启动"双一流"建设工作，开始了高等教育领域又一次重大改革。

"双一流"建设是过去"211工程"和"985工程"在新时期建设的延续，不是对它们的否定，而是对实施了多年的这两大工程的进一步改革和完善。

由此可见，今天大力推行的"双一流"建设不是凭空想象的，也不是突然出现的，而是在改革开放进程中，我国高等教育领域不断深化认识、不断推进改革的结果。那种认为是对过去"211工程"和"985工程"的否定的认识，或者认为是搞新名堂、瞎折腾的说法，显然都是不科学的，也是不尊重发展历史的想当然。

之所以在"211"工程、"985"工程的基础上继续深化改革，实施"双一流"建设，是不断解决"211"、"985"身份固化、竞争缺失、区域设置不协调等发展中的诸多矛盾和问题，并且促使建设世界一流大学和一流学科的目标更加明确，改革的重心和任务更加清晰，高等教育领域的发展路径更加科学合理。

河南大学进入"双一流"建设行列至少有如下几点启示：

第一，要有明确的发展目标，并能坚持不懈地追求。河南大学有一种正如习近平总书记要求的"钉钉子"的精神。一张蓝图绘到底，紧紧围绕进入国家重点建设行列的发展目标，不懈努力，才有今天的结果。追根溯源，可以从1999年甚至更早谋划进入"211工程"的时候算起，后来经过省部共建、一省一校等几个阶段，在河南大学自身的《百年名校河南大学振兴计划（2011—2020年）》、"十二五"和"十三五"发展规划中，在中共河南大学委员会第九次、第十次党代会报告中，都把进入国家重点建设行列作为我们的发展目标。2017年进入"双一流"建设行列是20年来不懈努力奋斗的结果。古人说，十年磨一剑。回观河南大学的发展历程，可谓是二十年来铸一剑，才有2017年的进入"双一流"的喜人结果。

第二，上级党委、政府的大力支持是河南大学成功的重要保障。要想获得成功，必须有外部环境的有力支持。近年来，省委省政府、省教育厅及省其他厅局委对河南大学的发展给予了高度重视和支持。河南大学的发展也得到了中央领导的支持和关怀。

第三，学校自身注重内涵建设是抓住机遇的基础。河南大学自身经过不懈努力，实现了学科核心竞争力的突破。这样才能在机遇到来之时，抓住机遇。机会总是给那些有准备的人。

第四，实施重点突破以点带面发展策略。河南大学20年来的学科发展与布局是一个不断调整的过程。从每一次学校重大方案论证中的学科布局，可以看出不同时期各个学科发展的状况，也反映出河南大学的学科建设不断发生变化。逐渐调整学科发展思路,并以生物学科为突破口,最终实现了"双一流"建设的突破。这一成功经验对于中西部其他高校实现跨越式发展起到了示范作用。

第五,及时总结经验。过去发展的艰辛,其中有很多值得书写的地方,这也是高等教育研究中一个重要的研究领域——院校研究的重要范畴。河南大学应该有更多的人来书写我们学校发展史上值得书写的那些辉煌和取得的成绩,还有我们发展过程中的"酸甜苦辣"。这种经验总结对于河南大学的发展非常重要。

"雄关漫道真如铁,而今迈步从头越。从头越,苍山如海,残阳如血。"当年红军在遵义会议之后,准备北上渡过金沙江,但由于发现前面有敌人重兵设防,根本无法通过,只好再次折回来,第二次攻下遵义北边门户娄山关,重新占领遵义,寻找新的出路。攻下娄山关的那个二月的傍晚,毛泽东看到了虽然美丽但也是充满挑战的夕照景色,无限感慨,就写下了这千古名句。如今,我们经过百年的发展,尤其是近30多年来,学校集中精力执着追求上层次、上台阶,千锤百炼成钢,铸造了世界一流学科这把剑,改变了自己的身份,重新进入国家重点建设行列。但是,未来的道路依然充满艰辛,依然不平坦。我们希望在河南大学创建世界一流学科大学的征程中,能够不断取得新成就,取得新进展,有更多的学科进入世界一流学科建设行列,最终把河南大学建设成为一所世界著名、享有竞争力的世界一流大学。

伴随着河南大学进入"双一流"高校,河南大学在中国高等教育的影响越来越大;在河南高等教育的地位也越来越突出,为河南人民提供优质教育资源的能力和水平也更加彰显。河南大学在未来的发展中,扮演的角色更加重要,为河南乃至全国的发展做出的贡献更加巨大。

我们期盼走过了110多年历史的河南大学,更加具有青春的力量和奋勇前行的能力,不断取得新进展,做出新成绩,再上新台阶,为河南其他高校、为中西部其他省(自治区)地方高校创建"双一流",提供更多的借鉴经验,并起到引领示范作用,真正成为河南高等教育"双航母"之一。

是为跋。

后　　记

　　按照河南大学的校庆惯例，2022年恰逢河南大学建校110周年。总结110年来河南大学对中国高等教育的影响、对河南高等教育的影响，是一个很有意义的话题。作为具有110年历史的大学，在中国高等教育史上也属于历史悠久的高校，在社会上必然有很高的地位和影响。然而，长期以来，不事浮华、低调内敛的河南大学文化，使得河南大学自身对这个问题，一直不愿意张扬。到了2020年，河南大学一些从事高等教育史和高等教育学研究的学者对这个问题产生了兴趣。于是，这部书稿在学校领导和校庆办公室的大力支持下，经过将近两年的不断完善，终于付梓。这部书稿与其说是另外一个视角的河南大学校史，毋宁说是一部学术问题的探讨。因为是学术问题，如有不当之处，还请以学术视角开展批评和探讨。

　　感谢河南大学校长办公室、校庆办公室、河南大学人文社科研究院、河南大学出版社等有关部门的大力支持和帮助。感谢河南大学110周年校庆活动促成本书的出版。感谢河南大学出版社薛建立编辑的辛勤工作，为本书出版做出了贡献。

　　本书由宋伟教授统筹，担任主编，并组织编写组成员一起多次反复讨论确立框架和结构，提出撰写过程中应注意事项。孟艳副教授、王立博士、刘保兄副教授担任副主编。引论由赵国权教授执笔，第一章、第二章由刘保兄副教授执笔，第三章由李志刚副教授执笔，第四章、第五章由王立博士执笔，第六章第一节由张建东副教授执笔，第二节由张建东副教授、王海凤博士执笔，第七章由王海凤博士执笔，第八章由陈元元博士执笔，第九章由杨旭婷博士执笔，第十章由权培培博士执笔，第十一章由孟艳副教授执笔，跋由宋伟教授执笔。高等教育学的硕士研究生梅梦迎、刘梦梦参与了书稿的整理、编校与诸多服务工作。宋伟、刘保兄、王立、孟艳对书稿进行了统稿。本书编写组成员都是从事高等教育学、教育史研究的学者。不同章节在总体框架下也不同程度上反映了撰写者的观点与见解。

　　本书得以形成，吸取了诸多先贤的思想和观点，他们的研究成果为本书提供了源泉和写作思路。其中，部分已作为注释或参考文献列出，还有繁多的资料未能注明作者和出处，在此深表歉意。

讨论河南大学对于中国高等教育的影响，是一个很宏大的话题，这部书还是一种尝试。必有许多不当之处，敬请方家赐教。

同时，由于受疫情影响，编写组成员原本想实地考察、调研，并想到国内，甚至是中国台湾等地查阅史料，但都没有成行。这样导致有些章节史料挖掘不够深入，珍贵的史料有所遗漏。加上编写组能力有限、水平不足，业余时间难以保证，作为初次探索，本书一定有许多需要完善的地方，欢迎广大校友和读者提出宝贵批评意见，希望将来有机会得到补充完善。但愿本书的出版能够对与河南大学相关的高等教育研究起到抛砖引玉的作用。我们也衷心祝愿河南大学有一个更好的明天，在中国高等教育发展史上继续书写华丽的篇章，为中华民族的伟大复兴做出新的更大贡献！

编　者

2022 年 6 月